혼종성 이후

After Hybridity

디아스포라 휴머니티즈 총서 **005**

혼종성 이후
After Hybridity

박주식

장형철

태혜숙

윤지영

위경혜

이진형

이영배

전혜숙

선영아

박규택

애
ㄹ피

차례

머리말

‘혼종성’ 관념의 이론적 난국, 그 이후

이진형_〈디아스포라 휴머니티즈 총서〉 기획위원

2005년 마완 크레이디Marwan M. Kraidy는 프레드릭 제임슨의 유명한 책 제목을 차용하여 《혼종성, 혹은 지구화의 문화 논리Hibridity, or the Cultural Logic of Globalization》라는 책을 저술한 바 있다. 이 책은 이렇게 시작한다.

> 혼종성은 우리 시대의 상징적 관념이다. 혼종성은 문화적 차이와 융합에 대한 의무적 찬양으로 이 시대의 정신을 포착하고, 규제 없는 경제적 교환이라는 지구화의 주문과 불가피해 보이는 모든 문화의 변형에 공명한다. 보다 산문적 용어로 말하자면, 혼종성은 라틴어에서 “길들여진 암퇘지와 야생 수퇘지”(Young, 1995, p.6)의 새끼를 묘사하기 위해 처음 사용된 이래, 다용도 전자장치, 고안된 농업 종자, 이중 연소기와 전자식 엔진을 갖춘 친환경 자동차, 미국식 경영과 일본식 경영을 혼합한 회사, 혼혈인, 이중국적자, 포스트콜로니얼 문화 등을 묘사하는 데 유용한 개념임을 증명해 왔다.[1]

---

1 Marwan M. Kraidy, *Hibridity, or the Cultural Logic of Globalization*, Philadelphia:

크레이디는 분명히 혼종성 관념의 유용성을 인정하는 것처럼 말하고 있다. 흥미로운 것은, 그가 이 책의 서문에서 이 관념의 이론적 무용성 또한 언급하고 있다는 점이다. 이 관념이 너무나도 방만하게 사용되고 있다는 게 그 이유다. "혼종성은 하나의 개념 또는 단일한 개념이라기보다 서로 보강하면서 반박하는 생각들, 개념들, 주제들의 연합이다. 혼종성의 다양하고도 간혹 모순적인 용법은 이 관념이 문화에 대한 보편적 묘사가 될 수 없음을 보여 준다."[2] 오늘날 혼종성은 농업, 유전학, 사이보그, 종교인류학, 언어학, 문화학, 거버넌스, 식품, 일상성 등의 연구 분야에서 다양한 의미로 사용되고 있다. 혼종성은 우리 시대 경계를 넘나드는 모든 현상을 묘사하는 데 활용될 수 있지만, 그와 동일한 이유에서 고유한 이론적 가치를 주장하기 힘든 관념처럼 보이기도 한다.

혼종성 관념에 대한 비판가들은 이와 같은 방만한 사용과 문화 제국주의 사이의 친연성, 그리고 그 둘을 뒷받침하는 물질적 힘으로서 자본주의적 지구화에 대한 암묵적 승인에 주목한다. 우리 시대 혼종화는 보통 서로 다른 문화들 간 만남과 상호작용을 조장하고, 이를 통해 사회의 창조성을 촉발하는 동시에 새로운 가치를 유발하는 긍정적 과정으로 평가 받는다. 지구적인 것과 로컬적인 것, 서구와 제3세계, 인간과 동물, 실재와 가상의 뒤섞임은 새로운 무언가를 만들어 냄으로써 사회의 창조적 변화에 기여한다는 것이다. 그러나 "창

Temple University Press, 2005, p.1.

[2] Marwan M. Kraidy, *Hibridity, or the Cultural Logic of Globalization*, vi.

조적인 생산은 모두 너무나 쉽게 상업화^{"3}될 수 있고, 혼종성의 출현은 "핸드폰을 가진 젊은이들을 점점 더 '주류' 사회, 문화 산업, 그리고 좀 더 일반적으로는 혼종화된 양식의 자본주의로 편입시키는"⁴ 결과를 낳을 수 있다.

여기에는 두 가지 의미가 담겨 있다. 우선 차이보다 '혼종적 조화'를 강조하고 문화적 이질성보다 소위 '글로벌 정체성'을 부각하는 것은 이를 뒷받침하는 현재의 자본주의적 축적과 소비 시스템을 고정 불변의 물질적 힘으로서 용인하게 된다. 다음으로 이질적인 것들의 상호 융합을 찬양하는 것은 그 융합 과정에서 작동하는 실질적 불균등과 불평등, 즉 혼종성 자체에 기입되어 있는 '권력과 헤게모니'를 더욱 강화하게 된다. 혼종성은 말 그대로 '(자본주의적) 지구화의 문화 논리'처럼 보인다.

혼종성에 관한 전혀 다른 논의, 즉 이 관념의 비판적 힘에 주목하는 논의도 있다. 이를 테면, 혼종성은 바흐친의 '의도적 혼종성'처럼 권위적 담론의 침식을 가리키거나,⁵ 호미 바바의 '문화 번역' 또는 '제3의 공간'처럼 식민지적·지배적 담론의 균열을 부각하는 데 활용될 수도 있다. 좀 더 구체적으로 말하자면, '문화 번역'으로서의 혼종성은 식민 지배자의 언어에 피식민자의 언어적 '흔적'이 섞이면

---

3   비린더 S. 칼라, · 라민더 카우르 · 존 허트닉, 《디아스포라와 혼종성》, 정영주 옮김, 에코리브르, 2013, 167쪽.
4   비린더 S. 칼라, · 라민더 카우르 · 존 허트닉, 《디아스포라와 혼종성》, 164쪽.
5   로버트 J.C. 영, 《식민 욕망》, 이경란 · 성정혜 옮김, 북코리아, 2013, 45~48쪽.

식민주의 권력의 권위가 침해될 수 있음을 설명해 준다. 또한 '제3의 공간'은 독창적 문화 또는 근원적 문화 같은 본질주의적 인식론을 비판하는 가운데 시간과 공간에 관한 지배적·근본주의적 서사에 효과적으로 저항할 수 있는 공간, 즉 '사이적inbetween 공간'을 상상하게 해 준다.[6] 이 경우 혼종성의 정치학은 "자본의 사물화와 문화의 상품화에 의해 전적으로 지배될 수 없는 세계", "문화적 차이와 타자성의 세계"를 구상하는 방식으로 작동한다.[7]

혼종성 관념의 상반된 용법을 생각해 보면, 이 관념은 그 자체가 혼종적 구성물처럼 보이기도 한다. 그래서 하임 하잔Haim Hazan은 혼종성이란 "탈식민주의 작업에서는 영향력 있는 행위자의 원천이 되었고, 탈근대적 관점에서는 활력과 소비지상주의적 찬양의 원천이 되었다"[8]고 말한다. 우리 시대 혼종성은 정말로 지구화 또는 혼종적 자본주의에 대한 문화적 비판자임과 '동시에' 그에 대한 이론적 지지자로도 기능하고 있는 듯하다. 이와 같은 혼종성 관념의 혼종성, 말하자면 일종의 이론적 난국을 지시하기 위해 얀 네데르베인 피테르서Jan Nederveen Pieterse는 '혼종성들의 연속체'라는 표현을 사용한 바 있다. 중심을 향해 기울어 있는 '동화주의적 혼종성'이 정전을 흐리는 '불안정한 혼종성'과 함께, 즉 정전正典을 채택하고 헤게모니를 모

---

[6] 캐서린 미첼, 〈혼종성〉, 데이비드 앳킨스·피터 잭슨·닐 워시본 편저, 《현대 문화지리학》, 이영민 외 옮김, 논형, 2011, 346~347쪽.

[7] 김용규, 《혼종문화론》, 소명출판, 2013, 331쪽.

[8] Haim Hazan, *Against Hybridity*, Cambridge: Polity Press, 2015, pp. 17-18.

방하는 운동이 시류를 거스르고 중심을 전복하는 운동과 함께 동일한 연속체를 형성하고 있다는 것이다.[9] 그렇다면 혼종화 과정 또는 혼종성 관념에 대한 찬성과 반대 입장을 밝히는 일은 그리 급한 일도 그리 중요한 일도 아닐 수 있다. 오히려 필요한 일은 '혼종성들의 연속체'라는 현실 위에서 다시금 이론적 탐구 작업을 수행하고, 거기서 어떤 이론적 가능성 또는 잠재력을 발굴해 내는 일일 것이다.

무엇보다도 혼종성 관념 또는 혼종화 과정은 본질주의 비판을 통해 동화assimilation의 논리를 침식할 수 있는 힘, 그리고 사회적 공간을 재조직할 수 있는 힘의 작용을 함축하고 있다. 자본주의적 지구화든 그 지구화에 대한 비판이든 '혼종성들의 연속체'를 형성하는 것은 바로 그 힘에 대한 인정이다. 여기에 혼종성 관념에 관한 분별된 인식과 비판적 재구성 작업이 필요한 이유가 있다. 그러나 여기에 실려 있는 논문들을 통해서 분명히 드러나겠지만, 이 책의 궁극적 목적은 결코 '혼종성들의 연속체'를 확인하고 승인하는 데 있지 않다. 그 대신 이 책은 혼종성 관념을 둘러싼, 혹은 그로부터 분기한 다양한 사유의 흐름들을 제시함으로써 그 관념의 힘을 시험에 부쳐 보려고 한다. 이 작업이 자본의 혼종적 동일화와 문화 제국주의, 실질적 불균등과 불평등을 비판적으로 사유하는 데 기여하기를 바라면서 말이다.

---

[9] 얀 네데르베인 피테르서, 《지구화와 문화》, 조관연 · 손선애 옮김, 에코리브르, 2017, 120~121쪽.

이 책은 크게 두 가지 의도를 담고 있다.

하나는 혼종성 또는 이 관념에 기반한 사유의 이론적 힘을 계발하고 발굴하는 것이다. 오늘날 혼종성은 지구화 시대 자본의 운동을 합리화하거나 이데올로기적으로 지원하는 관념이라는 비판을 받고 있지만, 그 관념에는 모든 지역을 식민화하는 지구화의 혼종적 동일화 '외부' 또는 '너머'에 대한 감각 역시 내재해 있다. 이 책은 혼종성 관념의 이론적 위력을 계발·발굴하기 위해 혼성성, 혼종문화, 크레올, 하이브리드 등 유사 관념들을 검토하는 한편 이 관념이 위력을 발휘하는 다양한 장소들을 살펴보려고 한다. 당연한 말이지만, 이 작업은 혼종성에 대한 일방적 비판이나 찬양으로 귀결되지 않을 것이다. 그 대신 평가를 유보한 채 혼종성 사유가 기능하는 다양한 방식을 제시하려고 한다.

다른 하나는 부차적인 것이지만, 혼종성 개념과 관련한 다양한 분야의 학술적 연구 성과들을 종합하고 체계화함으로써 이후 연구를 위한 토대를 마련하는 일이다. 유관한 대상이나 의제를 다루고 있음에도 불구하고 분과학문적으로 파편화된 상태에 머물러 있는 연구 성과들이 서로 만날 수 있는 장, 즉 일종의 '제3의 장소'를 형성함으로써 혼종성 논의를 전혀 다른 층위에서 이어 나갈 수 있는 계기를 마련하려고 한다.

'혼종성 이후'라는 책 제목이 의미하는 바는 크게 두 가지다. 하나는 '혼종성' 관념이 국내에 도입된 '이후' 혼종성 논의의 분기 양상을 개괄하겠다는 것이고, 다른 하나는 '혼종성' 관념에 대한 찬양과 비판 '이후' 그 관념의 이론적 힘을 재검토하겠다는 것이다.

《혼종성 이후》는 세 부분으로 구성되어 있다. '혼종성' 사유의 분기'에서는 오늘날 혼종성 관련 논의가 분기되는 양상을 살펴보고, '식민주의와 혼종적 근대'에서는 혼종성 관념을 토대로 한국의 (탈)식민지 근대를 재사유한다. 그리고 '더 혼종화되는 장소들'에서는 인간의 피부, 번역의 공간, 이주민의 장소 등을 중심으로 혼종화 장소들을 구체적으로 검토한다.

제1부 '혼종성' 사유의 분기'에는 총 네 편의 글이 실려 있다. 이를 통해 영문학, 종교학, 여성학, 철학 등 여러 분야에서 혼종성 사유가 작동하는 방식을 검토하고, 이를 통해 그 관념의 이론적 유효성을 점검한다.

박주식의 〈크레올의 시학: 에두아르 글리상과 카리브 군도의 탈식민 문화 정체성〉은 '크레올화creolization'와 '관계Relation' 개념을 중심으로 에두아르 글리상Edouard Glissant의 문화정체성 이론을 검토한 글이다. 글리상의 문화정체성 이론은 세제르Cesaire의 네그리튀드 운동과 파농Fanon의 혁명적 저항 운동이 동일한 본질주의의 오류에 빠졌다는 진단 위에 구축되었다. 세제르가 이주 흑인들의 근원과 뿌리를 강조하고, 파농이 '민족문화' 혹은 '민족국가 건설'이라는 명제를 내세운 데 대해 글리상은 "지배와 피지배라는 이원론적 논리에 기초한 정치적 해법만으로는 현 단계의 세계를 올바르게 인식할 수 없다"고 주장한다. 글리상의 작품에서 자연이 투명함보다 모호함을,

명확함보다 중첩됨을, 고정됨보다 유연함을 암시하는 이유는 여기에 있다.

글리상은 카리브 군도의 지역적 특수성을 '크레올화'로 명명하고, 이를 설명하기 위한 이론적 패러다임으로 '관계의 시학'을 제시한다. 그는 언어적 혼종으로서의 크레올을 본질의 언어가 아닌 관계의 언어, 즉 확립된 의미를 전달하는 소통의 매체가 아닌 그것을 해체하고 전복하는 탈주^{marronnage}의 매체로 규정한다. 이 점에서 크레올화는 '서구가 만들어 온 보편주의 신화에 투영된 본질과 근원을 거스르는 반서구적 개념'이 될 수 있다. 또한 글리상은 생성, 소멸, 변화로 이루어진 '관계 정체성'을 통한 세계 이해를 시도한다. 관계란 "자아로 환원되지 않는 타자의 차이를 인정하는 관계", 즉 자아와 타자의 동등성을 인정하는 비위계적 사유의 결과다. 그로 인해 카리브 군도는 유입된 인종이 다른 인종과 섞여 새로운 인종으로 바뀌는 '크레올화' 과정이 전개되는 지역으로서 '혼종 문화의 원형'으로 간주된다.

글리상의 크레올화 개념은 카리브 군도라는 지역을 대상으로 상상된 것이지만 유토피아적 요소를 내포하고 있다. 즉, 거기에는 '새로운 시대의 도래를 알리는 예언자적 비전'이 강하게 담겨 있다. 박주식이 글리상의 논의를 소개한 이유 역시 여기에 있는 듯하다. 말하자면, 유토피아적 비전을 통해 현재와 미래에 대한 비관주의적 전망을 교정하려는 것이다. 게다가 글리상의 논의는 혼종성 관념의 이론적 난국을 해소할 가능성 역시 내포하고 있는 것처럼 보인다. 크레올화 개념은 실질적 불균등과 불평등을 배제하는 혼종성, 즉 비위계적 혼종성의 이상을 상상하게 해 주기 때문이다.

〈유형별로 나누어 본 문화적 혼성화: 종교문화를 중심으로〉에서 장형철은 종교문화를 중심으로 세계화의 문화적 결과로서의 혼성화에 관해 논의한다. 특히 이 글은 세계화가 실제적으로 진행되는 곳으로서 '지역'에 주목할 필요가 있음을 주장한 뒤, 각 지역마다 다르게 나타나는 혼성화 양상을 다섯 가지 유형으로 구분해서 설명한다. 이때 유형화는 '혼성화의 주체'(지역인, 디아스포라)가 누구이고, 이 주체가 '어떤 문화'(외부문화, 지역문화)와 조우하는가를 기준으로 이루어진다. 그리고 각각의 유형이 주로 나타나는 지역, 해당 유형에서 볼 수 있는 특성, 탈영토화와 재영토화의 상태, 종교적 재현의 실례들, 사회적 효과 또는 기능 등 다섯 항목을 중심으로 그에 관한 설명이 제시된다.

이 글에 제시된 다섯 가지 유형은 다음과 같다. 우선 A유형은 '혼합과 저항의 유형'으로 19세기와 20세기 서구문화가 침투했던 제3세계나 비서구 세계에서 주로 나타난다. 한국의 '성誠의 신학'과 민중신학, 그리고 안수기도, 새벽기도, 부모님 추도식(추도예배) 같은 한국 개신교의 의례들이 그 대표적 사례다. B유형은 '내면화되어 양가성과 교차가는 나타나는 유형'으로 오랫동안 서구 식민주의를 경험한 남미 및 아프리카 국가들에서 볼 수 있다. 이 지역에서는 전통, 근대, 탈근대가 서로 교차하는 문화적 혼성화가 발생한다. 남미 가톨릭은 그 대표적 사례. C유형은 '공존을 지향하는 유형'으로 미국과 유럽 선진국에서 주로 나타난다. 이 유형은 '자기문화 중심적' 특정을 드러내고, 백인 중심의 '탈식민주의적 도시 신학urban theology'

으로 구현되기도 한다.

D유형은 '새로운 문화를 창조하는 유형'으로 자마이카, 푸에르토리코, 쿠바 등 카리브 해의 국가들에서 주로 등장한다. 이 유형은 높은 혼성화 정도를 토대로 크레올화에 의한 흑인들의 창조적 표현을 촉발하는 특징이 있다. 대표적 사례로는 기독교를 배경으로 아프리카 출신 흑인들이 형성한 종교 라스타파리아니즘Rastafarianism이 있다. 마지막으로 E유형은 '게토화되거나 하위문화를 형성하는 유형'으로 제3세계나 개발도상국 출신 이주 노동자들에게서 주로 발견된다. 이들은 게토문화 또는 하위문화를 형성하게 되는데, 한국 혜화동에 있는 필리핀 가톨릭 공동체는 그 대표적 사례다.

장형철의 글은 크게 두 가지 점에서 주목할 만한다. 하나는 종교의 혼종화 양상을 연구했다는 점이다. 종교는 많은 경우 본질주의적 영역으로 간주되고, 그 때문에 지구적 혼종화로부터도 덜 오염된 영역으로 여겨지곤 한다. 이 글은 혼종화 과정에 주목함으로써 기존의 본질주의적 종교 인식 또는 통념을 비판적으로 재고하게 해 준다. 다른 하나는 혼종화의 지역적 특수성과 다양성을 구체적 사례로써 세밀하게 탐구했다는 점이다. 이는 혼종화의 다양성과 다층성을 소위 지구적 수준에서 조망할 수 있게 해 준다. 장형철의 유형화 작업은 추후 혼종성 관련 연구를 위한 중요한 주춧돌이 될 것이다.

태혜숙의 〈포스트식민 시대의 로컬 연구로서 '아시아 여성 연구'의 연구 방법론을 위하여〉는 영의 '트리콘티넨털리즘' 개념과 스피박의 '행성성planetarity' 및 '인문학과 함께 하는 사회과학적 읽기' 방법에 따라 '아시아 로컬들을 페미니즘 입장에서 상호참조하는 독해'

를 제안한다. 이 제안에는 두 가지 요구가 담겨 있다. 하나는 비서구 지역을 대상화하는 미국 중심 사회과학적 연구로서의 '로컬 연구'를, 서구/비서구, 서구/아시아의 이분법을 해체하며 사회과학과 인문학의 결합을 추구하는 '로컬 연구'로 재형성해야 한다는 것이다. 다른 하나는 아시아, 아프리카, 라틴아메리카 사이의 '트리콘티넨털 tricontinental 연계'를 중심으로 지정학적 분석 단위를 전면적으로 재구성하고, 이를 토대로 "다양한 로컬들 사이의 심층적인 관계망"을 포착해야 한다는 것이다.

미국·서구 중심의 '지구성globality'을 극복한 "포스트식민 시대에 필요한 새로운 로컬 연구로서 '아시아 여성 연구'의 방법론"은 '인문학'과 '행성성'의 지평에 입각한 '탈식민 행위자성decolonial agency'의 구축을 시도한다. 이때 '인문학'의 목표는 '욕망의 비강제적 재배치'를 겨냥하는데, 이는 지구적 자본주의 가부장 체제가 부추기는 경쟁과 소비 욕망을 인문학적 사유와 상상력에 의한 삶의 근본 가치와 감성 함양을 통해 자발적으로 조절하고 대체하게 해 준다. 그리고 '행성성'의 지평은 우리 인식을 서구적인 것 혹은 지구적인 것의 속박에서 벗어나 '행성'의 차원으로 확장·심화시켜 주고, 지구상의 다양한 종들species 사이의 공존을 지향하는 감성을 열어 주고 함양시켜 준다. 간단히 말해, 행성성의 지평은 온갖 층위의 다양한 것들 사이의 상호접촉과 상호연결을 고무함으로써 서구 중심적인 현 '지구성'을 고쳐 쓸 수 있는 새로운 지평을 마련해 준다.

'인문학'과 '행성성'의 지평에 기반한 연구는 '페미니즘적 상호참조 독해'를 가능하게 해 준다. 이는 아시아를 비롯한 아프리카, 라틴아메리카 대륙의 로컬들에 살아남아 있는 다양한 언어들, 문화들, 역사들을 다중적으로 상호참조하되 페미니즘 입장을 일관되게 견지하는 읽기 방법이다. 이 읽기 방법의 이점은 "현 지구화에 대항하는 능력의 저장소"에 다가가게 해 준다는 데 있다. 다시 말해, '지구적 자본주의 가부장 체제'와 비판적으로 협상하는 아시아의 젠더화된 하위주체들의 역설적이면서도 혼성적인 감성과 인식에 접근하게 해 준다. 이는 '아래로부터의 지구성'을 실현하는 '행성의 행위자들'의 출현 또한 유도한다는 점에서도 유용하다.

태혜숙의 논의는 '지구화의 문화 논리'라는 혼종성 관념에 대판 비판을 재검토하게 해 준다는 점에서 특히 중요하다. '지구성'의 관점이 혼종성을 문화 제국주의 또는 혼종적 자본주의의 옹호자로서 규정한다면, '행성성'의 관점은 아시아, 아프리카, 라틴아메리카 로컬들 사이의 문화혼종 또는 젠더화된 하위주체들 사이의 상호작용을 통해 '지구화의 문화 논리'에 대한 대항을 시도할 수 있다. 이 "현지구화에 대항하는 능력의 저장소"는 혼종성 관념에 누락되어 있다고 하는 실질적 불균등 및 불평등 감각의 회복과 긴밀하게 관련되어 있다.

〈비판적 포스트 휴머니즘: 근대적 인간 개념의 해체와 하이브리드적 주체성〉은 혼종성 논의를 보다 근본적인 수준에서 전개하게 해 준다. 이 글에서 윤지영은 '인간'을 자족적 내부성, 유폐적 내밀성의 영역이 아니라 '다른 것들과의 접속을 통해 새로이 배치되는 생성물', 즉 들뢰즈적 의미의 '다양체'로 재규정하는 가운데 포스트 휴먼 시대 새로운 주체화 양태의 계보학을 그린다. 이를 위해 우선 기존 주체subject 개념을 넘어서는 '변이체metamorphoject' 개념을 응결적 주체가 아닌 '틈으로서의 주체화 양태'로서 제시한다. 그리고 로봇 섹스가 하이브리드적 주체화 양태가 지닌 존재 변이능력의 실천 방식일 수 있는지 점검하기 위해, 이 변이체의 탈경계적 충동 에너지인 '리비도-코나투스libido-conatus'를 토대로 로봇 섹스를 분석한다.

이 글에서 변이체는 인간/비인간, 나/타자, 내부성/외부성의 이분법을 무력화하고, 이 둘 간 열린 틈 속에서 둘 중 어느 어느 하나로도 귀속되지 않는 '새로운 것'의 도래를 의미한다. 이 점에서 변이체는 다양체이자 순수 차이로서 "기존 주체의 자리가 보증해 왔던 안전성과 소속감마저 내동댕이치는 신적 폭력의 발휘자"이자 "새로운 시공간의 구성을 위한 창조적 파괴의 행위자"가 될 수 있다. 이때 변이체를 추동하는 힘은 남근적 리비도 경제를 비틀기 위한 탈-존적 존재변이 능력, 즉 '리비도 – 코나투스'("욕망의 대상을 제2세대 재생산이 가능한 이성애자, 성인, 인간으로 한정하지 않는 탈경계적 충동 에너지")다.

윤지영의 진단에 의하면, 드로이드라는 섹스 로봇은 외형상 변이체처럼 기능하는 것처럼 보이지만 실질적으로는 기존 리비도의 남근 중심성을 재생산하는 데 불과하다. 섹스 로봇은 주로 여성으로 특화되어 있고, 그래서 입, 항문, 질이라는 일련의 구멍들로 기능화되어 있다. 섹스 로봇은 인간 중심성의 강화 양태에 불과한 것이다. 이에 맞서 윤지영은 탈형상적, 탈인간중심적 로봇과의 성적 실천이 이루어지는 방식으로 '로봇 코넥스robot connex'를 제안한다. 로봇 코넥스는 온몸의 감각점들을 새로이 재배치하여 몸과 몸의 관계성을 직조하는 향유의 양태인 여성적 쥬이상스의 실천 양태라는 게 그 이

유다. 로봇 코넥스는 주인기표의 폐기이자 탈남근적 욕망의 실현 양태, 즉 인간이라는 기표로도 로봇이라는 기표로도 환원되지 않는 새로운 존재 양태의 도래를 촉발할 수 있다.

인간과 로봇의 뒤섞임, 혹은 그 둘 사이의 틈은 포스트 휴먼 시대 유력한 혼종성의 장소일 것이다. 이 글은 바로 이 장소를 탐구하고, 이 장소에 대한 적극적 사유를 통해 이분법에 기초한 인간중심주의적 인간 규정의 근본주의적 해체를 시도한다. 여기서 로봇 코넥스와 그 힘으로서의 리비드-코나투스는 어쩌면 혼종성이 남근 중심주의적 문화와 자본을에 대한 전복적 힘으로서 기능하는 하나의 방식일 것이다.

제2부 '식민주의와 혼종적 근대'에서는 한국의 식민지 근대성과 문화 혼종에 관해 살펴본다. 식민화 과정을 통한 문화 혼종화, 혼종성 사유의 비판적 작동 방식, 탈식민 사회에서 혼종성의 구현 등은 그 구체적 내용이다.

우선 〈식민지 근대 문화의 혼종성: 1920년대 목포극장과 동춘서커스〉는 1920년대 목포 죽동과 이 지역에 건립된 목포극장을 중심으로 식민지 근대문화 감각이 지역 조선인 신체에 기입되는 양상을 기술한다. 특히 위경혜는 '보기^{視}'와 '움직이기^{移動}'를 근대적 방식으로 결합한 동춘서커스의 등장이 '식민지 근대 감각의 혼종성hibridity의 지역적 발현임을 주장한다.

1926년 개관한 목포극장은 근대적 공간으로서 일종의 공론장이 자 오락장이었고, '조선인과 일본인의 종족 간 혼재 공간'이었다. 이 공간을 조선인들은 "일본 제국에 도전하는 사상 토론장"으로 만들 고자 했고, 일본인들은 이윤과 흥행을 좇는 자본의 공간으로 규정하 려고 했다. 그로 인해 목포극장의 영화 프로그램은 이 두 축을 오가 는 방식으로 편성되곤 했다. 말 그대로 목포극장은 혼재 공간이었 다. 목포극장과 함께, 이 시기 목포에서 혼종성을 드러내는 근대적 매체는 서커스 공연이었다. 서커스는 인종, 종족, 국적, 성별, 연령, 계급의 경계를 넘어선 대중오락이었을 뿐만 아니라 언어라는 '장애' 도 갖지 않았기 때문이다.

서커스 공연은 근대 오락으로 소비되기도 했지만, 식민 질서 아래 조선인의 망국과 이산의 감정을 환기시키는 요인으로 기능하기도 했다. 물론 식민지 시기 조선인 서커스는 분명히 일본 서커스의 영 향 아래 형성된 것이었다(혼종적 형식으로서의 서커스). 그러나 조선인 들에게 떠돌이 곡예사의 존재는 마치 '미약한 존재로서 조선'의 상 징처럼 수용되곤 했다. 이는 조선인이 결성한 동춘서커스이 경제적 빈곤으로 목포극장에 출입할 수 없었던 하층 지역민들에게 특히 깊 은 호소력을 가질 수 있었던 이유이기도 하다. 말하자면, 이 시기 동 춘서커스는 조선인과 일본인 사이 '혼종'의 모습을 띄는 한편, 제국 과 식민, 중심과 주변, 문명과 야만, 계몽과 오락, 건전과 퇴폐의 양 축을 오가는 자리에 있었던 것이다.

위경혜의 글은 식민지 근대의 혼종성에 관한 상세한 묘사를 제공 하는 한편, 거기에 내재하는 민족적 · 인종적 · 계급적 갈등과 불균

등을 포착하게 해 준다. 특히 실제 시간과 공간에서 혼종화란 권력과 헤게모니에서 자유로울 수 없고, 한국의 식민지 근대성 역시 그러했다는 점을 잘 보여 준다.

〈일제 말기 '역사' 담론의 아포리아와 그 초극의 문제: 원천으로서의 이질언어와 전통으로서의 자기부정〉에서 이진형은 임화와 김기림의 역사 이해를 일제 말기 역사 담론의 지형 속에서 설명하고, 그것이 제국주의자들의 동아협동체론 및 역사철학자들의 역사 담론과 맺고 있는 복합적 관계를 규명한다. 그리고 조선 근대문학의 이질언어적 원천에 관한 임화의 논의와 모더니즘 문학의 자기부정 전통에 관한 김기림의 논의에 제국주의자들의 역사 기획 너머 대안적 역사 이해의 가능성이 내재해 있음을 주장한다.

일제 말기 조선의 역사철학자들은 제국주의자들의 '동아협동체'의 이상에 맞서 대안적 미래 비전을 제시하려고 했다. 박치우의 '변증법적 전체주의'나 서인식의 '세계성의 세계'는 그 대표적 사례였다. 그러나 이들의 역사 담론은 그 비판적 의의와 무관하게 두 가지 아포리아를 내포하고 있었다. 그들은 세계사에 대한 거시적 사유를 시도한 결과 식민지 조선 사회에서 그에 상응하는 경험적 근거를 제시할 수 없었고, 제국주의의 역사 기획에 필적하는 대안을 마련하려고 한 결과 그와 유사한 유토피아적-목적론적 역사 구상을 제시하게 되었다. 그러나 일본 제국주의의 '동아협동체' 이상이 일련의 전쟁을 통해 실현 가능한 게 아니었듯이, 그들의 역사 비전 역시 추상적 논리만으로는 설득력을 얻기 힘들었다.

한편 임화와 김기림은 각각 조선 근대문학의 이질언어적 원천(서구 근대문학, 조선 전근대문학, 일본문학)과 모더니즘 문학의 자기부정 전통('반역의 정신')에 주목함으로써 유토피아적-목적론적 역사 구상에서 벗어날 가능성을 보여주었다. 그들의 역사 이해는 역사의 최종적 완성태나 유토피아적 목적지를 구체적으로 상상하는 대신 30여 년에 이르는 근대문학의 경험 속에서 역사적 변화의 동력을 포착하려고 했다. 조선 문학자들은 과거 30여 년 동안 전개된 이질언어적 요소들 간 싸움에 능동적 주체로 참여함으로써 근대문학의 형성과 전개에 기여했고, 자기부정 전통에 능동적 주체로 참여함으로써 모더니즘 문학의 지속을 위해 헌신했다는 것이다. 원천으로서의 이질언어나 전통으로서의 자기부정은 조선 근대문학의 역사적 전개에 내재하는 동력이자, 식민지 조선인이 그 역사적 전개에 능동적 주체로서 참여해 왔음을 입증하는 증거였다.

이 글은 일제 말기 동일성 논리에 입각한 제국주의자들과 역사철학자들의 역사 담론에 임화와 김기림의 혼종적 역사 이해를 맞세우고 있다. 이때 임화는 조선 근대문학을 서구 근대문학의 문화번역 혹은 이질적 요소들의 혼종 형식으로 간주하고, 김기림은 조선 모더니즘 문학을 동일성에 대한 부정 과정으로 이해한다. 이 두 문학자의 혼종적 역사 이해는 동일성 기반 역사 담론에 대한 비판적 기능을 수행한다는 점에서 혼종성 사유의 비판적 가능성 혹은 혼종성의 정치학을 잘 드러내 준다.

이영배의 〈포크 모더니티, 그 혼종적 성격과 지평〉은 한국 현대사회에서 민속의 혼종적 성격과 그 가능성에 관해 논의한다. 이때 중요한 점은 현재 민속 현상이 근대성의 자장으로부터 벗어나 있는 예외적인 것이 아니라는 사실, 즉 현재의 지배적 민속 현상은 "근대적 세계 체제의 지구화 과정 속에서 혼종적 사태로 드러나고 있"고 "문화산업의 확장 속에서 지배문화화한 대중문화의 하위 영역으로 포섭되어 문화장 내 주변부 영역에 위치해 있다"는 사실이다.

이를 위해 이영배는 어로漁撈시간의 혼종적 구조(현재 어촌의 생업구조는 자연의 순환이 아닌 자본의 흐름에 따라 배치된 시간구조에 포섭됨), 농업노동의 혼종적 구조(농기계의 도입, 농경지의 근대화, 세시풍속의 자본주의적 유통과 소비 등), 놀이문화와 소통 구조의 혼종성(운동회, 약장사, 겨울나기, 소리꾼 등은 과거의 경험과 현재의 경험이 혼합된 시간 속에서 연행됨) 등을 탐색한다. 그리고 여기에 세대 간 상이한 문화 경험이 덧붙여지면서 민속의 영역은 더욱더 혼종화되는 양상을 띠게 된다. 특히 경제적 경험 차이(전산업화 시대, 산업화 시대, 정보화 시대)와 정치적 경험 차이(4 · 19 세대, 촛불 세대)가 부가되면서 민속 문화는 더욱 양가적 · 혼종적이게 된다.

1990년대 이후 한국 사회의 문화공간이 자본 · 시장 중심으로 재편되면서 민속은 화폐 가치에 종속되기에 이른다. 민속은 상품 가치가 있으면 '부상하고 있는 것'으로, 그렇지 않으면 '구시대적인 것'으로, 상품화 가능성이 있으면 '잔여적인 것'으로 평가 받는 것이다. 그러나 민속은 일종의 '가정법적 공간', 즉 "현실의 결핍이나 모순의 극복이 이루어지는 풍요와 소망의 선취된 대안적 세계"로 간주될 수도 있다. 예를 들어, 소놀이굿 같은 경우 다중적 시간성의 구현이 현실의 결핍과 모순을 해소하고자 하는 의례의 전략으로 기능할 수도 있다. 이는 자연과 공생하는 삶의 리듬을 씨줄로 문명 · 기술 · 정보 등을 묶어 짜는 세계의 상상과 구축이 필요하다는 인식에 기인한다.

일반적으로 '민속'은 민족적 전통 혹은 일상적 삶의 보존 영역으로 간주되곤 한다. 그래서 한국의 경우 민속적인 것은 지구적인 것이나 서구적인 것의 대척점에서 논의되는 게 사실이다. 하지만 이 글에 잘 설명되어 있듯이 지구화 시대 민속은 자본에 의해 발굴되어 구성된 혼종적 영역이다. 민속은 지구화와 문화산업의 확장 과정에서 하위문화로 편성되었고, 그로 인해 혼종성이 지구화의 문화 논리임을 증명해 주는 경험적 증거로 기능할 수 있다. 그와 동시에 민속은 바로 그 혼종성 때문에 지구화(자본주의)의 동질적 시간에 예속되지 않는 영역으로 기능할 수도 있다. 상품화 불가능한 '구시대적인 것' 또는 그 가능성만을 지닌 '잔여적인 것'으로서 말이다. 이 글의 중요성은 민속의 혼종적 형성과 함께, 혼종성의 이중성에 관한 세밀한 설명을 제공해 준다는 데 있다.

제3부 '더 혼종화되는 장소들'에서는 예술의 장소, 번역의 장소, 삶의 장소를 중심으로 오늘날 혼종성의 작동 방식을 검토한다.

〈신체의 경계가 무너지는 장소〉에서 전혜숙은 최근 생명 기술과 유전공학의 발전에 따른 신체의 의미 변화를 토대로 자신의 피부를 이용하거나 생물학적 실험·조직공학을 통해 피부를 배양하는 미술가의 작품들에 관해 논의한다. 이 작품들은 피부가 지녀 온 모든 이분법적 경계들(안과 밖, 표면과 내부)을 허무는 가운데 신체를 통해 확

립된 기존의 외적 정체성(역사성, 젠더, 이미지, 인종 등) 또한 해체한다
는 점에서 큰 의의가 있다.

전혜숙은 피부를 활용하는 미술 작품들을 크게 두 가지 유형으로
구분한다. 하나는 열려 있는 경계 표현으로서의 피부가 지닌 의미를
강조하는 작품들이고, 다른 하나는 혼성 배양된 피부 세포의 논쟁적
이고 전복적인 의미를 드러내는 작품들이다.

첫 번째 유형에는 알바 두르바노Alba d'Urbano, 아리아나 페이지 럿셀
Ariana Page Russel, 윔 델부와예Wim Delvoye 등이 포함된다. 두르바노는 '피
부 옷'(피부로 만든 정장)을 제작했는데, 이는 '피부'가 사회문화적 행
동으로서의 정체성들이 새겨지는 장소라는 데 착안한 것이다. 럿셀
은 뜨개질바늘이나 뭉툭한 도구를 활용해 배, 다리, 팔 등에 패턴을
그린 뒤 생성된 이미지를 사진으로 남겨 작품을 만든다. 이때 피부
는 고통이나 가려움 같은 특정한 감각적 경험과 낯섦, 익숙하지 않
음 같은 심리적 경험을 기록하는 장소가 된다. 벨기에의 개념 미술
가 델부와예는 분비물들이 신체 내부로부터 피분의 작은 구멍들로
빠져 나오는 모습을 현미경으로 확대해 비디오로 기록한다(비디오 작
품〈시빌 II〉). 이는 눈에 보이지 않는 피부의 존재 방식을 가시화한 것
으로서, 피부가 열린 장소로서의 피부, 내부와 외부가 소통하는 피
부, 그러나 끊임없이 분비물을 배출하는 3차원적이고 그로테스크한
신체의 일부임을 보여 준다.

줄리아 레오디카Julia Rodica, 프랑스의 '아르 오리엔테 오브제Art orienté
objet' 그룹, 오를랑Orlan 등은 두 번째 유형에 속한다. 우선 레오디카의
〈하임넥스트hymNext〉 프로젝트(2005~2007)는 남성의 표피에서 얻은

섬유아세포, 쥐의 대동맥에서 얻은 근육조직 세포, 레오디카 자신의 질 세포 등을 혼성하고 배양해 '대체 처녀막'을 만드는 작업이었다. 이때 젠더, 피부색, 인종 등과 무관한 새로운 처녀막은 '처녀막의 정치학'의 무력화를 유도한다. 아르 오리엔텔 오브제 그룹은 배양된 피부를 돼지의 진피와 접합한 후, 신화적 동물이나 멸종 위기 동물의 이미지를 동물 모티프로 전환시켜 접합된 피부에 문신으로 새겼다. 이를 통해 접합된 피부는 동물에 대한 인간의 타자화 및 지배 방식을 비판하고 그들의 상징적 융합과 동맹의 장소가 된다(인간 중심주의 비판). 그리고 프랑스 미술가 오를랑은 '다양한 색의 피부조직 배양을 통한 다인종적 할리퀸 코트Harlequin Coat' 프로젝트를 통해 텍스트로서의 (피부) 조직과 그 혼성이 지닌 경계 넘기 및 사회적·생물학적 '되기becoming'를 탐구한 바 있다.

전혜숙의 글은 오늘날 예술가들의 상상력과 활동이 도달한 지점을 가늠할 수 있게 해 준다. 오늘날 예술가들은 인간의 신체적 한계를 시험하는 방식으로 인간 중심주의와 정체성을 시험하는 한편, 혼종성 사유를 토대로 그에 대한 대안적 형상들을 끊임없이 상상하면서 실험하고 있다. 이와 같은 노력은 혼종성 관념의 이론적·실천적 유효성을 입증하는 중요한 사례에 해당한다.

〈다언어 글쓰기와 번역의 문제〉는 근대적 기획으로서의 번역의 기본 전제, 즉 각각의 언어가 독립적으로 존재하는 단일 구조물이라는 언어관과, 번역이란 언어·지리적으로 뚜렷하게 분리되는 두 언어·문화 사이의 활동이라는 암묵적 전제를 위협하는 새로운 텍스트들에 대해 살펴본다. 선영아는 제국어로 쓰인 텍스트 안에 자신의 모어를 섞어 넣음으로써 언어적 차원의 불가해한 타자성을 실현하는 텍스트, 그리고 제국의 언어를 '제것화'하는 여러 장치들을 통해 단일 언어성을 교란하는 텍스트로 인해 그 전제가 무너지고 있다고 본다.

데리다가 보르헤스의 단편들을 검토하며 다언어텍스트의 번역 불가능성을 선언한 데서도 드러나듯, 번역학이 하나의 텍스트 안에서 복수의 언어와 대면할 가능성을 고려하지 못하고 있음은 분명하다. 번역이란 언어 '대체'의 과정이지 언어 '혼종'의 공간은 아닐 것이기 때문이다. 심지어 포스트식민주의적 글쓰기는 제국어와 모어 가운데 어디로도 귀속되지 않는 '제3의 언어', 즉 혼종어를 고안해 내기도 한다. 그러나 이 혼종어는 번역 과정에서 흔적을 알기 힘들 정도로 소멸해 버리고, 그 결과 번역 불가능한 것으로 남게 된다.

아마두 쿠루마Ahmadou Kourouma의 글쓰기는 그 대표적 사례에 해당한다. 쿠루마의 글쓰기는 말링케족의 구전문학을 프랑스어로 전사한 '번역된 글쓰기'이기 때문에, 그의 글을 다른 언어로 옮기는 작업은 불가피하게 두 번째 번역이 된다. 그리고 이때 언어적 이질성과 혼종성이 적절하게 번역될 수 없음은 물론이다. 《열두 살 소령》의 한국어 번역본에서 쿠루마가 이루고자 했던 '비균질적 문화·언어적 공간의 체험'이 불가능한 것은 그로 인한 필연적 귀결이다. 그로 인해 이 소설은 다언어 텍스트의 번역 불가능성을 입증하는 증거가 된다. 그와 함께 선영아는 이론적 불가능성 속에서도 새로운 가능성을 모색해 낸 번역의 사례로서, 나이지리아 작가 켄 사로 위와Ken Saro-Wiwa가 쓴 《쏘자보이Sozaboy》의 프랑스어 번역본Sozaboy (Le pétit minitaire)을 소개하며 글을 맺는다.

이 글은 혼종적 글쓰기 앞에서 번역학이 느끼는 당혹스러움을 보여 준다. 그러나 이 당혹스러움은 비단 번역학만이 느끼는 것이 아니다. 그것은 이질적 문화들의 만남과 상호작용을 하나의 문화(자본주의 문화, 소비 문) 또는 하나의 언어(영어)로 '번역'하려는 시도 앞에서 우리가 느끼는 당혹스러움이기도 하다. 선영아가 혼종적 언어의 번역 불가능성을 번역학의 당면 과제로서 설정했듯이, 우리 역시 문화 제국주의와 혼종적 자본주의로 번역 불가능한 것의 존재를 사유하려는 노력을 멈추어서는 안 될 것이다.

끝으로 박규택의 〈제3의 공간과 전이성에 의한 결혼이주여성의 유동적·혼종적 정체성〉은 모국(유출국)과 한국(유입국)의 상이한 문화와 행동 양식이 접촉하는 공간에서 결혼이주여성의 정체성이 어떻게 변화하는지 탐구한다. 이를 위해 '제3의 공간'과 '전이성 liminality' 개념을 중심으로 대구광역시와 구미시에 거주하는 베트남(6명), 필리핀(3명), 중국(7명), 일본(7명) 출생 결혼이주여성의 구술사를 분석한다. '제3의 공간'에서 생성되는 혼종성은 두 문화와 행동 양식의 혼합을 통해 예측 불가능한 통합을 만들어 내고, 그 결과로서 결혼이주여성의 '유동적이고 혼종적인 정체성'을 형성하게 된다.

이 글은 다문화가정과 로컬을 '제3의 공간'의 사례들로서 다룬다. 우선, 다문화가정은 '결혼이주여성의 모국과 한국의 사회 및 문화가 접촉하면서 만들어진 사이 공간'으로 볼 수 있다. 이 공간에는 억압, 환대, 적응, 저항 등 다양한 가능성들이 존재한다. 말하자면 이 공간에서는 가정 내의 억압과 종속화가 발생하기도 하고, 관습과 언어 그리고 친정 가족과의 관계에 의한 혼종적 정체성이 형성되기도 한다. 다음으로 로컬은 결혼이주여성들이 이웃 사람이나 친구와의 만남, 자녀의 학교나 관공서 방문 등 다양한 활동을 하는 공간이다. 이 공간에서는 로컬에서의 차별과 무시를 통해 상처받은 자아가 형성되기도 하고, 결혼이주자들의 모임을 통해 능동적 행위를 하는 여성들이 등장하기도 한다. 여기서 결혼이주여성은 정체성 혼란을 경험하기는 하지만 다문화가정에서와 같은 혼종적 정체성을 표출하지는 않는다.

결론적으로 결혼이주여성은 다문화가정과 로컬에서의 문화혼종 경험을 통해 두 국적(민족)사이의 혼종적 정체성을 형성하거나, 아니면 모국 혹은 한국 지향적 정체성을 형성하게 된다. 전자의 경우 결혼이주여성은 모국과 한국 사이에서 이방인 상태를 경험하게 될 수도 있다. 후자의 경우에는 특이하게도 결혼이주여성이 여러 이유로 한국 지향적 정체성을 형성했다고 하더라도 모국과 완전히 분리되지는 않는다.

이 글은 한국 사회에서 문화적 혼종이 일어나는 대표적인 장소를 실증적·경험적으로 보여 준다. 여기서 혼종성은 억압의 요인으로 기능하기도 하지만, 능동적 활동을 촉발하는 계기를 제공해 주기도 한다. 그리고 당연한 말이지만, 이 둘의 뒤얽힘이야말로 혼종성 관념의 특징일 것이다. 결혼이주여성은 이와 같은 혼종성의 대표적 구현자로서 여전히 중요한 자리를 차지하고 있다.

이 책은 많은 분들의 도움에 힘입어 발간될 수 있었다. 무엇보다도 책의 발간 취지에 흔쾌히 동의해 주시고 귀한 원고를 섬세히 다듬어 보내 주신 선생님들께 감사의 말씀을 올리고 싶다. 공동 저서는 개인적으로 큰 업적이 되지 않는 일이기에 한 부분을 떠맡는 게 그리 쉬운 일은 아니다. 그럼에도 불구하고 많은 선생님들께서 한 권의 책을 내는 데 적지 않은 시간과 노력을 들여 참여해 주셨다. 이와 함께 여러모로 바쁜 와중에도 많은 원고들을 형식적으로 통일해서 한 권의 책으로 묶어 준 이현지 학생에게도 감사의 말을 전하고 싶다.

제 1 부

'혼종성' 사유의 분기

1 크레올의 시학
에두아르 글리상과 카리브 군도의 탈식민 문화 정체성

박주식

글리상은 누구인가?

"서구는 서쪽에 있지 않다. 그것은 장소가 아니라 하나의 기획이다."[1]

'서구'의 의미에 대한 카리브 군도 마르티니크Martinique 섬 출신의 작가이자 이론가인 에두아르 글리상Edouard Glissant의 진단은 분명하다. 글리상에 의하면 보편주의와 절대주의라는 신화에 의해 구성된 서구의 역사는 카리브 해의 혼종적 문화 정체성과 대면하는 순간 철저히 와해되거나 아니면 다른 관점에 의해 재구성될 수밖에 없다. 근

* 이 글은《비평과 이론》제21권 3호(2016년 가을)에 게재된 원고를 수정하고 보완하여 재수록한 것이다.

[1] Edouard Glissant, *Caribbean Discourse: Selected Essays*, CARAF Books, 1989, p. 14.

대성의 신화와 맞물려 탄생한 국가, 보편주의의 정치적 대리체이기
도 한 국가의 외피는 카리브 해의 특수성과 마주하는 순간 그 단단
함을 벗어 버릴 수밖에 없다는 것이다. 즉, 그것은 기껏해야 베네딕
트 앤더슨Benedict Anderson이 명명한 '상상된 공동체imagined communities'로
전락할 수밖에 없다는 말로 환원된다. 이런 관점에서 보자면 이론가
로서의 글리상은 카리브 군도의 역사적 현실에 비추어 서구의 식민
주의 기획을 비판해 온 제3세계 탈식민주의 이론가이며, 서구 근대
성의 기획에 내재된 야만성을 폭로한 탈근대주의 이론가이자, 더 나
아가 카리브 군도의 문화적 특수성을 치밀하게 추적해 온 문화 이론
가가 된다.

에두아르 글리상은 네그리튀드Négritude, 즉 흑인 본질주의 운동의
주창자인 에메 세제르Aimé Césaire와 탈식민주의 이론가이자 혁명가인
프란츠 파농Franz Fanon과 함께 카리브 군도 출신의 대표적인 저항 시
인이자 이론가로 90년대 이후, 특히 2000년대 들어 학계의 특별한
주목을 받고 있다. 글리상의 학문적 위치를 평가하면서 피터 홀워드
Peter Hallward는 "가장 카리브적인 특징을 보여 주는 글리상의 학문적
중요성은 오늘날 더 이상 논란의 대상이 아니다"[2]라고 단언하고 있
다. 글리상의 이론적·학문적 위상은 흔히 같은 카리브 군도 출신의
윌슨 해리스Wilson Harris, 에드워드 브래드웨이트Edward Brathwaite, 디렉 월
코트Derek Walcott의 그것에 비견되고 있다. 그런 이유로 오늘날 프랑스

---

[2] Peter Hallward, *Absolutely Postcolonial: Writing Between the Singular and the Specific*, Manchester: Manchester UP, 2001, p. 66.

어권 카리브 군도의 대표적인 이론가로 자리매김한 패트릭 사무아 조Patrick Chamoiseau는 "진정 글리상이야말로 우리가 배출한 위대한 작가이자 사상가"이며 "크레올리떼Croliré라는 개념은 글리상의 사유와 함께, 그리고 그것을 통해 태어날 수 있었다"[3]고 공언하고 있다. 글리상의 저술은 이제 영문학 및 프랑스문학계를 위시하여 카리브해 지역 연구, 탈식민주의 이론, 문화 정체성 연구, 탈근대 역사이론과 같은 학문의 장에서 활발한 논쟁과 다양한 해석을 기다리고 있다.

이러한 배경을 바탕으로 이 글은 크레올화creolization나 관계Relation 등과 같은 개념을 통해 압축적으로 제시되고 있는 글리상의 문화정체성 이론이 기존의 내용과는 어떤 변별력을 가지고 있으며, 그것이 과연 카리브 군도의 문화정체성을 진단하는 데 적합한 잣대를 제공할 수 있는지, 나아가 그가 주장한 바대로 그것이 카리브 군도의 지역적 특수성을 벗어나 오늘날 지구화 시대의 보편적 상황에 적용될 수 있는지를 알아보고자 한다. 따라서 이 글은 에두아르 글리상이라는 한 작가의 이론적 업적을 평가하는 작업을 넘어 그의 저술이 관여하고 있는 더 근본적인 문제의식들에 대한 이론적·실천적 가능성을 진단하는 작업임을 밝혀 두고자 한다.

그렇다면 글리상이 바라본 대로 오늘 전 지구화 시대를 살아가는 모든 사람들이 피해 갈 수 없는 보편적인 명제는 무엇이고 또 그 명제가 어떤 의미에서 카리브 군도의 특수성과 연결되는가? 바로 이 지점이 글리상의 탈식민 문화 정체성 이론이 구체화되고, 실현되

---

3   Peter Hallward, *Absolutely Postcolonial*, p. 66 재인용.

며, 그리고 또 한편으로 다양한 채널에서 도전받는 곳이 되기도 한다. 글리상의 문화 정체성 이론에서 적지 않은 혼란을 야기하는 지역 특수성과 세계 보편성의 문제, 아니면 좀 더 평범한 용어로 특수주의와 보편주의의 문제는 바로 이 지점에서 출발하고 있다. 카리브 군도의 특수한 역사적 환경이 왜 오늘날 전 지구적 상황에 적용될 수 있는가? 또 적용되어야 하는가? 글리상은 그 이유를 카리브 군도의 역사적 환경과 관계된 다양한 현상에서 찾고자 하며, 그 결과를 독특한 방식으로 이론화하고 있다. 글리상의 문화 정체성 이론에 등장하는 다양한 개념들—크레올화creolization, 관계Relation, 우회detour, 혼돈chaos, 불투명opacity, 방랑errancy, 총체성totality—은 바로 그러한 이론의 산물들이며, 이 개념들은 한때 탈식민주의 이론을 장식했던 스피박Gayatri C. Spivak의 서벌턴subaltern이나 호미 바바Homi Bhabha의 양가성 ambivalence과 혼종성hybridity이라는 용어 이상으로 연구자들의 관심을 집중시키고 있다. 그런 측면에서 글리상은 현 단계 지구화 담론이나 식민주의 담론에서 빼놓을 수 없는 주요 이론가 중의 한 사람으로 꼽히는 데 이론의 여지가 없다고 하겠다.

주지하다시피 현 단계의 지구화 시대에 문화 정체성 문제는 한결 복잡한 양상으로 전개된다. 이에 따라 그것을 논하는 공간 역시 그 담론의 성격에 따라 매우 다채로운 색채를 띤다. 한 시대를 열어 가는 지구적 환경의 급격한 변화는 인간과 사회는 물론이고 그것들을 이해하고 설명하는 패러다임의 급격한 변화를 요구한다. 글리상은 바로 이 같은 21세기 전 지구적 사회 환경의 변화를 적극 수용하여 전통적 서구 중심의 백색 문화와 가치에 그 특유의 도전장을 내밀며, 다원성과 이질성, 혼돈적 가치와 예측 불가능성, 그리고 경우에 따라서는 이종교배metissage와 같은 극단적 개념으로 무장된 식민문화론을 제시한다. 그리고 자신의 식민문화론이 사유 중심적 구성물이 아니라, 자신의 출신지인 카리브 군도의 살아 있는 경험lived experience 에서 출발한 것임을 분명히 한다. 글리상은 그만큼 자신의 이론이 갖는 실천적 측면에 역점을 두고 있는 셈이다. 그렇다면 이제 문제는 글리상의 이론이 드러내는 이론으로서의 타당성, 그리고 더 중요하게는 그 이론이 현 단계 전 지구적 문화 정체성이라는 주제를 효과적으로 검증해 낼 수 있는지를 알아보는 일로 귀결될 것이다.

이론적 출발점: 세제르와 파농을 넘어서

글리상의 식민문화론은 다른 무엇보다도 자신의 고향 마르티니크가 배출한 두 명의 사상적 거장인 세제르와 파농을 넘어서는 모종의 지점에서 출발한다. 글리상이 카리브 군도의 문화 정체성을 이해하는 새로운 인식적 장치로 세제르의 네그리튀드 운동, 그리고 이 운동의 영향 하에 전개된 파농의 혁명적 저항운동에 만족하지 못하고 그만의 독특한 이론적 작업을 수행해 왔던 배경에는 지금까지 카리브 군도의 역사와 식민 현실을 지배적으로 해석해 온 이들 이론과 인식론적 단절을 이루고자 했던 그 자신의 의지가 깊게 깔려 있다. 그렇다면 글리상은 같은 카리브 군도 마르티니크 출신이면서 자신과 동시대에 활동한 세제르와 파농의 이론이 갖고 있는 문제점을 무엇으로 보고 있는가? 한 마디로 이주 흑인들의 근원과 뿌리를 찾고자 했던 세제르의 네그리튀드는 본질주의의 오류에 빠져 결국은 카리브 군도의 현실에서 벗어나 이상주의로 전락하고 말았으며, 파농이 제안한 저항과 혁명을 통한 민족의 해방이라는 해법 역시 시대적 오류에 빠진 사르트르Sartre식 행동주의의의 모형으로 변질되었다는 것이다. 즉, 이미 더 이상 아프리카가 아닌 카리브 군도에서 아프리카 고유의 가치를 복원하고자 했던 네그리튀드 운동이나, 혁명을 통해 해방을 쟁취하고자 했던 파농의 전략은 애당초 카리브의 복잡한 문화 정체성을 이해하는 데 실패했다는 것이다.

이렇게 보면 20세기 초 카리브 군도의 탈식민주의 이념을 대변한 세제르의 네그리튀드와 파농의 해방주의 서사는 글리상이 자신의 학문적 여정에서 필히 넘어가야 할 거대한 협곡이었던 셈이다. 그러나 비록 글리상이 이들의 사상을 넘어서는 지점에 자신의 학문적 좌표를 설정한 것은 분명하지만, 이들의 사상적 관계는 단순한 수용이나 배척 혹은 극복과 같은 단어로 잡아낼 수 없는 한결 복잡한 성격을 지니고 있다는 점은 함께 지적되어야 한다. 왜냐하면 파농이나 글리상의 학문적 입문에 세제르가 끼친 영향력은 가히 절대적이었다 해도 과언이 아니기 때문이다. 예컨대, 파농의 초기작《검은 피부 흰 가면Black Skin White Mask》은 세제르의 서사시《귀향 수첩Notebook of a Return to the Native Land》을 떠나서는 나올 수 없었고, 글리상 역시 이 책으로부터 강한 영감을 받았다는 점은 잘 알려져 있다. 그러나 이후 프랑스에서 수학하게 된 파농과 글리상이 당시 프랑스의 지적 흐름에 심취하게 되면서 이들의 학문적 관계는 한층 복잡한 양상으로 전개된다. 파농은 실존주의와 심리학에 심취했고, 글리상은 현상학과 모더니즘 그리고 초현실주의에 매료된 것이다. 결과적으로 그들이 안착한 지점은 아이러니컬하게도 세제르의 네그리튀드가 갖는 한계에 대한 서로 다른 해석이었던 것이다.

　파농은 명저《대지에서 유배된 자들The Wretched of the Earth》에서 식민 사회는 필연적으로 지배자와 피지배자 사이의 이원 대립구조manichean structure를 탄생시키고, 이 대립구조에서 파생되는 지배와 억압은 오직 폭력적 저항을 통해서만 극복된다는 주장을 제시한다. 따라서 피지배자들에게 폭력과 저항은 자신들의 정체성을 회복할 수 있는 유일한 수단이며, 이 정체성을 바탕으로 자신들의 진정한 민족문화를 달성할 수 있는 적극적인 행위가 된다는 것이었다. 이 과정에서 그에게는 무엇보다 세제르가 제창한 흑인의 본질적 정체성이라는 개념이 커다란 부담으로 다가왔다. 예컨대, "다시 한 번 나는 우리 흑인의 전통 문명을 비호해야 할 필요를 느낀다"[4]는 세제르의 말은 바로 그런 부담을 단적으로 표시한 것이었다. 결과적으로 파농은 당시 세제르와 같은 일부 흑인민권운동가들에 의해 제창된 네그리튀드와 같은 범아프리카주의 한계를 지적하면서, 민족 해방의 토대가 되는 식민 상황에 대한 올바른 진단은 흑백과 같은 민족적 차별성을 통해서가 아니라, 그 식민 사회의 정치적·경제적 요인들에 의해 파생된 구조적 현상을 통해서 이루어져야 함을 역설하였다. 식민 사회의 이원적 대립 관계 속에 존재하는 개인 및 집단은 필연적으로 정신적

---

[4]　에메 세제르,《식민주의에 대한 담론》, 이석호 옮김, 그린비, 2011, 33쪽.

소외와 주변화 과정을 겪게 되고, 나아가 식민 사회가 가진 이러한 구조적 요인은 식민 지배자들의 억압과 착취를 더욱 심화시키는 장치로 작동된다고 파농은 보았던 것이다.

따라서 파농의 이론은 식민 현실에 대한 실존주의적 인식에서 출발하여, 이 현실로 인해 파생되는 심리적 결과를 주목하고, 이와 더불어 저항과 폭력을 정당화하는 정치적 결론으로 발전되었다고 볼 수 있겠다. 문제는 부족, 흑인본질주의, 그리고 범아프리카주의Pan-Africanism 등과 구분해서 파농이 제시한 '민족문화' 내지는 '민족국가 건설'이라는 명제, 그리고 이에 필연적으로 수반되는 폭력을 통한 혁명이라는 개념은 또 다른 형태의 본질주의적인 오류에 기인하고 있다는 것이 글리상의 진단이다. 프랑스의 해외도海外道(DOM)으로 전락한 마르티니크의 현실에 깊은 좌절감과 함께 프랑스 식민주의 동화정책에 강한 저항감을 지녔던 그였지만, 글리상은 결국 지배와 피지배라는 이원론적 논리에 기초한 정치적 해법만으로는 현 단계의 세계 질서를 올바르게 이해할 수 없다는 인식에 이르게 된 것이다. 현실은 그것이 식민주의 현실이든 아니면 다른 종류의 현실이든, 아프리카의 근원을 찾아 거슬러 올라가고자 했던 세제르 류流의 본질주의나 정치적 해법을 통한 민족 해방의 가능성을 타진했던 파농 류流의 이상주의로는 쉽게 파악될 수 없는 훨씬 더 복잡한 내용을 지니고 있다는 것이 글리상의 생각이었던 것이다.

이와 같은 글리상의 현실 인식은 이미 초기부터 그의 작품에도 직접 투영되어 나타난다. 그의 작품 속에 투영된 자연은 대체적으로 투명함보다는 모호함을, 예컨대 명확함보다는 중첩됨을, 고정됨보다는 유연함을 암시하는 오브제로 나타난다. 경우에 따라 그런 자연은 서술자와 명확하게 구분되지 않기도 한다. "내 생각에 현실을 드러내고자 하는 소설은 그 현실을 다양한 각도, 즉 긍정적인 모습과 함께 부정적인 모습을 통해서 동시에 접근해야 한다고 본다."[5] 한때 소설이라는 문학 장르와 관련하여 글리상이 남긴 말은 이 점을 잘 보여 준다. 이와 관련하여 마이클 대쉬Michael Dash는 "글리상의 저술 전체는 인간 경험의 감각적 복잡성에 관심을 두고 있는 것 같다"고[6] 말하고 있다. 그렇게 보면 후일 그가 야심차게 조망했던 불투명성, 방랑, 크레올화 및 관계와 같은 주요 용어들은 이미 이 무렵부터 그의 사유 속에 웬만한 터전을 마련하고 있는 셈이 된다. 결국 글리상의 전 저술에 흐르는 핵심 쟁점은 오랫동안 네그리튀드와 행동주의 정치학이 지배해 온 마르티니크에서 범아프리카주의의 이상이 붕괴됨에 따라 이를 대체할 만한 새로운 문화 정체성의 전략을 짜내는 데에 집중되고 있다고 하겠다. 글리상이 일생 동안 근원과 뿌리에 대한 문제에서 손을 떼지 않은 것은 이러한 인식의 결과로 나타났다고 보는 것이 올바를 것이다.

---

[5] Michael Dash, *Eduouard Glissant*, Cambridge: Cambridge UP, 1995, p. 10 재인용.

[6] Michael Dash, *Eduouard Glissant*, p. 29.

크레올화와 관계의 시학

글리상에게 마르티니크 섬, 그리고 더 나아가 카리브 군도는 늘 특별한 대상으로 존재한다. 그것은 그의 존재를 가능하게 했고 그의 창작과 이론을 잉태시킨 공간이란 점에서 당연할 수도 있을지 모른다. 그러나 그에게 있어서 그 특별함은 그 이상의 다른 무엇으로부터 기인한다. 글리상은 무엇보다 땅이 함축하는 깊은 의미를 포용하는 시인이자 이론가로 알려져 있다. 그는 한때 《레자르드 강》에서 "모든 사람은 자신의 땅이 드러내는 진실을 말하도록 창조되었다"[7] 라는 말을 남겼다. 또한 그는 "아메리카의 지형들은 가장 작은 섬에서부터 웅장한 협곡에 이르기까지 열림과 넘쳐남 그리고 공간 속으로의 비상을 가능하게 하는데 이것이 우리가 느끼고 생각하는 방식에 깊은 영향을 미친다. 내가 시작하고 또다시 항상 되돌아오는 곳은 바로 여기에서부터다"[8]고 말하고 있다.

이런 측면에서 그는 긍정적 의미의 영토화를 주창한 이론가, 즉 인간 사회의 인식과 실천의 장에서 장소가 지니는 특별한 의미에 민감한 이론가로 알려져 있기도 하다. 인간 경험의 터전으로서의 땅과 장소가 인간의 행동 양식을 결정하고 삶을 구성하는 중요한 요인이 되고 있다는 비평적 인식은 오래전부터 폭넓게 자리 잡아 왔지만, 그것이 이념적인 면에서 개인적이며 민족적이고 또한 더 넓게는 국

---

[7] Peter Hallward, *Absolutely Postcolonial*, p. 66 재인용.

[8] Michael Dash, *Eduouard Glissant*, p. 22 재인용.

가적인 정체성을 결정하는 주된 요인이라는 인식은 비교적 최근의 (탈)식민 담론이 등장하면서부터다. 글리상에게 카리브 군도가 갖는 땅의 의미는 무엇보다 남다르다. 특별히 글리상에게 땅은 현실의 다면적 측면이 인간 경험과 교차되는 공간적 좌표이자 그 인간 경험이 역사로 축적되는 삶의 구체적 현장이다.

땅이 문화적 담론 공간의 한 부분이라는 점에서 글리상이 그것을 특별히 서구 식민주의의 원천인 근대성modernity 문제와 함께 논의한다는 것은 당연해 보인다. 근대성 이후 땅과 장소는 단순한 삶의 터전이나 배경이 아닌 상충하는 가치들이 서로 충돌하는 담론 공간이 될 수 있었기 때문이다. 주지하다시피 근대성은 무엇보다도 사회·정치적인 의미에서는 서구의 세계 지배권이, 그리고 사상적인 면에서는 계몽주의에 기초를 둔 교화와 계발의 이념이 정착된 시기다. 계몽주의의 출현과 함께 근대는 비문명화되고 원시적인 과거에 비해 우월한 시대로 파악되었고, 이를 토대로 문명화된 서구 세계는 아직 과거의 틀 속에 존재하는 비문명화된 원시사회를 정복하여 교화하고 문명화시켜야 한다는 당위적 이념을 스스로에게 부여하게 되었다. 즉, 근대성은 지배에 대한 정당성이 확보된 하나의 시대 개념이자 담론 체계인 셈이었다.

스튜어트 홀Stuart Hall은 근대성과 서구의 탄생을 논하면서 서구라는 말이 지질학적 용어가 아니라 역사적인 용어임을 설명하고 있다. 앞서 글리상이 말한 것처럼 서구는 하나의 지질학적 장소를 의미한다기보다는 하나의 개념이며 관념이라는 것이다. 홀에 의하면 역사적으로 서구라는 개념은 여러 가지 방식으로 그 기능을 발휘했는데, 첫째는 사회를 서로 다른 범주로 특징화하고 분류하는 것이었고, 둘째는 하나의 이미지를 창조하는 작업이었으며, 셋째는 비교 모델을 제공하는 일이었고, 넷째는 사회가 서열화되도록 평가 기준을 제공하는 일이었다는 것이다.[9] 이렇게 볼 때, 근대성과 함께 탄생한 서구라는 말은 서구 이외의 모든 장소를 재단하는 하나의 잣대이며 척도가 된 셈이다. 근대성이란 다름 아닌 "땅에 대한 제국주의적 규제"[10]라는 터너[B. S. Turner]의 말 역시 이와 연결된다. 따라서 근대성의 등장은 땅으로서의 식민지에 대한 서구 지배권의 형성, 그리고 그 지배권에 대한 정당성을 부여해 주는 서구 중심주의라는 이데올로기의 탄생과 긴밀히 맞물려 있다는 인식은 이제 식민주의 문화 정체성 담론과 관련하여 빼놓을 수 없는 내용이 된다. 그렇다면 글리상에게 카리브 군도라는 땅과 장소가 함축하는 특별성은 무엇이고 그것이 어떤 의미에서 그 특별성을 넘어 보편성을 획득할 수 있는가? 그가 제시한 크레올화와 관계의 시학은 바로 이 문제와 직접 맞닿아 있다.

식민주의 역사에서 카리브 군도만큼 서로 다른 인종과 민족 및 종족들의 집단적 이주와 이입을 경험한 곳은 지구상 어느 곳에서도 찾아볼 수 없다. 가히 카리브 군도는 상이한 문화 사이의 충돌의 현장이자 근대 혼종 문화의 원형이 되고 있다. 이 미증유의 역사적 환경 속에서 카리브 군도는 이질성과 차이, 문화적 충돌과 갈등, 새로운

---

9   Stuart Hall, *Modernity: An Introduction to Modern Societies*, Eds. Stwart Hall et al, Cambridge: Polity Press, 1995, p. 186.

10   B. S. Turner ed., *Theories and Modernity and Postmodernity*, London: Sage, 1990, p. 4.

가치의 유입과 생성을 통한 혼종적 문화 정체성이 탄생하는 특별한 공간으로 자리 잡는다. 따라서 글리상에게 카리브 군도는 단순한 유배지로서의 땅의 의미를 훨씬 넘어서고 있다. 그의 문학적 및 이론적 전 작업에서 그것은 때로는 삶의 구체적인 현장으로, 또 때로는 그 현장을 포착해 내는 사유와 관념으로, 그리고 또 다른 경우에는 이 두 가지가 뒤얽혀 있는entangled 미지의 영역으로 전개된다. 그래서 제임 하네켄Jaime Hanneken과 같은 학자는 "오늘날 탈식민주의 문화정치학에 대한 인문학적 연구에서 군도만큼 더 강력한 수사학적 비유를 제공하는 단어는 없을 것"[11]이라고 단언하고 있다. 다분히 글리상의 학문적 업적을 배후에 깔고 있는 진단이다.

　글리상이 자신의 문화 정체성 이론에서 주목하고자 한 것도 다름 아닌 바로 이 부분이다. 카리브 군도의 지역적 특수성은 바로 기존의 어떠한 지정학적·역사적·문화론적 이론으로도 쉽게 해명되지 않는 특별함을 보여 준다. 동시에 카리브 군도는 탈식민 문화 정체성에 대한 열린 가능성을 제공하는 또 다른 특별함을 지닌다. 글리상은 그 특별함을 크레올화creolization라고 부르고 있다. 그리고 그것을 설명하기 위한 이론적 패러다임으로 '관계의 시학Poetics of Relation'을 제시한다. 언어학적 측면에서 살펴볼 때 혼종적 성격이 다분한 크레올creole은 본질의 언어라기보다는 관계의 언어이며, 확립된 의미를 전달하는 소통의 매체라기보다는 그것을 해체하고 전복시킨다는

---

[11] Jaime Hanneken, *Imaging the Postcolonial: Discipline, Poetics, Practices in Latin American and Francophone Discourse*, Albany: SUNY Press, 2015, p. 65.

점에서 탈주marronnage의 매체에 해당한다는 것이 글리상의 판단이다. 따라서 글리상이 제시한 크레올화란 용어에 피할 수 없는 정치성이 함의되어 있다면 그것은 이 용어가 애당초 서구가 만들어 온 보편주의universalism 신화에 투영된 본질essence과 근원origin을 거스르는 반서구적 개념으로 자리 잡고 있기 때문이다. "크레올과 프랑스어 사이의 갈등이라는 측면에서 살펴볼 때, 유일하게 가능한 전략은 그들을 서로에게 불투명opaque하게 만드는 것, 즉 보편주의와 환원주의적 휴머니즘에 저항하여 불투명한 구조 이론을 도처에서 개발시키는 것이다."[12] 크레올이 서구의 보편주의와 휴머니즘에 저항하는 정치적 역학 관계와 관련하여 글리상은 이렇게 말하고 있다.

따라서 글리상이 제시하고 있는 크레올화를 더 직접적으로 말하자면 그것은 카리브 군도의 탈식민 문화 정체성에 대한 우회적 표현이라고 보는 것이 합당하다. 카리브 군도의 이주민들은 자신들이 겪어 온 특별한 경험을 통해 가지고 있던 정체성을 상실함과 동시에 새로운 복합 문화를 형성해 왔다. 즉, 이주민들은 또 다른 문화 정체성을 획득하게 되었으며, 이러한 과정에서 그들은 필연적으로 크레올화라는 끊임없이 이동하고 변동하는 문화의 역학에 편입된 것이다. 따라서 크레올화는 모종의 고정된 모델로 정착됨을 거부하는 뒤섞이고 뒤얽힌 정체성을 의미한다. 이런 의미에서 크레올화는 그가 다른 맥락에서 사용한 이종교배métissage나 앙티아니테Antillanité와 크게 구분되지 않는다. "우리가 이종교배를 두 가지 상이한 것들의 조우

---

[12]   Edouard Glissant, *Caribbean Discourse*, p. 133.

내지는 종합으로 본다면, 크레올화는 무한한 이종교배, 그 구성 요소가 분산되고 그 결과가 예측 불가능한 이종교배라고 할 수 있다"[13] 라는 말에서 확인할 수 있는 내용이다. 이런 관점에서 보자면 본질주의적인 흑인의식 속에서 아프리카의 기원을 찾고자 했던 네그리튀드 운동은 글리상의 이론적 기획에서 애당초 빗나갔던 것이다. 카리브 군도의 특별함, 즉 복합적·혼종적 문화 현상에 주목했던 글리상이 이종교배나 크레올화라는 개념을 문화적 진정성이나 민족적 순수성 및 근원에 대한 집착으로부터 벗어나는 주요 전략이나 개념으로 제시했다는 점은 당연하다고 할 수 있겠다.

일면 글리상이 제시한 '크레올화'라는 개념은 그의 명저 《관계의 시학Poetics of Relation》에 앞서 파트릭 사무아죠Patrick Chamouiseau, 장 베르나베Jean Bernabé, 라파엘 콩피앙Raphael Confiant 등이 《크레올성의 찬양In Praise of Creolness》이란 공동 저서에서 제시한 크레올리테créolité, creolness라는 개념과 유사한 것처럼 보인다. 이 책에서 이들 공동 저자는 크레올리테와 관련하여 "우리는 유럽인도, 아프리카인도, 아시아인도 아니며, 단지 크레올인임을 선언한다"고[14] 말하며 크레올의 혼종적 정체성을 제시한 적이 있다. 이들의 주장이 네그리튀드에 대한 비판에서 출발했다는 점, 카리브 군도의 집단의식을 상기시킨다는 점, 그

---

[13] Edouard Glissant, *Poetics of Relations*, Trans. Betsy Wing, Ann Arbor: U of Michigan P, 1997, p. 34.

[14] Lorna Burns, *Contemporary Caribbean Writing and Deleuze: Literature Between Postcolonialism and Post-Continental Philosophy*. London: Bloomsbury, 2012, p. 125 재인용.

리고 뒤얽힌 전체성totality에 대한 비전을 제시한다는 점에서 크레올화에 제시된 글리상의 주장과 일맥상통한다고 할 수는 있으나, 이들은 크레올리테를 하나의 고정된 정체성으로 보고 있어 결국은 토대주의 정치학에 머물고 있다는 것이 글리상의 비판이기도 하다. 이점과 관련하여 "불행하게도 카리브 군도는 서구가 그들을 식민화할때 사용했던 똑같은 모델의 정체성을 가지고 반식민주의 운동을 수행했다. 따라서 이제 정체성에 대한 요구 대신에 다른 길을 창조해나가야 함이 절대적으로 필요하다"[15]는 글리상의 지적은 당시 카리브 군도의 지적 환경에 깊이 배어 있는 본질주의적 사유에 대한 그의 거부감이 무엇인지를 잘 보여 준다.

앞서 거론한 파농이나 세제르 혹은 크레올리테 학자들 이외에도 글리상에 학문적 영향을 끼친 카리브 군도 출신의 문화 이론가들은 실로 다양하다. 글리상이 이들과의 다양한 접촉을 통해 문화 정체성과 관련된 자신의 생각을 정립시켰다는 점은 이론의 여지가 없을 것이다. 크레올화를 예로 들더라도 원래 이 용어는 카리브의 바베이도스Barbados 시인 에드워드 브래드웨이트Edward Brathwaite가 《상충하는 징조들Contradictory Omens》에서 플랜테이션plantation 이후 자메이카 사회의 문화적 변혁을 분석하기 위해 사용한 말이었다. 1962년 영국의 오랜 식민 지배에서 독립한 이래 자메이카는 이질적 문화의 유입에 따른 혼종적 정체성을 맞이하게 되며, 브래드웨이트는 이 현상을 긍정적

---

[15] Celia Britton, *Eduard Glissant and Postcolonial Theory: Strategies of Language and Resistance*, Charlottesville: University of Virginia Press, 1999, p. 188 재인용.

인 관점에서 크레올화란 이름을 통해 바라보았다. 그가 생각한 크레올화는 식민 지배라는 역사적 폭력으로부터 탄생한 복잡하지만 풍요로운 하나의 유산에 해당하는 것이었다. 글리상이 브래드웨이트의 저서에 나오는 한 구절 "통일은 해저에 있다The unity is sub-marine"를 《관계의 시학》제사epigraph로 사용했다는 사실만으로도 브래드웨이트의 무게를 새삼 확인할 수 있다.

쿠바 출신의 인류학자이자 문화이론가인 페르난도 오르티츠Fernando Ortiz와 그의 이론에 영향을 받은 소설가 안토니오 베니테즈-로조Antonio Benitez-Rojo 역시 글리상의 크레올화에 영향을 준 중요한 인물로 꼽힌다. 특히 오르티츠는 《쿠바의 대위법Cuban Counterpoint》에서 문화이입acculturation과 문화전이transculturation라는 문화 충돌의 두 유형을 제시하고 있는데, 이와 관련하여 '문화전이'란 개념이 글리상의 사유에 상당한 영향을 끼쳤음이 잘 알려져 있다. 하나의 정체성이 없어지고 새로운 정체성이 형성되는 과정, 카리브인이 되어 가는 과정에서 필연적으로 개입되는 전위displacement의 문제를 설명하기에는 문화전이라는 개념이 글리상에게는 더없이 적합했다는 논지다. 또한 베니테즈-로조는 《반복되는 섬The Repeating Island》에서 오르티츠의 문화전이라는 개념을 이어받아 포스트모더니티postmodernity와 혼돈 이론을 접목시키고 있는데, 바로 이것이 글리상의 《관계의 시학》에 등장하는 혼돈 이론의 출처가 되고 있음이 알려져 있다.

크레올화의 또 다른 특징 중의 하나는 글리상이 그것을 어떤 완결된 상태나 존재being가 아닌 하나의 과정이나 되어 감becoming으로 보고 있다는 점이다. 즉, 카리브 군도의 정체성은 모종의 고정된 형태로

실현될 수 있는 것이 아니라, 늘 하나의 '카리브로 되어 가는becoming–
Caribbean' 과정이라는 점이다. 이 점에서 글리상이 제시한 크레올화는
들뢰즈Gilles Deleuze와 가타리Félix Guattari의 리좀rhizome이 갖는 유목민적
정체성과 크게 다르지 않다. 실제로 글리상의 문화 정체성 이론에
들뢰즈의 포스트모던 철학이 끼친 영향이 지대하다는 점은 잘 알려
져 있다. 로버트 영Robert Young이 《식민주의적 욕망Colonial Desire》에서 식
민주의의 폭력성을 들뢰즈식 욕망하는 기계desiring–machine의 생산물로
파악한 이래 적지 않은 연구가 들뢰즈/가타리의 철학과 탈식민주
의의 관계를 논해 왔지만, 이 분야에서 단연 학문적 관심의 대상으
로 떠오른 것은 글리상의 문화 정체성 이론이다. 그의 철학과 이론
이 압축되어 있는 《관계의 시학》에는 들뢰즈/가타리에 대한 직접적
인 언급이 산재해 있을 뿐만 아니라, 이 저서에 나오는 관계Relation나
전체성totality과 같은 용어들은 다른 무엇보다도 들뢰즈의 철학을 함
께 살펴볼 때 충분한 이해가 가능해지기 때문이다. "내가 관계의 시
학이라고 부르는 것, 즉 하나하나의 정체성이 타자와의 관계를 통해
확장되어 가는 현상의 배후에는 리좀적인 사유가 하나의 원리로 깔
려 있다"는[16] 글리상의 말은 이를 단적으로 보여 주고 있다. 이 점은
그의 《관계의 시학》에 나와 있는 뿌리 정체성과 관계 정체성을 살펴
봄으로써 좀 더 분명하게 드러나게 된다.

---

[16] Edouard Glissant, *Poetics of Relations*. p. 24.

뿌리 정체성과 관계 정체성

《관계의 시학》과 함께 글리상에게 '관계'라는 말은 크레올화의 작동 원리를 설명하는 최적의 용어로 떠오르게 된다. 그리고 크레올화는 카리브 군도의 특수한 환경에만 적용되는 혼종 문화의 메커니즘이 아니라 전 세계의 보편적 현상을 설명해 주는 포괄적인 개념으로 확대된다. 군도라는 용어 역시 그 기능과 의미가 대폭 확대된다. 심지어 글리상은 "모든 것은 군도다"[17]라는 말을 남기고 있다. 군도는 더이상 지질학적 의미의 자연이 아니라 세계의 정치적·문화적 역학 관계를 함축하는 특별한 메타포가 된 것이다. 그리고 군도에 비유되는 전체-세계의 정체성은 바로 관계 정체성으로 통하게 된다. 따라서 글리상에게 관계 정체성은 생성과 소멸 및 변화를 무한히 반복하는 정체성을 일컫는다. 정체성은 찾아야 할 그 무엇이 아니라 이미 관계 그 자체이며 되어 감 그 자체가 된다.

그런 의미에서 그것은 들뢰즈의 용어를 차용해 표현하자면 리좀 정체성이자 유목민 정체성에 해당하기도 한다. 단 하나의 구심점으로부터 성장이 가능한 뿌리와 달리 그 자체가 이미 뿌리며 줄기인 리좀은 서로 다른 결절로부터 동시에 무작위적으로 증식하는 속성을 지닌다. 리좀 정체성은 좁은 의미로는 카리브 군도의 문화 정체성을 말하며 넓은 의미로는 오늘날의 지구화 시대 전체-세계whole-world의 문화 정체성을 의미하기도 한다. 관계 정체성은 합법적 계통

[17] Edouard Glissant, *Poetics of Relations*. p. 98.

이나 순수한 기원과 같은 개념들을 거부하고 그것들이 폭력적·지배적·배타적 사유의 산물임을 밝히는 정체성이기도 하다. 이와 관련하여 "관계 정체성은 유래라는 숨겨진 폭력 속에서가 아니라 관계의 카오스적 네트워크 속에서 형성된다"고[18] 글리상은 단언한다.

이에 반해 뿌리 정체성은 관계가 아닌 유래filiation와 기원을 추적한다. 그것은 계통을 이어 나아가고자 하는 직선적 사유의 결과물이다. 되어 감에 열려 있고 미래에 대한 예측을 거부하는 관계 정체성과는 달리, 뿌리 정체성은 고정된 존재 상태에 대한 굳건한 믿음에 의해 탄생한 종적 사유의 산물이다. 그런 의미에서 그것은 전통적으로 보편주의를 지향하는 서구적 정체성의 모델이 되어 왔다. 그리고 뿌리 정체성을 확보하고자 하는 노력은 서구 식민주의 기획 중 가장 대표적인 것이 되어 왔다. 그것은 타자와의 교환이나 접촉이 아닌 타자의 부정을 통해, 아니면 타자를 자아로 흡수하는 동화를 통해 자아의 본질을 추적하여 확보하고자 하는 식민주의 기획과도 연관된다. 글리상이 세제르의 네그리튀드를 쉽게 받아들일 수 없는 근본적인 이유도 여기에서 찾아진다. 흑인의 아프리카적 근원을 추적해 흑인 고유의 흑인의식을 찾고자 하는 네그리튀드는 결국 흑인 본질주의를 추구하는 뿌리 정체성에 연결된 사유 양식이기 때문이다. 문제는 이러한 운동이 늘 서구 식민주의 기획에 역으로 활용당할 위험에 빠질 수 있다는 점이다. 마르티니크가 행정적으로는 1946년 프랑스의 해외도라는 지위로 격상되어 스스로의 자치권이 보장되었

---

[18] Edouard Glissant, *Poetics of Relations.* p. 144.

지만, 프랑스의 집요한 동화정책의 결과 경제적 종속과 문화적 박탈 그리고 심리적 좌절이 한층 심해졌다는 사실이 이 점을 방증한다.

그렇다면 글리상에게 관계Relation는 무엇을 일컫는가? 이 점에서 무엇보다 특징적인 것은 그가 관계를 하나의 구조로 보기보다는 과정으로 이해하고 있다는 점이다. 즉, 글리상에게 관계는 어떤 원리에 의해 지배받는 하나의 역동적 과정이라고 할 수 있는데, 중요한 것은 이때 원리는 이질적인 요소들을 지배할 뿐 아니라 그 요소들에 의해 끊임없이 변화하는 대상이 된다는 점이다. 즉, 관계는 정체성이 생겨나고 변화하는 하나의 과정인 것이다. 이런 관계 속의 존재는 어떤 고정된 내용을 지닌 상태로 서로 뒤섞이는 것이 아니기 때문에 존재는 되어 감을 떠나서는 이해할 수 없다는 말이 된다. 그렇게 보면 관계는 사물들 사이의 관계가 아니라 스스로를 구성해 가는 총체적인 시스템이다. 이 점은 곧 살펴보게 될 관계와 전체성의 문제로 확대된다. 관계를 굳이 하나의 시스템으로 규정한다면 그것은 서로 분리된 독립적 요소들이 상호작용하는 시스템이 아니라, 그 요소들이 비위계적인 상태로 자유롭게 상호 연결된 매우 유동적이고 비체계적인 시스템이라고 할 수 있겠다. 이 과정에서 글리상이 특별히 강조하는 것은 움직임과 역동성이다. 역동성은 하나의 개체—그것이 인간이든지 민족이나 국가든지 아니면 식민주의가 되든지—가 결정론적 인과관계나 환원주의적 주종 관계로 해명되지 않는다는 사실을 보여 주기도 한다. 따라서 글리상에게 관계로 존재한다는 것은 끊임없이 변화하고 끊임없이 다양화되는 과정으로 존재한다는 것이며, 어떤 영속적이고 절대적이며 독립적인 본질로 환원되지 않는다는 것을 의미한다.

이런 점에서 글리상의 관계에는 필연적으로 타자의 문제가 개입된다. 관계는 무엇보다 자아와 타자의 역학 관계를 전제하는 개념이기 때문이다. 글리상의 관계는 자아로 환원되지 않는 타자의 차이를 인정하는 관계다. 나아가 그것은 타자가 자아와 동등한 위치에 존재함을 인정하는 비위계적 사유의 결과물이다. 그것은 타자를 자아로 환원하는 보편주의의 사유와 거리를 둔다. 그런 의미에서 글리상에 의하면 보편주의의 신화를 앞세워 지배와 정복의 역사를 이어 온 서구는 애당초 관계의 시학과는 거리가 먼 세계가 된다. 그러나 서구로 하여금 관계를 통해 세계 인식을 가능하도록 만든 것은 역설적으로 서구의 식민주의다. 식민 지배를 통해 서구는 타자로서의 새로운 문명을 대면하게 되었고, 이 관계에서 필히 서구의 한계가 노출되어 서구의 통일성이 붕괴되었기 때문이다. 그에 반해 카리브 군도는 특별한 식민 경험을 통해 그가 말한 관계를 구현한 특징적인 공간으로 제시된다. 그곳에 유입된 한 인종은 다른 인종과 섞여 새로운 인종으로 바뀌게 되고 그 결과 이들은 크레올화라는 끊임없이 변화하고 순환하는 과정에 편입되게 된다는 것이다. 타자Other 내지는 타자성alterity의 문제가 (탈)식민주의 담론에서 빼놓을 수 없는 주제라고 볼 때 이러한 글리상의 타자 인식에는 그리 새로운 것이 없을 것이라는 의견도 가능할지 모른다. 그러나 글리상의 시학에는 그동안 펼쳐져 왔던 타자의 담론만으로는 쉽게 해명되지 않는 더 많은 것들이 존재한다.

무엇보다 관계의 시학에서 타자의 정체성은 동일자the Same의 정체성과 마찬가지로 절대성이 부여되지 않는 되어 감의 정체성을 지닌다. 이 점에서 관계의 시학에 내포된 글리상의 타자 인식은 동일자와 타자에 대한 에마뉘엘 레비나스Emmanuel Levinas의 철학과도 분명히 구분된다. 주지하다시피 레비나스는 서구 철학에서 동일자의 폭력에 묻힌 타자의 정당한 지위를 복원하려는 과업에 매달린 철학자다. "철학은 지금까지 존재론이 되어 왔으며, 이 과정에서 존재자의 이해를 보증하는 중립적 용어의 개입을 통해 타자는 동일자로 환원되었다"고[19] 말하면서 서구 철학은 기껏해야 자아학egology이 되어 왔다고 주장한다. 그에 의하면 자아학은 타자를 동일자로 환원하는 전체성의 철학이며, 동일자의 이름으로 타자를 억누르는 힘의 철학이다. 그런 이유로 레비나스는 동일자 중심의 사유에서 타자 중심의 사유로 방향의 전환을 촉구한다. "이제부터 이타카Ithaca로 되돌아오는 율리시즈Ulysses의 신화 대신에 자신의 조국을 떠나 미지의 세계로 영원히 떠나가 버린 아브라함Abraham의 이야기를 하려 한다"는[20] 레비나스의 말은 알 수 없는 미지의 영역 즉, 앎의 영역으로 끌어들일 수 없는 타자를 자신의 철학적 기획으로 삼고자 하는 그의 의지를 보여준다.

그러나 글리상의 타자는 레비나스의 절대적인 타자와는 거리가 멀다. 동일자는 타자에 의해 규정되듯이 타자 역시 동일자에 의해

---

[19] Emmanuel Levinas, *Totality and Infinity*, Trans. Alphonso Lingis, Pittsburgh: Duquesne University Press, 1969, p. 43.

[20] Colin Davis, *Levinas: An Introduction*, Cambridge: Polity, 1996, p. 33 재인용.

규정된다. 즉, 동일자와 타자의 순수성, 나아가 동일자와 타자의 정적인 양극성은 하나의 환상에 지나지 않는다는 얘기다.《관계의 시학》에 나와 있는 공통 공간Common Place을 추적하면서 글리상의 관계에는 레비나스의 윤리적 책무가 담겨 있다고 본 시아나 오클리Seanna S. Oakley와 글리상의 관계의 시학에 녹아 있는 레비나스의 타자 윤리학을 추적한 존 드래빈스키John Drabinski 역시 이 점을 간과하고 있는 듯하다.《카리브 담론》의 〈동일자와 다양성Sameness and Diversity〉에 나오는 말—"동일자는 고정된 존재를 필요로 하고 다양성은 되어 감을 요구한다"[21]—에서 볼 수 있듯이, 글리상에게 동일자에 대치되는 개념은 경우에 따라 오히려 다양성으로 나타난다. 이때 다양성은 동일자의 위협에 대항하는 되어 감의 시학a poetics of becoming으로 등장한다.

글리상에 의하면, 자아와 타자의 관계에서 타자는 필히 불투명성opacity 내지는 밀도density를 드러낸다. 타자의 불투명성은 자아가 꿰뚫을 수 없는 일종의 타자의 장막에 해당되는 셈이다. 그런 의미에서 글리상의 불투명성은 타자의 윤리학에 포용된다.《관계의 시학》에는 "우리는 모든 사람에게 있어서 불투명성의 권리를 요구한다"[22]는 말이 나오는데, 다분히 정치적 함의가 깔린 윤리적 명령을 선언하는 것으로 읽히는 이 구절에서 불투명성은 타자에 대한 자아의 이해와 이를 통한 폭력적 전유를 차단하는 일종의 전략적 장치이자 인식론적 단절로 등장한다. 왜냐하면 이해라는 것은 결국 타자를 지식의

---

[21] Edouard Glissant, *Caribbean Discourse*, p. 89.

[22] Edouard Glissant, *Poetics of Relations*. p. 194.

대상으로 구성한다는 점에서 폭력의 한 형태라고 볼 수 있기 때문이다. "불투명성은 우리를 보편적 모델의 차원으로 환원시키고자 하는 그 어떤 휴머니즘적 시도에 반대하는 가치를 지니고 있다"고[23] 하면서 글리상은 그것이 타자가 나의 접근을 거부하는 방식임을 설명하고 있다. 자아가 타자의 불투명성을 수용한다는 것은 결국 보편적으로 적용 가능한 진리라는 것은 존재하지 않음을 수용하는 것이라고 할 수 있다. "오늘날 인류는 '인간이라는 이미지'가 아니라 불투명한 구조의 네트워크라고 할 수 있다"[24]라는 말은 불투명에 의해 투영된 글리상의 전 지구적 비전을 보여 주기도 한다. 그런 의미에서 글리상의 소설에서 흔히 카리브 군도의 열대우림은 불투명이 구현되는 하나의 상징물로 등장한다. 탈주 노예의 공간인 열대우림은 주인의 접근을 거부하는 미지의 영역으로 철저히 봉쇄되어 있기 때문이다.

따라서 글리상이 특별히 미국의 소설가 윌리엄 포크너William Faulkner에 매료되었다는 사실은 그리 놀랄 만한 일이 아니다. 마이클 위돈 Michael Wiedorn의 말을 빌자면, 그에게 "포크너는 문학에서의 불가능성을 실현한 작가"[25]였기 때문이다. 무엇보다 포크너는 신대륙의 문화적 · 지역적 · 역사적 변천에 민감한 소설가였다. 포크너의 관심사가

---

[23] Edouard Glissant, *Caribbean Discourse*, p. 162.

[24] Edouard Glissant, *Caribbean Discourse*, p. 133.

[25] Michael Wiedorn, "Go Slow Now: Saying the Unsayable in Eduouard Glissant's Reading of Faulkner", *American Creoles: The Francophone Caribbean and the American South*, Eds. Martin Munro and Celia Britton, Liverpool: Liverpool University Press, 2012, p. 190.

미국 '남부'의 정체성 문제였다는 점도 카리브 군도 출신인 글리상의 관점에서 보자면 결코 우연이 아니다. 포크너의 소설이 형제 살해와 같은 가족 관계의 비극을 주로 다룬다는 사실 또한 그가 유래와 기원의 문제를 파고든 대표적인 작가임을 보여 준다는 것이 글리상의 해석이다. 아메리카와 같은 신세계에서는 순수한 기원이라든가 명확한 계보는 존재할 수 없다는 포크너의 문학적 상상력은 카리브 군도 출신인 자신의 문학적 상상력과 크게 다르지 않다는 것이다.

글리상이 만년에 집필한 《포크너, 미시시피Faulkner, Mississippi》는 이런 문제의식을 집중적으로 다루고 있다. "격세유전적인 문화권에서 커뮤니티는 하나의 기원genesis, 다시 말해 아버지로부터 아들로 이어지는 단절되지 않는 계통이 합법적으로 존재한다는 하나의 창조 신화를 중심으로 형성된다"[26]는 것이다. 또한 포크너의 소설에 나오는 방랑자들은 기존의 확립된 체재에서 도망친 탈주자들로서 이들은 "야생적이고 혼돈스런 충동" 이외의 어떤 시스템에도 굴복하지 않는 사람들이라는 것이다. 글리상에 의하면 포크너에게서 더욱 놀라운 것은 그의 소설에 등장하는 백인과 흑인의 관계다. 글리상은 포크너의 소설에 나오는 흑인들이 단지 작가의 외부 시각에서 관찰되고 있음에 주목하면서, 이것은 바로 작가가 흑인 '속으로' 들어갈 수 있도록 허용되지 않고 있다는 사실을 보여 준다는 것이다. 그런 이유로 포크너 소설의 대표적 기법인 내적 독백interior monologue은 백인에게만 허

---

26 Edouard Glissant, *Faulkner, Mississippi*, Trans. Barbara Lewis and Thomas Spear, Chicago: University of Chicago Press, 1996, p. 144.

용된다는 것이다. 포크너의 소설에서 타자로서의 흑인은 주인으로서의 백인에게 철저히 불가해한 미지의 영역, 즉 비가시성invisibility과 불투명성으로 막혀 있는 존재로 등장한다. 즉, 타자는 이해할 수 없고 독해가 불가능한 존재로 등장한다는 것이다. 따라서 글리상에게 포크너는 남부에 떠도는 불투명성을 자신의 문학에 담아낸 "20세기의 가장 위대한 소설가"로[27] 기억된 것이다.

크레올화의 전 지구적 가능성: 전체성과 특수성의 문제

지금까지 살펴본 글리상의 문화 정체성 이론과 관련하여 더 특별한 점이 있다면 그것은 글리상이 크레올화 혹은 관계의 시학을 카리브 군도만이 아니라 전 지구 문화에 적용될 수 있는 것으로 확대 해석하고 있다는 점이다. 나아가 글리상은 그것을 공간적으로만이 아니라 시간적으로도 확대 가능한 개념으로 제시하고 있다는 점이다. 글리상의 후반기 이론에 나오는 '전체-세계whole-world'는 관계의 시학이 전 문화권에 확대될 수 있음을 보여 주는 과정에서 필연적으로 등장하는 개념이다. 그에게 있어서 전체-세계는 이질적인 요소들이 서로 관계될 수 있음을 보여 주는 구체적 현장으로 제시된다. 그렇다면 그의 전체-세계는 지구 전체에 널려있는 정치적 집합체의 총합을 말하는가?

---

[27] Edouard Glissant, *Faulkner, Mississippi*, p. 54.

분명 글리상에게 있어서 국가는 국민적 신화를 통해 정체성을 고정시키고 기원과 계보를 추적하여 이를 합법화해 나아가는 정치적 주체가 된다. 바로 이 지점에서 등장하는 난제 하나가 글리상에게 있어서의 특수성specificity과 전체성totality의 문제이다. 이 점에서 글리상이 제시한 전체 혹은 전체성이라는 개념은 일면 매우 혼란스러운 것으로 다가온다는 인상을 지울 수 없기도 하다. 경우에 따라 글리상은 전체라는 개념을 매우 비판적인 것으로 보는 것 같다. 이에 따라 피터 홀워드Peter Hallward는 대부분의 비평가들은 글리상이 일관되게 전체성을 비판하고 있는 것으로 진단한다고 설명하고 있다. 이때 전체성은 서구적 보편주의와 그 축을 같이하고 있다는 것이 홀워드의 진단이다. 홀워드가 언급하는 비평가에는 영미권 최초로 글리상의 저술에 대한 해설서를 쓴 마이클 대쉬Michael Dash를 위시하여, 글리상의 탈식민 문화 정체성의 이론을 스피박Spivak이나 바바Bhabha와 같은 다양한 계열의 탈식민주의 이론가와 비교한 셀리아 브리톤Celia Britton등이 포함되어 있다.

그러나 혼란스러운 것은 전체성이라는 개념은 글리상에게 있어서 또한 매우 긍정적인 개념으로 제시되어 있다는 사실이다. 홀워드 또한 이 점을 인정하면서 "들뢰즈의 경우(혹은 그 문제에 관한 한 헤겔의 경우)에 있어서와 마찬가지로 글리상에게 있어서 최종적 목표는 전체성을 추적하는 일이었다"[28]고 말하고 있다. 이 모순을 해결하기 위해 홀워드는 글리상의 전기 이론과 후기 이론의 단절을 강조한다. 전

---

[28]   Peter Hallward, *Absolutely Postcolonial*, p. 68.

기 이론이 마르티니크의 특수성인 식민주의 현실에 관심을 두었다면,《관계의 시학》이후의 후기 이론은 특수성을 떠나 전체성의 문제를 비정치적인 관점에서 다루고 있다는 것이다. 크리스 본지Chris Bongie 역시 글리상의 후기 저술은 현 단계 지정학적 권력구조를 비판한 전기 저술과는 상당히 다른 방향으로 나아가고 있다고 말하면서 홀워드의 주장에 동조하고 있다. 그러나 분명《관계의 시학》에서 전체성은 특별히 관계와 구분되지 않는 긍정적 개념으로 나온다. 즉, 관계는 전체성이 실현되는 과정으로 제시되기도 하며, 전체성이 자체를 다양화시켜 나아가는 결과물로 제시되기도 한다. "관계는 열린 전체성이며, 전체성은 정지된 상태의 관계라 할 수 있다"[29]는 글리상의 말은 이 점을 잘 보여 준다. 혹자는 글리상이 윌슨 해리스Wilson Harris의 경우와 마찬가지로 자신의 이론에서 일반성과 보편성을 거부하고 전체성을 포용하는 것으로 진단하기도 한다. 또는 로나 번즈Lorna Burns와 같은 학자는 글리상의 이론에는 들뢰즈 철학의 근간인 내재성immanence과 특수성the specific이 공존한다는 주장을 펼치기도 한다.

그렇다면 글리상에게 전체성은 무엇을 의미하는가? 전체성은 그가 제시한 세계 개념과 어떻게 맞닿아 있는가? 여기에서 제기되는 문제는 그가 들뢰즈의 이론을 포용하면서 대부분의 현대 탈모더니즘 계열의 이론에서 폐기하는 전체성을 어떤 이유와 명분에서 복원하려고 하는가라는 점이다. 그리고 과연 그가 제시하고 있는 관계의

---

[29] Edouard Glissant, *Poetic Intention*, Trans. Nathalie Stephens, Callicoon: Nightboat Books, 2010, p. 171.

시학이 특수성을 벗어나 전체성에 귀속될 여지가 충분한가라는 점이다. 분명, 글리상에게 전체성은 '관계'의 연장선에서 파악된다. "관계는 결코 고정된 것이 아니라 열려진 그리고 끊임없이 유동적인 전체성으로 남아 있다"는[30] 말은 그의 관계가 전체성과 맺고 있는 긴밀하고도 특별한 연관성을 설명한다. 전체성은 무엇보다 중심과 주변 간의 위계적 대치관계를 지우는 방식으로 구성된다. 그런 의미에서 글리상의 전체성은 전체주의totalitarianism나 보편주의universalism 혹은 통일성unity과 분명히 구분된다. 글리상의 전체성은 이질적 요소들이 무한히 열린 역동적 상태를 지향한다는 점에서 환원적 통일성을 강요하는 전체주의 이념과는 다르다는 것이다.

글리상의 전체성과 관계의 시학은 다른 무엇보다 내재성immanence의 철학으로 이해되어야 한다는 주장은 분명한 것 같다. 이 점에서 들뢰즈의 철학이 다시 들어오게 된다. 들뢰즈와 마찬가지로 글리상은 관계의 철학을 존재의 내재성이라는 개념 위에 구축하고 있다고 볼 수 있기 때문이다. 내재성의 철학에 의거하자면 관계는 그 스스로 자족적인 전체성으로 나타나지만 그 전체성은 결코 하나의 절대적이고 선험적으로 고정된 개념으로 나타나는 것은 아니다. 그런 의미에서 관계는 항상 미완성의 전체성으로 볼 수 있다. 또한 들뢰즈가 내재성의 철학을 주장하면서 '주인과 하인master-slave 관계' 위에 구축된 헤겔의 변증법적 논리를 거부한 것처럼,[31] 글리상은 자신의 전

---

30 Edouard Glissant, *Poetic Intention*, p. 206.

31 《니체와 철학Nietzsche and Philosophy》에서 들뢰즈는 부정성에 토대를 둔 헤겔주

체성을 변증법적 요소가 짙게 깔려 있는 헤겔Hegel의 전체성과 거리를 두고 있다. 그에 의하면 헤겔의 전체성에 필연적으로 개입되는 변증법은 두 요소 사이의 부정negativity 관계를 설정한다는 점에서 이미 이중 대립적 사유의 결과물로 전락했다는 것이다. 또한 열린 시스템인 자신의 전체성은 구성 요소들 사이의 변증법적 종합이나 통일을 약속하지 않는다는 점에서도 헤겔의 그것과는 분명 차이가 있다는 것이다. 이 점에 있어서 되어 감이라는 과정의 원리에 모종의 한계를 부여하려는 초월적 사유와 서로 다른 두 실체의 존재를 설정하는 이원론적 사유에 대한 글리상의 거리두기를 엿볼 수 있다.

이에 따라 글리상의 전체성 이론을 해명하기 위한 작업에는 들뢰즈의 철학 뿐 아니라 스피노자Spinoza의 일원론적 존재론이 포함되어야 한다는 주장이 제기되기도 한다. 일찍이 스피노자는 내재성의 원리를 신God과 자연Nature의 관계로 파악한 적이 있다. 스피노자에게 신은 스스로 존재하는 가상의 힘으로 해석될 뿐 아니라 또 실체로서의 자연으로 해석되기도 한다. 신과 자연은 실재reality의 두 측면, 즉 가상 세계the virtual의 창조적 힘과 실체the actual로서의 창조된 세계를 나타낸다. 이때 자연의 한 개체로서 규정되는 인간은 무한한 신의 속성 속에서 물질과 정신이라는 두 가지 실체로 창조된 양태modus가 된다.

헤겔과 스피노자, 혹은 더 나아가 헤겔과 들뢰즈의 대비 관계에서 핵심적으로 제기되는 것은 단연 차이difference의 문제다. 그리고 글리

의를 강하게 비판한다.

상의 전체성은 바로 이 문제에 걸쳐 있기도 하다. 일견 차이는 이원론적 사유와 변증법적 사유를 관통한다. 그것은 자연스럽게 주인과 하인의 관계를, 정복자colonizer와 피정복자colonized의 관계를 설정한다. 그래서 차이에는 필연적으로 부정의 원리가 개입된다. 헤겔의 변증법적 지양Aufheben은 그 부정의 논리가 구체화되는 전형적인 작동방식이다. 그렇다면 스피노자와 들뢰즈의 내재성의 철학에서 차이는 무엇인가? 들뢰즈는《차이와 반복Difference and Repetition》에서 차이가 오랫동안 정체성이나 대립 및 유사 개념의 시녀 역할을 해 왔음을 지적하면서 차이는 이미 존재하는 사물들을 비교할 때 나타나는 2차적인 요소로 (즉, 사물들 사이에 차이가 발생하는 것으로) 간주되어 왔다고 비판한다. 그는 "두 사물들 사이의 차이는 단지 경험적 현상일 뿐이다" 그렇다면 "어떤 사물이 다른 사물과 구별된다는 것 대신에 그 사물이 자신과 구별된다는 점을 상상해 보라"고 역설한다.[32] 그러면서 그는 두 요소 사이의 매개 개념으로서의 차이가 아니라 '차이 그 자체difference in itself'라는 개념에 주목하고 있다. 이렇게 들뢰즈는 차이를 미리 규정하거나 예측할 수 없는 결과를 만들어 내는 한 시스템이 가진 창조적인 내적 동인으로 설명하고 있다. 그리고 차이에 대한 이와 같은 개념이 변증법과 같은 이원론적 사유 즉, 헤겔주의에 깊게 박혀 있는 정체성과 부정의 논리를 극복하려는 시도에서 나온 것임을 분명히 하고 있다.

---

[32] Gilles Deleuze, *Difference and Repetition*, Trans. Paul Patton, London: Athlone Press, 1994, p. 28.

글리상이 차이의 문제를 관계의 시학으로 끌어들이면서 부정의
원리에 기초한 변증법 사유로부터 거리를 둔 이유는 바로 이 모델
이 함축하고 있는 전체주의적이며 식민주의적 속성 때문이다. 그것
은 모든 이원론dualism은 배제와 계통을 중심축으로 하는 정복자의 철
학이 될 수밖에 없다는 논지와도 상통한다. 글리상의 차이는 자아
와 타자의 대립관계에서 결정되는 매개 원리가 아니라 내재적 원리
로서의 차이 그 자체, 즉 초월적 위치에서 타자를 바라보는 주체의
관점에서 벗어나 되어 감의 원리에 충실한 차이라고 할 수 있다. 되
어 감의 원리는 가상 세계가 실체화되는, 스피노자의 신이 자연으로
구체화되는, 아니면 들뢰즈의 용어를 차용하지면 영토화territorialization
되는 원리라고 할 수 있다. 이는 앞서 얘기한 관계 정체성과도 상
통하는 개념이다. 이것은 들뢰즈와 가타리가 《천개의 고원A Thousand
Plateaus》에서 난초와 말벌의 관계를 통해 설명한 원리다. 난초와 말
벌은 미리부터 하나의 주어진 정체성을 갖고 난 후 상호간의 접촉
을 통해 그 정체성이 변하는 것이 아니라, 이미 "말벌은 난초의 말벌
이며 난초는 말벌의 난초a becoming-wasp of the orchid, and a becoming-orchid of the
wasp"**33**로 서로 연결되어 교대relay 관계를 형성한다는 것이다. 크레올
화는 상반된 두 요소 사이의 변증법적 관계를 통한 종합이나 융합이
아니라 끊임없이 새로운 정체성을 탄생시키는 전체성 내內의 적극적
인 동력인 것이다. 그가 말한 '전체-세계'는 전체성 안에서 특수성을

---

33 Gilles Deleuze and Felix Guattari, *A Thousand Plateaus: Capitalism and Schizophrenia*.
Trans. Brian Massumi, Minneapolis: University of Minnesota Press, 1987, p. 10.

만들어 내는 개체들의 내재적 과정이라고 할 수 있다. 따라서 전체성 안의 특수한 개체들은 서로 구분된 독립적 존재라기보다는 관계 스스로를 개별화하고 차별화해 나가는 다양한 '관계-요소'들로 규정될 수 있다. 글리상에게 전체성과 특수성의 문제는 바로 이런 측면에서 이해될 수 있다.

글리상이 전체성과 관련시켜 제시한 혼돈Chaos이란 개념 또한 이런 맥락에서 살펴볼 수 있다. 혼돈은 원래 베니테즈-로조가《반복되는 섬》에서 카리브 군도의 혼종적 문화 현상을 분석하기 위해 사용한 개념이지만 글리상은 이를 자신의 전체성 이론에 적용하기 위해 끌어들인다. 베니테즈-로조가 혼돈 이론에 흥미를 느끼게 된 것은 이 과학 이론이 "전 지구적으로 반복되는 역동적 상황과 비규칙성을 관찰하는 데"[34] 유용하다고 생각했기 때문이다. 혼돈이론은 그로 하여금 카리브 군도 역사 해석의 전설로 자리 잡은 쿠바 혁명과 거리를 두고 다양한 포스트모던 시각을 통해 군도의 역사를 살펴볼 수 있게 하였던 것이다. 글리상은 이를 착안해 무한이 개별화되어 가는 전체성 속의 관계—요소들은 혼돈과 혼돈—세계Chaos-monde를 형성한다고 설명한다. 즉, 혼돈-세계는 요소들이 역동적인 움직임을 통해 개별화되어 가는 내재적 전체성을 가리킨다는 것이다. 따라서 글리상에게 실재는 선험적 가치가 배제된 혼돈의 우주Chaos-mos로 드러난다. 혼돈은 표준화와 균일화를 와해시키고 규범과 위계적 질서를 허

---

[34] Antonio Benitez-Rojo, *The Repeating Island: The Caribbean and the Postmodern Perspective*, Trans. James Maraniss, Durham: Duke University Press, 1992, p. 3.

무는 창조적 무질서에 해당한다. 내재적 전체성 속에서 새로운 정체성을 만들어 내는 창조적이며 역동적인 힘은 혼돈의 특징이기도 하다. 글리상에게 이는 정치적 차원에서 식민주의라는 개체가 어떻게 영토화되고 탈영토화되는가를 설명하는 하나의 방식이기도 하다.

글리상의 관점에서 혼돈은 또한 오늘날의 전 지구적 상황을 설명하는 가장 효율적인 용어가 되기도 한다. 오늘날의 세계는 급격하고 역동적인 문화적 대면 관계를 형성한다. 카리브 군도는 바로 이러한 혼종 문화의 원형인 것이다. 카리브 군도를 넘어 이제 세계는 잡다한 문화들의 군도를 형성한다. 다시 말해 문화적 혼돈-세계인 것이다. 불확정성과 우연은 이러한 혼돈-세계의 특징이기도 하다. 이러한 세계에서 중심과 주변의 위계적 질서를 고착화하고 현상을 하나의 지배적인 체계로 설명하려는 시도는 애당초 불가능하다. 방랑errancy과 노마디즘nomadism이 새로운 규범이 되고 있는 세계에서 중심과 주변의 구분은 사라지고 그 자리에 혼돈 세계의 특징인 엔트로피 에너지와 프랙탈fractal의 소용돌이가 넘쳐난다. "인간의 행동은 그 속성에 있어서 프랙탈이다"[35]라는 글리상의 말은 리좀과도 같이 모든 곳으로 증식되어 가는 전 지구적 혼돈을 포착해 낸다. 이것이 혼돈-세계의 단면이고 과학과 시가 수렴하는 인간 경험의 구체적인 현장인 것이다. 글리상의 혼돈-세계는 바로 이러한 시적 에너지가 방출되는 곳이기도 하다.

---

[35] Edouard Glissant, *Caribbean Discourse*, p. 193.

글리상의 문학세계와 군도

"그는 시인이라는 단어가 가진 가장 포괄적인 의미에서의 진정한 시인이다. 그는 소설가일 때조차도 더더욱 시인으로 남아 있다."[36] 프랑스의 평자 레오나르 생빌Léonard Sainville이 글리상을 평가하면서 남긴 말이다.

글리상은 9권의 시집과 7권의 소설 그리고 6권의 이론서를 남긴 작가로 알려져 있다. 그렇지만 그의 저술에서 이와 같이 편의상 장르를 구분하는 일은 그를 이해하는 데 별 도움이 되지 않는다는 것이 일반적인 평이기도 하다. 글리상의 저술 활동은 시와 소설과 이론 사이에서 끊임없이 장르를 넘나든 것으로도 유명하다. 일종의 장르의 순환성을 이루고 있는 셈이다. 장르뿐 아니라 글쓰기의 주제 또한 끝없이 순환된다. 앞서 살펴본 키워드들—불투명성, 이종교배, 다양성, 관계, 크레올화, 전체성 등—은 그의 저술 이곳저곳에 교차되어 나타난다. 글리상 자신도《관계의 시학》이 새로운 결과물이 아니라 기존의 생각이나 개념들을 새롭게 갈고 닦은 것임을 분명히 하고 있다. 1985년에 출간된 시집《꿈의 나라, 실제의 나라Dream Country, Real Country》는 이미 출간된 소설의 주인공들에게 헌정되어 있기도 하다. 그런 의미에서 그의 저술은 글쓰기의 군도를 이루고 있는 셈이다. 이처럼 글리상은 의도적으로 인간 사유의 직선적 전진이나 진화를 회피하고 순환성을 포용하는 작가 내지는 사상가처럼 보인다. 그

---

[36] Michael Dash, *Eduouard Glissant*, p. 26 재인용.

는 귀환return의 중요성을 누구보다 더 강조한 작가이기도 하다. 그는 한때 "우리는 우리가 시작한 곳으로 다시 되돌아가야 한다"[37]는 말을 남기기도 했다.

그렇다면 그가 시작한 곳은 어디인가? 가장 단순하게 표현하자면 인간 경험의 탐구라고 할 수 있겠다. 그 경험은 카리브 군도의 특수한 식민 경험이기도 하고 전체-세계의 경험이기도 하다. 그리고 이 경험에 필연적으로 개입되는 문제는 다른 무엇보다도 의도와 상상력, 언어, 삶의 터전 등으로 나타난다. 세계는 인간의 손쉬운 접근을 허용하지 않는다. 그래서 그것은 늘 모호한 대상으로 남아있게 된다. 그의 핵심 이론 중 하나인 불투명성은 이러한 인간 경험의 모호함에서 출발한다. 이 점에서 "그에게 시는 처음부터 하나의 탐구 과정으로 다가왔다"는[38] 마이클 대쉬의 지적은 충분한 설득력을 지니고 있다. 그에게 모호함을 대적하는 최대의 무기는 시적 상상력이었던 것이다. 또한 이 점에서 앞서 생빌이 지적한대로 글리상은 포괄적인 의미에서의 시인이기도 하다. 그는 하나의 시인으로서 세상을 대면했다는 것이다.

글리상은 자신의 조국 마르티니크가 식민주의의 잔재에서 신음할 때조차도 전사나 투사보다는 시인으로서 그 현실을 바라보고자했다. 따라서 그의 소설과 이론서가 일면 시적 지위를 지니고 있다는 점은 우연이 아니다. 이 점에서 글리상의 사상을 하나의 철학이라기

---

[37] Edouard Glissant, *Caribbean Discourse*, p. 26.

[38] Michael Dash, *Eduouard Glissant*, p. 11.

보다는 시학으로 보는 것은 당연할 수 있다. 글리상의 사상이 가장 잘 요약된 것으로 알려진 《관계의 시학》이 하나의 시학으로 명명된 이유이기도 하다. 그리고 바로 이 점이 지금까지 이 글에서 논의한 글리상의 탈식민 문화정체성을 평가하는 귀중한 잣대가 된다. 글리상이 처음부터 네그리튀드나 파농주의Fanonism에 거부감을 느꼈다면 그 주된 이유는 이들의 식민주의 현실 이해가 지극히 단편적이며 제한적이라는 불만 때문이었다. 그는 한때 소설은 반식민주의적 저항 그 너머의 영역으로 나아갈 수 없다는 이유 때문에 시에 비해 열등한 장르라고 말한 적도 있다. 그가 당시 프랑스나 카리브 군도에 널리 퍼져 있었던 섣부른 행동주의 정치학이나 철학에 만족할 수 없었던 것도 같은 맥락이다. 그가 사르트르의 철학보다는 비슷한 계열의 현상학적 실존주의자인 장 발Jean Wahl의 철학에 심취했던 맥락이기도 하다.

따라서 글리상의 식민주의 현실 인식과 글쓰기에 정치성이 상당 부분 희석되어 있다는 인상은 어쩌면 당연할지 모른다. 그가 한때 〈앤틸리스 기아나 전선〉이나 IME와 같은 저항 단체를 창설하기도 하고 《아코마Acoma》와 같은 정치적 성격이 강한 저널을 발행하는 등 행동주의 노선을 걷기도 하지만, 이는 어디까지나 그가 현실을 이해한 우회detour의 전략인 것으로 해석하는 것이 더 정확하다.[39] 따라서 그가 이론화한 크레올화, 관계, 혼돈의 세계 등과 같은 개념들은 현실에 대한 정치적·이념적 인식의 결과물이라기보다는 시적 상상력

---

[39] 그는 우회가 장애물을 극복하는 하나의 전술임을 말하기도 한다.

의 결과물로 보는 것이 더 올바른 진단이다. 그런 의미에서 작가로서 그가 남긴 업적들은 인간의 상상력에 대한 그의 믿음의 결과물로 보아 무방할 것이다. 이 점과 관련하여 글리상을 탈식민주의 계열의 작가나 이론가로 분류하는 방식에도 적지 않은 문제가 발생한다고 볼 수 있다. 탈식민 현실이나 탈식민주의에 대한 기존의 정의나 개념들이 끊임없이 변하고 있는 작금의 상황에서 글리상의 작업을 기존의 학문적 구분법에 편입시키는 작업에는 분명 무리가 따른다고 할 수 있겠다.

　그동안 글리상의 학문적 업적을 심도 있게 추적해 온 셀리아 브리톤Cleia Britton은 최근 글리상의 전체-세계라는 개념은 그동안 학계에서 활발하게 진행되어 온 "지구화globalization 담론의 훌륭한 버전"으로[40] 보아도 무방할 것이라고 평가하고 있다. 비슷한 맥락에서 좌파 이론가인 안잘리 프라부Anjali Prabhu는 글리상의 전체-세계 개념에는 거대 담론에서 흔히 찾아볼 수 있는 유토피아적 비전이 흐르고 있다고 진단한 적이 있다. 그의 전체성은 그동안 루카치Lukács나 알튀세Althusser 혹은 제임슨Jameson 등의 좌파 이론에서 심심치 않게 발견되는 거대 담론의 특징이라는 것이다. 그러나 관계나 전체-세계와 같은 글리상의 사상에 유토피아적 비전이 서려 있다는 점을 충분히 인정하더라도 프라부와 같이 그를 좌파적 거대담론의 연장선상에 있는 이론가로 파악하려는 일부의 시도에는 많은 무리가 따른다. 그가 애초부터 마르크

---

[40] Celia Britton, *Language and Literary Form in Caribbean Writing*. Liverpool: Liverpool University Press, 2014, p. 138.

시즘Marxism과 거리를 두고 자신의 학문적·작가적 경력을 쌓아 갔다는 사실 하나만으로도 글리상의 사상적 노선이 그리 간단하지 않음을 알 수 있다. 더군다나 글리상의 크레올화나 전체성에는 흔히 좌파 이론에서 발견되는 지구화에 대한 비관주의 같은 것은 찾아볼 수 없다. 오히려 이에는 유토피아적 비전이 깔려 있는 한에 있어서 비관주의보다는 긍정적 안목이 더해져 있다고 하겠다.

그런 의미에서 글리상의 사상에는 새로운 시대의 도래를 알리는 예언자적 비전이 강하게 흐르고 있다는 진단이 더 정확할 것 같다. 이것이 바로 그가 말한 대로의 혼돈-세계의 특징이기도 하다. 이 혼돈-세계에서 글리상은 스스로 예언자로서의 바드Bard임을 자처한다. 진정 글리상이야말로 "미래 문학의 아버지"라는[41] 패트릭 사무아조 Patrick Chamoiseau 말은 이 대목에서 다시 한 번 새겨보기에 충분한 가치가 있을 것 같다.

---

[41] Michael Dash, *Eduouard Glissant*, p. 25 재인용.

세제르, 에메, 《식민주의에 대한 담론》, 이석호 옮김, 그린비, 2011.

Anderson, Benedict, *Imagined Communities*, London: Verso, 1983.

Brathwaite, Edward, *Contradictory Omens: Cultural Diversity and Integration in the Caribbean*, Kingston: Savacou, 1974.

Benitez-Rojo, Antonio, *The Repeating Island: The Caribbean and the Postmodern Perspective*, Trans. James Maraniss, Durham: Duke University Press, 1992.

Bongie, Chris, *Friends and Enemies: The Scribal Politics of Post/Colonial Literature*, Liverpool: Liverpool University Press, 2008.

Britton, Celia, *Eduard Glissant and Postcolonial Theory: Strategies of Language and Resistance*, Charlottesville: University of Virginia Press, 1999.

Britton, Celia, *Language and Literary Form in Caribbean Writing*, Liverpool: Liverpool University Press, 2014.

Burns, Lorna, "Becoming Postcolonial, Becoming Caribbean: Ediuard Glissant and Creolization", *Textual Practice* 23(1), 2009, pp. 99-117.

Burns, Lorna, *Contemporary Caribbean Writing and Deleuze: Literature Between Postcolonialism and Post-Continental Philosophy*, London: Bloomsbury, 2012.

Dash, Michael, *Eduouard Glissant*, Cambridge: Cambridge University Press, 1995.

Davis, Colin, *Levinas: An Introduction*, Cambridge: Polity, 1996.

Deleuze, Gilles, *Difference and Repetition*, Trans. Paul Patton, London: Athlone Press, 1994.

Deleuze, Gilles and Felix Guattari, *A Thousand Plateaus: Capitalism and Schizophrenia*, Trans. Brian Massumi, Minneapolis: University of Minnesota Press, 1987.

Drabinski, John, *Levinas and the Postcolonial: Race, Nation, Other*, Edinburgh: Edinburgh University Press, 2011.

Glissant, Edouard, *Poetics of Relations*, Trans. Betsy Wing, Ann Arbor: University of Michigan Press, 1997.

Glissant, Edouard, *Caribbean Discourse: Selected Essays*, Trans. Michael Dash, CARAF Books, 1989.

Glissant, Edouard, *The Collected Poems of Edouard Glissant*, ed. Jeff Humphries. Minneapolis: University of Minnesota Press, 2005.

Glissant, Edouard, *Poetic Intention*, Trans. Nathalie Stephens, Callicoon: Nightboat Books, 2010.

Glissant, Edouard, *Faulkner, Mississippi*, Trans. Barbara Lewis and Thomas Spear, Chicago: University of Chicago Press, 1996.

Glissant, Edouard, *The Fourth Century*, Trans. Betsy Wing, Lincoln: University of Nebraska Press, 2001.

Fanon, Frantz, *The Wretched of the Earth*, Trans. Constance Farrington, New York: Glove Weidenfeld, 1963.

Hall, Stuart, "The West and the Rest: Discourse and Power" Modernity: An Introduction to Modern Societies, Eds. Stwart Hall et al. Cambridge: Polity Press, 1995.

Hanneken, Jaime, *Imaging the Postcolonial: Discipline, Poetics, Practices in Latin American and Francophone Discourse*, Albany: SUNY Press, 2015.

Hallward, Peter, *Absolutely Postcolonial: Writing Between the Singular and the Specific*, Manchester: Manchester University Press, 2001.

Levinas, Emmanuel, *Totality and Infinity*, Trans. Alphonso Lingis, Pittsburgh: Duquesne University Press, 1969.

Oakley, Seanna S, *Common Places: The Poetics of African Atlantic Postromantics*, Amsterdam: Rodopi, 2011.

Prabhu, Anjali, *Hybridity: Limits, Transformations, Prospects*, Albany: SUNY Press, 2007.

Turner. B.S. ed., *Theories and Modernity and Postmodernity*, London: Sage, 1990.

Young, Robert, *Colonial Desire: Hybridity in Theory, Culture and Race*, London: Routledge, 1995.

Viala, Fabienne, *The Post-Columbus Syndrome: Identities, Cultural Nationalism, and Commemoration in the Caribbean*, New York: Palgrave, 2014.

Wiedorn, Michael. "Go Slow Now: Saying the Unsayable in Eduouard Glissant's Reading of Faulkner", *American Creoles: The Francophone Caribbean and the American South*, Eds. Martin Munro and Celia Britton, Liverpool: Liverpool University Press, 2012.

2 | 유형별로 나누어 본 문화 혼성화
종교문화를 중심으로

장형철

문화 혼성화에 대한 연구의 필요성

최근 문화 연구에서 주요 아젠다로 떠오르는 세계화 시대의 문화 혼성화에 대해 지금까지 국내에서 진행된 논의는 주로 이론 소개와 낮은 수준의 적용이었다.[1] 그리고 세계화로 인해 종교문화가 변화하는 것을 혼성화의 측면에서 바라보는 연구도 필자의 글(2006; 2008; 2012) 외에는 많지 않아서 그동안 풍성한 논의가 진행되지 못하였다. 그러

---

* 이 글은 《담론201》(2015.09) 제18권 3호에 게재된 원고를 수정 및 보완하여 재수록한 것이다.

[1] 문화 혼성화와 세계화 관련 최근 연구들은 이성훈 · 김창훈(2008), 조관연(2004), 박미선(2009), 박지훈(2011), 김용규(2013) 등이 있다. 그러나 이러한 연구들은 모두 바바Homi Bhabha와 칸클라이니Garcia Canclini의 이론 소개 또는 문화적 세계화에 대한 이론적인 성찰들이다.

나 현실적으로 세계화로 인해 문화는 점점 더 빠르고 폭넓게 변화하여 왔다. 그러므로 이것을 설명하는 이론과 개념으로서 혼성화에 대한 국내의 논의도 이제는 진전되어야 한다. 그리고 종교문화 연구에서도 혼성화에 대한 좀 더 심도 있는 논의가 필요하다. 왜냐하면 문화가 고정되어 있지 않고 언제나 변화하고 있듯이 문화로서 종교 또한 변화하기 때문이다. 그러므로 이 글의 목적은 다음 세 가지다. 먼저 사회와 문화를 연구하는 이론으로서 혼성화 이론의 특징을 논의한다. 둘째로 다양한 혼성화를 형태별로 구분해서 이해하는 유형론을 시도한다. 셋째로 이러한 혼성화 유형들에 대해 종교문화를 중심으로 논술한다.

물론 문화변용acculturation과 같은 상이한 문화들의 접합에 대한 논의는 이전에도 있었다. 그러나 그것들은 대부분 다문화 시대에 사회를 통합하기 위한 논의들이었다. 그래서 세계화 시대의 문화 혼성화의 양상들을 총체적으로 바라볼 수 있는 이론을 세우고 그 이론으로 여러 가지 문화의 혼합적 성격들을 구별하고 정리하는 연구는 찾기 어렵다. 그러므로 이 글은 세계화가 진행되는 현 시대에 문화 혼성화 유형론을 시도한다는 점에서 그리고 그 유형에 따라 종교문화의 혼성성을 논의한다는 점에서 기여하는 바가 있다고 할 수 있다.

세계화 시대의 문화이론으로서 혼성화 이론

세계화의 뿌리는 16세기부터 시작된 자본주의로 인해 발전한 식민주의와 근대성의 발현 이후 형성된 제국주의의 팽창이다.(장형철 2006: 227) 그리고 20세기 들어와 이러한 세계화는 자본주의의 새로운 형태인 신자유주의로 인한 시장 개방과 자유시장의 확대 그리고 국가 간의 각종 협약(WTO, FTA 등)과 연합기구(UN, NATO, ASEM 등)로 인해 가속화되고 있다.(장형철 2012: 136) 그러므로 세계화의 역사는 16세기로부터 시작되어 현재까지 매우 길게 볼 수 있다.(Jan Nederveen Pieterse 2004: 62; 조관연 2004: 174) 그리고 세계화는 정치, 경제, 문화를 포괄하는 현상이며 과정이라고 볼 수 있다.(Malcolm Waters 1992: 7-8; Arif Dirlik 2007: 35) 이 글은 이 기간 동안 지역에서 일어나는 세계화로 인한 사회적 · 문화적 변화, 즉 혼성화를 다룬다.

세계화로 지역문화는 빠르게 변화하고 있다. 그러나 이러한 문화의 변화가 세계화로 인해 거대한 보편문화 또는 글로벌 문화가 만들어지고 그것에 지역문화가 동화되는 이른바 '동일화homogenization'를 의미하지는 않는다. 그렇다고 글로벌 문화와는 전혀 다른 지역문화가 만들어지는 '이질화heterogenization'가 진행된다고 말하기도 쉽지 않다. 세계화 시대 지역문화의 변화를 단순히 동일화라고 이해하기에는 다소 복잡한 문화적 현상과 과정들이 지역에서 진행되고 있다. 지역적인 것the local과 세계적인 것the global의 충돌은 단순히 세계적인 것의 힘에 지역적인 것이 종속되어 버리는 결과를 초래하지 않는다. 즉, 지역문화는 서구 문화 중심으로 구조화된 글로벌 문화에 편입되어 사라져 버리지 않는다. 왜냐하면 지역인들의 사회문화적 행위는 지역만의 독특성을 보여 주는 전통, 지리적 위치에 대한 이해, 그리고 새로운 문화를 위한 상상력이 복합적으로 작용한 것이기 때문이다.(장형철 2008: 110-111) 그러므로 각 지역문화의 변화는 나름대로의 독특한 과정과 형태로 진행되며 그리하여 각 지역문화는 여전히 그 나름의 특성을 재구성한다.

세계화로 인한 지역문화의 변화는 동질화나 이질화보다는 다양성의 측면에서 이해되고 있다. 피더스톤(Mike Featherstone 1995: 86)은 세계화는 동일성을 만드는 과정이 아니라 다양성과 지역문화들의 확장된 영역에 친숙해짐을 의미한다고 주장한다. 그에 의하면 세계화로 인한 각 지역문화의 변화는 그 역사적 · 사회적 · 문화적 컨텍스트가 서로 다르기 때문에 각 각 다른 모습으로 진행되고 나름대로의 특성들을 성취하게 된다. 유리John Urry는 세계화는 한가지의 결과만을 가져오지는 않으며 다양하고 분열되고 불확정적인 지역성들이 세계적인 것과의 충돌로 나타난다고 이해한다. 유리(Urry 2003: x)는 이러한 세계적인 것들과의 충돌이 가져오는 지역성의 특징을 "글로벌 복합성global complexity"이라고 부른다. 터너(Brian Turner 1994: 184)는 또한 세계화는 한 공동체 안에서 많은 전통들이 겹쳐지고 증가하는 문화의 다양성과 복잡성을 일으킨다고 이해한다. 그러므로 그에게 세계화는 전혀 새로운 수준의 다문화주의와 문화적 다양성을 의미한다.

세계화 시대에 이러한 지역문화의 다양한 독특성들을 고려한 이론이 '문화 혼성화 이론cultural hybridization theory'이다. 이 이론은 동질화와 이질화의 틀에서 벗어나 지역의 문화적 독특성의 유지와 새로운 문화적 정체성 형성, 즉 지역문화의 전환을 염두에 둔 이론이다. 또한 혼성화를 문화적 번역으로 볼 수도 있다. 다만 홀(Stuart Hall, 2010: 33)이 언급하였듯이 문화적 번역은 언제나 오리지널의 흔적을 담고 있다고 말할 수 있지만 그것을 원래대로 회복하는 것은 불가능하다. 그리고 문화적 번역에 대한 논의는 혼성화에 대한 논의와 대비되지 않는다. 다만 세계화 시대에 문화가 변화하는 것을 현상으로 보고 혼성화를 논의하느냐 아니면 변화하는 문화적 실체에 방점을 두고 문화적 번역을 논의하느냐의 차이가 있다. 또한 혼성화 이론은 비교적 최신 이론으로써 그 역사가 짧지만 세계화의 문화적 결과로 나타나는 현상으로서의 혼성화는 식민주의와 제국주의 시대로부터 현재에 이르기까지 짧지 않은 역사를 가지고 있으며 사회적·정치적·문화적 다름으로 인해 다양한 형태가 존재한다.

세계화 자체가 곧 혼성화를 의미하지는 않는다. 세계화의 문화적 결과가 혼성화이다. 세계화가 실제적으로 진행되는 곳은 바로 각각의 '지역'이다. 세계화는 미국이나 유럽에서만 일어나는 것이 아니며 아프리카와 아시아 등 세계 곳곳에서 진행되고 있다. 그리고 세계화의 결과로서 혼성화의 양상은 각 지역마다 다르게 나타난다. 그러므로 필자는 세계화 시대에 새로운 지역문화의 특성으로서 혼성성을 논의하는 혼성화 이론은 세 가지 특징을 가지고 있다고 본다.

첫째로, 문화 혼성화 이론은 무작정 마구 섞음만을 의미하는 것이 아니라 또는 혼합주의로 명명하고 고유성이 실종되었다고 말하는 것이 아니라 탈식민주의와 탈근대성의 맥락을 타고 구성된다. 혼성성은 세계화의 문제로 지적되는 식민주의와 문화적 제국주의를 거스를 수 있는 '대항'의 담론을 만든다. 혼성화 과정을 통해 재구성된 정체성은 서구 중심적 세계화에 통합되지도 않지만 또한 전혀 별개의 독립된 문화적 특성을 가지는 것도 아니다. 바바Homi Bhabha는 탈식민 시대의 이러한 비서구 지역문화의 특수성에 주목한다. 그에 의하면 서구 중심적 헤게모니 안에서 서구의 식민주의는 비서구 지역으로 그 힘을 확장한다. 그리고 서구 제국주의는 언제나 지역적인 것을 구분하고 지배한다. 나아가서 지역적인 것들이 제국주의적인 사고를 그대로 복사하여 제국주의적 시각 안에서 유사해 보이도록 만들어 놓는다.(Bhabha 1994: 212) 그러나 실제로 비서구 지역의 식민지에서는 이와 다르게 혼성화가 진행된다. 그래서 바바에게 문화적 혼성성은 정체성의 문제가 아니다. 혼성성은 오히려 식민주의가 실현되는 것을 방해하는 문제를 일으킨다.(Bhabha 1994: 114)

둘째로, 혼성화 이론은 지역문화 정체성에 대한 이론으로서 개념적인 틀로 제시되는 것뿐만 아니라 일상생활에서 쉽게 경험될 수 있는 매우 실제적인 측면을 강조하는 '혼합'의 이론이다. 피터스Pieterse 에게 세계화 시대의 문화적 혼성성은 각각의 개인이나 사회가 "글로벌 혼합물global mélange"이 되는 것을 의미한다.(2004: 69-71, 91) 혼성화는 세계화에 대한 논의의 과정 속에서 등장한 사회문화 이론으로서 대조와 차이 그리고 타협과 양보에 관한 이론이기보다는 혼합과 융합의 상태와 과정에 대한 이른바 섞음에 대한 탈근대적인 문화 담론이다.

셋째로, 혼성화 이론은 또한 일체의 본질주의와에 반대하는 이론이다. 이를 반본질주의anti-essentialism라고도 할 수 있다. 피터스는 세계화 시대에 문화적 혼성성에 관한 논의를 한다는 것은 일체의 본질주의에 대한 비판을 의미한다고 주장한다.(Pieterse 2004: 91) 문화의 어떤 원류나 원형이 있고 그것이 변형되어 지역에서 나타난다는 생각은 본질주의적 발상이다. 문화의 주체는 있어도 문화의 주인은 없다. 혼성화를 논의하는 기본적인 입장은 문화의 본질과 원류보다는 문화의 구조와 상호작용에 관한 것이다. 영Robert Young은 각종 인종이론 텍스트에 나타나는 문화적 정체성 그리고 인종을 구별하는 본질적인 범주에 대한 일체의 사고는 과거를 반복하는 모순이거나 자아분열이라고 비판한다. 혼성성은 반복하면서 변화하고 동시에 변화하면서 반복한다. 그러므로 혼성성은 본질주의의 불가능함을 나타낸다.(Young 1995: 27) 물론 근원에 대한 관심은 여전히 존재할 수 있다. 그러나 근원적인 것이라고 말할 수 있는 요소 또한 사실은 다른 어떤 곳에서 유래한 것이다. 문화는 언제나 완전히 새롭게 창조되어 나타나기보다는 계속적으로 변화하여 왔다. 물론 여기서 전통의 중요성은 무시되지 않는다. 다만 전통은 특정 지역에서 일정 기간 동안 중요시되어 온 가치와 윤리적 요소를 지칭하는 것이다. 그리고 이러한 전통은 언제나 성찰적으로 재구성되어 왔다.(장형철 2008: 98-100)

문화 혼성화를 바라보는 실제적인 측면들

일반적으로 문화는 삶의 독특한 방식 그리고 공유하는 가치나 체계를 의미한다. 홀(Hall 1995: 176)은 문화를 특정한 공동체나 집단 또는 민족에게 "공유된 의미의 체계"로 이해한다. 따라서 문화는 사회 안에서 가치나 이념으로 존재하며 상징과 형상들로 표상되기도 한다. 그러나 문화의 혼성화를 구체적으로 포착하기 위해서는 문화에 대한 실제적이고 기능적인 이해를 좀 더 진전시킬 수 있는 접근이 필요하다.

문화는 인간의 사회적 행위와 연결하여 이해될 수 있다. 스위들러(Ann Swidler 1986: 273)에 의하면, 문화는 인간이 행위를 하도록 궁극적인 의미를 제공하는 것이 아니라 인간이 행동의 전략을 구성할 수 있도록 습관이나 기술이나 방식을 묶어 놓은 목록이나 연장통tool kit 같다고 한다. 그래서 사람들이 작업을 하기 위해 필요한 것을 연장통에서 고르듯이 사람들은 사회적 행위를 하기 위해 상식, 전통, 이데올로기 등의 형태로 존재하는 문화 또는 문화적 요소들을 행위의 전략strategies of actions에 따라 사용한다. 다시 말해 문화가 인간의 행위를 규정하거나 또는 행위가 문화에 종속되어 있는 것이 아니라 오히려 인간이 어떤 목적을 가지고 자신의 행위에 맞추어 문화를 도구처럼 사용한다.

그렇다면 문화는 결과를 설명하는 메커니즘이 아니라 원하는 결과를 가져올 수 있는 과정을 진행시키는 수단이다. 나아가서 문화는 사회적으로 구성된 상징과 의미를 제공하는 집단 구성원들의 행동을 설정하고 강화시킨다. 그래서 스위들러(Swidler 1986: 284)는 "문화적 의미의 운명은 행위의 전략에 달려 있다"고 말한다. 스위들러는 '문화가 인간을 행위하도록 한다'라는 기존의 생각에서 벗어나 '문화가 어떻게 행위자에게 사용되느냐' 그리고 '어떻게 문화적 요소가 사람의 행위를 용이하게 하느냐'에 관심이 있다. 나아가서 보콕(Bocock 1992: 230-237)은 문화를 인간의 행위human practices로 본다. 보콕에게 문화는 예술과 같은 어떤 실체나 문명과 같은 어떤 존재의 상태를 넘어 사회적 행위social practices이다. 이런 입장에서 보면 문화를 정의하는 질문은 '문화란 무엇인가?'라는 질문에서 '문화가 어떻게 행위되고 있는가?'라는 질문으로 바꿀 수 있다.

　문화를 행위와 연관하여 본다면 종교 또한 문화적 성격이 있으므로 행위로 바라볼 수 있다. 나아가서 종교는 사회적 상황 안에 있는 인간에 의해 실천된다. 인간은 자신이 속한 지역의 상황과 관련하여 종교적인 행위를 한다. 이런 입장에서 종교는 절대적 진리, 세계를 설명하는 교리, 상징적 체계, 사회적 현상, 기관 공동체 조직 등으로 볼 수 있을 뿐만 아니라 지역 종교인들에 의해 행위되는 것으로 볼 수 있다. 즉, 종교는 문화적 행위다. 혼성화 또한 행위의 측면에서 바라 볼 수 있다. 조셉(May Joseph 1999: 14)은 문화적 혼성성은 역사적 · 정치적 상황 안에 있는 주체(개인)들의 행위라고 보았다. 여기서 개인들은 그냥 행위하지 않는다. 개인들은 자신들이 속한 지역의 사회적 · 정치적 · 경제적 상황을 고려하여 자신들의 행위를 조정한다. 그러므로 행위는 상황에 따라 전략적으로 실행된다. 그렇다면 지역 문화의 정체성을 재구성하는 혼성화는 문화적 행위를 하기 위한 전략이다. 나아가서 문화적 행위로서 종교 또한 신앙(또는 종교적인 목적)을 따라 아무런 조정 없이 무작정 실행되는 것이 아니라 상황에 따라 전략적으로 실행된다. 그러므로 상황에 의한 종교적 행위의 전략이 바로 종교문화의 혼성화라고 볼 수 있다.

　이러한 전략에 따른 문화적 행위로서 종교문화의 혼성화가 어떻게 진행되는지 확인하기 위하여 세 가지 구체적인 측면에서 접근할 수 있다.

첫째로 혼성화가 진행되는 과정에서 종교문화는 탈영토화deterritoria-
lization되고 또한 재영토화reterritorialization된다. 문화의 탈영토화와 재영토
화는 특정 문화가 이해되고 사용되던 방식 그리고 존재 해 왔던 물리
적 영역에서 벗어나(탈영토화) 다른 곳에서 다르게 이해되고 사용되는
것(재영토화)를 의미한다. 톰린슨(John Tomlinson 1999: 141)은 세계화 시대
에 문화는 탈영토화되면서 다시 재영토화된다고 보았다. 그리고 코헨
과 토니나토(Robin Cohen & Paola Toninato 2010: 15)에 의하면 문화의 탈영토
화는 세계화로 인해 문화가 이동한다는 정도의 생각에서 벗어나 새
롭게 만들어지는 사회와 그 사회의 특성(혼성성)을 생각할 수 있게 한
다. 혼성화는 세계화 과정 속에서 일어나는 문화의 탈영토화로부터
촉발된다. 말하자면 재영토화가 진행되는 복합적인 문화 공간 속에서
새로운 문화로의 전환, 즉 혼성화가 이루어진다.(Tomlinson 1999: 141) 톰
린슨(Tomlinson 1999: 144)은 특히 세계화가 혼성화를 가속화시켰다고 보
았다. 그에 의하면 세계화 과정 속에서 문화들 간의 교통이 증가하여
고정되지 않고 섞이는 문화적 행위로 인해 문화와 장소의 연관성이
희미해지고 문화의 혼성적 형태가 만들어진다.(Tomlinson 1999: 141) 종교
의 경우에도 탈영토화와 재영토화를 말할 수 있다. 문화의 탈영토화
와 재영토화가 문화를 행위하는 주체의 행위로 인해 가능하다면, 종
교문화의 탈영토화와 재영토화는 종교인의 행위(의례와 같은 집단적 행
동과 일상에서의 개인적인 신앙 생활 등)로 인해 가능하다. 같은 종교라 할
지라도 지역에 따라 다른 문화적 행위로 인해 종교는 자기 영역에서
탈영토화되고 다른 곳에 재영토화된다.

둘째로 혼성화가 문화의 전환, 융합, 변종 등을 일으키는 문화적

행위를 의미한다면 그 행위의 결과로써 반드시 실체가 존재할 것이다. 그러므로 혼성화 과정을 통해 문화는 지역 안에서 구체적인 사회적 실체social embodiments로서 재현된다. 종교문화의 혼성화를 나타내는 구체적인 재현들representations로는 지역의 문화적 특성을 반영한 신학(또는 종교적인 사상), 의례와 같은 종교적 행위 그리고 종교적 예술품(또는 물품) 등이 있다.

셋째로 행위의 전략으로서 혼성화는 사회적 효과와 기능을 가지고 있다. 물론 이러한 기능과 효과는 단일하지 않고 사회마다 다르다. 혼성화는 기본적으로 문화들 간의 계급성을 바탕으로 깔고 있지만 그 계급성에 종속되지 않는다. 그래서 사회를 통합하거나 새로운 공동체와 문화를 창조하기도 하고 반대로 더 많은 분파들을 만들기도 한다. 특히 혼성성을 나타내는 종교들은 사회 · 역사 · 정치적인 상황과 맞물리어 순종하거나 저항하는 문화, 나아가서 새로운 문화를 창조하는 기능과 효과를 가지고 있다.

이제부터 각 유형별로 이 세 가지 측면(탈영토화와 재영토화, 종교적 재현, 그리고 사회적 효과와 기능)을 종교와 연관지어 구체적으로 다루어 보자.

혼성화의 유형들

문화 혼성화를 문화 주체들의 행위로 보는 조셉과 핑크(Joseph and Fink 1999: 15-18)는 문화적 혼성성이 탈식민 시대에 어떻게 행위되는가에 기준을 두고 두 가지로 나누어 본다. 하나는 국가들이나 또는 민족들 사이에서 행위되는 초국가적 또는 초민족적 혼성성이다. 다른 하나는 새로운 시민성을 형성하는데 행위되는 도시형 혼성성이다. 이러한 조셉의 구분은 혼성성을 행위로 보고 다가서서 실제 장소에서 포착하는 장점이 있다. 그러나 문화 주체들이 이동할 때, 다시 말해 디아스포라와 같이 문화 주체들이 이동과 이산離散을 할 경우에 대한 고려는 부족하다.

한편 혼성성을 역사 속에서 피식민지의(특히 흑인 노예들의) 투쟁과 함께 바라보는 프라부(Anjali Prabhu 2007: 12)는 혼성성을 사회적 위치에 따라 세 가지로 분류하였다. 첫 번째는, 탈근대적인 것이거나 하위 계층이 헤게모니와의 투쟁에서 승리하여 나타난 재현으로써의 혼성성이다. 두 번째는, 문화적 약자인 전 식민지의 지역인들이나 망명인들이나 디아스포라 이주민들을 위한 것이 아니라 주로 거대도시의 엘리트들, 즉 일부 계층들만을 위한 혼성성이다. 그리고 물리적 실체로서 혼성성은 노예제도, 식민주의, 인종적 강간의 역사를 보여 준다. 그래서 세 번째는, 강제로 친화시키는 역사를 보여 주는 혼성성이다.

이러한 프라부의 관점은 피식민지의 역사 속에서 혼성화를 보는 데 강점이 있다. 하지만 다양한 혼성성을 파악하는 데 어려움이 있다. 예를 들어 최근에 신자유주의 물결을 타고 침투하는 서구 문화의 식민성(장형철 2013: 276-277)에 대항하는 지역문화의 주체인 지역인이 만드는 문화로서의 혼성성은 복종과 저항을 모두 나타내기 때문에 헤게모니 투쟁에서의 승리라고 단순화시키기 어렵다. 그리고 이러한 종류의 혼성성은 역사적으로 노예제도와 연관 되지 않았으며 식민주의 국가나 민족의 강제력이 직접적으로 개입하여 형성되었다고 보기도 어렵다. 이 혼성성은 신자유주의의 자유시장 체계 안에서 작동하는 서구 식민주의에 복종하거나 저항하는 문화의 모습으로 나타난다. 또한 세계화 시대 노동시장의 흐름을 따라 움직이는 이주노동자들이 자기 문화권을 벗어나 만드는 일종의 하위문화 문화로서의 혼성성은 엘리트의 혼성성이라기보다는 일종의 이등시민second class citizen이 만드는 혼성성도 있다. 이러한 혼성성들은 프라부의 분류로는 잘 포착되지 않는다.

그러므로 필자는 이 지점에서 프라부의 혼성성 이해와 구분의 한계를 극복하고 다양한 혼성화의 유형들을 놓치지 않고 담아내어 구분하는 유형론의 필요성을 발견한다. 물론 이러한 유형론은 세계의 모든 문화를 구분하려는 것이 아니라 세계화를 원인과 배경으로 하여 나타나는 지역문화의 혼성화를 구분하기 위한 것이다.

필자는 〈표 1〉과 같이 혼성화의 유형을 구분하여 파악하려 한다. 이러한 구분은 혼성화의 주체, 즉 문화를 행위하는 주체가 누구이며 그리고 그 주체가 어떤 문화와 조우하고 충돌하느냐에 따라 나누어진 것이다. 우선 문화행위자는 자신의 문화영역 안에 있는 행위자와 자신의 문화영역을 떠나 다른 문화권 안에 있는 두 가지 경우로 나누어 볼 수 있다. 필자는 이러한 두 가지 문화를 행위하는 주체를 지역인(자기 문화영역 안에 있는 지역인)과 디아스포라된 지역인(자기 문화영역에서 벗어나 이산된 지역인)으로 나누었다. 그리고 이상의 두 가지 문화적 행위의 주체들이 조우하고 충돌하는 문화들을 외부에서 유입된 문화, 즉 외생문화와 기존의 지역문화 즉 내생문화로 나누었다. 그리하여 필자는 두 가지 문화행위의 주체가 충돌하거나 조우하는 문화가 무엇이냐에 따라 문화 혼성화를 A, B, C, D, E의 다섯 가지 유형으로 구분하였다.[2]

좀 더 구체적으로 설명해 본다면 지역인이 외생문화와 조우하고 충돌한 경우를 A, B, C의 세 가지 유형으로 나누고, 디아스포라된 지역인들이 특정 지역에 도착하여 또 다른 지역에서 유입된 외생문화와 조우하고 충돌하는 경우를 D유형, 그리고 그들이 특정 지역에 도착하여 그 지역의 내생문화와 조우하고 충돌하는 경우를 E유형으로 구분하였다. 단, ⟨표 1⟩에서 보는 바와 같이 지역인이 자기 지역문화와 충돌하거나 조우하여 혼성화가 진행되는 경우는 배제하였다. 자기 자신의 문화와 조우하고 스스로 충돌하면서 혼성화되는 경우는 예상되지 않기 때문이다.

⟨표 1⟩ 혼성화 유형

조우 또는 충돌하는 문화 문화행위자	외부문화(또는 외생문화)			지역문화 (또는 내생문화)
지역인	A	B	C	X
디아스포라된 지역인		D		E

---

[2] 이렇게 혼성화의 유형을 구분하는 것은 베버Weber가 이념형ideal types을 만들어 사회적 현상과 행위를 이해하기 위한 도구로 사용했던 것에서 착안하였다. 그러나 베버의 이념형은 비현실적이고 추상적인 개념이고(Weber 1978: 21; 김덕영 2012: 506-507), ⟨표 1⟩의 문화행위의 주체들(지역인과 디아스포라된 지역인)과 내생 또는 외생문화는 실재하기 때문에 베버가 말하는 이념형들이라고 볼 수는 없다.

이제부터 이 다섯 가지 유형이 주로 나타나는 지역, 해당 유형에서 볼 수 있는 특성, 탈영토화와 재영토화의 상태, 종교적 재현의 실례들, 그리고 사회적 효과 또는 기능을 순서대로 언급하며 종교문화를 중심으로 설명하려 한다.

1. A유형(혼합과 저항의 유형)

1) 주로 나타나는 지역

A유형은 지역인들이 영향력 또는 지배력이 강한 외생문화와 충돌하여 혼성화가 진행된 경우이다. 이 유형은 19세기와 20세기에 서구문화가 침투했던 제3세계나 비서구 세계에서 주로 나타난다.[3] 그러므로 이 유형은 식민주의와 제국주의로 인한 세계화의 영향을 강하게 받고 있다.

2) 유형의 특징

이 유형에서 볼 수 있는 특징은 지역문화가 글로벌 문화(주로 서구 문화에서 유래한 외생문화)와 주체성과 전통을 가지고 있는 지역인의 문화가 서로 충돌하고 조우하면서 나타나는 "혼합"과 "저항"의 병존이다. 글로벌 문화는 두 개의 큰 뿌리를 가지고 있다. 하나는 서구 자

---

[3] 이에 대한 예로는 오스터함멜(2006), 레만(Lehman 2009), 바이어(Beyer 2006), 마틴(Martin 2002) 등의 연구에서 찾을 수 있다. 이들에 대한 내용은 이 유형의 특징을 설명하면서 다루겠다.

본주와 그 확산이다. 서구 자본주의는 시장 점령을 통한 경제적·정치적 이익을 노리는 식민주의와 연결되어있다. 왈러스타인(Immanuel Wallerstein 1984: 18)에 의하면, 역사적으로 서구 자본주의의 세계적 확산은 서구 산업화로 가속화되었고 식민주의라는 서구의 정치적 개념으로 조장되었다. 또 다른 하나는 서구 세계에서 발현된 근대성이다. 서구의 근대성은 비서구 세계의 사회와 문화를 서구화시키고 자신들의 문화로 보편화시킴으로써 서구 중심적인 세계를 만들려는 제국주의와 연결되어 있다. 리처(George Ritzer 1993: 14-15)는 심지어 효율성, 계측 가능성, 예상 가능성, 통제를 특성으로 하는 서구의 도구적 합리성이 전 세계적으로 확산되어 나타나는 사회변화의 획일성을 "사회의 맥도날드화McDonaldization of society"로 표현한다. 그러나 이미 앞에서 언급하였듯이 지역문화에서 나타나는 세계화의 결과는 동일화가 아니다. 각 지역에서 지역문화는 글로벌 문화로 동일화(또는 사회의 맥도날드화가 진행)되기보다 오히려 혼합과 저항을 나타낸다.

비서구 지역 기독교의 독특한 모습들에는 서구 기독교의 맥락에서 설명이 되지 않는 부분이 있다. 심지어 서구 기독교의 모습과 대조되는 부분도 있다. 오스터함멜(2006: 152-154)에 의하면 서구의 식민주의와 서구 선교사들이 지역의 토착신앙 또는 토착종교를 대하는 태도에는 유사성이 있는데, 그것은 토착신앙을 탄압의 대상으로 보고 대신에 국가가 지원하는 종교, 즉 기독교를 주입하는 것이다. 그러나 식민지에서 기독교는 식민 지역의 사람들에 의해 자체적으로 기독교화되고 토착된 형태로 변화하였다. 그리하여 서구 기독교적인 요소를 수용하기는 하였지만 반서구 기독교적인 운동이 나타났다. 그러므로 이러한 식민주의와 서구 선교사의 태도에도 불구하고 식민지에서 종교는 언제나 새로운 방식으로 새롭게 만들어졌으며 지역의 토착신앙은 언제나 기독교를 혼합적인 형태로 만들었다.(오스터함멜 2006: 151-152)

그러면 세계화 시대에 종교문화는 구체적으로 어떻게 변화하는가? 우선 레만David Lehmann의 논의를 살펴보자. 그는 종교와 세계화의 상호작용을 글로벌 형태global pattern와 코스모폴리탄 형태cosmopolitan pattern로 구별한다. 글로벌 형태는 종교적 행위에서 유사성을 가진 종교 집단들이 초국가적/초민족적 연계를 넓히고 강화하는 형태이다.(Lehman 2009: 413) 예를 들면 번영복음prosperity Gospel을 강조하는 오순절운동 교단인 하나님의 성회Assemblies of God는 세계화 과정으로 인해 자신들의 경계를 넓히거나 개종운동을 하는 데 이득을 보았다.(Lehman 2009: 416) 그리하여 초국가적 · 초민족적 동일성을 의미하는 "맥도날드화된 종교 생활McDonalds of religious life"이 나타나고 있다.(Lehman 2009: 418) 반면에 코스모폴리탄 형태는 새로운 종교를 받아들인 지역인들이 그 종교를 새로운 방식으로 행위하는 형태이다. 그러므로 이 형태는 다양한 모습으로 타 지역에 정착한 종교들을 의미한다.(Lehman 2009: 413-415) 이러한 코스모폴리탄 형태는 특정종교가 현지인들의 제안 등을 받아들이는 것과 개종을 이끄는 것을 함께 진행하는 것을 보여 준다.

그러나 레만의 이러한 두 가지 형태는 실제로 명확히 구분되지 않는다. 세계화를 통해 비서구 세계에 확산된 서구 기독교의 경우를 생각해 보자. 식민주의 시대로부터 최근의 신자유주의 시대까지 서구 문화가 도착한 비서구 지역에는 언제나 서구 기독교가 함께 도착하였다. 그러나 이러한 도착은 서구 기독교의 전면적 수용을 의미하지 않는다. 서구 기독교는 비서구 지역문화와 충돌하고 조우하며 정착하였다. 이것은 레만의 글로벌 형태와 유사하다. 그러나 실례들을 아래의 종교적 재현들에서 언급하겠지만 비서구의 기독교들은 그 의례와 신앙 형태에서 서구 기독교와는 다른 특성을 보인다. 이것을 레만이 지적한 코스모폴리탄 형태로 볼 수 있을 것이다. 그러면 이렇게 두 가지 형태가 비서구 기독교에서 동시에 나타나는 것을 과연 어떻게 설명할 것인가? 반면에 앞에서 언급 한 대로 혼성화 이론은 탈식민주의 맥락에서 문화의 혼합적인 성격을 다루고 있으므로 세계화로 인해 두 가지 형태가 동시에 나타나는 종교의 중층적인 성격의 원인과 형태를 총체적으로 설명하는 데 더 유리할 것이다. 또한 지역에서는 맥도날드화된 종교 생활이 일어나기보다는 혼성화가 일어난다. 레만이 예로 들었던 오순절 교단은 세계 각 지역에서 유사하지만 동시에 독특하고 다양한 형태를 가지고 있다. 마틴David Martin 에 의하면, 오순절 성령운동은 세계 곳곳의 각 계층과 공동체에서 성장하여 이제는 많은 중심multi-centered을 가지고 있다.(Martin 2002: 169-170) 바이어Peter Beyer도 글로벌 사회에서 종교는 지역성(특수성)에서 글로벌 체계로 향하는 지향성이 나타난다고 말하지만(Beyer 2006: 14), 그는 또한 지역적인 것과 보편적인 것이 역설적인 동시성을 나타내는 혼성적 형태가 나타날 수 있다는 것도 놓치지 않는다.(Beyer 1993: 9-10)

3) 종교문화의 탈영토화와 재영토화

이 유형은 종교가 지역인들의 행위로 인해 탈영토화되고 다시 재영토화된 것을 보여 준다. 예를 들어 한국 개신교를 본다면 서구 선교 사의 개신교는 한국인들에게 그대로 복제되어 행위되지 않는다. 물론 서구 선교사는 자신들의 종교를 한국인들에게 전달하였다. 그러나 한국인들의 개신교는 선교사의 종교(서구 개신교)와 동일하지 않다. 한국인들은 사회적·정치적 그리고 경제적 상황을 고려한 전략에 따라 개신교를 행위하였다. 이러한 한국 개신교인들의 행위는 서구의 개신교를 탈영토화시킨다. 그리고 또한 이러한 행위는 서구의 개신교를 한국의 개신교로 재영토화시킨다.

4) 종교적 재현의 예들

비서구 세계의 기독교는 서구 기독교가 전래된 것이기에 서구 기독교의 모습을 가지고 있다. 그러나 동시에 서구 기독교에서는 찾을 수 없는 혼합과 저항을 나타내는 신앙과 의례들을 비서구 지역의 기독교에서 찾을 수 있다. 한국 개신교의 예를 들어 보자. 한국 개신교는 분명히 서구 기독교를 받아들였지만 서구 기독교는 가지고 있지 않은 특성과 모습을 발전시켰다. 식민주의와 제국주의의 배경 아래 서구 선교사들이 전한 기독교는 그대로 한국에서 수용 및 정착된 것이 아니라 한국 문화와 역사 그리고 사회적 상황 속에서 한국 개신교인들의 구조화된 언어와 행위를 통해 나름대로의 모습을 성취하였다. 이러한 한국 기독교의 혼성성을 보여 주는 예를 신학에서 찾아보자. 신학은 하나의 지적인 성과물만이 아니라 종교적인 생산물이라고도 볼 수 있다. 구체적으로 윤성범이 시도하였던 한국 유교 전통을 반영한 "성誠의 신학"이 있다.

도대체 계시니 신앙이니 하는 개념 자체가 애매하다는 것은 2천년의 긴 신학적인 전통을 계승해 내려온 서구 사회에서도 불투명한 개념인 것을 서구인 자신도 느끼고 있는 사실이다. (중략) 결론적으로 생각할 때 하나님은 곧 誠이라고 해야 좋을 것이다. 성은 天之道이며 동시에 人之道의 가능 근거가 된다.(윤성범 1976: 29)

또한 한국의 정치 상황을 반영한 민중신학도 한국 개신교만의 혼성적인 특징을 잘 보여 준다.

부자와 권력자는 '주기도문'을 드릴 자격이 없는 것이 기독교다. 크리스찬 부자들이 권력자, 장관들을 위한 조찬기도회를 베풀고 또 그들로부터 "위에 있는 권세에 복종하라"는 하나님의 말씀을 국민에게 듣게 하는 것은 기독교도 아니고 그 하나님은 하나님도 아니다. (중략) 마태복음 25장의 병든 자가 전염병 환자라면, 옥에 갇힌 자가 정치범이라면, 거기 굶주리고 헐벗은 자가 마산수출자유지역 여직공이라면, 그들의 해방전략은 어떤 것일까? 그 해방은 사회적 정치적 행동일 수밖에 없는 것 아닌가.(서남동 1983: 13)

이러한 신학들은 기독교가 외생 종교문화로서 세계화의 맥락을 타고 한국에 들어와 만들어진 것이다. 하지만 이 외생 종교문화는 그대로 한국에 복제되지 않았다. 성의 신학과 민중신학은 지역인들의 응답으로써 만들어진 신학이다. 이러한 신학들의 요소를 살펴보자. 이 신학들은 기독교적인 요소(기독교 교리와 성서 등)와 비기독교적인 요소(유교와 무교 등의 타 종교 전통, 사회적 정치적 상황)를 사용하고 있다. 이러한 요소들을 재해석하고 신학으로 구성하는 과정에서 "혼합"이 이루어졌다. 그리하여 이러한 신학들은 기독교 신학이지만 서구의 신학 전통과는 분명히 다른 특성을 나타내며, 나아가서 서구의 기독교의 전통에 저항하는 모습을 보여 준다.

그리고 신학뿐만 아니라 의례의 측면에서도 재현의 예를 찾아 볼 수 있다. 샤머니즘이나 유교와 같은 타 종교 전통의 영향을 받은 개신교의 안수기도, 새벽기도, 장례 절차, 부모님 추도식(추도예배) 등이 그러하다.(장형철 2012: 144) 특히 추도식은 단순히 유교적 전통에 대한 포기와 새로운 종교를 즉각적으로 수용하는 것보다는 한국인으로서 기독교를 수용하고 기독교인으로서 한국인의 정체성을 재구성하는 혼성화 과정에서 만들어진 것이다.(Hyung Chull Jang 2007) 그러므로 추도식은 유교 가치와 의례의 반복이 아니며 동시에 서구 기독교의 완벽한 복사도 아니다. 추도식은 서구 기독교가 지역 전통(또는 지역 주체성)과 조우하고 충돌하는 혼성화 과정을 거쳐 자신만의 특성을 가지는 한국적 개신교가 형성된 모습을 보여 주는 증거이다. 필자는 한국 개신교의 추도식이 나타내는 이러한 문화적 혼성성의 특성을 고유하고, 변혁적이고, 영성적이고, 실용적이며, 복합적이라고 분석하였다.(Jang 2007: 420) 또한 개신교가 사용하는 용어들 또한 타 종교나 토속신앙에서 빌려 온 경우가 있다. 무속에서 최고신의 이름을 빌려 온 개신교의 "하나님" 그리고 불교에서 빌려온 용어인 "기도"가 그렇다.(장형철 2006: 240)

5) 사회적 기능과 효과

이 유형은 우선 종교 자체의 성장에 효과적이다. 한국 개신교는 경제 발전을 중심으로 하는 근대화 과정과 자본주의의 강력한 영향 아래 타 종교 전통과 조우하고 충돌하며 혼성화가 진행되었다. 이러한 한국 개신교 문화의 형성은 개신교의 비약적인 성장을 결과로 가져왔고 나아가서 한국 종교문화의 변화에 기여하였다.(장형철 2012: 144-145) 그리고 이 유형의 혼성화는 또한 사회변동과 발전에 기여한다. 비서구적인 신학 요소와 사회적 상황을 반영하여 정치적 성향을 강하게 띄는 민중신학은 개신교가 사회 발전과 민주화운동에 참여하는 데 신학적 기반과 신앙적 당위성을 제공하였다.

2. B유형(내면화되어 양가성과 교차가 나타나는 유형)

1) 주로 나타나는 지역

B유형은 A유형과 유사하나 혼성화가 수세기를 지나며 오랫동안 진행된 경우이다. B유형이 주로 나타나는 지역은 주로 오랫동안 서구 식민주의를 경험한 곳이다. 예를 들면 16세기부터 스페인과 포르투갈에게 식민지화되었던 멕시코와 남미의 국가들, 17세기에 절정에 이른 노예무역의 현장이었던 아프리카, 그리고 18세기에 영국에 식민지화되었던 인도 등이다.[4]

---

[4] 구체적인 예들은 칸클라이니(Canclini 1995), 젠킨스(Jenkins 2002), 서울대 라틴아메리카 연구소(2014)들의 논의에서 찾을 수 있다. 이들에 대해서는 이 유형의 특징

2) 유형의 특징

A유형보다 긴 시간 동안 혼성화가 진행되어 B유형의 혼성화는 "내면화internalization"된다. 그래서 이 유형은 식민문화와 피식민문화의 특성이 모두 나타나는 양가성ambivalence을 가지고 있다. 양가성은 복종과 저항의 성향 모두를 가진 모호함을 의미한다. 바바Bhabha에 의하면 이러한 양가성은 제국주의적 문화의 힘과 지역문화의 힘이 서로 조우하고 충돌하여 발생하는 지역문화의 혼성화 과정에서 나타난다. 바바는 혼성화 과정에서 우선 모방이 나타난다고 본다. 모방은 피식민자가 식민자에게 복종하는 것으로 보일 수도 있지만 동시에 저항과 위협의 행위이기도 하다. 왜냐하면 흉내를 잘 내면 피식민자와 식민자의 뚜렷한 이항 대립이 모호해지기 때문이다. 또한 이러한 흉내 내기 과정에서 선과 악, 발전과 퇴보, 계몽과 전근대, 그리고 서양과 비서양 등의 이분법적 정형화가 불안정해진다. 그러다가 마침내 식민자와 피식민자 양쪽 모두의 성질을 띠는 양가성이 나타난다.(Bhabha 1994: 85-86)

칸클라이니Canclini도 남미의 문화를 혼성성으로 읽는다. 그러나 그는 바바보다 실제적으로 혼성화를 파악하려 한다. 칸클라이니는 지역문화의 혼성화를 교차intersection로 설명한다. 칸클라이니에게 전통과 근대 그리고 탈근대가 서로 교차하는 것이 바로 문화 혼성화이다. 그리고 이 문화 혼성화는 사고의 수준뿐만 아니라 일상적인 인간의 경제적이고 사회적인 삶에서 확인된다. 그는 남미의 각 국가에

을 다루면서 언급하겠다.

서 일어나는 사회문화 변동은 전통에서 근대성으로 그리고 탈근대성으로 순차적 진행을 하는 것이 아니라 동시간대에 근대적인 정치와 경제 그리고 탈근대적인 예술과 철학으로 파생된 고급문화와 대중문화가 서로 뒤섞이어 교차된다고 주장한다.(Canclini 1995: 2, 9, 241) 그에 의하면 남미 국가들의 특성은 토속 전통, 식민지 히스파닉의 가톨릭, 근대적인 정치와 교육 그리고 소통 행위들이 침전하고 병렬되면서 한데 얽히어서 만들어진 결과들이다.(Canclini 1995: 46)

이러한 양가성과 교차는 식민지의 종교문화의 역사 속에서도 나타난다. 오랜 시간 식민지로 있으면서 식민지의 토착 종교문화는 식민주의자의 종교에 복종하고 또한 동시에 식민주의자의 종교를 자기 방식대로 문화화하는 역사와 그 증거를 남미나 아프리카에서 찾을 수 있다. 이에 대하여는 종교적 재현의 예들을 제시할 때 좀 더 자세히 다루겠다.

3) 종교문화의 탈영토화와 재영토화

이 유형이 보여 주는 긴 시간 동안 계속되는 탈영토화와 재영토화의 모습은 대중문화의 차원에서 잘 볼 수 있다. 그중 하나가 남미 가톨릭의 사회적 위치를 보여 주는 그라피티graffiti 이다. 그라피티의 시각적인 표현과 구체적인 내용은 도시의 무질서, 정치제도에 대한 신뢰 상실, 종교적(주로 가톨릭적)인 유토피아, 그리고 교황을 반대하는 냉소적인 표현들과 같이 사회정치적 현실과 종교에 대한 비판이 주를 이룬다. 이러한 그라피티는 16세기부터 전해진 가톨릭 전통을 충분히 의식하고 있지만 따르지 않고, 서구 근대성을 닮지도 않은 모습이 있어서 서구 가톨릭이 탈영토화된 모습을 보여 준다. 그러나 또한 그라피티는 그 나름의 독특한 표현과 내용에서 알 수 있듯이 그 그라피티가 있는 영역의 문화 안에서 가톨릭이 재영토화된 모습을 보여 준다. 그러므로 그라피티는 탈영토화 되고 다시 재영토화하는 '영토적 행위'이며(Canclini 1995: 249) 동시에 '종교문화적 행위'이다.

4) 종교적 재현의 예들

B유형 혼성성의 종교적 재현의 예들은 식민 시대에서부터 찾을 수 있다. 이러한 예들은 이전에 서구의 식민지였던 비서구 각 지역의 문화와 서구 가톨릭이 오랜 시간 동안 혼합된 양가성을 나타내기도 하고 근대성과 전근대성이 교차하는 특성을 보여 주기도 한다. 이에 대한 실례로서는 16세기까지 거슬러 올라가는 멕시코인들의 성모 숭배la Morena로부터 1902년 독립한 쿠바의 아프리카 출신들의 성모 숭배La Virgen de la Caridad del Cobre 그리고 필리핀의 갈색 피부의 유아 예수Santo Niño(Jenkins 2002: 111) 등이 있다. 그리고 아프리카 남부의 일부 독립교회들은 일부다처제, 점술, 동물을 바치는 제사, 통과의례, 할례, 조상 숭배와 같은 전통 관습을 폭넓게 이어 간다. 아프리카의 모든 독립교회는 옛 관습을 모두 버리지 않았다. 대다수 아프리카 교회는 서구가 이미 오래전에 버린 예언과 환상을 그들의 방식으로 믿는다. 나아가서 나이지리아에서 개신교 성직자 또는 복음주의 집회 인도자는 종종 예언자로 불린다. 아프리카 토속종교에서 중요한 개념인 치유와 예언은 가톨릭, 성공회, 루터파와 같은 아프리카 주류 교단 안에도 뿌리내렸다.(Jenkins 2002: 120) 또한 뉴질랜드 원주민 마

오리Maori들이 기독교를 받아들여 드러내는 그들만의 영성wairua과 건축양식들이 있다.(Davies & Conway 2008: 155)이러한 모습들은 복종과 저항의 모습을 모두 가지고 있는 양가성을 보여 준다.

또한 누에바에스파냐(식민 시대 스페인의 영토, 여기서는 오늘날의 멕시코를 의미) 수도원 중 하나인 아콜만Acolman 수도원은 1529년에 완공하여 16세기 문화 상황과 예술을 증언하는 대표적 건물이다. 그리고 이후 이 수도원은 1560년 증축, 1629년 1645년 1763년 1777년 홍수 피해 후 패쇄되었다가 1945년 수리 후 현재까지 사용 중이다. 이러한 긴 역사 속에서 수도원은 매우 혼성적인 특성을 가지게 되었다. 이 수도원의 외관은 16세기 건축 당시 스페인에서 유행했던 플라테레스코plateresco 양식이다. 그러나 수도원의 정면 부조는 아스테카의 그림문자 아콜우아칸을 가감 없이 묘사하였다. 또한 아콜만 수도원 앞마당의 십자가는 당시 유럽 예술 경향과 괴리가 있다. 이 십자가는 고통 받는 예수상 대신에 아스테카의 그림문자를 돌로 새겨 놓아 다양한 모티브로 장식되어 있다.(박병규 2014: 363, 366, 370) 박병규에 의하면 아콜만 수도원은 물리적으로 16세기 후반까지 식민지배 체제 외곽에 위치하였으며, 또한 잠재적인 원주민의 저항 세력과도 거리를 유지하여 정복자와 피정복자의 문화가 교류할 수 있는 공간을 만들어 내었다.(박병규 2014: 381) 다시 말해 아즈텍 문명과 스페인의 가톨릭 문화가 바로 수도원의 역사 속에서 서로 교차된 것이다.

5) 사회적 기능과 효과

앞의 재현에서 언급한 양가성과 교차를 보여 주는 사례들은 실생활에서 혼성화가 어떻게 전략적으로 진행되는지를 보여 준다. 이러한 혼성화는 식민주의와 제국주의의 핵심과 중심을 비트는 행위이기 때문에 더 실제적으로 더 효과적으로 식민주의에 저항할 수 있었다.

A유형보다 B유형은 양가성과 교차로 인해 더욱 깊게 혼합되었고 그래서 더욱 효율적으로 저항한다. 좀 더 구체적으로 말해서, B유형은 식민주의와 제국주의에 전략적인 저항을 가능하게 한다. 바바에 의하면, 혼성성이 가진 특성으로 양가성은 두 가지 역설적인 모습을 포함하고 있다. 양가성은 식민주의적 힘의 영향력을 보여 주는 증거이기도 하지만 동시에 거부를 통해 지배 과정이 전략적으로 역진행되는 것을 보여 주는 증거이기도 하다.(Bhabha 1994: 112-113)

혼성성은 식민주의의 지배 가능성을 약화시킬 수 있다. 왜냐하면 식민주의 입장에서 혼성성을 나타내는 피식민지 문화는 서구에 종속되기 위해 서구 제국주의가 정한 표준에 맞추기도 했지만 결국 그것을 완벽하게 충족시키지 않고 자신만의 모습을 또다시 형성하기 때문이다. 그래서 식민주의 입장에서 보면 모방으로 만들어진 피식민지 문화의 혼성성은 이것도 저것도 아닌 또는 이것과 저것 모두인 불안정한 상태, 부족함이나 초과 그리고 다름을 계속적으로 만드는 양가성을 갖게 된다.(Bhabha 1994: 85-6) 칸클라이니에게도 교차로 인해 만들어지는 혼성화는 서구 근대성에 들어가기도 하고 나오기도 하는 전략이다.(Canclini 1995: 1-2)

이러한 B유형의 혼성화는 식민주의에 대항하는 운동에 효과적이다. 영(Young 2001: 345)에 의하면, 간디는 혼성화를 인도 독립운동의 문화적 전략으로 사용했다. 간디는 타 종교(기독교, 불교 그리고 전략적으로 이슬람교에서도)로부터 자유롭게 아이디어를 빌려 온다.(Young 2001: 345) 나아가서 간디는 식민주의 비판을 설계하는 수단으로써 대중 미디어를 사용한다. 그리하여 간디는 힌두 엘리트들과 힌두 농민들 모두에게 지지를 받았다.(Young 2001: 346)

3. C유형(공존을 지향하는 유형)

1) 주로 나타나는 지역

C유형은 한 지역의 문화권 안에 타 지역의 문화가 유입되어 혼성화가 진행된 경우이다. 이 유형의 경우는 지역인의 문화가 외생문화(외부문화)보다 상위에 있는 경우이다. 그러므로 이 유형은 주로 유럽과 미국 등 서구 사회에서 나타난다. 이 유형은 신자유주의를 바탕으로 한 최근 세계화의 특성에 영향을 많이 받는다. 이에 대하여는 유형의 특징을 다루면서 논의할 것이다.

2) 유형의 특징

이 유형은 외생문화의 유입으로 인한 혼성화라는 측면에서는 A유형 그리고 B유형과 유사한 측면은 있지만 여전히 "자기 문화 중심적"이며 혼성화의 정도는 다른 유형들과 비교하였을 때 낮게 나타난다. 이 유형은 20세기 전후 서구 문화권에서 주로 나타나는 유형의 혼성화로 볼 수 있다.

　이 유형의 혼성화는 문화가 상품화되고 그것이 시장경제와 연결되는 것까지의 과정을 포함한다. 크레이디Marwan Kraidy는 세계화로 인한 문화 혼성화는 피할 수 없는 것이며, 시장과 고객 모두 그것을 강하게 원한다고 본다.(Kraidy 2005: 95) 그래서 그는 문화적 혼성성은 "자본주의의 메타적 성질"을 나타낸다고 주장한다.(Kraidy 2005: 88) 나아가서 코웬 Tyler Cowen은 세계화로 인한 문화적 혼성성을 무역을 통한 문화 교류에 의한 것으로 본다.(Cowen 2002: 13) 그는 세계화 시대의 문화 변동을 시장의 역할과 문화 간의 교류를 염두에 두고 이해하면서, 세계화를 통한 문화 교류에 관계된 개인들은 자신들을 부유하게 하고 자신들의 문화적 삶을 풍요롭게 하고 자신들의 선택의 여지를 높이는 거래를 바란다.(Cowen 2002: 14, 5, 12) 그러므로 이 유형의 혼성화는 자유시장과 자유무역을 기반으로 하는 후기 자본주의와 깊은 연관이 있다.

3) 종교문화의 탈영토화와 재영토화

이 유형은 유입된 타 종교 문화보다 자기 종교문화가 우위를 점하므로 탈영토화와 재영토화 과정이 약하다. 대신에 유입된 타 종교 문화와 공존하려는 문화적 행위가 나타난다. 예를 들어 유럽이나 미국과 같은 서구 사회에서 기독교 문화는 이미 오랜 시간 존재하여 왔다. 이러한 서구 기독교 문화 속에서 서양인들은 탈식민주의 시대에 접어들어 타 종교 문화와 조우하며 충돌하여 탈영토화되고 재영토화되기보다는 유입된 타 종교 문화와 병존하려는 문화적 행위를 한다.

4) 종교적 재현의 예들

이 유형의 혼성성은 주로 서구 세계에서 나타나는 기독교의 변화에서 찾아볼 수 있다. 탈식민주의 시대의 서구 시민사회와 기독교의

새로운 관계를 탐색하고자 하는 영국의 신학자 베이커Christopher Baker
의 논의를 살펴보자. 그는 지배 신화의 단절, 여전한 고정관념, 그리
고 과거 식민주의로부터 해방된 자들(식민지로부터 온 이주자 또는 해방
된 노예의 후예)의 목소리에 의해 만들어진 계몽적 사회정책들이 공
존하는 서구 거대도시는 불안정하지만 동시에 창조적인 공간이라고
본다.(Baker 2007: 25) 그는 서구 거대도시 안에서 식민주의 부정과 문
화적 번역의 행위를 통해 혼성성이 나타난다고 본다. 그래서 베이커
는 서구의 거대도시를 더 이상 식민주의도 그리고 서구의 전통적 정
체성도 통제할 수 없는 바바가 말하는 '제3의 공간the third place'(Bhabha
1990: 211, 1994: 36-37)로 보고 그 안에 있는 교회를 혼성성이 담보된
교회 또는 혼종교회hybrid church로 바라보려 한다.(Baker 2007: 19)

구체적으로 베이커는 글로벌 도시인 런던의 동부에 존재하는 인
디안, 파키스탄, 방글라데시 이슬람 공동체들을 다양한 문화와 역
사의 공존으로 인한 정체성 변화 과정 안에 있는 사회적 실체로 본
다.(Baker 2007: 20) 그는 그래서 이 제3의 장소 안에서 서구 문화 내부
의 식민주의적 힘에 의한 종교문화의 고정된 성격을 거부하고 또한
순수한 문화로 돌아가야 한다는 전통적 의제도 거부한다. 나아가
서 좀 더 진보적인 사회 의제라는 관점에서 접근한다 할지라도 여
전히 타자의 경험을 정의하는 것을 모색하는 다문화주의도 거부한
다.(Baker 2007: 25-26) 그러나 제3의 공간이라는 개념을 활용한 베이커
의 탈식민주의적 도시신학urban theology은 여전히 서구의 지배적인 다
수, 즉 백인 중심이다. 그에게 여러 다양한 종교문화가 공존하는 제
3의 공간인 런던에서 식민주의와 전통을 거부하고 이주민들의 종교

문화를 고려하는 주체는 백인이다. 이주민들과 그들의 공동체는 여전히 백인의 타자 읽기의 대상이다. 그러므로 이러한 신학은 식민주의와 제국주의에 대항하는 식민지의 토착민이 주체로 존재하는 제3의 공간을 주장하는 바바의 탈식민주의와 대조된다.

5) 사회적 기능 및 효과

이 유형의 혼성화는 서구 기독교인이 교회와 공동체에 대한 새로운 이해를 할 수 있게 한다. 그래서 이 유형은 기독교 중심의 유럽 문화 안에서 기독교 교회와 타 종교가 공존할 수 있게 한다. 나아가서 세계화로 인해 이주민이 증가하고, 시민사회가 첨예하게 발전하고, 인종주의로 인한 문제를 극복하는 서구 사회 안에서 탈식민주의가 발전하고 나아가 사회를 재구성하는 과정에 기여한다. 특히 문화 혼성성이 나타나는 서양의 거대 도시들은 새로운 지속적인 공동체, 저항의 기반, 그리고 협동과 협력을 통해 다른 종교, 다른 인종, 민족 간의 불신, 인종 관련 범죄 등을 다루기 위한 새로운 실험과 학습의 장소가 될 수 있다.(Baker 2007: 26)

4. D유형(새로운 문화를 창조하는 유형)

1) 주로 나타나는 지역

D유형은 지역인이 자신의 문화를 가지고 다른 장소로 이동하고 그곳에서 현지 문화가 아닌 또 다른 곳에서 들어 온 문화들과 조우하고 충돌하여 나타나는 혼성화 유형이다. D유형이 주로 나타나는 지

역은 자메이카, 푸에르토리코, 쿠바, 세인트루시아 등 주로 카리브해의 국가들이다. 그리고 인도양에서 영국의 식민지였다가 독립한 모리셔스Mauritus와 여전히 프랑스령으로 남아 있는 레위니옹La Réunion에서도 나타난다. 그리고 이러한 지역의 혼성화는 특정한 용어를 사용하는데 그것이 크레올화creolization이다. 일반적으로 새로운 세계 또는 이차적이고 우발적인 기원을 언급하는 포괄적인 용어로서 사용되는 크레올creole은 18세기 중반 이후부터 사용되던 용어였다.(Mary Gallagher 2010: 97) 그러나 크레올화는 초기 식민주의 시대인 16세기까지 거슬러 올라가는 풍성하고 다양한 역사를 가지고 있다.(Charles Stewart 2007: 1) 홀(Hall 2010: 33, 26)에 의하면, 크레올은 식민지 안에서 유럽언어와 아프리카 언어가 조합되어 발전한 특정 지역 주민들의 언어, 카리브 해안의 영어권과 프랑스어권 안에 혼재하는 식민 사회의 여러 분파, 그리고 식민지에서 태어나 식민지 체계 안에서 오랫동안 산 유럽 백인을 지시하였다. 그러다가 노예였던 조상을 가진 흑인들을 의미하게 되었다.

2) 유형의 특징

이 유형의 특징은 두 가지다. 첫째로 이 유형은 다른 유형과 비교하였을 때 혼성화의 정도가 매우 높다. 이 유형에서 외생문화의 지배력은 많이 감소된 것을 볼 수 있다. 그렇다고 이주한 지역인들의 문화, 즉 디아스포라 문화의 영향력이 더 강력하지도 않다. 이 유형은 디아스포라 문화와 외생문화가 만나고 충돌하여 "새로운 문화가 창조되는 모습"을 보여 준다. 예를 들어 자메이카에서 나타나는 크레

111

올화를 브레스웨이트Kamau Brathwaite는 단순한 사회문화 현상으로 보지 않고 하나의 사회변동으로 보았다. 그는 크레올화의 중요 요소로서 아프리카 문화의 영향은 여전히 남아 있지만 전체적이지 않으며 유럽문화의 수용에는 한계가 있어서 유럽적인 형태로 발전하였지만 그 내용은 다르다고 본다. 그래서 19세기 초 자메이카에는 유럽지향적인 크레올, 이른바 유로 크레올Euro-creol과 아프리카의 영향을 받은 아프로 크레올Afro-creol이 발전하였다. 그리고 이 두 가지 크레올은 같은 사회구조 안에서 공존한다.(Brathwaite 2005: 230-231) 그리고 이러한 두 가지 형태의 크레올 사회와 문화는 아직 완성되지 않았으며(Nigel Bolland 2010: 109), 나아가서 두 가지 크레올의 갈등 안에서 만들어지는 새로운 문화적 행위들 통해서 자메이카의 크레올 사회가 지속적으로 발전하고 있다고 볼 수 있다.(Bolland 2010: 113)

둘째로 이 유형에 나타나는 저항은 다른 유형들보다 강하게 나타난다. 프라부Prabhu는 모리셔스의 매우 다양한 언어와 민족성 그리고 레위니옹의 크레올인[5]에 대한 연구를 통해 혼성 사회 안에 반드시 서로 다른 문화가 구체적으로 충돌 또는 직면했던 역사가 있었다고 본다.(Prabhu 2007: 148) 그녀는 식민주의를 역사적으로 당위적인 지배체계로 설정하고 그 안에서 혼성성을 바라보지 않는다. 그렇게 하면 식민주의는 제거되지 않고 언제나 수정될 뿐이다. 프라부는 혼성성을 식민주의 역사 속에서 불평등을 해체하고 식민주의에 대항하는 투쟁을 새길 만한 역사성(또는 역사적 전체성)을 담보하고 있는 실

---

[5] 또는 메티사지métissage라고 부른다.

체로 보려 한다. 그러므로 그녀는 식민주의 역사 전체를 바라보면서 혼성성은 필연적이었으며(Prabhu 2007: 5), 또한 이러한 혼성성은 탈식민주의적 사회를 구성하고 있는 다수의 크레올인들에게 지금 현재의 삶에 유익함을 주는 역사적 실체라고 본다.(Prabhu 2007: 6)

이러한 프라부의 입장은 바바의 혼성성 이해와 다르다. 그녀는 바바의 혼성성은 식민주의를 벗어나기에 적절하지 않고 충분하지 않다고 비판한다. 이것도 저것도 아닌 또는 이것과 저것 모두인 불안정한 하락이나 초과 그리고 다름을 계속 만드는 바바의 양가성을 가지고 17세기와 18세기 노예 매매의 중심지였으며 사탕수수 농장의 노예였던 카리브 해의 흑인들의 투쟁의 역사를 설명하기 어렵다. 나아가서 프라부에 의하면 바바는 계속적으로 파농Franz Fanon의 자기 정체성을 읽기를 반복하지만 파농과 바바는 혼성성을 바라보는 데 근본적인 차이가 있다. 파농은 구체적인 식민주의 역사 속에서 자기 정체성을 찾으려는 의도를 가지고 지배 권력을 가진 타자성과 조우하고 저항한다.(Prabhu 2007: 43, 125) 그러므로 파농은 인종적 착취가 일어나는 식민주의의 역사가 만들어 놓은 구조를 놓치지 않는다. 혼성성은 이러한 역사성 안에서 파악된다. 그러나 크라니아우스카스 John Kraniauskas가 지적한 바대로 바바에게는 식민주의가 없다면 양가적이고 탈식민적인 자기 인식과 자기 주체성으로서의 혼성성은 생성될 수 없다.(Kraniauskas 2000: 240) 바바에게 양가성을 지닌 혼성성은 식민주의 없이 존재할 수 없는 자가당착적인 문제가 있는 것이다. 단적으로 말해, 파농은 알제리 독립전쟁이라는 사회적 · 정치적 · 문화적 실천을 통해 탈식민화를 꿈꾸는 맥락에서 혼성성을 형성하였다. 그러나 바바의 혼성성은 인도가 이미 독립하였으므로 실천의 장이 없이 일종의 지적 유희가 될 수 있다.(박종성 2006: 57)

프라부의 혼성화와 바바의 혼성화는 서로 다르다. 바바의 이론은 기존의 지역에 식민 지배력이 강한 외생문화와 오랫동안 조우하고 충돌하며 만들어진 문화를 고려하는 이론이다. 이러한 바바의 혼성화 이론은 지역인들이 자신의 고향home land을 떠나서, 즉 디아스포라가 되어 지리적으로 '다른 장소'로 이동하고 그곳에서 외생문화인 서구 문화와 조우하고 충돌한 경우에 적용하기 어렵다. 여기서 '다른 장소'는 바바의 양가적 혼성성이 나타나는 탈식민적이고 탈근대적인 제3의 공간과는 다르다. 바바의 제3의 공간이 식민주의가 인식되고 탈식민주의가 작동하는 장소라면, D유형의 혼성성이 나타나는 장소는 고향 밖의 다른 장소에서 또 다른 문화와 만나는 장소이다. 이 장소는 물리적으로 그리고 지리적으로 제3의 공간과 다르다.

3) 종교문화의 탈영토화와 재영토화

자메이카를 비롯한 카리브 해의 국가들의 역사는 서양인들의 노예 사냥으로 아프리카인들이 강제로 이동을 당하고 이후 탈출과 자유를 위한 전투와 해방 그리고 식민지화라는 역사 과정을 통해 탈영토화가 폭력적으로 이루어졌음을 보여 준다. 그러나 강제적으로 끌려온 사람들에 의해 공존하게 된 각각 다른 문화들은 식민주의 배경 안에서 매우 독특한 특성을 가지며 재영토화되었다. 노예출신 흑인들의 문화는 크레올화 과정을 통해 구체적이고 다양한 카리브해 문화 유형들(자메이카, 푸에르토리코, 쿠바, 세인트루시아 등)이 만들어진 것이다. 홀은 카리브 해안에서 노예제도와 식민지화가 굴욕과 고통이었다면 크레올화는 흑인들에게 창조적인 행위의 표현이었고 주장한다.(Hall 2013: 37) 카리브해 아프리카 흑인들에게 탈영토화는 폭력적으로 이루어졌지만, 그들의 정치적·문화적 행위(투쟁)으로 인해 종교문화는 재창조에 가까운 재영토화가 되었다. 예를 들어 자메이카의 종교 의례에서 연주하는 악기들은 대부분 아프리카 악기의 변형이나 재구성이다.[6]

한편 카리브해와 달리 서구 문화를 능동적으로 수용하려는 크레올 문화를 인도양의 작은 섬나라 모리셔스와 레위니옹에서 볼 수 있다. 이러한 크레올 문화는 우선 언어에서 매우 혼성적이다. 그리고 종교문화도 높은 정도의 혼성화를 나타내고 있다. 프라부는 모리셔스와 레위니옹의 특성을 역사적으로는 크레올로 읽고 문화적으로는 혼성성으로 읽는다. 레위니옹과 모리셔스의 경우 언어가 종교문화의 탈영토화와 재영토화의 바탕이 된다. 1968년 영국의 식민지에서 독립하였지만 여전히 영연방에 머물러 있는 모리셔스에는 다수의 북인도인과 크레올인들이 영어, 프랑스어, 힌디어, 만다린, 보즈푸리어, 구자라티어, 텔레구어, 타밀어 등을 사용하며 동시에 이러한 언어를 재구성한 일상 언어로서 크레올어를 사용한다. 나아가서 모리셔스는 영연방의 정회원국이면서 동시에 프랑스어사용국기구(프

---

[6] 각종 드럼들kbanbu, playin kyas, gumbie, gumbah, 다른 종류의 타악기들maraca, mbira, 관악기들coromantee, boompipe 그리고 현악기들aeolian harp, bangils, banjo, banjar의 대부분이 아프리카 악기의 배경을 가지고 있거나 흑인 노예들이 개발한 악기들이다.

랑코포니)의 정회원국이다. 그리고 2006년 7월 17일부터는 포르투갈어국가공동체(CPLP)의 준회원국이다. 이러한 다양한 언어들이 다층적이고 다양한 종교문화(힌두교, 가톨릭, 이슬람)[7]를 형성하는 데 기여하였다.

또한 레위니옹에는 크레올인들이 다수이고[8] 그들보다 경제적으로 훨씬 잘 사는 백인들과 인도인들이 있다. 레위니옹은 프랑스어가 공용어이기는 하지만 일상 언어는 레위니옹 크레올어가 사용되고 있다. 레위니옹은 프랑스의 해외 주(州)로서 프랑스 경제에 의존적이다. 그리고 이로 인해 레위니옹 사회에는 여러 다른 문화들로부터 전래된 전통과 근대적인 소비가 병존하고 있다.(Laurent Médea 2010: 126) 특히 세계화로 인해 레위니옹 사회는 항존해 왔던 유럽문화와 인도양의 정체성뿐만 아니라 미국문화를 수용하는 과정 속에 있다.(Médea 2010: 133) 이러한 배경 아래 종교문화는 가톨릭 중심[9]이다. 특히 탈출한 노예를 구출해 주는 이야기를 담은 검은 마돈나Black Madonna를 기념하는 5월 1일이 매우 중요한 종교축제이다.

---

[7] 모리셔스 관광진흥청(2015년 6월 22일 접속)에 의하면, 모리셔스에는 힌두교(52퍼센트), 가톨릭(31퍼센트), 이슬람교(16퍼센트), 불교(1퍼센트) 등이 주를 이루지만 지역으로 가면 전통 아프리카 신앙과 힌두교 교리 그리고 유럽에서 이단이라 부를 만한 혼합된 형태의 종교가 일반적으로 퍼져 있다.

[8] 유럽(주로 프랑스)인들, 아프리카인들, 인도인들, 중국인들이 있지만 크레올인 메티사지가 다수이다.

[9] 레위니옹에서는 가톨릭이 가장 다수의 종교(87퍼센트)이고, 다음이 힌두교(4.5퍼센트)와 이슬람교(4.1퍼센트)이다(ARDA, 2015년 6월 25일 접속).

4) 종교적 재현의 예들

자메이카에서 노예출신 흑인들이 만든 민속문화, 구체적으로는 음악, 춤, 악기, 의상(또는 드레스), 집, 가구(Brathwaite 2005: 97-8, 219-221, 222-234) 등이 바로 이 크레올화의 예이다. 이러한 크레올화 과정은 문화의 "창조적인 재구성"이라고 볼 수 있다.(Brathwaite 2005: 311) 크레올 종교의 예로서 자메이카의 라스타파리아니즘Rastafarianism은 기독교적인 배경 안에서 아프리카 출신 흑인들에 의해 형성된 종교이다. 라스타파리아니즘은 다윗과 시바 여왕의 직계 후손으로 여겨지는 에티오피아 황제 하일레 셀라시 1세Haile Selassie I를 흑인들의 메시아로 섬기는 종교이다. 이 종교는 자메이카 흑인들이 아프리카 선조들의 뿌리로 돌아가려는 복귀의 여정return journey을 담은 종교운동이다. 그러나 이 복귀 여정은 단순히 정신적이거나 정치적인 계획이 아니라 신화에서 예언된 바대로 자신들의 정체성을 되찾는 그들의 세계관을 반영한 회복의 여정이다.(Hall 2010: 35)

크레올 종교와 의례들은 아프리카 문명의 유물도 왜곡된 유럽 기독교의 모습도 아니다. 이 종교들은 우상숭배(또는 아프리카 이교신앙, heathenism)의 잔존과 같은 아프리카 전통 종교의 모습들이 내재해 있다. 그리고 다른 새로운 영향에 여전히 열려 있으며 그렇게 변화 · 발전해 왔다.(Robert Stewart 1992: 195) 군다커(Grey Gundaker 2011: 100)는 종교적 크레올화의 구체적인 예로서 망자가 가지고 놀던 또는 좋아하던 장난감을 가지고 주로 놀던 장소에서 실행하는 자메이카의 추모 의례인 남Nam을 제시한다. 그는 남의 문화적 유례와 의미 그리고 형성 과정을 분석하며 크레올화라는 용어는 단일한 문화 변동을 의미하는 용어가 아니라 매우 다양한 문화적 요소들이 다양한 방법들로 섞이는 혼합을 의미한다고 본다. 좀 더 구체적으로 그에 의하면 남의 경우 디아스포라 아프리카의 흑인들의 문화가 역사 속에서 다른 문화적 요소들이 섞인 실례라고 제시한다. 그리하여 군다커는 남은 본질주의essentialism의 상실을 보여 준다고 주장한다.(Gundaker 2011: 68)

나아가서 롬버그Raquel Romberg는 크레올화의 정도가 좀 더 극단적으로 진행된 예로써 푸에르토리코의 주술 치유자witch-healer인 브루자bruja를 소개한다. 제단 위에 아시아와 아프리카의 신들을 한 가운데에 금발의 예수님과 가톨릭 십자가를 모셔 놓고 브루자는 치유 의례를 진행한다. 가톨릭에서 귀중하게 여기는 종교적 상징과 몸짓을 탈취하고 그것을 아시아와 아프리카 의례의 요소들과 합쳐서 재조합하였다. 그러므로 롬버그는 브루자가 수행하는 치유의례를 가톨릭의 배타성에 대한 도전이며, 나아가서 "의례표절ritual piracy"이라고 보았다.(Romberg 2011: 111) 이러한 의례의 표절은 문화적 강탈처럼 보인다. 그러나 한편으로는 브루자는 지배적인 문화에 대한 저항이라기보다는 지배적인 문화 자체를 그대로 나타낸다고 평가된다.(Romberg 2011: 132)

5) 사회적 기능 및 효과

D유형의 경우 서구 종교문화의 영향은 분명하지만 그 지배력은 절대적이지 않다. 크레올화는 서구 종교문화에 종속되지 않고 저항을 넘어서 새로운 종교문화의 모습을 창조한다. 그래서 식민주의와 제국주의의 맥락을 타고 있는 서구 기독교 선교는 크레올 사회에서 성공적이지 못했다. 로버트 스튜어트Robert Stewart는 자메이카에서 서구

기독교 선교의 실패의 원인을 반기독교적인 경향보다는 백인의 선교 내부에서 찾는다. 그는 백인 성직들의 권위 구조와 식민주의 사회에 대한 종속성이 자메이카 흑인들의 정체성에 근접하는 것을 막았고 나아가서 자메이카를 빅토리아 시대 영국의 기독교 문명과 동일화시키려는 목적이 바로 선교의 장애물이었다고 평가한다.(Robert Stewart 1992: 191-194)

5. E유형(게토화되거나 하위문화를 형성하는 유형)

1) 주로 나타나는 지역

E유형이 주로 나타나는 경우는 디아스포라된 지역인의 문화가 기존의 지역문화보다 하위에 위치하여 혼성화가 일어난 경우이다. C유형의 주체가 바라보는 타자들이 바로 이 유형의 주체들이다. 이 유형은 한 지역의 문화권에 살던 지역인들이 제3의 장소로 이동하여 그곳의 문화에 영향을 받아 자신들을 위한 혼성문화를 만든다. 이 유형은 20세기에 들어와 제3세계나 개발도상국의 이민자들이나 비숙련 이주 노동자들이 자국을 떠나 입국한 국가에서 주로 나타나는 유형이다. 나아가서 이 유형은 C유형과 함께 최근에 진행된 세계화의 양상, 즉 신자유주의로 인한 자유시장의 확장 그리고 빨라지고 커진 자본의 흐름의 영향을 받는다.

2) 유형의 특징

이 유형은 새로운 지역에 적응한 이주민들의 혼성화이다. 이 혼성화 유형은 불평등을 해소하기 위한 저항도 하지만 자신들의 문화적 주체성을 유지하는 게토문화ghetto culture 또는 하위문화subculture를 형성하는 특징을 가지고 있다. 그래서 이주한 사회 안에서 자신들만의 공동체를 만들려고 한다. 이 유형은 미국과 같이 이주의 역사가 긴 국가나 한국과 같이 이주민이 최근에 빠르게 증가한 국가에서 나타나지만 차이가 있다. 그 차이는 정치적 · 경제적 · 역사적 배경에서 비롯된다. 미국의 경우는 건국 이래로 다양한 이민자들로 형성된 국가인 반면, 한국의 경우는 90년 후반 들어 세계화로 인해 노동시장에 유입된 비숙련 이주 노동자를 중심으로 형성되었다.

3) 종교문화의 탈영토화와 재영토화

이주민들은 자신의 문화를 타 문화권에서 행위함으로써 이주민 문화의 탈영토화가 이루어진다. 그리고 재영토화는 이주민 문화의 계급성 때문에 일종의 문화의 구역화 또는 게토화 형태로 나타난다. 서구 세계의 주요 도시에 존재하는 차이나타운이나 코리아타운이 그러한 예들이다. 한국의 경우, 수도권을 중심으로 한 이주민 공동체들이 고정된 형태는 아니지만 그들만의 이주민 문화를 만들고 있다.

4) 종교적 재현의 예들

이주민들은 자신들의 종교를 기반으로 만든 공동체들 안에서 의례를 행하고 종교 생활을 하고 있다. 이민의 역사가 긴 국가에서는 이주민의 혼성화가 많이 진행되어 이주민으로서의 혼성적 정체성이 형성된 곳도 있다. 예를 들어 미국에서 한인 교회는 1세대 한인들에게는 한국인으로서 그리고 2세대 이상의 한인들에게는 한국계 미국인으로서의 정체성을 제공하고 네트워크를 형성하며 좌절감을 해소하는 것 등을 통하여 한인 공동체의 기반이 되었다.(유의영 2004: 178-180) 그러나 한국과 같이 이주민의 역사가 짧은 곳은 아직 혼성화가 초기 단계이고 진행 정도가 약하다. 그렇지만 포천의 다양한 무슬림 공동체, 혜화동 성당을 중심으로 한 필리피노 가톨릭 공동체, 부평과 부천의 미얀마 공동체, 그리고 평택에 세워진 스리랑카 불교 사원 마하위하라 센터는 이주민들의 의례와 종교 생활에 매우 중요한 물리적 공간이자 혼성화가 일어나는 공간이다. 그러나 이주민들의 문화적 그리고 종교적 행위는 형태와 방법에 있어서 자신들이 고국에서 했던 것과 달라진다. 그러므로 그들이 이주해 들어 온 장소가 바로 자신들의 새로운 이주민 정체성이 만들어지는 문화적 · 종교적 공간이다.

5) 사회적 기능과 효과

이 유형은 다문화 논의의 확산과 다문화 발전에 기여한다. 나아가서 이 유형의 혼성화는 이주민 자신들의 종교적 · 문화적 정체성 유지하면서 동시에 새로운 혼성적 정체성을 만드는 과정이다. 특히 한국의 이주 노동자들의 정체성을 혼성성이라고 부르는 이유는 이들의 문화적 정체성은 한국 생활로 인해 고국의 문화 정체성과 다르며 동시에 한국문화에 동화되지 않는 새로운 문화적 정체성을 형성하기 때문이다. 엄한진은 한국에 거주하는 이주민들의 종교 공동체는 종족 공동체, 종교 공동체 그리고 사회운동 공간으로서 종교를 넘어

노동운동 단체(사회운동 단체, 주민 공동체, 이주민 지원단체)와 같은 다양한 성격을 지니고 있다고 본다.(엄한진 2010: 33, 36) 그러나 종교적인 측면에서 주류 사회 성원들의 경계심을 유발할 만큼 외래 종교문화가 주류 사회의 종교에 변화를 야기하고 있지 않다.(엄한진 2010: 37)

그러나 하위문화를 형성하는 혼성화는 어느 정도 진행되었다. 김선임은 혜화동의 필리핀 가톨릭 공동체를 연구한다. 그녀에 의하면 일요일 혜화동이라는 장소는 필리핀인들에게 이국 땅에서 자신들의 연대를 확인하는 상징적이며 일시적인 공간이다. 그리고 필리핀 이주자들이 한국 생활에서의 어려움을 해소하는 공간인 동시에 필리핀을 향유함으로써 위안을 얻는 재생산의 공간이다.(김선임 2010: 70) 나아가서 부천의 미얀마 공동체, 포천의 방글라데시 공동체, 서울 혜화동의 필리핀 공동체의 특성을 비교 연구한 김선임에 의하면 세 공동체는 모두 종교적인 특성을 가지고 있지만 각각 다른 방식으로 형성·발전하였다. 방글라데시 공동체의 경우 종교적인 성격이 강하다. 반면에 미얀마 공동체는 자국의 민주화와 정치 상황에 참여하는 NLD 한국지부와 미얀마 전법 사원을 중심으로 한 불교적 특성을 지닌 생활 공동체의 모습과 한국 내에서 임금 체불과 차별 그리고 미등록 이주 노동자 강제 추방에 반대 등과 같은 노동자 인권을 위한 버마액션 등이 함께 공존한다. 필리핀 공동체는 혜화동 성당을 중심으로 한 종교 공동체와 필리핀 일요마켓 등으로 생활 공동체의 모습을 가지고 있으며 또한 피와FEWA와 카사마코KASAMMA-KO라는 노동자 조직으로 가지고 있다. 그러므로 세 공동체 모두 종교적인 성격을 가지고 있지만 종교적인 정체성과 노동자로서의 정체성이 함께 공존한다.(김선임 2012: 66-67, 71, 78) 또한 초민족적·초국가적 이슬람 공동체도 나타나고 있다. 이노미(2011: 254-255)에 의하면, 이태원은 무슬림들에게 원주민(이태원 거주 한국인)의 경계심 그리고 이태원 개발에 대한 압력으로 갈등과 소외를 경험하는 공간이며 또한 새로운 움마ummah(이슬람 공동체)를 만들어 가고 있다. 특히 이 움마는 인종과 민족 개념을 넘어선 종교 공동체로서 형성되고 있다.

혼성화의 다층성과 계속성
그리고 이슬람 문화에서 나타나는 거부

국가나 지역마다 오직 한가지만의 혼성화 유형이 나타나는 것은 아니다. 한 지역에서 두 가지 이상의 혼성화 유형이 나타날 수 있다. 한 지역에서 혼성화 과정은 여러 다른 혼성화 과정의 주체들에 의해 여러 가지 혼성화가 동시에 진행될 수 있다. 같은 지역이라 할지라도 혼성화의 주체가 누구냐에 따라 문화 혼성화의 유형을 규정하는 것을 다르게 할 수 있기 때문이다. 그러므로 혼성화는 한 지역에서도 다층적일 수 있다. 세계화 과정에서 식민주의와 제국주의의 양상이 변화하고, 나아가서 이와 연관된 자본주의의 형태가 달라지면서 같은 지역에서도 혼성화는 중층적으로 나타난다. 예를 들어 한국의 경우 19세기부터 서구 개신교 문화와 한국문화의 조우와 충돌로 인해 혼성성을 갖게 된 한국 개신교는 A유형으로 그리고 이주노동자들의 종교 행위 및 종교성은 E유형의 혼성화로 볼 수 있다. 미국의 경우는 유럽인의 이주가 먼저 이루어지고 이후 노예제도와 이민제도를 통해 다양한 국가에서 이주가 진행하였으므로 서구 종교인 기독교를 중심으로 하는 C유형과 이민자들로 인한 E유형이 나타난다. 남미의 국가들에서는 B유형이 수세기 동안 진행되었고, 또한 최근에 들어와 A유형도 함께 나타난다.

또한 혼성화는 완료되지 않는다. 문화가 언제나 변화하는 중이 듯이 혼성화도 언제나 계속 진행 중이다. 지역 정체성으로서의 문화적 혼성성은 고정되거나 불변하는 것이 아니라 계속적으로 재형성 된다. 그러므로 다섯 가지 혼성화 유형은 지역에 따라 다양하고 지속적으로 나타난다. 이러한 과정 속에서 세계화 시대의 혼성성으로서의 지역 정체성은 여전히 독특성을 획득하게 되며, 이는 또다시 새롭게 구성되는 지역 정체성의 시초이며 기반이 된다.(장형철 2008: 111)

이상의 혼성화 유형론은 이슬람 문화의 변화에 대한 충분한 논의와 예시를 포함하지 못하였다. 각 지역의 이슬람은 세계화에 대한 다양한 대응을 보이고 있지만 전반적으로 서구 문화와 서구 문화의 세계화에 대한 거부의 성향이 강하다. 그러므로 혼성화라고 규정하기 어려운 종교문화의 변화들이 진행되고 있다. 그리고 서구 식민주의와 선교사들의 이슬람에 대한 태도도 부정적이고 적대적이었지만 동시에 역설적이기도 했다. 때에 따라 서구 식민주의자들은 식민지의 간접지배의 파트너로서 이슬람 지도자를 인정하기도 하였다. 그 대표적인 예가 말라야Malaya(오늘날의 말레이시아)이다. 말라야에서 결국 식민주의 결과는 토착문화와 종교의 상실이 아니라 이슬람 생활양식의 통합성 유지와 이슬람 정체성 강화이었다.(오스터함멜 2006: 155)

그러므로 이슬람 문화권의 경우 A유형과 비슷해 보일 수 있다 그러나 기본적으로 다른 점이 있다. 이슬람 문화권은 서구 문화(또는 기독교 중심의 서구 문화)와의 충돌로 인한 대응으로서 변화하였지만[10] 그것은 혼성화라기보다 서구 문화에 대한 거부에서 비롯된 것이다.

혼성화 유형론의 의미와 한계

이 연구에서 필자는 우선 문화이론으로서 혼성화론의 특징에 대해 논의하였다. 그리고 나서 혼성화 이론의 실제적인 적용을 위해 디아스포라 유무와 조우 및 충돌하는 문화(외생문화 또는 내생문화)에 따라 혼성화를 유형별로 구분하고 주로 나타나는 지역, 유형의 특징, 탈영토화와 재영토화의 상태, 종교적인 재현의 실례들 그리고 사회적 효과와 기능을 차례로 논의하였다. 그리고 필자는 이러한 논의를 주로 종교문화를 염두에 두고 진행하였다. 지금까지의 종교문화에 대한 연구는 주로 종교로 인해 만들어진 문화에 대한 것이거나 종교와 관련된 문화를 연구하는 것이었다. 특히 세계화와 관련한 종교 연구는 종교가 어떻게 세계화의 물결을 타는지 또는 거부하는지에 대한 연구였다. 그러나 이 글에서 필자는 세계화로 인해 종교가 어떠한 형태들로 혼성화되는지 그리고 그것이 종교 자체와 사회에 어떠한 영향을 미치는지 구체적으로 살펴보려 하였다. 이러한 연구는 세계

---

[10] 이에 대하여는 김성건(2015: 47 이하)의 최근 연구를 참조하라.

화 시대에 변화하는 종교문화를 연구하는 새로운 시도라고 볼 수 있을 것이다.

　그러나 이 연구의 한계도 있다. 구체적으로 보면 불교와 힌두교 등과 같은 세계의 종교문화에 대한 충분한 논의가 이루어지지 못하였다. 이것은 연구자의 지식의 한계 안에서 유형별로 조금이라도 더 분명한 예를 제시하려다 보니 발생한 문제이다. 하지만 이 논문의 목적은 세계화 시대 모든 종교문화들의 특성을 분석하는 것이 아니었다. 이 논문의 목적은 혼성화 유형을 구분하고 그리고 각 유형들을 실제적으로 바라보기 위해서 실례들을 제시하는 것이었다. 그러므로 각 종교문화에서 나타나는 다양한 혼성화 형태에 대한 논의는 후속 연구로 남겨 둔다.

김덕영, 《막스베버: 통합과학적 인식의 패러다임을 찾아서》, 길, 2012.

김선임, 〈필리핀 이주 노동자 공동체의 형성과정: 혜화동공동체와 가톨릭을 중심으로〉, 《종교문화연구》 14, 2010.

김선임, 〈이주노동자 공동체 형성과정에서 다문화 실태와 불교적 대안: 미얀마, 방글라데시, 필리핀 사례를 중심으로〉, 《동아시아불교문화》 10, 2012.

김성건, 《글로벌 사회와 종교》, 서울대학교출판문화원, 2015.

김용규, 《혼종문화론: 지구화시대의 문화연구와 로컬의 문화적 상상력》, 소명출판, 2013.

박병규, 〈문화 혼합과 16세기 누에바 에스파냐의 조형예술〉, 서울대학교 라틴아메리카 연구소 편, 《라틴아메리카의 형성: 교환과 혼종(상)》, 한울, 2014.

박종성, 《탈식민주의에 대한 성찰-푸코, 파농, 사이드, 바바, 스피박》, 살림, 2006.

박지훈, 〈문화적 세계화에 대한 비판적 성찰〉, 《글로벌문화컨텐츠》 6, 2011.

박미선, 〈전지구화의 기억과 미래, 번역의 정치와 예술의 윤리: 호미 바바 방한 강연 리뷰〉, 《현대중국문학》 50, 2009.

서남동, 《민중신학의 탐구》, 한길사, 1983.

엄한진, 〈한국 사회 이주민 종교공동체의 실태와 성격〉, 《종교문화연구》 14, 2010.

유의영, 〈한인사회 공동체의 기반으로서의 미국 한인교회〉, 《신학논단》 35, 2004.

윤성범, 《성의 신학》, 서울문화사, 1976.

이노미, 〈국내 외국인 소수집단 거주지의 갈등과 연대-이태원 무슬림 거주지를 중심으로〉, 《한국문화연구》 21-1, 2011.

이성훈 · 김창민, 〈세계화 시대 문화적 혼성성의 가능성〉, 《이베로아메리카연구》 19-2, 2008.

장형철, 〈종교와 세계화: 문화적 측면〉, 《21세기 종교사회학》, 다산출판사, 2013.

장형철, 〈혼성화 이론으로 바라본 한국 개신교의 성장과 감소-새로운 개신교 문화 담론을 향한 한 시도〉, 《담론201》 15-2, 2012.

장형철, 〈세계화 시대에 전환하는 지역문화 정체성을 이해하기 위한 한 시도〉,

《담론 201》 11-3, 2008.

장형철, 〈세계화와 한국 개신교의 문화적 혼성성〉,《종교연구》 44, 2006.

조관연, 〈문화적 세계화 현상에 대한 이론과 시각들〉,《인문컨텐츠》 4, 2004.

오스터함멜, 위르겐,《식민주의》, 박은영 · 이유재 옮김, 역사비평사, 2006.

Baker, Christopher, *The Hybrid Church in the City Third Space Thinking*, London: SCM Press, 2007.

Beyer, Peter, *Religion and Globalization*, London: Sage, 1993.

Beyer, Peter, *Religions in Global Society*, London: Routledge, 2006.

Bhabha, Homi, "The Third Space, An Interview with Homi Bhabha" in Rutherford, Jonathan(ed.), *Identity: Community, Culture, Difference*, London: Lawrence and Wishart, 1990.

Bhabha, Homi, *The Location of Culture*, London: Routledge, 1994.

Bocock, R, "The Cultural Formations of Modernity" in Stuart Hall and Bram Gieben(ed.), *Formations of Modernity*, Cambridge: Polity Press in association with the Open University, 1992.

Bolland, O. Nigel, "Creolization and Creole Societies" in Robin Cohen and Paola Toninato(ed.), *The Creolization Reader Studies in Mixed Identities and Cultures*, Routledge: Oxon, 2010.

Brathwaite, Kamau, *The Development of Creole Society 1770-1820*, Kingston, Jamaica: Ian Randle, 2005.

Canclini, N. Garcia, *Hybrid Cultures: Strategies For Entering And Leaving Modernity*, Christopher L. Chiappari and Silvia L. López(trs). Minneapolis: Univ. of Minnesota, 1995.

Cohen, Robin & Toninato, Paola, "The creolization debate: analysing mixed identities and cultures" in Robin Cohen and Paola Toninato(ed.). *The Creolization Reader Studies in Mixed Identities and Cultures*, Routledge: Oxon, 2010.

Davies, Noel & Conway, Martin, *World Christianity in the 20th Century*, London: SCM Press, 2008.

Dirlik, Arif, *Global Modernity: modernity in the age of global capitalism*, London: Paradigm Publishers, 2007.

Gallagher, Mary, "The Créoloéte Movement:Paradoxes of a Carribean Orthodox" in Robin Cohen and Paola Toninato(ed.). *The Creolozation Reader Studies in Mixed Identities and Cultures*, Routledge: Oxon, 2010.

Gundaker, Grey, "Creolization, Nam, Absent Loved Ones, Watchers, and Serious Play with "Toys"" in Robert Baron & Ana C, Cara(ed.). *Creolization as Cultural Creativity*, Univ. Press of Mississipi: Jackson, 2011.

Hall, Stuart, "Créolité and Procecss of Creolization" in Robin Cohen and Paola Toninato(ed.), *The Creolozation Reader Studies in Mixed Identities and Cultures*, Routledge: Oxon, 2010.

Hall, Stuart, "New cultures for old" in Doreen Massey and Pat Jess(ed.) A *Place in the World? Place, Culture and Globalisation* (ed.), Oxford: Open University and Oxford University Press, 1995.

Jang, Hyung Chull, *A Cultural Hybridity in Chudosik(Ancestor Memorial Service/Ceremony) in Korean Protestantism. Journal of Religious History* 31-3, 2007, pp. 403-420.

Jenkins, Philip, *The Next Christendom: The Coming of Global Christianity*, Oxford: Oxford University Press, 2002.

Joseph, May & Fink, N. Jennifer, "Introduction" in May Joseph & Jenniffer N Fink(ed.), *Performing Hybridity*, Univ. of Minessota Press, 1999.

Kraniauskas, John, "Hybridity in a transnational frame: Latin-Americanist and post-colonial perspectives on cultural studies." in A. Brah & A. E. Combes(ed.), *Hybridity and Its Discontents*, London: Routledge, 2000.

Lehman, David, "Religions and Globalization" in Linda Woodhead, Paul Fletcher, Hiroko Kawanami, and David Smith(ed.). *Religions in the Modern World*, London: Routledge, 2009.

Martin, David, *Pentecostalism: the world their Parish*, Oxford:Blackwell. Médea, Laurent. 2010. "Creolization and Globalization in Réunion" in Robin Cohen and Paola Toninato(ed.). The Creolozation Reader Studies in Mixed Identities and Cultures, Routledge: Oxon, 2002.

Pieterse, J. Nederveen, *Globalization and Culture, Global Mélange*. Oxford: Rowan & Littlefield Publishers INC, 2004.

Prabhu, Anjali, *Hybridity: Limits, Transformations, Prospects*. New York: State University of New York Press, 2007.

Ritzer, George. *The McDonaldization of Society an investigation into the changing character of comtemporary social life*. Thousand Oaks, California: Pine Forge Press, 1993.

Romberg, Raquel, "Ritual Piracy: or Creolization with an Attitude" in Robert Baron & Ana C. Cara(ed.). *Creolization as Cultural Creativity*. Univ. Press of Mississipi: Jackson, 2011.

Stewart, Charles, "Creolization: History, Ethnography, Theory". Charles Stewart(ed.). *Creolization: History, Ethnography, Theory*, Walnut Creek: California, 2007.

Stewart, Robert J, *Religions and Society in Post-Emancipation Jamaica*, knoxville: Univ. of Tennesee Press, 1992.

Swidler, Ann., "Culture in Action:Symbols and Strategies". *American Sociological Review*, 1986, 51-2, pp. 273-286.

Tomlison, John, *Globalization and Culture*. Cambridge: Polity Press, 1999.

Urry, John, *Global Complexity*. Cambridge: Polity Press, 2003.

Wallerstein, Immanuel, *The Politics of the World-Economy*. Cambridge: Cambridge University Press, 1984.

Waters, Malcolm, *Globalization*. London: Rautledge, 1995.

Weber. Max, *Economy and Society:An Introduction of Interpretive Sociology*. ed. Guenther Roth and Cleave Wittich, Berkeley: University of California Press, 1978.

Young, Robert J. C, *Postcolonialism: An Historical Introduction*, Oxford: Blackwell, 2001.

Young, Robert J. C, *Colonial Desire: hybridity in theory, culture and race*. London: Routeldge, 1995.

모리셔스 관광진흥청 http://www.tourism-mauritius.mu/experience/religion.html

ARDA(The Association of Religious Data Archives)http://www.thearda.com/

3 | 포스트식민 시대의 로컬 연구로서 '아시아 여성 연구'의 연구 방법론을 위하여

태혜숙

1990년대 이후 지구화 시대에 아시아는 탈민족, 탈국가, 탈식민적 실천성을 담보하는 의미 있는 권역^{region}으로서 부상하였다. 아시아에 대한 아시아인들의 주체적인 관심으로부터 구축된 최근의 아시아 연구는 예전에 미국이 자국의 이해관계를 위해 구축했던 '지역 연구$_{area\ studies}$'와는 분명히 다른 이론적 지향을 갖는다. 아시아의 지역들에 대한 주체적인 관심에서 출발한 1990년대 이후의 '아시아 연구'는 20여 년에 걸쳐 많은 진전을 보여 왔다. 그렇지만 아시아 연구의 거대도시 중심성, 남성 중심성, 동아시아 중심성은 '아시아 여성 연구$_{Asian\ Women's\ Studies}$'진영에서 보면 여전히 문제로 남아 있다.[1] 이러한

---

* 이 글은 《마르크스주의 연구》 제13권 제3호(2016년 가을호)에 게재된 원고를 수정 및 보완하여 재수록한 것이다.

[1] 이러한 문제의식에서부터 한국에서 시작된 저널 작업으로는 1995년부터 이화여대 '아시아 여성학 센터'가 발간하기 시작한 《Asian Journal of Women's Studies》

문제의식은 '아시아 여성 연구' 진영으로 하여금 동아시아의 메트로폴리스 중심성을 탈피하고 아시아의 하위 권역들subregions 혹은 로컬들locals에 대한 관심을 페미니즘 입장에서 적극 표명하도록 하면서 포스트식민 시대에 새로 설정되는 '로컬 연구'local studies라는 맥락을 중시하도록 한다. 여기서 '로컬 연구'라는 용어를 주장하는 것은 주로 미국의 이해관계에 따른 그동안의 지역 연구 분야에서 채택되고 발전되어 온 연구 방법론에 대한 전면적인 비판 의식과 함께 새로운 연구 방법의 창설에 대한 의식과 지향을 담아내기 위해서이다.

비서구 지역을 대상으로 한 소위 그동안의 '지역 연구'는 역사나 언어, 문화 등에 관한 인문학적 관심과 접근이라는 특징을 처음부터 배제한 것은 아니었다. 하지만 제2차 세계대전을 전후한 시기에 미국이 본격적으로 주도하기 시작한 지역 연구는 사회과학과 결합하는 형태를 통해 '과학적' 외양을 갖추면서 지역 연구의 전형이라고 일컬을 수 있는 것이 대학들과 연구소들에서 조직되기 시작하였다.(김경일, 1998: 196) 이후 미국의 지역 연구는 세계 인식의 새로운 단위로 떠오른 '지역area'을 연구 주제로서 깊이 있게 탐색하기보다 단순히 소재적인 차원에서 또 민족국가의 틀에서 다루었고, 세계 인식의 새로운 방법으로서 지역 연구의 개념과 정의를 정립해 나가기보

(AJWS), 숙명여대 '아시아여성 연구소'가 발간하기 시작한 《아시아 여성 연구》와 《Asian Women》이 있다. 두 국제 저널은 1997년에 SSCI급으로 등재되며 지금까지 아시아 진영의 대표적인 여성주의 저널로 널리 인정받고 있다. 그러나 이 두 저널은 대체로 아시아 여성들의 다양한 경험들을 페미니즘 시각에서 소개하고 비교하는 수준이라 이론적인 차원을 보강할 필요가 있다고 판단된다.

다 냉전 시대의 국가적 필요와 이해관계라는 정책적 실용적 목적에 치중했다. 그러다 보니 지역 연구는 1970~1980년대에 이르러서도 자체의 고유한 이론과 방법론을 확립하기보다 주로 사회과학 분과 학문들의 상이한 시각들을 그저 끌어 모으는 절충적인 학제 간 연구 interdisciplinary studies에 머무르기 일쑤였다.(김경일, 1998: 45, 46)

그런데 1990년대 이후 전반적인 지구화 추세에 힘입어 다양하고 복합적인 지구 문화적인 상황이 도래함에 따라, 기존 지역 연구는 본격적인 쇄신을 요구받게 된다. 지구화의 추세가 일정 지역 내의 국지화, 토착화와 밀접하게 맞물리는 가운데 진행된다고 할 때, 특정 지역의 문화적 역사적 맥락에 대한 감수성을 갖고 그 맥락을 세밀하게 살려내는 새로운 지역 연구(김경일, 1998: 156)가 절실해진 때문이다. 21세기 한국에서 이 새로운 형태의 지역 연구에 대한 관심과 열망은 해당 지역들에 대한 다양하고도 정밀한 연구 작업들을 촉발하는 가운데 '로컬', '로컬리티' '로컬 연구'라는 용어들을 제시하고 규명하는 이론화 작업 또한 본격적으로 추진되고 있다.[2]

이 새로운 이론화 작업에서는 그동안 지역 연구의 사회과학적 관심과 방법을, 동양학이나 아시아 연구의 본령이었던 언어 및 문화에 대한 인문학적 관심과 방법과 결합시키는 가운데 지역 연구를 로컬 연구로 재형성하는 문제가 중요하게 대두된다고 하겠다. 또한 비교

---

[2] 부산대학교 '로컬리티 인문학 연구단'은 2009년부터 '로컬'을 둘러싼 새로운 이론적 지평을 구축하는 일환으로 인문학을 적극 개입시키는 이론화 작업을 선도하고 있으며 2016년 봄까지 《로컬리티 인문학》 15권을, 국제학술지 《로컬리티들Localites》 5권을 출간한 바 있다. 앞으로 이 연구단의 다양한 작업들은 그 귀추가 주목된다.

의 기준을 서구 경험에 두지 않기 위해 서구/비서구, 서구/아시아의 이분법을 타파하는 방법을 모색할 뿐만 아니라, 그동안의 접근법들을 지배해 온 민족국가 단위를 넘어 그보다 광범위하면서도 유연하게 구성되는 다양한 권역들regions, 초국가적 지대들, 지구적 공간, 하이퍼 공간 등으로 비교 대상을 새로 설정하는 문제도 제기된다. 더욱 근본적으로는 각 권역이나 로컬에 붙여진 이름들도 역사적 구성물이라는 인식을, 그동안 지역 연구에 기반을 두어 왔던 지구의 분할도 자연스럽거나 자명하지 않다는 인식을 획기적으로 진전시켜나갈 필요성 또한 제기된다.

그런데 특히 미국의 지역 연구 프로그램에 의한 지정학적 지구분할, 예컨대 동아시아, 동남아시아, 아시아-태평양 등의 권역들을 일관된 분석 단위로 구조화하는 분할[3]은 지도 제작상의 물리적 특성

---

[3] 동아시아, 동남아시아만 해도 그 권역에서 생활하는 사람들에 의해서라기보다 그 권역에 영향을 미치는 외부의 이해관계에 의해 그런 권역이 설정되고 해당 이름이 붙여졌다. 유럽의 입장에서는 '극동'이었던 권역이 동아시아로 이름이 바뀐 것은, 제2차 세계대전 후 영국에서 미국으로 헤게모니가 옮겨 간 현실을 반영한다. 또한 동아시아라는 이름이 권역 전체로서 실체적 의미를 획득한 것은, 전적으로 이 권역의 경제성장 탓이었다.(김경일, 1998: 133, 135, 136) '서남태평양'이 아니라 '동남아시아'라는 명칭에서 보듯 하이픈의 유무나 대소문자와 형용사의 사용 여부에 따라 영어 철자법이 수십 가지나 되는 '동남'이라는 단어 자체의 여러 형태들이야말로 서구 정부들 간의 정치적 입장 차이를 반영한다. 막연하게 인도의 동쪽, 중국의 남쪽이라고 생각되었던 권역들은 그 초국가적 문화 교섭에 대해서는 전혀 관심을 받지 못한 채, 식민주의와 민족주의에 의해 먼저 태평양전쟁, 그 다음에는 두 차례의 인도차이나전쟁을 포함한 냉전, 마지막으로 캄보디아전쟁과 중소 대리전쟁의 전쟁터로만 구축되었다. 그러므로 동남아시아라는 권역의 형성 자체가 그곳 사람들에게는 파괴적인 것이었다.(에머슨, 1998: 92, 94, 106-8, 114) '아시아-태평양'이라는 새로운 권역도 대서양 중심 무역의 쇠퇴 때문에 부상되는데 오스트레일리아, 뉴질랜드, 태평양 제도뿐만 아니라 아프가니스탄, 중국 내륙 지역, 인도, 버마 등 대부분의 '소

탓이라기보다 미국 중심의 이해관계에서 비롯된 것(팔랫, 1998: 383)임을 인식할 필요가 있다. 이러한 특정한 구조화로 인해 아프리카, 라틴아메리카로부터 분리되는 아시아 연구 자체가 각 권역에 거주하는 민족들과 국가들 사이의 역사적·현재적 관계에 대한 통합적 인식이 가로막혀(팔랫, 1998: 386) 있다. 따라서 특정 지역을 고립시켜 미시적으로 연구하는 학문 실천의 구조화에서 빠져나오기 위해서는, 서구에 의해 식민화된 역사를 지닌 세 대륙 사이의 트리콘티넨털 tricontinental 연계에 대한 새로운 인식을 기반으로 지정학적 분석 단위를 전면적으로 재구성하는 작업이 우선 필요하다. 그러한 재구성은 광범위한 지리문화적 분할들, 다양한 언어들, 인종들, 가치 체계들, 사회역사적 조건들을 갖는 여러 권역들과 그 로컬들을 새롭게 아우르는 탐구 작업을 요청한다고 하겠다.

오늘날의 포스트식민 시대에 그동안 미국의 이해관계에 치중되어 왔던 지역 연구를 쇄신하기 위해서는 '로컬 연구'라는 용어를 사용할 필요가 있다. 포스트식민 시대에 필요한 로컬 연구라는 과제는, 아시아-아프리카-라틴아메리카 로컬들의 특징적인 역사들과 경험들을 서구 사회과학에 의해 형성되어 온 개념 도구들(자본주의, 근대성, 식민주의, 제국주의 등)로 추상화하고 일반화하는 것을 거부한다. 지

농' 아시아를 배제하고 있다.(팔랫, 1998: 403) 다시 말해 '아시아'란 하나의 고정된 실체가 아니며 결코 전체화될 수 없으며 일련의 변화하는 실천 집단체로서 특정한 관심사들과 이해관계들에 따라 이합집산을 거듭하며 새로 구획된다. 아시아의 권역들에 대한 이러한 복합적 중층적 인식은 스피박(Spivak, 2008)에 의해 '다른 여러 아시아들Other Asias'이라고 불린다.

속되는 세계 자본주의의 구조화 과정이 지니는 최소한의 통일성을 인정하는 가운데 그 내부의 국지적 과정들을 세밀하게 읽어 내는 로컬 서사들로써 지구화라는 일반적인 틀을 새로 고안해 내기 위해서는, 서구 사회과학의 틀로는 파악될 수 없었던, 다양한 로컬들 사이의 심층적인 관계망을 포착해 나가야 할 것이다.(팔랫, 1998: 416) 이러한 연구 방법을 구체화하는 일환으로 필자는 서구에 의해 식민화된 역사를 지닌 아시아-아프리카-라틴아메리카 대륙의 로컬들이 갖는 새로운 의미망을 '트리콘티넨털리즘'이라는 이론적 틀에서 규명한 바 있는 로버트 영(2003)의 논의를 바탕으로 서구 중심의 '지구성 globality'을 극복하는 '행성성planetarity' 개념(Spivak, 2003)과 '인문학과 함께 하는 사회과학적 읽기'(Spivak, 2008)라는 방법에 따라 아시아의 로컬들을 페미니즘 입장에서 상호참조하는 독해를 제안함으로써, 포스트식민 시대에 필요한 새로운 로컬 연구로서 '아시아 여성 연구'의 방법론을 제시해 보고자 한다.

인문학과 함께하는 사회과학

오랫동안 유지되어 온 학문 영역들 사이의 고립된 전문주의나 분과학문 체제를 비판하며 다른 분과학문들과 적극적인 주고받기를 하는 학제 간 연구 방법은 오늘날의 주된 추세이다. 하지만 그것은 어디까지나 정치학, 경제학, 사회학, 법학, 인류학 등 사회과학 분과들 내부에 국한된 것이었다. 게다가 그동안 주로 서구 사회과학의 분과들이 제공하여 온 지역들의 물질적 문화적 작동 과정을 체계화하고 일반화하는 이론틀은 추상화, 본질화, 환원주의 경향을 내포하고 있었다. 예컨대 아시아, 아프리카, 라틴아메리카의 문화와 문명은 유교, 카스트 제도, 부족주의 등과 같은 몇 가지 공리들로 환원되어 왔다. 이 공리들은 식민주의를 포함한 변화와 충돌의 역사적 과정에서 생긴 문화적 결정물인데도 다른 무엇으로도 환원될 수 없는 특이한 본질로 강조되어 온 셈이다. 특히 가부장 엘리트들에 의한 이러한 환원주의는, 다양한 능력을 지닌 활기찬 여성들의 신앙 체계를, 하위집단과 소수민족들의 이질적인 경험과 문화를 재현하는 어휘를 봉쇄한다.(팔랫, 1998: 394-5) 물론 특정 로컬 연구자가 해당 로컬의 정치경제에 우선적인 관심을 두더라도 해당 언어를 학습하고 연구하는 경우도 많았다. 하지만 그 경우들에도 언어들 자체에 내포된 특별한 인식소나 세계관, 가치관이나 문화들의 특수성을 세심하게 이해하기 위한 것이라기보다 해당 로컬을 더 잘 지배하기 위한 것이었다.

로컬들에 대한 이러한 연구 태도는 서구 과학의 도구주의적 기능주의적 속성에 따라, 세계의 다양한 지역들을 물질적인 자원들의 저장소로 보고 효율적으로 관할한다는 목적과 맞물려 도구적 합리성과 효율성 위주로 인식소의 편향성을 초래하는 가운데 인간의 감성을 축소시킨다. 서구 과학의 방법론적 기초는 예컨대 바다의 물결과 속삭임이나, 용dragon과 같이 이성적으로 설명하기 힘든 타자와 함께하기보다 타자를 제어하는 데 있었기 때문이다.(Dutton, 2002: 497) 18세기 말부터 19세기에 이르러 자연과학에서 사회과학으로 과학의 중심축이 이동하자, 엄격하고 객관적이며 사회과학적인 세계의 재지도화는 서구 제국주의라는 이름 하에 아시아, 아프리카, 라틴아메리카 대륙의 어느 곳이건 무엇이건 서구의 견지에서 재단될 수 있는 것으로 만드는 서구의 능력을 입증해 나갔다. 발전하는 서구 과학의 밑바탕에 깔려 있는 실용주의와 물질적 욕망은 여러 다양한 차이들을 편평하게 하면서 '이견의 방언들'(the dialects of dissent, Dutton, 2002: 501)을 제거해 나갔다.

서구의 단일한 추리 방식에 따른 엄밀한 과학적 이해의 객관적 언어는 소위 다른 우주관들의 질서를 이해하거나 감지할 가능성을 가로막았다. 사회과학에서 객관적인 접근의 특권적인 위치를 규정하는 통계학적 양적 방법론은 언어 및 문화에 기초한 기술(묘사)적인 차원을 부식시키고 식민된 세 대륙을 객관적 지식을 위한 내용제공자로, 서구의 방법론을 적용하는 대상으로 만들었다. 그리하여 아시아 연구는 그러한 서구 사회과학에 의해 거의 완벽하게 지배되었다.(Dutton, 2002: 525) 기존 지역 연구의 이러한 '사회과학주의'(social scientism, Dutton, 2002: 507)라는 결과를 바꾸어 내기 위해서는 동양학 혹은 아시아연구의 핵심이었던 언어 문제를 부각시킬 필요가 있다. 서구의 사회과학적 방법을 수동적으로 적용받는 대상도, 실용적인 수단으로서 언어나 원 재료도 아닌, 그 이질적인 언어들을 진지하게 다루는 데서 감지되는 지적 '불화dissonance'를, 서구 과학적 병합의 인식소적 폭력을 문제 삼는 '이견'의 속삭임을 제대로 듣고 말하는 아시아 로컬 연구를 위해 그러하다.

그런데 서구 사회과학에 의해 이미 축소된 아시아 로컬들에 대한 세부적 지식들은 요즈음과 같은 IT 시대에는 일회적인 전자화된 정보들로 대체되고 있는 실정이다. 인간의 지식은 이제 새로운 데이터와 정보에 따라 관리 혹은 폐기 처분 여부만 결정하면 되는 것으로 더욱 축소되고 있다. 인터넷과 정보문화를 통해 국가의 경계를 허물고 종횡무진 국경을 넘나드는 기업화된 지식, 상품화·자본화된 지식의 팽배는 인간의 사유와 상상력을 협소하게 만들고 피상적이고 형식적인 것으로 만든다. 전 지구적 자본주의의 기업중심문화로 인한 대학의 기업화와 신자유주의 교육 장치에 의해 야기된 이러한 축소에 맞서는 것은 이제 거의 불가능하게 보인다. 그렇게 불가능한 것을 가능한 것으로 바꾸어 내기 위해서는 감성과 사유의 전환이 필요한데 그러한 전환 자체가 바로 상상력을 바탕으로 한다. 그런 만큼 사회과학적 로컬 연구로써 바람직한 지식과 필요한 통찰을 제공하고자 한다면, 그러한 연구는 인문학적 상상력과 결합되지 않을 수 없다. 이 사안은 서로 다른 학문 영역 간의 '통섭' 논의로 우리를 이끈다.

다양한 양상을 지닐 수밖에 없는 학문들 간의 관계 맺기는 에드워드 윌슨Edward Wilson의 '통섭consilience'이라는 용어로써 본격적으로 탐구되기 시작한다.(Wilson, 1999) 하지만 근대사회과학에 내재된 과학중심주의와 환원주의의 한계로 인해 사회과학과 인문학 사이에 진정한 대화와 소통은 이루어지지 못하고 있는 실정이다. 여기서 환원주의란 독특한 경험과 가치추구라는 인문학 고유의 영역을 인정한다고 하더라도 그 영역은 일정한 과학적 추상화를 거쳐야 소통 가능한 것이 된다는 전제로부터 비롯된다. 따라서 인문학 편에서 주장할 수밖에 없는 '비환원주의적 통섭'은 여전히 답보 상태일 뿐이다. 또한 사회과학과 인문학의 분과들을 단순히 끌어 모으는 학제 간 기획으로서 통섭이라면, 각 분과의 틀 안에 남아 있으면서 분과들의 경계를 그냥 지나치는 방식에 지나지 않거나 분과들의 절충적인 종합 혹은 제휴 수준에 머무를 뿐이다.

그렇다면 학제 간 기획의 한계를 극복하는 것으로서 초분과성 transdisciplinarity을 살펴볼 필요가 있겠다. 니콜레스쿠는 초분과성 기획에 대해 "분과들 사이에 있는 것, 상이한 분과들을 가로지르고 있는 것, 모든 분과들을 넘어서 있는 것과 관계를 맺는다. 그것의 목적은 현 세계의 이해이며, 그것이 의무로 삼는 한 가지 일은 지식의 통합"(Nicloescu, 2006: 143-4)이라고 주장한다. 여기서의 초분과성이란 분과들 간의 경계와 관계를 바꾸려는 시도이며, 분과들 간에 분명 불연속성이 있지만, 분과들 간에 또는 너머에 작동하는 위계적이지도 환원적이지도 않은 차원들을 우리의 경험, 표상, 묘사, 이미지, 수학적 공식들에 저항하는 상이하고 복잡한 것으로 또 그것들의 관계를 '보편적 상호의존의 원칙'을 따르는 관계로 새롭게 이해하는 것이다.(강내희, 2016: 627) 여기서 이 원칙이란 여하한 개별 차원도 모든 다른 차원들과 동시에 존재한다는 것을, 모든 차원들이 동시에 존재하기 때문에 각 차원이 존재하게 되는 것을 말한다. 결론적으로 진정한 통섭을 '더불어 넘나듦jumping together'이라는 뜻으로 받아들인다면, "이질적인 계열들이 복합적으로 뒤섞이는 과정에서 이루어질 복잡한 상호작용과 이를 통해 새로운 형태의 지식과 경험을 촉진하는 창발적 과정"(강내희, 2016: 629)이라고 이해할 수 있을 것이다.

이러한 초분과성의 기획은 학제 간 기획보다 한 걸음 나아간 것은 분명하다. 하지만 언어, 사유, 상상력으로서의 인문학을 사회과학과 동일한 수준의 이질적 계열로 보는 것은 여전히 절충의 일종이다. 필자는 인문학 담론을 사회과학과 동일한 수준에서 "지역 연구의 사회과학주의와 병행하면서도 경쟁할 수도"(Dutton, 2002: 507) 있는 것으로 보기보다 사회과학적 지식과 다를 뿐만 아니라 사회과학적 지식의 밑바탕을 이룬다고 본다. 이러한 '인문성'은 "인간을 정적으로 체계화하는 경향에 대하여 가능성의 언어로서 인간연대성과 세계통합성을 확장하면서 자신과 모두를 온전하게 만들려는 동적인 의지, 그 부분적 의지 또는 그 결과"(정대현, 2015: 20)이자 "양적 접근으로 이루어지지 않는 인간경험에 대한 질적 접근"(정대현, 2015: 20)인 셈이다. 이런 주장은 사회과학과 인문학의 관계를 놓고 과거의 인문학 중심주의적 인식으로 되돌아가서 사회과학을 아예 도외시하자는 게 아니라, 제도적 구조적인 변화에 치중하는 동안 다음 세대의 사유와 상상력을 손상시키는 부정적인 요소들을 간과하는, 많은 아시아 로컬들에 관한 사회과학적 인식의 한계를 직시하자는 것이다.

우리의 사유와 상상력을 자극하고 그 근본적인 변화를 초래하기 위해서는 인간 삶의 비전과 가치 문제를 다루는 인문학을 사회과학 위주인 현 지식의 토대로 재설정하는 차원을 좀 더 깊이 고려해야 한다. 무엇보다 인문학은 우리로 하여금 다양한 언어(들)와 나누는 우정을 통해 감성, 사유, 상상력의 영역과 만나도록 하며, 인간과 세계에 관한 또 젠더와 섹슈얼리티에 관한 생각들을 펼치고 나눌 수 있게 한다. 다양한 언어들과 접촉하는 가운데 새로운 감성과 깊은 성찰을 함양함으로써 좀 더 풍부하고 섬세한 삶의 짜임새나 결texture

을 갖추도록 하는 인문학의 방법은 사회과학의 체계적이고 거시적인 분석 작업을 근원적으로 의미 있게 하는 바탕이 될 수 있다. 스피박은 이 작업을 '사회과학적 엄밀함과 결합된, 언어에 기초를 둔 꼼꼼한 읽기'(Spivak, 2008: 226)라고 칭하는데, '사회과학과 함께 하는 인문학'이라고 부를 수도 있을 것이다.

여기서 스피박이 말하는 '인문학'은 철학과 문학이며 그것의 기본 목표는 상상력을 훈련함으로써 '욕망을 비강제적으로 재배치'(Spivak, 2003: 72)[4]하는 것이다. 여기서 '욕망의 비강제적 재배치'란 지구적 자본주의 가부장 체제가 부추기는 경쟁과 소비 욕망을 외부적인 강압에 의해서가 아니라, 인문학적 사유와 상상력을 훈련하는 가운데 인간 삶의 근본 가치와 감성의 함양에 따른 자발적인 조절과 대체를 말한다. 엄밀한 연구 자료에 근거한 사회과학적 지식과 분석만으로는 예컨대 아시아인들에게 있는 아시아주의를 향한 욕망의 문제를 상상력 혹은 깊이 있는 사유로써 고쳐 배우고 다시 배우지 못한다. 그래서 포스트식민 시대의 로컬 연구로서 '아시아 여성 연구'에 처음부터 작동되는 인문학적 사유와 상상력과 통찰이 법, 역사, 인류학, 사회학, 정치학, 경제학의 엄밀하고 체계적인 분석의 바탕을 이룰 때라야 각 로컬에 얽혀 있는 복잡한 내부 갈등의 결들을 섬세하게 포착할 수 있고 그 갈등을 해소하는 길을 제대로 찾을 수 있다. 이렇게 인문학의 본령인 상상력과 통찰을 발동해야만 서구에 의

---

[4] 이후 Spivak(2003)에서의 인용들은 본문 중에 (DD, 쪽수)라고 표기하며 모두 필자의 번역임을 밝혀 둔다.

해 본질론적으로 규정된 타자성, 이질성, 이국성이 아니라, 아시아의 로컬들 안에 착종된 채 동시에 존재하는 '서구적인 것과 비서구적인 것의 흔적들'(사카이, 2001: 161)을, 또한 아시아 로컬 여성들의 복잡다단한 삶에 짜여 들어가 있는 여러 중첩된 결들을 치밀하게 읽어 낼 수 있을 것이다. 이러한 독해 과정이야말로 사회과학과 인문학을 서로 대리보충하는supplementary 관계 속에 있도록 함으로써 과거 인문주의자의 안이함과 소박함을 극복하도록 할 것이다.

새로운 해석적 상상적 지평으로서 '행성성'

앞에서 주장된 '사회과학적 엄밀함과 결합된 인문학적 방법론'은 대륙, 지구, 세계를 아우르는 '행성'이라는 지평을 필요로 한다. 그동안 '행성'은 제대로 논의되지 않았으며 우주론적인 것이라며 특히 사회과학에서 배제되어 왔다. 하지만 발전된 지리학적 정보체계들의 요구들에 의해 그어지는 가상적인 선들로써 움직이는 전자자본 시대에 '지구를 고쳐 쓰는 행성'(DD, 100) 혹은 '행성성'(이유혁, 2015: 267)은 현 '지구성'을 극복할 수 있도록 하는 한 가지 단서가 될 수 있다. '행성성'이라는 개념을 제대로 이해하는 데 수반되는 우리 사유의 노고에 대해 스피박은 다음과 같이 말하고 있다.

행성은 또 하나의 체계에 속하는 대타성alterity의 종 안에 있는데 우리는 아직 그것을 빌려 거주하고 있다. 행성은 실제로 지구와 깔끔한 대조를 이룰 수 없다. 나는 '다른 한편으로 행성'이라고 말할 수 없다. 내가 행성을 환기할 때, 이렇게 [글로벌 행위자들인 우리로부터] 파생되지 않은 직관의 (불)가능성[5]을 형상화하는 데 요구되는 노고에 대해 나는 사유한다.(DD, 72)

따라서 '행성 사유'는 "타자들보다 더욱 급진적인, 대타성의 이름들"(DD, 73), 즉 어머니, 민족, 신, 자연과 같은 이름들의 무궁무진한 분류법을 포괄하도록 열려 있다. 그리하여 "우리 스스로를 글로벌 행위자들이라기보다 행성적 주체들로, 또 글로벌 총체들이라기보다 행성적 창조물들로 상상할 때, 대타성이란 우리로부터 파생되지 않는 것으로 남는다."(DD, 73) 이렇게 현 지구성의 범위 너머에 있는 '대타성'은 우리와 연속적이지는 않지만 그렇다고 아예 불연속적이지도 않다. 이러한 대타성으로 이루어지는 행성의 지평에서는 우리의 친숙한 집(지구)도 기이한uncanny 것이 될 수 있다. 여기서의 기이함이란 우주창조의 기이함을 연상시키며 여성에 의한 생명 창조의 기이함과도 연결된다. 따라서 그러한 기이함의 맥락은 "특별한 경우들의 요인이 되는 무엇이라기보다 일반적인 비평 도구로서 젠더"(DD, 74)라는 방법과 함께 할 수 있도록 한다.

여기서 '기이한 것의 형상화'라는 관점은 포스트식민 시대의 로컬 연구와 어떻게 연결될 것인가? 스피박은 벵골 여성 작가 마하스웨

---

[5] 확고한 가능성을 미리 상정하는 대신 가능성과 불가능성 사이를 왕복할 수 있음을 나타내는 이중어법.

타 데비Mahasweta Devi(1926~)의 《익룡Pterodactyl》이라는 중편소설에 나오는, 오래된 굴의 벽에 그려져 있는 익룡의 형상화에 주목한다. 이 익룡은 지상에 거주할 수도 땅속에 매장될 수도 없는, 고대의 것도 당대의 것도 아닌 채 타자로 남는 '유령의 불가능한 죽음'을 가리킨다. 이 기이한 익룡이야말로 행성적인 것이라고 볼 수 있는데 인도 선주민aboriginal 소년인 푸란Puran은 그 기이함에 개의치 않는다.(DD, 80) 그런데 그 '유령의 불가능한 죽음'은 인도 시민권을 담보하고 있는 추상적인 힌두 집단에 의해 배제된 선주민에 대한 '책임성'을 가리킨다. 따라서 포스트식민 인도의 어느 로컬에 있는 굴을 중심으로 한 이 중편소설의 의미는 "인도라는 포스트식민 국가를 비판하면서 인도 민족 전체를 법적으로 대변하는 힌두집단성의 역사적 타자에 대한 사랑을 선포하는 데 박혀 있다. 실로 프테로닥틸의 형상은 전체 행성을 자신의 타자라고 주장할 수 있으며 우리의 대륙 사유를 선행한다."(DD, 80) 이 기이한 익룡은 "불균등하고 비대칭적인 지구적 디지털 분리를 강조하는 메트로폴리탄 계기에 의해 특히 억압되는," 레이먼드 윌리엄스의 '구석 주변에서 미리 부상하는 것'(DD, 80)이기도 하다.

그동안 식민주의와 대립하는 가운데 식민주의를 넘어서려는 단순한 민족주의에 사로잡힌 채 남아 있었던 포스트식민주의의 알리바이를 전위하기 위해 우리가 상상하도록 요청받는 것이 바로 '행성성'이다. 스피박은 '지구를 고쳐 쓰는 행성'이라고 하는 이 유토피아적 개념을 '토대를 사유하는 과제'라고 윤곽 짓는다. 이 과제를 제대로 감당하지 못하면 기존의 서구 중심적인 비교문학의 비전은 새롭게 변형되기보다 "문화적 상대주의나 스펙터클한 대타성, 사이버-시혜의 변형된 형태들"(DD, 81) 내부에 사로잡힌 채 남을 수 있기 때문이다. 또한 스피박은 '지배적인 포스트식민주의'의 후기 양상인 '메트로폴리탄 다문화주의'의 실상은 '고양된 메트로폴리탄 민족주의'와 더 가깝다고 비판하며, 행성성에 '토대를 두는 작업의 필수적인 불가능성'(DD, 82)을 거듭 강조한다. 여기서의 '불가능성'이란 실제로 아예 할 수 없다는 의미에서라기보다 그만큼 많은 노고를 치러야 하는 힘든 과제임을 숙지시키기 위한 것이다.

스피박은 오늘날 지구화 시대에 각광받고 있는 새로운 이민 혹은 디아스포라 집단들과 연계되어 있는 작가들의 작품들이라는 진지로부터 움직여 나아가 ① 아프리카계, 아시아계, 히스패닉이라는 더 오랜 소수자들, ② 포스트-소비에트 부문의 새로운 포스트식민성과 이슬람의 특별한 자리, ③ 아시아계-아메리카Asian-America의 서로 분리된 다양한 이야기들로 나아가자고 주장한다. 그러면서 제시되는 주요한 두 가지 사안 중 첫 번째는 페미니즘 입장의 지속적인 개입인데, 그 작업을 위해서는 특별한 경우들에만 국한되지 않는 일반적인 비평 도구로서 '젠더'에 대한 새로운 개념화(DD, 84)의 필요성 또한 강조된다.

두 번째는 세계 문학들과 문화들의 광범위한 부문들의 텍스트들에 '행성성을 위한 발판'을 놓을 수 있으려면 "아프리카계-아메리카와 히스패닉이라는 더 오랜 두 소수자들"(DD, 88)의 "광대한 비판적 문학 속에 문서화되어 왔던 행성성의 암시들"(DD, 88)을 접할 필요성이라는 주장이다. 그 구체적인 자료들로는 ① 아프리카계 아

메리카 여성작가인 토니 모리슨Toni Morrison(1931~)의 소설《빌러비
드Beloved》(1988), ② 아프리카계 아메리카 남성 작가인 두 보이스
W.E.B.DuBois(1868~1963)의《흑인 민중의 영혼들The Souls of Black Folk》(1903)
이라는 비평서, ③ 쿠바 액티비스트인 호세 마르티Jose Marti(1853~1895)
의 '농촌주의적 좌파-휴머니즘ruralist left-humanism', ④ 칠레의 디아멜라
엘티트Diamela Eltit(1949~)의《제4세계The Fourth World》(1995)[6]가 제시된다.

먼저《빌러비드》는 한 흑인 여성 노예 어머니가 백인 남성 노예사
냥꾼들에 의해 자신의 딸이 잡혀 가는 것을 막기 위해 딸을 죽임으
로써 미국 남부의 마을 공동체로부터 소외된 채 그 딸의 유령과 함
께 십수 년을 살아가다 마침내 그 원혼의 억울함을 달래고 제자리로
돌아가는 아기 유령의 이야기를 그리고 있다. 스피박의 논의에 따르
면 이 소설의 마지막 대목[7]은 인간이 어떻게 할 수 없는 날씨의 변덕
과 우연성을 환기함으로써 행성성을 암시하고 있다. 소설의 이러한
결말은 인간이 마음대로 역사를 만들고자 해서는 안 되며 지구의 음
조를 존중하는 태도를 지녀야 함(DD, 88-89)을 상기한다고 하겠다.

한편 두 보이스의《흑인 민중의 영혼들》은 "노예제도와 제국주의
의 폭력과 침범을 역전하고 전위하면서 '아프리카계-아메리카 대

---

[6] 제3세계 중에서도 자원국과 비자원국 간의 경제 격차는 점차 확대일로에 있는데 석
유와 같은 유력한 자원을 갖지 못한 개발도상국을 가리켜 '제4세계'라는 용어가 사
용되고 있다.

[7] "시간이 흐르면 모든 흔적은 사라지고, 잊힌 건 발자국뿐만 아니라 물과 그 바닥에
가라앉은 것들을 모두 망라한다. 그리고 남은 건 날씨다. 망각되고 사연조차 인구에
회자되지 않는 자들의 숨결이 아니라, 동굴 속에 부는 바람, 아니면 봄에 너무 때 이
르게 해동되는 얼음. 그저 날씨다."(토니 모리슨,《빌러비드》, 456쪽)

륙-사유'를 풀어 놓은 메트로폴리탄 문화연구의 최상의 (민족주의) 비전을 담은 원형"(DD, 97)이다. 두 보이스는 자신의 책에서 아프리카계 아메리카인을 "그 끈질긴 힘만이 한 어두운 육체가 산산이 부서지는 것을 막아 줄, 하나의 어두운 육체에 있는 … 두 영혼"(DD, 52)이라고 묘사한 바 있는데, 《뻗어 나간 니그로의 정신》에서는 "예외주의적이고 개인주의적인 식민 주체의 생산이야말로 식민화된 사람들 사이에 계급 구분을 창조한다"(DD, 97)는 주요한 통찰을 제시한다. 다시 말해 '교육받은 아프리카인'(검은 유럽인)과 '원시적인 아프리카인' 사이에 지속되고 있는 '계급 차별'이라는 추문을 현재의 역사 속에서 읽기 주체에게 제대로 인식시키기 위해서는 바로 행성성이라는 더 광대한 지평이 요청된다(DD, 98-99)는 것이다. 이러한 행성성의 지평을 견지하는 가운데 계급, 인종, 젠더 사이의 연결 고리에 대한 복합적인 인식이 제대로 고무될 수 있기 때문이다.

마르티와 엘티트와 같은 라틴아메리카 남녀 작가들의 텍스트들에서도 '행성성'을 재각인할 수 있는 계기들이 나온다. 먼저 "마르티의 농촌주의적 좌파-휴머니즘의 개념 은유들을 읽어 내는"(DD, 92) 작업은 "민족주의가 이질적 대륙주의에 굴복할 뿐만 아니라 오늘날 행성성을 품을 수 있는 국제주의에 굴복할 때, 기존의 명명된 이분법들을 해제하는"(DD, 92) 데 필요하다. 여기서 '농촌주의'와 구분되는 '농촌적인 것의 유령화'라는 현상이 먼저 이해되어야 한다. 이제 '농촌적인 것'은 '도시적인 것'을 그 하나의 도구로 삼는 "지구화의 망각된 전선"(DD, 92)이 되고 있으며, "약제 덤핑, 화학 비료, 토착 지식의 특허, 큰 댐 건설 등을 위한 데이터베이스"(DD, 93)로 전환되고 있기 때문이다. 그러므로 그동안 탈합법화되어 오랫동안 제 기능을 상실해 온 가난한 농민들의 문화제도들에 접근하기 위해서는 '농촌적인 것'의 분리가 일단 도움이 될 것이다.(DD, 93) 그렇다고 '농촌적인 것'을 원시주의적으로 낭만화해서는 안 되며, 도시의 하부프롤레타리아들과 가난한 농민 집단들에 대한 교육을 통해 그들을 자본의 사회적 생산성 속에 삽입시키려는 더 진척된 노력이 수반되어야 한다. 그렇지 않으면 농민들의 현 물질적 비참함이 저 먼 곳에서 이루어지는 자본주의적 착취의 황폐함 때문임을 농민들이 인식하지 못하게 되기 때문이다.(DD, 93)

  '행성성'을 암시하고 있는 마지막 예로서 칠레 여성 작가 디아멜라 엘티트의 《제4세계》라는 소설의 언어는 스피박에 따르면 은유(내부)와 현실(외부)은 서로 분리되지 않았다는 것을 알고 있는 아동-분석가child-analyst의 목소리를 흉내 내고 있다. 이 소설의 마지막 대목에 나오는 도시 묘사를 보면, 하늘로부터 온 돈은 하늘로 돌아가는 가운데 들판은 텅 비고 도시는 공허한 채 남반구 인종에 대한 경멸을 드러내고 있다. 바로 이러한 묘사야말로 "칠레와 같은 어떤 장소뿐만 아니라 남반구 전체의 비참함으로서 '경제성장'의 공허한 약속에 관해 말하고 있다. 이것은 영토 제국주의 이후 벌어지는 영혼의 전쟁과도 같은 포스트식민주의가 아니며, 우리 컴퓨터들로써는 포착될 수 없는 어떤 지구성에 대한 인정이기도 하다."(DD, 90) 그러므로 증언 수집가들이 별 볼 일 없는 디아멜라 엘티트와 같은 수많은 칠레 여성들의 이야기를 듣고자 녹음기를 들고 기다리고 있는 것은 부적절하다. 남반구 여자가 낳은 남반구 아이는 결국 팔리고 말 터인데 그때의 코드명이 바로 '민주화'라는 이름이기 때문이다.(DD, 90-91) 그리하여 엘리트의 텍스트는 소위 민주화와 지구화 사이의 윤곽들을 흐리게 함으로써 오히려 행성적인 것의 윤곽들을 제시하는(DD, 91) 셈이다.

바로 이러한 행성성의 지평이야말로 지구적 자본주의 가부장 체제에서의 지배적인 것을 끈질기고도 반복적으로 손상시키고 해제시킬 수 있는 가능성을 담보한다. 스피박의 주장대로 "지구적 자본이 승리를 구가하는 이 시대에 텍스트적인 것을 읽고 가르치는 가운데 책임성을 살아 있도록 지키려는 것은 일견 비실제적이다. 하지만 그것은 그토록 책임성 있게 반응하며 응답할 수 있는 텍스트적인 것의 권리이기도 하다."(DD, 101-2) 이러한 텍스트 읽기는 소박한 문학 읽기를 넘어, '지구화'를 '행성성' 속에서 역전하고 전위하려는 끈질긴 노고를 감당하는 일환이다. 본 글의 세 번째 소제목으로 '새로운 해석적 상상적 지평'으로서 '행성성'이 상정된 것도, 현 지구화 시대에서는 거의 불가능한 형상이라서 '역사historia'라기보다 전자시학적인 '텔레포이에시스telepoiesis'에 대한 요청을 감당하는 일환인 셈이다.

이러한 요청에 부응하는 '행성성'은 유럽 혹은 서구 중심의 감성과 지식 구도를 비판하고 넘어설 수 있도록 하는 새로운 해석적 상상적 지평이다. 이 지평은 인문학적 상상력의 발휘를 요청한다. 머프티가 주장한 바 한 로컬을 다른 로컬과, 한 국가를 다른 한 국가와 비교하던 수준을 넘어 지역, 국가, 권역, 대륙, 행성을 망라하는 차원에서 비교 대상들을 새로 배열하기 위해서는, 즉 "우리의 학문을 위한 비교의 축을 유럽 혹은 서구로부터 행성으로 치환하고 재정렬하기 위해서는 우리가 전통적으로 지녀 왔던 문화적 · 지적 범위와는 상당히 다른 것을 요청해야만 한다."(Mufty, 2005: 487) 그의 이러한 주장을 따르자면, 행성성의 지평은 서구적인 것 혹은 지구적인 것의 속박에서 벗어나 '행성'의 차원으로 넓혀지고 깊어진 인식을, 그래서 지구상의 다양한 종들species 사이의 공존을 지향하는 감성을 열어 주고 함양할 수 있기 때문이다.

그렇다면 '행성성'이라는 축이야말로 그동안 '서구적인 것'이 비교의 기준으로서 보편성을 부여받고 '아시아적인 것'은 특수자의 위치로 한정되도록 했던 서구 중심적 구도를 넘어설 수 있도록 할 것이다. 그러한 지평에서는 '보편성'이라는 것 또한 미리 주어진 자의적이고 독단적인 것이 아니라 개방되고 공유되며 분담되는 것으로 개념화됨으로써, 아시아에 특유한 다양한 현실과 경험도 보편화 가능하고, 인류 전체와 공유 가능한 것으로 인지되도록 한다.(치아, 2001: 120) 이러한 행성성의 지평은 비단 인류만이 아니라 우주에 존재하는 온갖 종들을 망라하며 온갖 이타성에 의한 오염을 불사하는 급진적인 개방을 함축한다. 이러한 이타성과 개방성을 가로막고 있는 지구화 시대의 인종학살ethnocide과 언어학살linguisticide을 보건대, 인종적 · 언어적 · 문화적 다양성은 생물다양성biodiversity으로서 행성이 실존하는 데 필수적이다.

또한 전 세계 사람들에 의해 공유되고 분담되는 보편성의 지대로서 '행성성'은 여전히 서구 중심적인 현 '지구성'을 고쳐 쓸 수 있는 새로운 지평을 담보할 수 있다. 이 지평을 좀 더 구체화하기 위해서는 아시아의 비-영어권 포스트식민 로컬 역사들과 문화 텍스트들에 대한 '지구적으로 인가된 무지'(Spivak, 2003)라는 현상을 비판적으로 인식하는 가운데 그것들에 대한 끈질긴 관심과 읽기를 통한 공유가 요청된다고 하겠다. 또한 우리가 그러한 요청의 초점을 다양한 제국화들과 식민화들의 아시아적 형태, 민족주의의 재부상, 지구적 자본주의 가부장 체제와 벌이는 아시아의 젠더화된 하위주체들gendered subalterns의 비판적인 문화정치적 협상에 둘 때, 서로 다른 여러 아시아 국가들의 경계를 가로지르며 존재하는 새로운 인식소와 감성을 겸비한 행위자성의 여러 형태들을 발견하고 서로 연결할 수 있을 것이다. 그렇다면 '행성성'은 온갖 층위의 다양한 것들 사이의 상호 접촉과 상호 연결을 고무하는 가운데, 다음 절에서 제시될 '페미니즘적 상호참조 독해'라는 방법의 이론적 지평이 될 수 있다.

비교주의 독해에서 페미니즘적 상호참조 독해로

앞에서 제시된 '행성성'이라는 이론적 지평에 따라 포스트식민로컬 연구로서 '아시아 여성 연구'의 읽기 방법을 논의할 것이다. 그동안 비교주의 방법은 동양 대 서양, 미국 대 비미국, 서구 대 아시아라는 이분법으로 서로를 타자화하는 방식으로 진행되어 왔다. 또한 냉전 시대의 아시아 지역 연구에서 보듯, '비교'라는 방법의 중심축은 민족국가였을 뿐만 아니라 서구의 지정학적 특권에 기초를 두고 있었기(하루투니언, 2008: 60) 때문에 아시아와 서구 사이의, 또 아시아 내부의 다양한 로컬들 사이의 '공존의 관계relationshipof coexistence'나 차이-속의-

함께 함togetherness-in-difference'(Ang, 2001)을 배제시켜 왔다. 그러므로 이 배제된 것들을 추적하는 가운데 민족국가라는 기준을 따르지 않으면서도 서구적인 인식소와도 거리를 두었던 아시아 로컬들의 다양한 사회문화적 현실들은 포스트식민 시대 아시아 로컬 연구의 일환으로서 '아시아 여성 연구'의 초점으로 부각되어야 한다.

이렇게 설정되는 '아시아 여성 연구'에서는 단일 지역, 단일 국가 중심을 탈피해 권역들, 국가들, 대륙들의 경계를 가로지르며 서너 로컬들의 사회역사적 조건들과 문화들을 비교 대상으로 삼는다. 아시아 로컬들의 하위주체로서 아시아 여성들이 처해 있는 포스트식민 상황들과 그 상황들에 대한 그녀들의 대응 방식은 더 나아가 아프리카나 라틴아메리카 로컬 여성들의 대응 방식들과 비교 대상이 된다.(Waller & Marcos, 2005) 이렇게 비교 대상을 새롭게 설정하고 서로 비교하는 목적은, ① 식민주의와 신식민주의의 다중적 영향들이 포스트식민 시대 아시아의 하위국가들 및 그 로컬들에 파급되는 양상들을, ② 포스트식민 상황들과 그 상황들에 대한 대응 방식들의 차이들을, ③ 아시아, 아프리카, 라틴아메리카의 로컬들 사이의 연계 흔적들을 살펴봄으로써 대항지구화counter-globalization를 위한 인식소, 지식, 감성의 형태를, 또 행위자성agency의 새로운 형태를 규명하는 데 있다.

이제 우리 모두에게 있는 '서구와 비서구의 흔적들'(사카이)이나 '공유되고 분담되는 보편성'(치아)이라는 주장에 따라 아시아의 내부와 외부를 넘나들며 여러 로컬들을 상호교차적인 방식으로 횡단하는 새로운 종류의 비교주의가 진전되고 있다. '다중적 독해'

라고 부를 법한 이러한 방법은 아시아를 특수화, 동질화, 이국화하지 않으면서 이질성을 품고 함께 움직이는 '다른 여러 아시아들other Asias'(Spivak, 2008)이라는 인식을 가능하게 한다. 그러한 복수적인 아시아들의 지평에서 몇몇 로컬들을 새로 살펴보는 것은 남반구에 속하는 아시아의 종속된 하위문화들을 주변부 범주가 아니라 하나의 일반적 범주로서 논의하도록 한다. 그러한 논의는 문화상대주의의 피상적인 다양성에 사로잡힌 다원주의적 해석이나 남반구의 문학/문화에 대한 획일적인 오리엔탈리즘적 남성주의적 해석에 의해 간과되어 왔던 사유, 인식, 가치, 관점을 발굴해 낼 수 있도록 할 것이다.

그러한 발굴 작업은 북반구에서 소비되는 영어번 역물에 내재된 영어 일방주의를 벗어나는 국제적이며 다언어적인 문화 공간들에 대한 인식을 또한 요구한다. 아시아의 언어들과 문화들에 대한 국제적인 다언어적 시각은 포스트식민 시대의 로컬 연구를 다원화함으로써 '아시아 여성 연구' 분야를 또한 활성화할 것이다. 다원화된 아시아의 문화정치적 현실을 서로 병치시키며 새로 독해하는 과정에 페미니즘 시각을 지속적으로 개입시키는 상호참조 읽기는 다른 언어를 통한 다른 윤리의 지평, 즉 형식적인 보편 권리 개념과는 전적으로 다른 지반에 서 있는 책임과 정의라는 윤리의 지평을 시사할 수도 있다. 이러한 맥락에서 수행되는 '페미니즘적 상호참조 독해'라는 다중적 방법은 현 지구화에 대항하는 능력의 저장소로 우리를 인도할 것이다.

이러한 인식에 따라 오늘날 포스트식민 시대의 로컬 연구로서 '아시아 여성 연구'의 방법으로는 먼저 아시아의 로컬에서 출발하되 아프리카, 라틴아메리카의 로컬들 사이를 위계적으로나 수직적으로가 아니라 수평적으로 왔다 갔다 하는 '수평적 접근' 방법(Watson, 2005: 14)이 제시될 수 있다. 그 수평적 방법의 구체적인 방향은 ① 아시아의 로컬을 아시아의 다른 로컬들과 연결하고 또 그것들을 아프리카의 로컬들과 연결하고 상호참조하기, ② 아시아의 로컬들과 라틴아메리카의 로컬들을 연결하고 상호참조하기, ③ 아시아, 아프리카, 라틴아메리카의 로컬들을 모두 함께 연결하고 상호참조하기(Waller & Marcos, 2005)라는 세 가지를 말할 수 있겠다. 식민화된 오랜 역사를 지닌 세 대륙의 서너 로컬 지점들을 왕복하는 가운데 서로 연결하고 상호참조하는 방법은 결국 '다중적이고 교차적인 독해'를 실행하도록 하는 셈인데, 그러한 독해야말로 '비교주의 독해'에서 더 나아간 '상호참조 독해'라고 할 수 있겠다. 이 '상호참조 독해'에 페미니즘 시각을 일관되게 개입시키는 '페미니즘적 상호참조 독해'란 아시아를 비롯한 아프리카, 라틴아메리카 대륙의 로컬들에 끈질기게 살아남아 온 다양한 언어들, 문화들, 역사들을 다중적으로 상호참조하되 페미니즘 입장을 일관되게 견지하는 읽기 방법을 일컫는다.

　'아시아 여성 연구' 진영에 필요한 이러한 '페미니즘적 상호참조 독해'는 아시아의 젠더화된 하위주체들 사이의 교차 지점들과 분기점들을 또 병행들과 불연속성을 추적하는 가운데, 근접성과 파열의 지점들을 보여 주고 차이와 더불어 동일성을 찾고 동일성 내부의 차이를 찾는 등 구분선을 다중화하는 과제들로 이루어진다. 이러한 과제들을 통해 그동안 로컬마다 국가마다 따로 떨어져 작업할 때는 할 수 없었던 정밀하고도 복합적인 독해를 실행하는 것은 예전에 보지 못했던 문제들을 새롭게 부상시킬 수 있다. 또한 그동안의 동아시아 위주로 주로 메트로폴리스 중심이었던 연구 지평을 넘어 서로 다른 여러 아시아들의 비영어권 포스트식민 로컬들의 역사들과 문화들 사이를 왕복하며 그것들을 페미니즘 입장에서 연결하고 횡단하는 상호참조 독해로서 '아시아 여성 연구'는 '전 지구적 자본주의 가부장 체제'와 비판적으로 협상하는 아시아의 젠더화된 하위주체들의 역설적이면서도 혼성적인 감성과 인식에 접근할 수 있도록 할 것이다.

그럴 수 있으려면 동아시아 중심성과 남성 중심성에서 벗어나, 여러 다양한 형태의 로컬들에 터 잡고 살아가는 소수 아시아 국가들의 로컬 남녀들에 대한 복합적인 인식이 필요하다. 이들은 아시아 문화와 서구 문화라는 두 이질적 문화를 동시에 살아 내기 위해 정체성들과 가치체계들 간에 복잡한 협상을 끊임 없이 하게 된다. 그러다가 지배문화에 동화되어 자신들의 인종과 계급을 탈바꿈하려는 욕망에 사로잡힐 수도 있다. 아프가니스탄, 파키스탄, 인도, 네팔 등 소수 아시아 국가들의 로컬 남녀들은 서구 문화의 유입으로 인한 다문화주의에 대한 예찬과, 일상생활에서 직접 경험하는 억압과 박탈 상황 사이에 존재하는 깊은 간극을 예민하게 인지할 것이다. 바로 그러한 포스트식민적 욕망의 불안한 조건 때문에 그들에게는 "통제할 수 없는 양가성이 유령처럼 따라다닌다."(영, 2013: 48) 하지만 이러한 양가성에 대한 인식과 함께 우리의 인식 지평을 아시아를 넘어 아프리카로 또 라틴아메리카로 넓혀 아시아의 로컬들을, 아프리카의 로컬들이나 라틴아메리카의 로컬들과 연결하고 상호참조하는 읽기, 글쓰기, 연구를 실행하고자 하는 노력은 예기치 못한 병행들, 반항들, 연결들을 드러낼 수 있다. 그러한 노고를 감당하는 것은 '아래로부터의 지구성'을 실현하는 실마리를 제공하는 가운데 로컬마다 다양한 형태의 탈식민 행위자성decolonial agency을 구축 가능하게 할 것이다.

　이렇듯 예기치 못한 것들을 통해 우리는 사회과학적 분석을 넘어 현 지구화에 대항하게 하는 인식소와 감성을 길어 올리려는 마음들과 만나게 된다. 그러한 만남은 행성의 행위자들actors이라는 인류 공통의 운명에 의해 새로운 방식으로 서구와 다시 연결될 수 있을지도 모른다.[8] 그리하여 우리의 인식과 상상 속에 '행성성'의 지평을 깊이 견지하는 가운데 포스트식민 아시아의 로컬들에 대한 다채롭게 넓혀지고 깊어진 연구 결과물은 딱딱한 사회과학적 분석에 그치지 않고 우리의 감성과 온 존재를 바닥에서부터 흔드는 가운데 새로운 형태의 '작품'이 될 수 있을 것이다.

탈식민 행위자성의 구축 가능성

이 글에서 필자는 '아시아 여성 연구'를 포스트식민 시대의 로컬 연

---

[8]　그 예로는 유럽 대륙에서 비롯된 야만적인 전쟁의 가혹함을 견디지 못하고 자살한, 영국 페미니즘 작가 버지니아 울프Virginia Woolf의 《자기만의 방A Room of One's Own》(1929)의 제1장 마지막 부분에 나오는 "하루의 논쟁과 인상들, 분노와 웃음과 함께 그날의 구겨진 껍데기를 말아서 울타리 밖으로 내던져 버려야 할 시간에 … 푸르고 광막한 하늘에는 수천 개의 별들이 반짝이고 있었습니다. … 모든 인간 존재가 잠들었고 말없이 수평으로 엎드린 채 있었습니다."에서 찾아볼 수 있다.

구로 자리매기면서 그 연구에 필요한 아시아 대륙-사유를, 비서구의 젠더화된 하위주체들과 같은 아래로부터의 시각에 따라 아시아-아프리카-라틴아메리카 대륙 사이의 연계를 부각하는 트리콘티넨털리즘 맥락에서 실행하는 연구를 하자고 주장하였다. 아시아의 이러한 맥락화야말로 동아시아 중심의 메트로폴리스 연구 지평을 넘어 서로 다른 여러 아시아들의 비영어권 포스트식민 로컬들의 역사들과 문화들 사이를 왕복하는 가운데 그것들을 페미니즘 시각에 따라 연결하고 비교하며 횡단하는 '상호참조 독해'라는 다중적 방법을 실행할 수 있도록 하기 때문이다. 이러한 읽기 방식은 서구에 의해 식민화된 아시아, 아프리카, 라틴아메리카 대륙 사이의 트리콘티넨털 연계를 부상시키는 가운데 21세기 포스트식민 시대에 필요한 새로운 로컬 연구로서 '아시아 여성 연구'를 활성화할 수 있을 것이다.

앞에서 살펴보았듯 '아시아 여성 연구'를 포스트식민 시대의 로컬 연구로 자리매김하기 위해서는 그동안 사회과학적 지역 연구의 중심축이었던 '민족국가'와 '서구적인 것'을 넘어서는 '행성'의 축이라는 것이 또한 주장된다. 이 행성성을 우리의 새로운 해석적 상상적 지평으로 삼아 아시아의 비-영어권 포스트식민 로컬들 사이를 왕복하는 수평적 접근 방식을 실행하되, 제도적·구조적 분석에 치중하는 사회과학적 방법을 '욕망의 비강제적 재배치'를 위한 상상력의 훈련을 중시하는 인문학적 연구 혹은 읽기로써 재형성하자고 하였다. 그렇게 인문학과 사회과학을 통섭시킴으로써 행성성의 지평에서 공유되고 분담되는 보편성의 지대로서 아시아의 로컬들을, 아프리카 또는 라틴아메리카의 로컬들과 연결하고 상호참조하는 가운데 자본주의적 가부장적 지구화의 잔인한 요청을 굴절시키는 인식소와 사유를 탐사하고 거기서 현 서구 중심적 지구화에 대항할 수 있는 탈식민 행위자성을 아래로부터 구축하자고 하였다.

그러한 구축 작업을 제대로 하기 위해서는 서구에 의해 식민화된 역사를 지니게 된 비서구의 세 대륙을 연결하는 트리콘티넨털리즘 시각에서 특히 세 대륙의 소수 국가들(아프가니스탄-파키스탄-인도-네팔-스리랑카-브라질-멕시코-콜롬비아-페루-쿠바-짐바브웨-수단-이집트-나이지리아-라이베리아 등)의 로컬들을 서로 연결, 병행, 참조하는 가운데 새로운 형태의 연대와 연계를 구상하고 실현해야 할 것이다. 오늘날 21세기 포스트식민 시대에 지구상에 다양하게 존재하는 수많은 로컬들을 더욱 깊이 있고 세심하게 접하고 알아 가는 가운데 현 지구화 현실과는 다른 참된 세상을 위한 소중한 가치와 필요한 인식소를 발굴하고 좀 더 많은 사람들에게 알리기 위해, 인터넷이나 영상 다큐멘터리, TV 프로그램 등을 활용하는 창의적인 자료들을 대중화하는 다양한 다매체 작업들이 이어지기를 기대한다.

강내희,《인문학으로 사회 변혁을 말하다》, 문화과학사, 2016.

김경일,《지역 연구의 역사와 이론》, 김경일 편, 문화과학사, 1998.

이유혁, 〈트랜스로컬리티 개념에 대해서: 트랜스내셔널리즘과의 차이와 개념적
     응용성을 중심으로〉,《로컬리티 인문학》, 13, 2015.

정대현, 〈인문성과 문본성, 그 편재적 성격: 한국 인문학의 새로운 구상〉,《탈경계
     인문학》, 8-2, 2015.

도널드 에머슨, 《"동남아시아": 이름의 유래와 역사〉, 문현아 옮김, 《지역 연구의
     역사와 이론》, 김경일 편, 문화과학사, 1998.

라비 팔랫, 〈파편화된 전망: 미국 헤게모니 이후 지역 연구의 미래〉,《지역 연구의
     역사와 이론》, 여순주 옮김, 문화과학사, 1998.

로버트 J. C. 영,《아래부터의 포스트식민주의》, 김용규 옮김, 현암사, 2013.

사카이 나오키, 〈서구의 탈구와 인문과학의 지위〉, 강내희 옮김,《흔적》1, 2001.

펭 치아, 〈보편적 지역―변화하는 세계에서의 아시아 연구〉,《흔적》1, 2001.

토니 모리슨,《빌러비드》, 김선형 옮김, 들녘, 2003.

하루투니언 해리, 〈유령 같은 비교들〉,《흔적》3, 2008.

Ang, Ien, *On Not Speaking Chinese: Living between Asian and the West*, London
     and New York, Routledge, 2008.

Dutton, Michael, "Lead Us Not into Translation: Notes toward a Theoretical
     Foundation for Asian Studies", *Nepanthla: Views from South*, 3(3), 2002.

Eltit, Diamela, *The Fourth World*, tr. Dick Gerdes, Lincoln: University of
     Nebraska Press, 1995.

Mufti, Aamir R. "Global Comparativism", *Critical Inquiry*, 31, 2005.

Nicolescu, Basarab, "Transdisciplinarity: Past, present and future." retrieved from http://www.movingworldviews.net/Downloads/Papers/Nicloescu.pdf., 2006.

Spivak, Gayatri Chakravorty, *Death of a Discipline*, New York: Columbia University Press, 2003.

Spivak, Gayatri Chakravorty, *Other Asias*. Oxford: Blackwell, 2008.

Waller, Marguerite R. & Sylvia Marcos, *Dialogue and Difference: Feminisms Challenge Globalization*, New York: Palgrave Macmillan, 2005.

Watson, Jini Kim, "The New Asian City: Literature and Urban Form in Postcolonial Asia-Pacific" PH. Dissertation. Durham: Duke University, 2005.

Wilson, Edward O., *Consilience: The Unity of Knowledge*, New York: Vintage Press, 1999.

Woolf, Virginia, *A Room of One's Own*, London: Grafton Books, 1929.

4 비판적 포스트 휴머니즘
근대적 인간 개념 해체와 하이브리드적 주체성

윤지영

인간 개념에 대한 문제 제기

인간^{humain}이라는 개념은 무조건적으로 파괴되고 지워져야 할 개념
이 아니다. 이것은 우리의 사유 궤적을 새로이 그려 나갈 수 있는 풍
요로운 표면이자 문제적 범주라 할 수 있다. 여기서 문제적 범주란
무엇인가. 문제적 범주는 기존 범주의 경계 구획성, 그 매끈한 정제
면과 절제면이 본질을 담아내는 저장소로 제대로 기능할 수 없음을
드러내는 정치적 공간을 뜻한다. 범주가 '무엇임'에 대한 본질의 토
포스^{topos}-자리와 터로 기능할 때에 이것은 "치안^{police}"의 공간이 된

---

* 이 글은《시대와 철학》제26권 3호(2015.9)에 게재된 원고를 수정 및 보완하여 재수
  록한 것이다.

1 치안police과 정치politique의 구분은 프랑스 현대 정치철학자 자크 랑시에르Jacques
  Rancière에 의한 개념화 작업으로서, 전자가 몫 있는 자와 몫 없는 자를 양분하는 위

• 혼종성 이후

다. 왜냐하면 존재자들을 무엇임이라는 가능술어의 논리에 갇히게 하는 범주화 작업은 본래적으로 주어져 있는 몫이 원래 있어야 할 자리에 배치되는 방식으로 작동하는 본질주의적 공간화의 논리를 따르기 때문이다. 이는 곧 경계로서 작동하는 범주에 대한 이탈을 모순 혹은 비존재로 비가시화해 버리는 방식이기도 하다. 그러나 정치적 공간으로서의 문제적 범주는 본질이라는 근거나 바탕의 응결점으로서가 아니라 그 본질의 파열을 드러내는 공간으로서 공백과 균열을 적극적으로 가시화하는 것이다. 이에 의해 문제적 범주는 정체화된 동질성의 공간으로 기능하는 대신 이질성의 비정체화된 공간으로 열려 있게 된다. 이러한 맥락에서, 필자는 인간이라는 개념을 공백과 균열을 내포한 비정체화된 공간이자 열려 있는 정치적 공간으로 조망해 나갈 것이다.

다시 말해 필자는 인간 개념을 봉합된 완결체로서의 중핵이나 뿌리로 상정하지 않고 오히려 흔적으로 드러내고자 하는 것이다. 근대적 인간 개념이 여전히 인간을 뿌리라는 중핵과 내밀성의 영역으로 한정해 왔다면, 필자에게 인간은 뿌리가 아니라 흔적이다. 뿌리는 수목적 위계성[2]을 통해 중추적인 것과 표피적인 것, 선차적인 것과

계적 분할의 원리라면, 후자는 몫 없는 자가 몫을 갖게 되는 것으로서 몫 자체의 재분배, 재배치 방식이자 기존의 몫의 전유 구조에 의문을 제기하고 이를 문제화하는 것을 의미한다. 필자는 이러한 랑시에르의 치안과 정치의 개념을 기존 범주의 양식과 문제적 범주에 적용해 보고자 한다.

[2] 프랑스 현대 철학자 질 들뢰즈와 펠릭스 가타리에 따르면 "수목적 체계는 위계적 체계로서, 의미화와 주체화의 중심을 포함하며, 조직된 기억과 같은 중심적 자동장치를 갖고 있다."(질 들뢰즈 · 펠릭스 가타리, 《천개의 고원》, 김재인 옮김, 새물결,

후차적인 것을 나누는 분할의 원리성에 입각한 존재론이라면, 흔적은 파편과 분열성이라는 다각성을 입체면으로 하는 탈경계적 변신의 존재론이라고 할 수 있다. 뿌리가 내밀성intimité의 논리, 즉 외부성의 습격으로부터 벗어난 사유지의 견고성을 목적으로 한다면, 흔적은 내밀성의 자기 보존성이 아니라 존재와 비존재, 현존과 부재라는 이분법적 항 중 어느 하나로도 귀착되지 않는 사이entre-존재로서 외밀성extimité의 장에 열려 있는 것이다. 즉 흔적은 견고한 울타리가 쳐진 사유지가 아니라, 외부성의 이질적 파동에 의해 습곡면이 재구성되는 미지의 대지다. 이러한 미지의 대지는 공백이라는 탈봉합면으로 구성된 것으로서 일자의 논리로 환원 가능한 정량적 관념들-실체나 자아, 주체 개념으로 다 메워질 수 없는 비연장적인 것이기도 하다. 여기서 지속적으로 등장하는 공백은 사건évènement을 의미하며 명확히 명명될 수 없고 이름 지워져 범주화될 수 없는 것을 뜻한다.

이처럼 인간 개념을 탈봉합면이라는 외밀성의 표면으로 보고자 하는 것은 인간 개념이 무엇의 대응물이자 지시체로 한정될 수 없다는 문제의식에서 시작된다. 다시 말해 이 개념은 실체적인 응축도와 밀도를 갖는 것이 아니라, 시차적이며 강도적 차이들을 지속적으로 생성해 내는 비실체성의 지점으로 재부상되어야 한다고 필자는 해

2001, 21쪽.) 이러한 들뢰즈와 가타리의 수목적 체계에 대한 정의를 바탕으로 필자는 인간을 수목적 질서의 산물이나 중추로 보지 않고 다양한 의미화와 주체화의 양태의 접속물로 보고자 한다. 이러한 맥락에서 인간을 뿌리라는 일원화된 중심을 바탕으로 하는 배치 논리로 보는 대신에 인간을 흔적이라는 부재와 존재 사이의 어느 항에도 굳이 끼워 맞춰지지 않는 애매하고도 모호한 것, 그 다층적 산포성으로 조망하고자 하는 것이다.

석하는 바이다. 이러한 관점에서, 단일체로서의 인간은 없다. 인간은 지속적으로 재구성, 재형성되고 있는 다양체multiplicité일 뿐이다. 여기서 인간은 들뢰즈적 의미의 다양체로서 "외부le dehors에 의해 정의되는 것"이자 "다른 것과 접속됨으로써 그 성질을 변화시키는 탈주선 내지 탈영토화의 선에 의해 정의되는 것"이다.[3] 즉 인간은 자족적 내부성, 유폐적 내밀성의 영역에 의해 정의되는 것이 아니라 다른 것들과의 접속을 통해 새로이 배치되는 생성물인 것이다. 이러한 관점에서, 인간이라는 단일체의 상정은 "사유의 이미지image de la pensée라는 독단적이고 교조적이며 선-철학적인 전제"[4]에 해당하는 것으로서 이는 곧 파열되어야만 할 표면, 뜯겨져 나가서 새로운 고리를 만들어야 할 외밀성의 영역에 불과한 것으로 필자는 분석한다. 왜냐하면 인간 개념은 자아와 주체, 행위자라는 철학적 담론에서의 주요 개념들이 전제하고 있는 기저임과 동시에 명증할 수 없는 층위들로서의 숱한 타자성들, 그 고함들이 공명되는 지대이기 때문이다. 다시 말해 인간 개념은 하이데거가 《언어로의 도상에서》라는 저서에서 말하는 '근거 없는 것'[5]—즉 형이상학적 표상체계로 환원되지 않는 심

---

[3] 질 들뢰즈 · 펠릭스 가타리, 《천개의 고원》, 13쪽.

[4] 프랑스의 현대 철학자 질 들뢰즈Gilles Deleuze는 1969년 저작인 《차이와 반복 Différence et répétition》의 3장에서 사유의 이미지를 "선-철학적이며 독단적, 교조적인 전제들"(질 들뢰즈, 《차이와 반복》, 김상환 옮김, 민음사, 2004, 294쪽.)로 비판하며 이러한 공준들을 해체하고 극복해야만 디오니소스적인 사유, 즉 실질적으로 새로이 시작하는 사유를 창조해 낼 수 있다고 주장한다.

[5] 마르틴 하이데거는 《언어로의 도상에서》라는 저서에서 "근거가 결여된 곳을 우리는 심연이라고 말한다."라고 주장한다.(마르틴 하이데거, 《언어로의 도상에서》, 신상희

연과의 만남, 그 장을 열어젖히는 문제적 고리가 될 수 있다고 본다. 여기서 근거 없는 것으로서의 심연은 심층부라는 토대나 바탕을 의미하지 않는다.

여기서 흥미로운 것은, 인간이라는 개념이 표면이자 심연일 수 있다는 것이다. 표면이라는 높이와 심연이라는 깊이의 교차점이 인간이라면 이것은 기존의 범주화와 정체화 방식에 대한 탈구가 될 것이다. 이러한 맥락에서 근거 없는 심연이자 풍요로운 표면으로서의 인간 개념은 상징계라는 아버지의 법질서의 외부성이자 한계 지점인 실재le réel[6]와 맞닿는 고리일 수 있다. 필자에게 있어, 이러한 근거 없음은 이제껏 근거를 강박적으로 찾아왔던 수목적 사고방식에 대한 들뢰즈의 강력한 비판[7]과도 맞닿으며 나아가 이는 곧 상징계le symbolique라는 남근 질서 너머를 사유하고자 했던 후기 라캉[8]과도 이

옮김, 나남 출판사, 2012, 20쪽.) 여기서 근거가 결여된 곳으로서의 심연이란 언어를 표상적 체계에 의해 묶어 둘 수 없는 곳을 의미하는 것이다. 왜냐하면 근거를 찾는 것이 기존 형이상학적 표상 체계의 목적이며 이러한 근거의 바탕으로서 형이상학적 원인, 실체, 목적, 신, 자아, 코기토 개념 등이 상정되기 때문이다.

[6] 라캉적 용어인 실재는 상징계의 실패 지점이자 개념화와 기표화의 불가능성으로서 죽음과 성, 무의미, 사랑 등에 해당한다고 할 수 있다.

[7] 들뢰즈의 수목적 사고방식에 대한 비판은《천개의 고원》112쪽에서 잘 나타난다. 그는 수목적 사유 방식을 초월성의 사유라고 보았으며 이러한 초월적 사유는 "모든 것을 '근거Grund'나 '원인Cause'을 찾아 거슬러 올라가는 사유, 그리하여 그것을 첫 번째 원인이나 원리로 삼아 모든 것을 설명하는 사유다. 이런 사유는 자신이 찾아낸 첫째 원리를 모든 것을 설명하는 '보편적인' 것으로 만들어 버린다. 제1원인을 찾아내고 그것을 통해 모든 것을 설명하는 형이상학. 이것은 이상적 본질에 도달하려는 그리스적 태도에서 연유하는 것일 수도 있다."(질 들뢰즈 · 펠릭스 가타리,《천개의 고원》, 112쪽.)

[8] 라캉은 1975년 이후《세미나 20Le Séminaire 20; encore》과《세미나 23Le séminaire

어질 수 있다고 본다. 이러한 사유의 궤적 안에서, 필자는 인간을 명석-판명한 개념의 지시체로 획득하는 대신, 문제적 범주로서의 공백으로 받아들임으로써 그 풍요로운 표면 속으로 함입invagination해 들어가 보고자 하는 것이다. 프랑스어에서 함입이란 단어는 이미 단어 안에 vagin이라는 여성의 질이라는 의미를 내포하는 것으로서 공백으로 빠져 들어가는 것임과 동시에 표면으로부터 새로운 층위를 형성하는 것을 의미한다.[9] 여기서 우리가 주목해야 할 것은 새로운 막과 층위가 심층부로부터가 아니라 표면이라는 외부와 내부의 마주침의 장에서 생성된다는 점이다. 이러한 관점에서, 필자는 함입이라는 공백의 계기들을 통해 다음과 같은 새로운 층위들을 구성해 나가고자 한다.

필자는 함입의 첫 번째 막膜 · membrane에서 기존 주체subject 개념을 넘어서는 변이체metamorphoject 개념을 응결적 주체가 아닌 틈으로서의 주체로 제시할 것이다. 즉, 주체 개념이 남근적 효과에 그친다면 어떠한 맥락에서 변이체가 탈남근적, 비남근적일 수 있는가를 정신분석학적 관점에서 심화하여 분석하고자 한다. 두 번째 함입의 막에서 변이체의 탈경계적 충동 에너지인 리비도-코나투스libido-conatus[10]를

---

livre 23; le sinthome)에서 상징질서 너머, 신경증 너머를 향하는 방식을 모색하고자 여성적 향유와 조이스의 향유에 대해 탐구한 것이다.

[9] 네이버 국어사전에 의하면 함입은 '빠져 들어가다'라는 의미와 함께 생물학에서 쓰는 의미로서 '표면에 있는 세포층의 일부가 안쪽으로 빠져 들어가서 그곳에서 새로운 층을 만들다.'라고 되어 있다.

[10] 변이체(메타모르포젝트) 개념과 리비도-코나투스 개념은 필자의 2014년 8월 논문 〈유령-스펙트럼 프로이트; 리비도-코나투스는 가능한가〉라는 논문에서 제창한 개

통해 로봇 섹스라는 최신 이슈를 면밀하게 분석해 나갈 것이다. 로봇 섹스가 단순히 테크놀로지 형식이라는 외부적 조건의 변화만을 일컫는 것이 아니라 하이브리드적 주체성의 존재 변이 능력에 의한 새로운 욕망의 대상과 욕망의 투여 방식, 나아가 욕망의 질서의 변화와 밀접하게 연관되기 위해선 과연 어떠한 지점이 비판되고 재형성되어야 할지를 촘촘하게 드러낼 것이다. 이러한 다층적 함입의 층위들를 통해 포스트 휴먼 시대의 새로운 주체의 계보학을 미약하게나마 그려 나가고자 할 것이다.

틈으로서의 주체, 메타모르포젝트metamorphoject

인간이라는 개념은 자족적이며 자명한 개념이 아니다. 왜냐하면 인간 개념은 끊임없이 자신의 하위 심급으로서의 동물성과 상위 심급으로서의 신, 파생 심급로서의 기계 사이에서 줄타기하는 아슬아슬한 긴장의 역학성이 연주되는 장이기 때문이다. 다시 말해, 인간이

넘으로 기존의 인간-주체 개념에 내재한 남근 중심주의와 인간 중심주의를 탈구하기 위한 전략적 개념들이다.(윤지영, 〈유령-스펙트럼 프로이트; 리비도-코나투스는 가능한가〉,《철학논집》38, 2014, 243~276쪽.) 변이체는 기존의 주체 개념의 예속성을 넘어서기 위한 것이며 이러한 변이체를 추동하는 탈경계적 충동 에너지인 리비도-코나투스를 인간과 기계, 인간과 동물, 인간과 사물 등간의 접속 역량으로 보았다. 그렇다면 필자는 본 글에서 이러한 변이체의 리비도-코나투스 개념을 로봇 섹스라는 포스트 휴머니즘적 테마에 직접적으로 적용해 봄으로써 어떻게 욕망의 질서와 의미의 질서가 새로이 배치되는가를 심층적으로 분석해 보고자 한다.

라는 기표는 끊임없이 다른 기표에 의한 연쇄적 대체에 의해 가리켜지는 그 무엇이 된다.

먼저 인간은 동물과 구분되는 우월한 존재라는 의미에서 비동물이라는 기표로 대체된다. 또 인간은 신의 피조물로서 신이 아닌 것, 신의 부속물, 신의 효과라는 기표로 대체된다. 마지막으로 인간은 기계의 창조자이자 기계적이지 않은 유기체로서 비-기계라는 기표로 대체된다. 기표가 다른 기표에 의해 끊임없이 대체되며 서로를 지시하는 순환적 관계를 멈추지 않는 것이 타자의 장이라는 상징계의 비전체성이며 바로 이러한 불안정한 요동을 멈추도록 하는 결박점이 바로 기의 없는 기표로서의 팔루스phallus라는 주인 기표이다.

이러한 맥락에서 인간-동물-기계라는 여타의 기표들 모두가 한정적으로 의미화 된다는 것 자체가 바로 이러한 기표들이 팔루스라는 주인 기표를 가리키는 것, 즉 아버지의 이름을 소환하는 것에 불과한 것일 수 있다. 왜냐하면 아버지의 이름으로서의 팔루스라는 주인 기표가 제공하는 고정점 속으로 매몰되어 들어가는 것이 상징계의 정합적 체계성을 보증하는 유일한 방식이기 때문이다. 이를 통해 인간-주체는 남근적 의미의 침전물, 즉 상징적 날인의 효과물로 전락하게 되는 것이다. 이러한 관점에서 인간-주체 개념이 비인간에 해당하는 동물성, 괴물성, 기계성이라는 소수자성minorité들을 끊임없이 낙인적으로 생산해 내는 다수자성majorité의 이름이 아닌가 되묻게 되는 것이다. 다시 말해 인간-주체는 초기 라캉이 말하는 부권적 은유로서의 남근 질서에 의한 특정 의미화 양태의 산물이기만 한 것인가라는 질문인 것이다.

전기 라캉[11]에게 인간-주체는 아버지의 법질서라는 언어 체계와 문화적 도덕규범, 사회질서에 대한 순응적 편입 효과로서 제시되며, 비인간이라는 동물성과 괴물성에 대한 배격이 전제된다. 인간은 부권적 은유라는 아버지의 이름 이외의 다른 의미화 방식을 가지게 될 때에 착란적 은유에 빠지게 되며 이로써 정신증으로 추락하고 만다는 브루스 핑크의 라캉 해석[12]은 정상성이라는 인간의 질서에 내재한 남근성을 초월적 심급으로 절대화하는 한계를 지닌다. 즉, 이것은 인간-주체라는 정상화의 방식마저 경미한 신경증자라는 병리성의 한 단면에 불과함에도 불구하고 정상성에 내재한 남근적 편향성을 보편적인 것이자 절대적인 것으로 고양하려는 것이다. 이는 인간이 어떻게 기표화 작용의 봉재선들을 뜯어내는 공백의 계기로 작동함으로써 비남근적 양태로 나아갈 수 있는가를 은폐하려는 것이기도 하다.

이러한 비남근적 양태로서의 존재론은 기존 인간-주체의 개념에 대한 탈구를 통해서만 가능하다. 인간-주체는 팔루스라는 초월적 심급에 의한 날인 효과로서 이분법적 의미 지평의 장 안에서 기표로 응결되어 왔으며 이러한 응결화를 통해 자신의 실존을 공고

---

[11] 초기 라캉이라 함은 1950년대의 라캉 저작에서 드러나는 상징계 중심의 이론을 의미한다.

[12] 브루스 핑크는 '아버지에서 더 나쁜 것으로'라는 장에서 "아버지를 폐제하는 것은 결국 더 나쁜 것을 선택하는 게 된다. 그러한 아버지를 폐제하려는 시도는 결국 정신병의 발병률을 높이게 될 위험을 감수해야 할 것이다."라고 본다. 즉, 부권적 은유 이외의 다른 은유의 방식이 인간화 작업의 유효성을 보증할 수 없다고 보는 것이다.(브루스 핑크, 《라캉과 정신의학》, 맹정현 옮김, 민음사, 2002, 193쪽.)

화할 수 있다. 그러나 필자는 이러한 '응결물로서의 주체'가 아니라 '틈으로서의 주체'[13]를 제시하고자 기존 응결적 주체화 양태로서의 subject 개념을 해체하고자 한다. 왜냐하면 이미 어원학적으로 subject는 subjectum이라는 라틴어에서 기인하며 이것은 '무엇 아래에 내던져진 것'이란 뜻으로 남근 질서에 의해 매몰되거나 압사된 것이란 의미 층위를 내포하기 때문이다. 그러하기에 필자는 metamorphoject(메타모르포젝트)라는 개념어를 통해 기존 subject 개념의 예속성과 종속성, 나아가 고체성을 극복하고자 하는 것이다. 여기서 메타모르포젝트는 metamorphosis라는 변신과 ject라는 내던져짐이라는 단어의 합성어로서 '변신과 변이를 향해 기투하는 존재 양태'[14]인데, 필자는 이를 '틈으로서의 주체'이자 유체fluid로 해석하는 바이다. 여기서 유체流體는 응결점이 녹아서 액체나 기체로 된 것으로서 자유로운 유동성과 미결정적 배치의 힘을 가진 것이며 이는 곧 응결된 주체의 해체를 의미한다.

브루스 핑크는 《라캉의 주체-언어와 향유 사이에서》라는 저서에서 '응결물로서의 주체'를 남근적 의미의 침전물로 보았으며 이것이

---

[13] '응결물로서의 주체'와 '틈으로서의 주체'라는 표현은 브루스 핑크가 《라캉의 주체》(138쪽)에서 제시하고 있다. 필자는 응결물로서의 주체를 남근적 주체로 보며 이러한 남근적 주체를 탈구시키는 것이 틈으로서의 주체라고 해석한다.

[14] 이러한 메타모르포젝트에 대한 아이디어는 필자의 논문(〈유령-스펙트럼 프로이트: 리비도-코나투스는 가능한가〉 270쪽)에서 처음 개진되었다. 그렇다면 필자는 본 논문에서는 메타모르포젝트 개념을 틈으로서의 주체, 즉 새로운 은유의 발명과 새로운 주체의 도래 양태로 제시하고자 하는 것이다. 이러한 점에서, 본 글의 메타모르포젝트 개념은 지난 논문의 개념 구상 단계보다 한 발 더 나아간 것이라 할 수 있다.

여전히 아버지의 법질서에의 고착성과 예속성을 지닌 것으로 보았다면, 이에 반해 '틈으로서의 주체'는 두 기표들 사이에 틈을 구성하는 창조적 불꽃으로서 은유의 발명을 통한 새로운 주체성이 도래하는 것으로 해석한다.[15] 그러나 브루스 핑크는 새로운 은유[16]의 창조를 분리séparation라는 환상의 횡단으로 읽어 내지만 이러한 창조적 은유화가 어떠한 방식의 새로운 주체의 도래로 이어지는지를 구체적으로 논증하지 않는다. 필자는 감히 바로 이 지점, 브루스 핑크가 멈춘 지점에서 다시 시작해 보고자 한다.

이러한 사상의 연속성 안에서, 필자는 비남근적 은유의 창조를 통한 새로운 주체의 창조 양태로 메타모르포젝트를 제시하는 것이다. 왜냐하면 기존 주체의 자리를 박탈destitution subjective하지 않고서는 새로운 주체의 양태가 도래할 수 없다고 보기 때문이다. 바로 이러한 기존 주체의 자리가 박탈되는 현장에 메타모르포젝트라는 변이체가 도래하는 것이라고 필자는 주장하는 바이다. 이러한 맥락에서 새로운 주체의 도래는 치열한 싸움터일 수 있다. 왜냐하면 새로운 주체성의 발명은 새로운 의미의 질서와 새로운 욕망의 세계에 대한 열

---

[15] 브루스 핑크,《라캉의 주체-언어와 향유 사이에서》, 이성민 옮김, 도서출판 b, 2010, 138~139쪽.

[16] 브루스 핑크는 "은유는 사고들의 새로운 배치를 가져오며, 새로운 조합이나 순열을, 기표사슬에서의 새로운 질서를 확립하며 옛 질서를 흔들어 무너뜨린다. 기표들의 연계는 결정적으로 변경된다. 이러한 종류의 변경은 주체를 끌어들이지 않고서는 발생할 수 없다."(브루스 핑크,《라캉의 주체》, 140쪽.)라고 보았다. 이러한 관점에서 필자는 인간이라는 기표와 비인간이라는 기표의 관계성을 기존의 배타적 대체가 아닌 외밀한 접속점으로 보고자 한다.

림 자체이기 때문이다. 기존의 주체성이 전제하는 의미의 질서와 욕망의 질서를 넘어서는 전복적 이행으로서의 새로운 주체의 운동은 destitution subjective를 수반하는데, 여기서 이것을 주체의 자리의 박탈, 찬탈이라는 정치적 의미를 내포한다고 필자는 분석하는 바이다. 그러하기에 필자는 destitution subjective를 '존재의 발견으로서의 주체의 궁핍'으로 번역하는 홍준기의 견해[17]에 대해 반론을 제기하게 된다. 왜냐하면 궁핍은 appauvrissment이나 paupérisation이란 프랑스어 용어로 나타내질 수 있지만 destitution은 단순한 궁핍 상태로 환원 불가능한 정치적 자리의 찬탈과 박탈이라는 측면이 있기 때문이다. 이때에 주체의 자리는 타자의 장, 즉 남근적 의미화의 장이며 상징질서를 의미한다. 다시 말해 응결점으로서의 주체의 자리를 박탈한다는 것은 그 주체가 위치하고 있는 남근 질서의 장 자체에 대한 개편 혹은 전복을 수반하는 것이다. 이러한 관점에서 필자는 주체적 박탈로 용어를 번역하는 것이다.

기존 주체의 자리를 박탈하는 것으로서의 새로운 은유의 방식은 인간이라는 기표와 비인간이라는 기표들을 팔루스라는 주인 기표의 또 다른 이름에 불과하지 않도록 하는 것이다. 오히려 주인 기표를 인간과 비인간이라는 기표들과의 새로운 관계성 안에서 기의를 갖도록 하는 것이 기의 없는 기표라는 주인 기표의 초월적 특권을 박탈하는 방식이며 바로 이러한 특권의 와해를 통해 새로운 주체가 도래할 수 있다. 항상 S2에 해당하는 여타의 기표들이 S1이라는 주인

---

[17] 조엘 도르, 《프로이트·라깡 정신분석임상》, 홍준기 옮김, 아난케, 2005, 42쪽.

기표로 환원됨으로써 S1은 다른 여타의 기표들에게 한정된 의미의 누빔점point de capiton으로 작동하되 스스로는 의미의 장 안에서 부유, 표류하며 모든 기의의 장을 누비며 돌아다니는 정박점 없는 이동을 해 왔다. 이것이 기존의 남근적 의미화 방식이었다면, 이제 S1이라는 주인 기표로부터 S2로의 관계성의 매듭이 생겨나게 하는 것이 비남근적 의미의 장을 여는 방식이다. 이러한 맥락에서, 변이체는 주인 기표의 특권을 박탈하는 정치적 행위이자 기표들이 다른 기표들로 미끄러져 들어가는 차이의 장 안에 주인 기표 역시 들어오도록 하는 방식이다. 주인 기표 역시 정박점으로서의 특권을 잃고 불완전한 비전체를 구성하도록 하는 것이 새로운 의미화의 장에 기표와 향유를 뒤섞이게 하는 전략이라고 필자는 분석하는 바이다. 이것은 주인기표라는 의미의 고정적 준거점이 실재의 배제 지점으로 여태껏 기능해 왔다면, 이를 다시 실재의 도래 지점으로 변환하고자 하는 것이다. 엄밀히 말해서 이는 주인 기표의 붕괴이며 상징계의 비전체성, 불안정한 요동과 유동성의 강도를 발산시키는 행위이다.

다시 말해, 틈으로서의 주체인 메타모르포젝트는 인간과 비인간이라는 기표 간에 위계성을 도입하거나, 한 개념이 다른 개념의 외부성으로서 배타적으로 상정되어 그것에 대한 바깥이나 소외물로서 대체되게 하는 대신 이 두 개념 간의 관계성을 새로이 발명해 냄은 물론, 인간과 비인간이라는 기표들이 주인 기표에 예속되는 비대칭적 관계가 아니라 주인 기표 역시 다른 기표들을 향해 날아가도록 촉구하는 것이다. 이제껏 주인 기표는 가만히 있어도 다른 여타의 기표들이 스스로를 향해 몸을 낮추고 매몰당하러 들어 왔던 방식, 즉 이것은 상호적 관계 맺기가 아닌 일방적 환원과 흡수의 논리였지만 이젠 스스로가 다른 기표들을 향한 몸짓을 갈구하며 "다른 기표와 모종의 관계를 맺도록"[18] 해야 하는 것이다. 주인기표가 다른 기표와의 관계성을 직조하는 방식은 주인 기표 역시 다른 기표를 향해 끊임없이 날아드는 차이의 장으로 기투되어 끊임없이 움직이고 일렁이게 된다는 것이다. 바로 이로써 주인 기표라는 특권의 상실과 기존의 남근적 위계성의 장이 붕괴될 수 있는 것이다.

필자는 이러한 틈으로서의 주체화를 위한 전략으로 남근이라는 존재의 결핍과 존재의 거세라는 향유의 적출 지점을 도려내 버리려는 것이 아니라, 기표의 장과 향유의 장을 접속시키고자 한다. 이러한 관점에서, 인간이라는 기표는 더 이상 비인간으로서의 동물성, 기계성, 신성 등을 수직적 변별성에 의한 반대항으로 설정하여 이것의 차별적 대체성을 구현함으로써 경계면을 확정짓는 것이 아니다. 인간이라는 기표 역시 의미의 고정점에 의해 응결되지 않고 지속적으로 비인간이라는 기표 속으로 미끄러져 들어가 봉합될 수 없는 기의성을 함께 펼쳐 내며 이 둘의 기표로도 환원될 수 없는 새로운 기표를 탄생시키는 것이 필자가 생각하는 새로운 주체의 도래 양태이다. 이것은 주인 기표에 의해 응결된 주체가 의미의 봉합면을 안고 소외된 주체로서 고착화되어 남는 것과는 다른 방식이다.

---

[18] 브루스 핑크, 《라캉의 주체》, 151쪽.

비체와 변이체의 차이에 대하여

여태껏 인간이라는 기표는 동물이나 기계, 괴물이라는 기표와의 차별적, 위계적 상이성에 의해 명확히 경계 지워지는 방식으로 주인기표에 의해 변별되어 왔다. 이것이 곧 주인 기표에 의해 의미의 한정점, 정박점을 얻어 왔던 방식인 것이다. 이젠 이러한 일방적 날인을 구걸하는 방식을 버리고 어떠한 승인의 날인 없는 차이 그 자체로서의 차이, 즉 즉자적 차이의 관계에 의해 새로운 은유를 창조하는 것이 변이체의 생성 지점이다. 이로써 변이체는 기존의 남근적의미의 성좌를 흐트러트리는 변곡점이 된다. 왜냐하면 변이체는 인간과 비인간이라는 기표들 간의 상호적 불꽃이 날아드는 현장으로서 소진과 생명력, 사멸과 증폭이라는 유동적 흐름들이 공명되는 장이자 주인 기표의 상정 없이 의미화가 잠정적으로 이루어졌다가 다시 그 의미화의 장이 해체되는 것이기 때문이다. 여기서 인간과 비인간이라는 기표는 양분화된 두 대립항이 아니라, 이 둘 간의 새로운 열린 틈들이 구성되어 나와 타자, 내부성과 외부성의 대립적 공간들이 무너짐으로써 이 두 항 중의 어느 것에도 귀착되지 않은 새로운 것으로 도래한다. 이로써 인간이라는 기표는 변칙적 틈들을 통해 열려 있는 것이 되며, 남근적 공간화 방식인 명확한 경계 구획성을 파기해 버린다. 이를 통해 인간 개념은 비인간이라는 개념과 새로운 방식의 연결 고리 속에서 다양체가 된다. 여기서 다양체는 일원화된 중심을 설정하지 않는 순수 차이를 뜻한다. 즉 인간 개념은 명확히 닫힌 것이 아니기에, 비체abjection라는 인간의 외부성과 타자

성을 측정하는 준거점으로도 작동하지 않는다. 왜냐하면 비체의 상
정은 정상적인 몸의 전제 안에서 파생되는 것이기에 열린 틈으로서
의 인간 개념은 비체와 명확히 분리, 구분되는 지점이 아닌 것이 되
기 때문이다.

여기서 변이체는 비체로 환원될 수 없다. 왜냐하면 상징계의 배제
의 논리가 바로 비체를 존재하게 하는 것이며 오염물로서의 비체는
상징계라는 시스템으로부터 떨어져 나온 것이자 이러한 상징질서의
의미 체계를 회피하는 것을 의미하기 때문이다. 비체는 아버지의 법
질서에 대한 상정을 통해 그것의 외부성이나 타자성으로 인식 규범
안에 들어오는 것이다. 여전히 비체는 상징계를 중심으로 개편된 배
치 질서에 따름으로써 이것의 공간화 방식 자체가 내부와 외부, 순
수와 오염이라는 이분법적 의미화 체계의 일부를 구성하는 한 요소
인 것이다. 즉, 줄리아 크리스테바에게 "비체는 사회적, 상징적 질서
와 그 외연이 같은 것"[19]이자 "오염의 힘은 그것을 금지하는 힘과 비
례하는 것"[20]이다.

이러한 관점에서 필자에게 있어 비체는 인간 개념의 바깥이라는
완결된 외부성으로서 여전히 정상적인 것에 대한 대척점으로 존재
하는 부권적 구조화, 공간화의 방식을 따르고 있다고 해석된다. 즉,
비체는 여전히 기존의 상징계적 공간화에 의해 매끈하게 경계 지워

---

[19] Julia kriseva, *Le pouvoir de l'horreur; Essai sur l'abjection*, Paris: Editions de Seuil, 1980, p. 83.

[20] Ibid., p. 84.

진 것의 봉합된 뒷면에 속할 뿐이라고 필자는 분석하는 바이다. 그러나 새로운 의미의 고리를 만드는 행위로서의 새로운 은유의 발명은 기존의 이분법적 대립항들의 전치에 그치지 않기에 필자는 풍요로운 표면으로서의 인간 개념을 비체보다는 변이체로 드러내고자 하는 것이다. 왜냐하면 변이체는 상징질서와 외연이 같지 않으며 상징계의 경계구획성의 그 바깥, 외부성으로 명확히 공간화될 수 있는 것이 아니다. 다시 말해, 틈으로서의 주체인 변이체는 명확한 자리와 터에 표식될 수 없는 비식별역이다. 이러한 맥락에서 변이체는 인간이라는 기표의 타자성인 비인간이라는 혐오적 비체로 환원되는 것이 아니라, 인간이라는 기표와 비인간이라는 기표의 어느 항으로 귀속되지 않고 이 "둘의 연결 고리를 만듦과 동시에 다시 의미와 존재 사이에서 분열"[21]되는 새로운 것의 도래이다. 왜냐하면 틈으로서의 주체인 변이체는 유체성을 지니는 것이자 주체의 동결 지점들을 녹이는 것이기 때문이다. 즉 변이체는 어떠한 형상성 안에 갇히지 않고 흐르는 것이며 한시적 정박점을 가졌다가도 다시 닻을 거두고 운동하는 역동체이다. 이때에 메타모르포젝트는 비결정성을 지닌 것이며 고착되지도 예속되지도 않는 것이다. 변이체는 항구적 지속성으로서의 실존이라는 상징적 기입면 위에 뿌리를 내리는 대신에

---

[21] 브루스 핑크는 "틈으로서의 주체를 주인 기표 s1과 다른 기표들 s2 사이에 연결 고리를 형성하는 가운데 순간적으로 존재하게 되었다가 다시금 의미와 존재 사이에서 분열된다."(브루스 핑크, 《라캉의 주체》, 152쪽.)고 보았으며, 이러한 맥락에서 틈으로서의 주체는 항구적인 토대를 가진 고체적인 것이 아니라, 언제든 사라질 수 있는 유체성을 지닌 것으로 필자는 해석하는 바이다.

실재라는 반토대와 접속하여 끊임없이 일렁이는 탈봉합면이기 때문이다. 탈봉합면인 틈으로서의 주체는 탈-존하는 것이다. 여기서 탈-존은 상징계의 고체성을 허무는 행위이며 남근적 리비도 경제를 비트는 것이라 할 수 있다. 즉 "리비도 경제를 열려 있도록, 총체화될 수 없도록 하는"[22] 향유의 지점이 탈-존인 것이다. 이러한 맥락에서 변이체는 쥬이상스jouissance-쾌락을 넘어서는 쾌락이자 쾌락과 고통의 이접점이라는 향유에 대한 방어 기제로 작동하는 것이 아니라 쥬이상스라는 실재의 지점과 접속하여 그 자리에서 탄생한 새로운 주체화의 양태에 다름 아니다.

로봇 섹스는 리비도-코나투스의 실현 양태인가

이러한 사상의 여정 안에서 필자는 기존 응결점으로서의 주체의 자리가 리비도libido라는 성충동을 남근 중심적, 인간 중심적으로 욕동화하는 방식과 매우 밀접하다고 분석해 본다. 그러하기에 기존 리비도 개념을 넘어서는 리비도-코나투스 개념을 제안하고자 하는 것이다. 응결적 주체가 기존의 남근적 리비도에 의해 고착되어 왔다면,

---

[22] 브루스 핑크는 탈-존을 "타자적 향유"로 보며 이것이 "향유의 경제, 혹은 리비도 경제를 열려 있는, 총체화될 수 없는 경제로 만든다."라고 말한다. 여기서 "타자적 향유는 근원적으로 불균형적이며, 계량 불가능하고 불비례적이며 정숙한 사회에는 음탕한 것이다. 그것은 남근적 경제나 단순한 구조주의 안으로 결코 만회될 수 없다."라고 정의내린다.(브루스 핑크,《라캉의 주체》, 228쪽.)

이제 변이체는 이러한 남근적 리비도 경제를 비틀기 위한 탈-존적 존재변이 능력인 리비도-코나투스에 의해 추동된다고 필자는 보기 때문이다. 왜냐하면 리비도-코나투스는 기존의 남근적 욕망의 대상과 욕망의 승인/배제 구조를 뒤흔드는 것이기 때문이다. 리비도-코나투스는 욕망의 대상을 제2세대 재생산이 가능한 이성애자, 성인, 인간으로 한정하지 않는 탈경계적 충동 에너지이다. 나아가 리비도-코나투스는 기존의 배타적 인간 개념이 육체성의 적출로서의 성적인 것sexuel과 교접되고 배치되는 방식에 파국적 물음을 가하는 것이자, 비성적인 것asexuel이라는 몸들과 몸들이 관계 맺는 방식, 그 육체성의 발산으로서 도래한다.

필자는 지난 논문에서 "프로이트가 리비도를 에로스eros라는 삶의 충동력으로만 제한하는 것은 리비도를 쾌락 원칙 하에만 두는 것이자, 리비도를 쥬이상스라는 실재로 넘어가지 못하게 하는 기제이며 이를 통해 리비도를 욕망의 장 안에 국한하여 상징계의 장 안에 가둬두는 것이라고"[23] 비판하였다. 이러한 관점에서 변이체의 추동력이자 생성 에너지인 리비도-코나투스는 상징계라는 아버지의 법질서의 불가능성으로서의 쥬이상스와 리비도를 접속시킴으로써 충동의 자리에 주체를 위치시키고자 하는 전략이기도 하다. 다시 말해, 리비도-코나투스는 쾌락 원칙과 욕망의 질서를 넘어서 버리는 전복적 이행의 힘으로서 새로운 욕망의 세계와 의미의 고리들을 창조해 내고자 하는 비남근적 주체의 촉발 양태이다. 나아가 리비도-코

---

[23]   윤지영, 〈유령-스펙트럼 프로이트: 리비도-코나투스는 가능한가〉, 261쪽.

나투스는 존재-역량puissance d'être의 항상적 유지와 보존이라는 관성적 측면, 즉 예측적 측량성과 비례성, 계량성을 갖는 것이 아니라 존재-역량의 증가와 감소, 상승과 하강이라는 변이 생성성, 즉 비예측성, 비측량성을 갖는다. 이러한 맥락에서, 리비도-코나투스는 실체적으로 파악, 이해되어 고착화될 수 있는 것이 아니라 무수한 관계양태로 모호하고도 애매하게 해석되는 유체성인 것이다. 여기서 "관계 양태로서의 리비도-코나투스는 몸과 몸이 마주치는 위상학"[24]이며 이러한 다양한 관계의 항들은 특정 존재자들 간의 일치와 통일을 위한 수렴점이 아니라 차이들의 다발을 뻗어 나가게 하는 발산점이라 할 수 있다. 여기서 이 관계항들이 반드시 인간이라는 종에 한정될 필요는 없다. 유적, 종적 차이라는 수직적 차별, 위계적 조직화로서의 기표화된 몸들을 명확히 분리해 내어 뒤섞이지 못하게 하려는 리비도의 정상화 작업을 비틀어 버리는 것이 리비도-코나투스의 창조적 역량이기 때문이다.

이러한 관점에서 필자는 리비도-코나투스 개념을 통해 로봇 섹스라는 포스트 휴머니즘적 관계 양태를 심층적으로 분석하고자 한다. 과연 몸과 몸의 마주침으로서의 위상학인 리비도-코나투스는 어떠한 측면에서 비틀린 원인 크로스 캡이라는 혁명적 표면을 구성하며

---

[24] 필자는 〈유령-스펙트럼 프로이트;리비도-코나투스는 가능한가〉라는 논문 262쪽에서 기존 리비도 개념의 남근 중심성과 인간 중심성을 깨뜨리기 위해 전략적으로 리비도-코나투스라는 개념을 제창하였다. 지난 논문에서 필자는 리비도-코나투스를 다양한 관계 양태로 정의하였으며 267쪽에서는 이것을 몸과 몸의 마주침의 위상학으로 정의하기도 하였다.

열린 욕동의 장이 될 수 있는가. 다시 말해, "현실의 안정성과 상상적 봉합점들을 뜯어 내는 몸들의 마주침에 의한 소란스러운 교란 행위이자, 상징계의 틈을 뚫고 나오는 역동 에너지의 파장-흐름"[25]인 리비도-코나투스가 과연 "로봇 섹스"[26]에서 실현될 수 있는가에 대한 문제의식이기도 하다.

그런데 우리가 상상하는 섹스의 대상으로서의 로봇은 왜 인간 형상의 재생산에 불과한 것인가. 세자르 봉크 César Vonc[27]가 제시하는 드로이드droid는 휴머노이드humanoid와 같이 인간 형상을 하고 인간의 생식기라는 기관성을 재현해 낸다. 과연 이러한 인간 형상의 유사물과의 섹스가 리비도-코나투스의 실현 방식이라 할 수 있는가 필자는 반문하게 된다. 왜냐하면 리비도-코나투스는 비슷한 것, 유사한 것, 동종인 것끼리의 안전한 결합 방식이 결코 아니기 때문이다. 세자르 봉크가 제시하는 인간 형상의 모방물로서의 섹스 로봇은 로봇이 가진 비인간적 생경함과 차이를 줄이기 위해 유기체적으로 조직화된 인간의 신체 기표를 모방하고 있다고 필자는 해석한다. 여기서 인간의 신체 기표라 함은 인간 역시 자신의 몸을 기존 의미망에 의해 정

---

[25] 윤지영, 〈유령-스펙트럼 프로이트; 리비도-코나투스는 가능한가〉, 271쪽.

[26] 제이콥 제임스, 〈로봇과의 섹스가 지극히 정상적인 시대 온다.〉, 《중앙시사매거진》 1149, 2014년 11월 10일, Jonathan O'Callaghan, "Would YOU sleep with this robot? Artist creates realistic CGI image of what droids that can have sex might look like.", *Daily Mail*, 22 December 2014,

[27] 세자르 봉크는 프랑스 아티스트로서 여성형 미래 섹스 로봇의 내부 설계도를 제시하였다. 세자르 봉크의 섹스 로봇 설계도는 영국 《데일리 메일》 2014년 12월 22일자 기사에 소개되었다.

2014년 로보틱 대회에
출품된 세자르 봉크의
〈Soubrobotte〉. 시네마 4D
기술과 옥탄 렌더로 제작
되었다.

제되고 분절화된 방식으로만 사회적으로 배치할 수 있음을 드러내
기 위한 것이다. 왜냐하면 로봇의 원형으로서의 인간 신체 역시 육
체성이라는 발산점이 이미 적출되어 버린 상징적 기표화 작용의 산
물이기 때문이다. 이러한 관점에서 세자르 봉크에 의해 그려진 드로
이드는 이러한 인간의 신체 기표화 방식을 매우 충실히 따르는데 우
선 화살표에 의해 가리켜지는 질의 투입구라는 특화된 기능성을 가
지며 두 번째로는 허벅지 부분에 코드바가 새겨져 있고 세 번째로는
취급, 관리 방법들에 대한 축약 기호가 새겨져 있다.

　드로이드는 이미 상징계라는 아버지의 법질서와 사회, 문화적 규
범성이라는 타자의 장에 포섭된 것으로서 확정된 경계 구획면으로
서의 식별 코드를 통해 상징계라는 실존existence의 장에 배치되고 있
다. 여기서 실존이라 함은 아버지의 법질서라는 상징계에 의해 포획
된 현실에서의 소속성과 안착, 안정성의 획득을 의미한다. 즉, 드로
이드는 기관organe이라는 유기체적 질서에 의해 의미망의 구조 안에
들어 온 것으로서 현실의 장에서 실존이라는 자리와 이름의 위치성
을 획득하고 있다. 그러하기에 우리는 드로이드가 여성의 모사물로

서의 섹스 로봇이라는 용도성, 기능성, 목적성 등을 가지고 있다는 것을 인식할 수 있는 것이다. 이로써 드로이드는 몸이라는 실재의 무의미성, 비포착성 등이 흘러넘치는 장이 아니라 상징적 등록소로 축소된 기표의 기입면으로서 제시되고 있는 것이다. 이러한 맥락에서 코드바와 취급 관리 기호 표식을 통해 그 용도성과 의미, 가치들이 투입되고 있는 드로이드는 클리토리스보다 질이 부각된 신체 기표화 방식을 취한다. 그렇다면 왜 드로이드라는 섹스 로봇은 여성이라는 젠더성을 취하며 이러한 특정 신체 기표화 방식으로 조직화되어 있는 것인가.

필자는 이러한 드로이드의 신체 조직화 방식을 프로이트의 정신 분석학적 관점에서 분석해 보고자 한다. 자기애의 폐제를 통한 대상애로의 이행을 위해 클리토리스라는 기관이 축소되고 질이라는 남성 리비도의 배출소로의 기능이 강화되는 기존 여성의 정상화 방식이 섹스 로봇인 드로이드에게 그대로 투사되어 있다. 왜냐하면 나르시시즘적 자기애에 의해 리비도의 투여 대상을 자기 자신의 몸으로 보는 것이 클리스토적 성애화 방식이라면, 이에 반해 거세의 실현을 통한 결핍자로서 남근 선망을 체현하기 위해 리비도의 투여 대상을 자신의 몸이 아닌 페니스 소유자에게로 향하게 하는 것이 질을 통한 성애화 방식이기 때문이다. 프로이트가《성에 관한 세가지 에세이》에서 말한 바에 의하면 리비도는 본질상 남성적인 것이며[28]

---

[28] 프로이트는《성에 관한 세 가지 에세이》에서 "리비도는 항구적이고 규칙적인 방식으로 남성적 본질이다."(la libido est de façon constante et règulière, d'essence

이러한 맥락에서 드로이드라는 섹스 로봇은 남성적 리비도의 배출소, 저장소로서의 수동적 그릇인 질로 특화되어 있다.

　이러한 맥락에서 드로이드라는 섹스 로봇은 기존 리비도의 남근 중심성을 재생산하고 있는 것이다. 프로이트에 의해 제시된 기존의 리비도는 제2세대 재생산을 위한 성적 실천만을 정상적 성으로 한정하고 이성애라는 특정 성애화 방식만을 도착적이지 않은 것으로 보는데 이러한 관점에서 드로이드는 이성애적 리비도의 주체가 아닌 대상물로서의 여성이라는 젠더성을 취하며 여성의 질을 부착한 페니스의 결핍자로서 거세의 법의 유효성을 입증하는 데에 그친다. 나아가 로봇 섹스는 인간과 그 인간의 모방적 파생물로서의 로봇 간의 성적 교접만이 아니라 로봇과 로봇 간의 성적 교접을 통한 2세대 재생산의 가능성[29]까지 내포하게 됨으로써 쾌락만이 아닌 재생산 기능의 산출자로서 도착성의 영역에서 비켜날 수 있게 된다고 필자는 분석해 본다. 이를 통해 주어진 이름과 자리의 질서로서의 상징계 안에서 드로이드는 기능주의적 분배 방식에서 이미 주어진 자리를 메꾸는 데에 그친다. 나아가 여성으로 특화된 섹스 로봇은 입, 항

---

mâle.)라고 규정한다.(Sigmund Freud, *Trois essais sur la théorie de la sexualité*, traduit de l'allemand par B. Reverchon-Jouve, Paris: Editions Gallimard, 1962, p. 129.)

[29] 《아이티투데이》 기자 이재구는 기사에서 다음과 같이 적고 있다 "인공지능 전문가인 노엘 샤키 교수는 "로봇은 SW를 교환하면서 후손을 만들 수 있기 때문에 분자 수준에서 생각할 필요는 없다. 로봇은 특정 업무 성능을 뛰어나게 해 줄 코드를 결합시켜 자신의 후손을 만들게 될 것"이라고 전망했다. 그는 미래의 로봇이 3D 프린터와 비슷한 방식을 사용하고 이들을 조립해 자신의 후손을 프린팅해 낼 수 있게 될 것이라고 믿고 있었다."(이재구, 〈미래 로봇, 섹스하고 자녀까지 갖는다?〉, 《아이티투데이》 2014년 12월 23일자)

문, 질이라는 구멍들로 축소되며 그러한 공백의 틈들을 삽입이라는 특정 성적 실천을 통해 봉합하려하는 안간힘으로 섹스 로봇의 용도가 한정되어 버린다.

드로이드로 제시되는 섹스 로봇과의 로봇 섹스는 여전히 생식기관을 통한 기관 쾌락을 도구로 하는 남근적 쥬이상스jouissance phallique에 가깝다. 남근적 쥬이상스는 상징적 쥬이상스로서 성기로 축소된 국지적 쾌락이자 팔루스라는 주인기표에 봉사하는 성적인 것이다. 이러한 관점에서 드로이드의 몸은 성적인 것인데, 여기서 성적인 것이란 남근적 의미망 안에서 기관으로 구획되어 식별 가능한 것이자 실존의 영역에서 자리와 역할의 위치성으로 한계, 제한되어 있다는 의미이다. 다시 말해 섹스 로봇의 신체 기표화 방식이 이미 성적 실천을 삽입 행위로만 규정하며 양극화된 성적 차이의 위계성―거세당한자로서의 여성과 거세당할 위협에 놓인 자로서의 남성, 삽입당하는 자와 삽입하는 자―을 강화한다는 점에서 리비도-코나투스의 실천 양식이라고 볼 수 없다. 왜냐하면 리비도-코나투스는 비성적인 것으로서 여성과 남성, 수동과 능동, 대상과 주체 간의 이분법적 구획성을 파기하는 것이자 사고와 인식틀 안에서 매끈하게 정제되어 분절될 수 없는 것이기 때문이다.

리비도-코나투스는 한계지어지지 않고 분절되지 않은 것이자 탈성화된 리비도의 양태이다. 왜냐하면 이미 기존의 성화sexualisation 방식이 팔루스라는 초월적 기표에 의한 종속화 방식에 다름 아니기에 이러한 기표적 매몰을 거부하는 탈성화된 리비도가 리비도-코나투스이며 이는 충동의 박동운동을 분출시키는 것이기 때문이다. 이러

한 맥락에서 리비도-코나투스는 다양한 몸들의 발산점이며 탈중심
화된 운동성으로서의 몸들과 몸들의 교차, 횡단, 뒤섞이는 행위라
할 수 있다. 다시 말해, 리비도-코나투스는 사유 불가능한 육체성의
분출과 향유 행위로서 신체 기표를 흩트리고 마는 것이지 상징계에
의해 매끈하게 정렬되는 방식이 결코 아닌 것이다.

로봇 섹스에서 로봇 코넥스로

나아가 드로이드라는 섹스 로봇은 인간 중심성의 강화 방식이다.
왜냐하면 이는 여전히 인간이라는 원형에 대한 유사성을 기반으로
재현되는 것이기 때문이다. 즉, 들뢰즈가 말하는 유비의 테제[30] 안에
서 인간이라는 중심축으로부터 얼마나 가깝고 먼가에 따라 측정되
고 그 유사성의 비례도에 따라 차별적으로 위계화될 수 있는 실존
방식이 로봇임을 드러내고 있다. 세자르 봉크나《로봇과의 사랑과
섹스Love and Sex with Robots》라는 저서의 저자 데이비드 레비David Levy가
그리는 섹스 로봇의 존재는 인간이라는 원형으로부터의 파생 단위
로 분절될 수 있는 재현적 범주로 전락하고 있다. 나아가 이것은 인
간이라는 원형의 욕구와 욕망에 의해 정당화되는 것이자 그 원인자

---

[30] 들뢰즈는《차이와 반복》(97쪽)에서 유비의 테제에 대해 설명하며 이러한 유비의
     테제가 존재를 위계적으로 배당, 할당하는 방식으로서 동일성의 형상을 강화하기
     위한 판단의 원리에 의존한다고 보고 있다.

로서의 원형과의 유사성 안에서 종속되는 것이다.

이러한 맥락에서 지금까지 제시되고 있는 로봇 섹스에서의 섹스 로봇들은 인간에 대한 모사물이지 인간의 원형성의 허구를 폭로하는 시뮬라크르simulacre라는 전복적 허상으로 작동하고 있지 못한다. 왜냐하면 리비도-코나투스는 탈중심적인 차이의 운동으로서 전복적 허상들로서의 로봇들이라는 이종적인 차이, 발산 지점들을 통해서 실현될 수 있는 것이기 때문이다. 이때에 전복적 허상으로서의 로봇은 인간 형상보다는 괴물에 가까울 것이다. 여기서 괴물이란 차이의 유희성 안에서 탈중심화된 크로스캡이라는 표면을 구성하는 불일치의 우글거림이다. 이러한 관점에서 로봇이 전복적 허상으로 작동하기 위해서는 인간을 원형으로 설정하지 말아야 하며 오히려 이 원형의 근거와 토대를 허무는 차이의 공명대가 되어야 한다. 로봇이 휴머노이드라는 인간 형상의 재현물로 한정되는 것이 이미 인간 중심적 표상 체계 속에서 새로운 존재 방식을 기존의 인식틀 안에 구겨 넣는 행위이기 때문이다. 나아가 메타모르포젝트라는 변이체는 로봇과 인간을 구분, 구획하는 데에 그 목적이 있지 않다. 오히려 기존의 형상성을 일그러뜨리는 것으로 구상되는 로봇과의 섹스는 더 이상 분절과 구획으로서의 섹스가 아닌 코넥스connex[31]로의 이

---

[31] 필자의 또 다른 논문인 〈새로운 연대의 가능성에 대한 사유 역학 논고 - 솔리더리티solidarity에서 플루이더리티fluidarity로〉에서 secum, secare라는 라틴어에서 기인하는 섹스 개념의 분절성, 경계 구획성을 비판하고 이러한 위계적 변별성을 넘어서는 탈경계적 뒤섞임으로서의 코넥스 개념을 제창하였다. 여기서 코넥스는 라틴어 connexum에서 기인하는 것으로 이어짐과 연결성이라는 뒤섞임과 혼종성을 강조하기 위한 전략적 개념이다. 필자는 지난 논문에서 구상된 코넥스 개념을 로봇 섹

행점으로 작동하게 될 것이다. 섹스가 이분법적 경계면의 확정-여성과 남성, 이성애와 동성애자, 정상성과 비정상성, 인간과 비인간을 통한 "정착적 분배" 방식의 유통경로라면 코넥스는 이러한 이분법적 경계면을 흐려지게 하고 위상학적 역설 안에서 맞닿게 하여 횡단, 교차하게 하는 "유목적 분배"[32]의 실현태이다. 정착적 분배가 존재의 다의성을 통해 각각의 존재의 있음이 다르게 의미되게 함으로써 중심축과의 근접성과 비례성을 통한 수직적 사다리 위에 존재를 줄 지워 세우는 것이라면 여전히 드로이드라는 섹스 로봇과의 로봇 섹스는 여기에 속한다고 할 수 있다. 왜냐하면 인간과 그 인간의 파생적 유사물로서의 로봇과의 섹스는 비슷한 것, 동종인 것 간의 결합 방식에 불과함과 동시에 원형과 모상 간의 위계적 변별성 또한 증폭시키는 방식이기 때문이다.

이러한 관점에서 필자는 탈형상적, 탈인간 중심적 로봇과의 성적 실천이 이루어지는 방식은 로봇 섹스가 아닌 로봇 코넥스robot connex로만 가능하게 될 것이라고 생각한다. 로봇 코넥스를 통해 인간 개념의 풍요로운 표면이 크로스 캡으로 미묘하게 뒤틀리게 될 것이며

스에 적용해 보고자 한다. 왜냐하면 로봇 섹스가 리비도-코나투스의 실현 방식이 되기 위해서는 기존의 섹스가 정의되고 소비되는 방식 자체를 비판하고 이러한 기존 성화방식에 대한 탈구로 이어져야 하기 때문이다.

[32] 정착적 분배와 유목적 분배라는 용어는 들뢰즈의 《차이와 반복》(103~104쪽)에서 제시된다. 필자는 이 두 용어를 섹스와 코넥스라는 두 가지 성정체성화와 성지향성의 방식에 각각 적용하고자 한다. 왜냐하면 sex는 남녀의 성별을 구분하는 성정체성의 확정 원리이자 성행위라는 성지향성의 방식으로 지칭되는데 connex는 이러한 이분법적 성정체성화와 삽입 중심적, 남성 중심적, 이성애 중심적 성행위로서의 성지향성 방식에 대한 전복이기 때문이다.

인간 개념의 중심성이 탈환되는 굴곡진 원환 운동으로 구성될 수 있다. 기존의 남근적 리비도 경제학에서는 신경증자라는 이성애자 남성과 여성 간의 제2세대 재생산을 위한 활동이 정상적 리비도의 양태로 여겨졌다면 이제 탈남근적 리비도 경제학은 욕망의 대상과 욕망의 투여 방식 등을 인간으로 한정하지 않고 재생산만을 목적으로 하지 않으며 기관 쾌락에 한정되지 않는다는 점에서 여성적 쥬이상스[33]로의 진입을 가능하게 한다. 여성적 쥬이상스란 남근적 쥬이상스를 넘어서 버리는 것으로서 국지적인 성기 중심의 기관 쾌락을 파기하는 것이다. 나아가 로봇 코넥스는 온몸의 감각점들을 새로이 재배치하여 몸과 몸과의 관계성을 직조하는 향유의 양태인 여성적 쥬이상스의 실천 양태로서 육체성의 향유이자 비성적인 향유일 수 있다. 기존의 남근적 향유가 육체성의 제거와 상실로서 팔루스라는 기표와만 예속적 관계를 맺게 하는 방식이었다면 여성적 쥬이상스는 이러한 성적인 것으로서의 남근화 방식을 비틀고 넘어서 버리고 마는 것으로서 탈성적이며 비성적인 것이다.

이러한 관점에서 로봇 코넥스는 리비도-코나투스라는 탈성화된 리비도를 실천하는 방식이자 남근적 의미화 경제와 욕망의 경제를 통해 승인의 날인을 덧입지 않는 것이 된다. 남근적 의미-욕망 경제학에 의한 규정 방식 안에서 닫힌 집합으로 일반화될 수 없는 것이

---

[33] 여성적 쥬이상스는 남근적 쥬이상스와는 다르게 몸과 몸의 향유를 뜻한다. 남근적 쥬이상스가 여전히 초월적 기표로서의 남근과의 관계성을 위해 기관을 도구화하는 것이라면 여성적 쥬이상스는 기관으로 환원될 수 없는 몸들의 관계성을 가능하게 하는 것이다.

바로 여성적 향유이며 이러한 맥락에서 리비도-코나투스는 로봇 코넥스라는 비전체적인 것이자 열려 있는 것들과의 충돌, 교접, 연결, 상호 교차와 횡단성을 구현하는 방식인 것이다. 왜냐하면 로봇 코넥스는 삽입이라는 기관 쾌락으로 한정되지 않으며 어떠한 일원화된 목적성을 위한 기능주의적 배치 방식으로 몸을 기표화하는 것이 아니라, 미묘한 맞닿음과 위상학적 역설의 공간으로서의 몸들을 뒤엉키게 하고 스며들게 하는 유체의 역학이 펼쳐지는 장이 되기 때문이다. 로봇 코넥스는 오염성, 혼종성, 잡종성의 인정이며 실천이다. 다시 말해, 하나의 통일점으로 개편되는 수렴적 종합 행위가 아닌 로봇 코넥스는 다채로운 이질성의 변주들이 생성되는 장이자 쥬이상스의 주체로 탄생되는 지점이다.

기표화될 수 없는 몸들의 부상과 교차, 뒤섞임과 웅얼거림, 고함과 요동 등이 로봇 코넥스라는 몸들의 이질 생성성을 통해 터져 나올 것이며 나아가 이를 통해 메타모르포젝트라는 변이체가 형성, 재형성을 통해 변신의 대지를 구성하게 되는 계기가 될 것이다. 다시 말해 로봇 코넥스는 단순히 테크놀로지 형식이라는 외부적 조건의 변화만을 일컫는 것이 아니라 하이브리드적 주체성의 존재 변이 능력에 의한 새로운 욕망의 대상과 욕망의 투여 방식, 나아가 욕망의 질서의 변화와 밀접하게 연관되는 것이다. 욕망이 더 이상 팔루스라는 주인 기표의 고정점을 통과하여 안착, 정형화, 정체화되는 결여의 산출물이 아니라 충동과 접속된 욕망이 탈기표화되는 일렁임을 멈추지 않는 것이 로봇 코넥스라는 이종 간의 차이에 의한 유희이다. 이것은 주인기표의 폐기이자 탈남근적 욕망의 실현 양태로서 몸들이라는 육체성의 소음과 그 공백들과 조우하는 방식이다. 이러한 맥락에서 로봇과 인간 간의 코넥스는 인간이라는 기표로도 로봇이라는 기표로도 환원되지 않은 새로운 존재 양태의 도래를 촉발하는 것이며 이것이 바로 메타모르포젝트의 도래인 것이다.

하이브리드적 주체성

필자는 인간 개량주의라는 트랜스 휴머니즘과 변별되는 관점으로서의 비판적 포스트 휴머니즘적 사상 지평 안에서 기존의 인간-주체 개념의 남근 중심성과 인간 중심성을 탈구하는 변이체라는 개념의 궤적을 부단히 그려 나가 보고자 하였다. 과연 메타모르포젝트라는 변이체 개념이 어떠한 의미에서 충동과 쥬이상스의 주체로서 부상할 수 있을지를 탐색하기 위해 틈으로서의 주체라는 새로운 은유의 발명 가능성을 탈남근적 의미화 양태 안에서 제시하고자 한다.

이러한 사상의 여정 안에서 변이체는 남근이라는 주인기표에 의해 의미의 정박점을 얻음으로써 한계 지워지고 경계 지워지는 의미화 경제에 의존하는 것이 아니기에, 인간이라는 기표와 비인간이라는 기표의 어느 한 항으로도 귀속될 수 없는 새로운 것의 발명으로서 제시될 수 있다. 즉, 변이체는 기존의 의미화 경제에 의해서는 불가능한 것이기도 한 크로스 캡이라는 위상학적 역설을 구성하는 것이자 아버지의 법질서인 상징계 너머를 제시하는 새로운 국면을 부상하게 하는 지점이기도 하다. 틈으로서의 주체인 변이체는 균열과 공백의 계기를 통해 도래하는 것이자 탈봉합면이라는 풍요로운 표면을 구성하는 것이다. 기존의 남근적 의미화 경제가 다른 여타의 기표들을 주인기표라는 남근에 종속되어 들어오게 하는 구조였다면 이제 변이체라는 틈으로서의 주체가 제시하는 새로운 은유의 방식은 주인기표의 특권을 박탈하고 타자의 장이라는 남근적 장에 안착된 기존 주체의 자리를 박탈하는 것에서부터 시작되는 정치적 행위이기도 하다.

   그렇다면 변이체는 의미화 경제에만 이질적인 표면을 드러내도록 하는 것이 아니다. 나아가 변이체는 기존 남근적 리비도 경제에도 파국적인 것이다. 기존의 리비도 경제가 남근적인 방식으로 개편되어 왔다면 변이체는 탈성화된 리비도라는 리비도-코나투스를 통해 욕망의 질서를 뒤흔드는 것이 된다. 결핍으로서의 욕망 질서가 남근이라는 거세의 기표에 의해 신경증자라는 문명적 인간을 산출해 내는 방식이었다면 리비도-코나투스는 변이체의 추동력이자 인간과 비인간이라는 두 기표에 의해 갇히지 않는 변신의 존재론이라 할 수 있다. 다시 말해, 리비도-코나투스는 남근적 기표에 의해 매몰되고 종속되는 방식으로서의 성적인 것들의 양산 지점이 아니다. 리비도-코나투스는 비성적인 것으로서의 몸과 몸들이 소용돌이치고 이접되는 방식으로 작동한다. 그러하기에 최근에 제시되는 로봇 섹스에서의 섹스 로봇들이 여전히 인간 중심적, 남근 중심적 방식이라는 재현의 모델을 따르는 것에 대해 비판적 입장을 취하게 되는 것이다. 리비도-코나투스는 이러한 인간이라는 중심축을 공고화하는 순수성, 순혈성, 중심성을 깨뜨리는 것으로서 탈중심화된 폭력적 원환 운동을 통해 비순수성과 잡종성, 탈중심성이라는 가장자리와 여백의 힘을 증폭시키는 충동의 박동운동이라 할 수 있다.

즉, 변신의 존재론을 위한 동력으로서의 리비도-코나투스는 로봇 섹스라는 인간과 로봇 간의 위계적 변별성과 비례적 유사성의 구조 안에서는 결코 실현될 수 없는 역량인 것이다. 탈경계적 존재 변이 능력으로서의 리비도-코나투스는 로봇 섹스라는 분절성과 경계 구획성을 넘어서는 로봇 코넥스를 통해서만 비로소 가능하다. 왜냐하면 로봇 섹스는 여전히 여성이라는 젠더성과 질이라는 기관성을 통해 재현되는 휴머노이드형의 드로이드라는 방식을 취하기에 기관 쾌락이라는 남근적 향유의 양식에 갇힌 것이라 할 수 있기 때문이다.

로봇 코넥스는 인간 원형에 대한 닮음의 역량을 로봇의 존재 조건으로 두지 않는 것으로서 이때에 로봇은 탈형상적인 괴물에 가깝다. 로봇 코넥스는 리비도-코나투스라는 비성적인 향유로서의 여성적 향유, 탈남근적 향유 방식의 실천이며 몸과 몸들이 새로운 감각다발들을 재배치하고 발명해 내는 시공간의 창출이기도 한 것이다. 다시 말해, 잡종성과 혼종성이라는 스며듦과 뒤엉킴의 미학으로서의 로봇 코넥스는 변이체라는 새로운 변신 존재의 유희 양태이다. 이러한 관점에서, 더 이상 순수한 인간이라는 실체는 없다. 필자는 흔적으로서의 인간이 어떻게 또 다른 흔적으로서의 타자성과 조우하여 변신의 존재론 안에서 변이체로 이행해가는 지를 보여 주고자 하였다. 다시 말해 단일체가 아닌 다양체로서의 변이체를 통해 하이브리드적 주체성의 계보학을 직조하고자 한 것이다.

마르틴 하이데거,《언어로의 도상에서》, 신상희 옮김, 나남 출판사, 2012.

브루스 핑크,《라캉과 정신의학》, 맹정현 옮김, 민음사, 2002.

브루스 핑크,《라캉의 주체-언어와 향유 사이에서》, 이성민 옮김, 도서출판 b, 2010.

이재구,〈미래 로봇, 섹스하고 자녀까지 갖는다?〉,《아이티투데이》, 2014년 12월 23일.

윤지영,〈새로운 연대의 가능성에 대한 사유 역학 논고 - 솔리더리티solidarity에서 플루이더리티fluidarity로〉,《서강인문논총》 40, 2014, 237~263쪽.

윤지영,〈유령-스펙트럼 프로이트; 리비도-코나투스는 가능한가〉,《철학논집》 38, 2014, 243~276쪽.

조엘 도르,《프로이트 · 라깡 정신분석임상》, 홍준기 옮김, 아난케, 2005.

제이콥 제임스,〈로봇과의 섹스가 지극히 정상적인 시대 온다〉,《중앙시사매거진》 1149, 2014년 11월10일 기사

질 들뢰즈,《차이와 반복》, 김상환 옮김, 민음사, 2004.

질 들뢰즈 · 펠릭스 가타리,《천개의 고원》, 김재인 옮김, 새물결, 2001.

Julia kristeva, *Le pouvoir de l'horreur; Essai sur l'abjection*, Paris: Editions de Seuil, 1980.

Sigmund Freud, *Trois essais sur la théorie de la sexualité*, traduit de l'allemand par B. Reverchon-Jouve, Paris: Editions Gallimard, 1962.

제 2 부

식민주의와 혼종적 근대

1 | 식민지 근대 문화의 혼종성
1920년대 목포극장과 동춘서커스

위경혜

도시와 극장

1897년 개항 이래 목포는 면화 교역 중심 도시로 성장했다. 목포는 식민지 도시화 과정을 거치면서 1926년 조선인 극장 목포극장을 개관하고 공진회共進會—좁은 의미의 박람회博覽會—를 개최했으며 1927년 식민지 조선 최초로 동춘서커스를 결성했다. 목포의 조선인 극장 설립과 박람회의 동시적 개최 그리고 근대적 형태의 유랑 연예단체의 탄생은 여타 도시에서는 볼 수 없는 현상이었다.

일제강점기 도시 극장을 둘러싼 기존 연구는 주로 지역 극장의 시원始原을 확인하면서 연대기적으로 기술하거나[1] 극장 개관에 따른 공

---

* 이 글은 《한일민족문제연구》 제25권(2013)에 게재된 원고를 수정하고 보완하여 재수록한 것이다.

연문화 변화[2] 또는 조선인 극장의 역할과 기능 분석에 집중하였다.[3] 이에 비하여, 고석규는 식민지 목포의 도시 공간 이중성과 문화 형성을 일상생활사 맥락에서 분석하여 주목된다.[4] 하지만 일상생활 경험과 연관된 식민지 근대 문화 감각 형성 즉, 근대적인 시각視覺 체계 형성에 절대적으로 기여하면서 일상 제도로 정착한 극장을 둘러싼 지역의 근대 문화에 대한 연구는 찾아보기 힘들다.

따라서 이 글은 1920년대 목포극장 개관과 함께 전개된 일련의

[1] 김남석, 〈인천 애관愛館 연구-'협률사' 설립에서 1945년 광복까지-〉, 인천대학교 인천학연구원,《인천학연구》17, 2012, 255~318쪽; 이승기,《마산영화 100년》, 마산문화원, 2009; 홍영철 · 부산대학교 한국민족문화연구소 지음,《부산근대 영화사: 영화상영자료(1915-1944)》, 산지니, 2009.

[2] 김양수,〈개항장과 공연예술〉,《인천학연구》1, 인천대학교 인천학연구소, 2002, 151~175쪽.

[3] 배선애, 〈대구경북지역의 문화환경과 조선인극장의 로컬리티-대구 만경관을 중심으로-〉,《대동문화연구》72, 성균관대학교 대동문화연구원, 2010, 5~33쪽; 이승희, 〈공공 미디어로서의 극장과 조선민간자본의 문화정치-함경도 지역 사례 연구〉,《대동문화연구》69, 성균관대학교 대동문화연구원, 2010, 220~259쪽; 이호걸, 〈식민지 조선의 문화사업, 극장업〉,《대동문화연구》69, 성균관대학교 대동문화연구원, 2010, 173~218쪽; 위경혜, 〈식민지 개항도시 극장의 장소성-군산 지역을 중심으로〉,《대동문화연구》72, 성균관대학교 동아시아학술원 대동문화연구원, 2010, 37~77쪽. 배선애는 일제강점기 대구 만경관萬鏡館의 경우를 통해 지역 조선인 극장이 언론매체와 결합하면서 근대적 미디어로서 기능한 양상을 규명한 반면, 이승희는 1920년대 함경도의 '공회당 겸 극장'이 일제강점기 조선인 사회의 대안적 공공영역이자 일본 제국과 비동일화를 위한 문화기획의 결과라고 주장한다. 한편, 위경혜는 군산 지역 극장의 장소성場所性과 조선인 관객의 극장가기 경험cinema-going experience을 분석하여 군산의 극장은 식민지 근대화의 외부적 존재인 조선인 빈민 및 유곽과 깊이 연관되었음을 규명한다.

[4] 고석규,《근대도시 목포의 역사 공간 문화》, 서울대학교출판부, 2004; 고석규, 〈근대도시 목포의 대중문화를 통해 본 식민지 근대성〉,《지방사와 지방문화》9-1, 역사문화학회, 2006, 91~127쪽.

시각적 이벤트events의 사회사적 의미를 분석하고 식민지 근대 문화 감각이 지역의 조선인 신체에 기입되는registered 양상을 기술할 것이다. 구체적으로 살필 내용은 극장을 비롯한 도시문화 등장과 전개, 목포극장 개관의 상징성, 극장 설립 및 도시화와 서커스 공연 연관성 그리고 이들에 대한 지역민 수용과 감각의 변화 등이다. 이를 통해, 1920년대 목포는 이중적 의미의 식민지 '지방' 도시로 발견되는 한편으로, 지역민은 식민지 근대 감각을 체현하는 과정에 있었음을 밝힌다. 특히, '보기目'와 '움직이기活'을 근대적 방식으로 결합한 동춘서커스의 탄생은 식민지 근대 감각의 혼종성hybridity의 지역적 발현이었음을 주장하고자 한다.

목포극장 개관과 근대 시각문화 기획

조선인 극장 개관의 상징성

목포의 극장 역사는 1904~1905년 사이에 등장한 목포좌木浦座 설립에서 시작된다. 목포좌는 시바이고야芝居小屋(가부키歌舞伎와 같은 일본 전통 연극을 흥행하는 건물)로 불린 소규모 가설극장으로서 유랑 극단이 가끔씩 들러 공연을 하는 곳이었다.[5] 1908년 목포좌는 경영 곤란으로 문을 닫았으며, 상반좌常盤座가 일본인 거주지에서 문을 열었다.

---

[5] 《목포신보》 1932년 9월 26일자 〈극장의 원조 목포좌〉.

상반좌가 있던 자리는 이후 극장 이름을 따서 상반정(현 상락동)으로 불렸는데,[6] 이것으로 보아 극장이 도시 형성의 전제 조건이었음을 알 수 있다.[7]

한일병합을 계기로 목포에 거주하는 일본인 가구의 호수戶數와 인구는 급격히 증가했다. 1910~1912년에 걸쳐 일본인 호수(일본인 인구수)는 각각 871호(3,494명), 1,163호(4,726명) 그리고 1,350호(5,323명)로 늘었다.[8] 1913년에 이르러 지역 일본인은 전체 인구 가운데 43퍼센트를 차지하면서 식민지 전 기간에 걸쳐 가장 높은 수치를 보였다.[9] 이에 상응하듯 상반좌는 1914년 단층 건물을 2층으로 증축하고 운영했지만, 정작 수지收支를 겨우 맞추는 정도에 그쳤다. 상반좌는 1929년 9월 30일 건물 노후와 극장 허가 기간 만료를 이유로 폐관되었다.[10] '도키와좌'로 불린 상반좌는 일본인을 위한 일본인 소유 극장이었다. 하지만 1920년대 초반까지 조선인 극장이 부재하여 상반좌는 조선인을 위한 행사—목포청년 소인극素人劇과 동아일보 후원

---

[6] 목포문화원 편,《(완역) 목포부사》, 2011, 799~800쪽.

[7] 도시성을 구성하는 핵심 요인으로서 극장의 존재는 경성 역시 마찬가지였다. 홍선영에 따르면, 1910년 이전부터 극장과 관련된 일본인들이 경성에 거주했는데, 그들은 해외 거주 일본인 가운데 가장 압도적인 숫자를 기록했다. 이에 대해서 다음을 참고. 홍선영, 〈경성의 일본인 극장 변천사-식민지도시의 문화와 '극장'-〉,《일본문화학보》43, 한국일본문화학회, 2009, 281~305쪽.

[8] 목포신보사,《(개항만35년기념) 목포사진첩》, 1932, 1쪽.

[9] 1913년 이후 목포의 일본인 숫자는 지속적으로 감소하는 대신에 조선인 인구가 증가했다. 목포시,《목포시사: 인문편》, 목포시, 1990, 75쪽.

[10] 목포문화원 편,《(완역) 목포부사》, 800쪽; 1932년 9월 26일 목포신보는 상반좌의 폐쇄 연도를 쇼와昭和 5년(1930년) 여름으로 기록한다.

토월회土月會 신극 공연 등[11]—역시 개최했다. 목포좌와 마찬가지로 상반좌는 비非상설영화관이었다. 지역 상설영화관 역사는 1920년 9월 무안동 희락관喜樂館 설립부터 시작되었으나, 희락관은 개관 이후 1~2년 동안만 "유리하게 경영"되다가[12] 1926년 화재로 소멸되었다.

목포의 상설극장 역사는 1926년 목포극장과 1927년 평화관平和館 개관으로 새로운 국면을 맞이했다. 목포극장은 1926년 11월 8일 목포역과[13] 그리 멀지 않은 죽동에서 개관한 총평수 183평에 정원 510명을 수용한 목조 2층 건물이었다.[14] 목포극장은 조선인 약재상 류관오柳官五가 설립했다. 한편, 화재로 소멸된 희락관 자리에 들어선 평화관은[15] 총평수 86평에 관객 정원 353명[16] 또는 377명을[17] 수용하는 목조 2층 양관 건물이었다. 1927년 10월 1일 기준 현재 평화관

---

11 《동아일보》 1922년 4월 5일자 〈목포청년 소인극素人劇 목포 상반좌에서 개최. 「악마의 저주」란 예제藝題로 전남순회예정〉; 《동아일보》 1925년 12월 8일자 〈토월회 土月會 순극단巡劇團, 오일간五日間 목포서 흥행(당지 본보지국 후원)〉.

12 목포문화원 편, 《(완역) 목포부사》, 799~800쪽.

13 목포에서 철도 공사가 시작된 것은 1911년 3월이다. 1912년 9월 목포 부근에서 열차의 시운전이 있었고, 1913년 목포-몽탄 간 열차 시승과 목포-학교 간 개통, 목포-나주 간 연결 그리고 송정리까지 개통했다. 1912년 5월 15일 목포역사木浦驛舍를 개청開廳했다. 이생연, 〈목포의 철도〉, 《목포의 향토문화연구》, 목포문화원, 2012, 622쪽.

14 사단법인 목포백년회, 《목포개항백년사》, 1997, 317쪽; 고석규, 《근대도시 목포의 역사 공간 문화》, 312~314쪽.

15 목포문화원 편, 《(완역) 목포부사》, 800쪽.

16 사단법인 목포백년회, 《목포개항백년사》, 317쪽.

17 한국영상자료원 엮음, 《식민지시대의 영화 검열 1910~1934》, 한국영상자료원, 2009, 283쪽.

의 경영자는 미하라三原公人였으며, 극장은 일본 쇼치쿠松竹 영화사 호
남 지역 개봉관이었다.[18]

눈여겨 볼 사실은 비슷한 시기에 들어선 목포극장과 평화관 규모
의 차이이다. 조선인 극장이 규모와 수용 인원 측면에서 일본인 극장
을 절대적으로 앞지르고 있었기 때문이다. 1926년 기준 현재 목포부
木浦府 조선인 호수와 인구수가 일본인 그것의 세 배를 넘어선 사실을
고려하면, 목포극장 규모는 지역 전체 조선인을 수용하기에 충분하지
않았다. 일본인과 조선인의 호수와 인구수 비율은 평균 25~26퍼센트
대對 72~73퍼센트로서 조선인이 압도적으로 많았기 때문이다.[19]

하지만 목포극장이 규모 면에서 일본인 극장을 앞선 사실은 조선
인에게 상징적인 의미를 제공했다. 1920년대 목포는 식민지 경제 수
탈과 이에 대항하는 민족주의 갈등이 건물 건립으로 가시화되던 시
기였다. 1920년 6월 식민지 토지 수탈 기관인 동양척식주식회사 목
포지점이 문을 열었고, 1924년 12월 동양척식주식회사의 실질적인
지배를 받으며 성장한 조선식산은행 목포지점이 사무소를 준공했

---

[18] 한국영상자료원 엮음,《식민지시대의 영화 검열 1910~1934》, 283쪽; 평화관이 일
본 송죽영화사 개봉관이었음은 1932년 목포신보사가 발간한《(개항만35년기념)
목포사진첩》의 36쪽 사진을 통해서도 확인된다. 극장 건물 정문에 '일활송죽호남
봉절장日活松竹湖南封切場'이라 적어 놓은 글이 선명하다. 즉, 일본 활동사진 송죽
영화사 개봉 영화관이라는 의미이다.

[19] 1926년 기준 현재 목포부 전체 호수와 인구수 각각 5,514호와 27,521명 가운데 일본
인과 조선인 호수는 각각 1,433호와 4,019호였고, 인구수는 각각 7,280명과 19,993명
이었다. 이에 대해 다음을 참고. 목포신보사,《(개항만35년기념) 목포사진첩》, 1쪽.

다.[20] 또한 1926년 조선식산은행에 대응하기 위해 설립된 호남은행[21] 목포지점 역시 사무소 건축 공사를 마쳤다.[22] 무엇보다도, 목포극장 개관 한 달 앞선 1926년 10월 1일 조선 통치 총본산 조선총독부 청사廳舍가 준공식을 거행한 것은 의미심장한 일이었다. 이와 같이, 제국의 절대 권력이 가시화되는 상황에서 등장한 조선인 극장은 건물 자체만으로도 조선인에게 심리적 보상을 제공했다. 목포극장 건립은 조선인 사회의 역량과 입지를 보여 주는 지표였다. 실제로, 목포극장은 "삼만 원"이라는 "거액을 던지어"[23] 건립되었고, 후일 목포극장을 인수한 김원희 역시 "상당 수준의 재력"을 소유한 사람이었다.[24]

일제강점기 개항 도시 공간 구조 측면에서 보았을 때, 목포극장 설립의 상징성은 더욱 두드러진다.[25] 즉, 일제 강점의 상징인 목포부 청사(목포영사관 건물 후신)는 목포항까지 멀리 한눈에 들어오는 유달산 언덕 위에 자리했으며, 청사 앞 격자 형태로 정비된 대로大路에

---

[20] 목포신보사, 《(개항만35년기념) 목포사진첩》, 31쪽.

[21] 1918년 조선식산은행이 광주농공은행을 흡수·합병하자 1920년 호남 갑부 현준호
玄俊鎬와 목포 거상 김상섭金商燮이 주동하여 호남은행을 설립했다. 호남은행은
광주와 목포를 중심으로 호남의 지주 자본과 상업 자본이 규합하여 광주에 본점과
목포에 지점을 두고 발족했다. 이에 대해 다음을 참고. 한국민족문화대백과 http://
terms.naver.com/entry.nhn?docId=528030&cid=46623&categoryId=46623

[22] 목포신보사, 《(개항만35년기념) 목포사진첩》, 31쪽.

[23] 《중외일보》 1927년 12월 3일자 〈목포극장 부활, 김, 송 양군의 건영으로〉.

[24] 이호걸은 목포극장 개관을 조선인 유지有志의 명망과 연관된 것으로 해석한다. 이
호걸, 〈식민지 조선의 문화사업, 극장업〉, 199~207쪽.

[25] 목포의 초기 도시화 과정에 대한 자세한 내용은 다음을 참고. 고석규, 《근대도시 목
포의 역사 공간 문화》, 53~87쪽.

우체국, 경찰서, 동양척식주식회사 목포지점 그리고 은행 등을 두고 있었다. 반면, 목포극장은 목포부청 반대편 유달산 기슭을 따라 형성된 조선인 거주지에서 문을 열었다. 조선인들은 주로 유달산 남서쪽 기슭 온금동을 비롯해 동측 기슭 북교동과 남교동 그리고 목포역과 가까운 죽동 등 도시 기반 시설이 부재한 곳에서 살았다. 온금동은 마치 꼬막을 엎어 놓은 형상의 산동네였으며, 쌍교리로 불린 북교동과 남교동은 원래 무덤 터였다.[26] 목포극장이 자리한 죽동은 일본인 거주지와 근접한 종족ethnic 간 혼종을 이루는 지역이었다. 죽동인근에 목포역을 향하여 일본인 거주지 명치정明治町(현 명륜동), 대정정大正町(현 대안동) 그리고 창평정昌平町(현 창평동) 등이 바둑판 형태의 도로를 따라 자리했기 때문이다.[27] 따라서 일본인 거주지와 달리 자연발생적인 비격자형 골목으로 이어져 낙후성이 두드러진 죽동에 등장한 목포극장은 그 자체로 식민 제국에 대한 문화적 저항으로 비춰지기에 충분했다.

1920년대 목포는 근대도시로서 위상을 정립하고자 부단히 노력한 시기였다. 목포극장 개관을 전후하여 근대적 방식의 일상생활 변화가 일어났기 때문이다. 1923년 남교동에 공설 '목포남시장'이 개장하여 상설 영업을 시작했고,[28] 1920년대 후반 목포부가 운영하는

---

[26] 이종화, 〈항구도시 목포의 시작에서 지금까지〉, 이종화 외 공저, 《목포 · 목포사람들》, 경인문화사, 2004, 33~36쪽.

[27] 김정섭, 〈목포시가지의 형성〉, 《목포의 향토문화연구》, 목포문화원, 2012, 97쪽.

[28] 목포시, 《목포시사: 사회 · 산업편》, 목포시, 1990, 962쪽.

시장市場이 문을 열었다.[29] 또한 목포극장 개관 2년 이후 외달도 해수욕장이 개장하면서[30] 노동과 여가 분리라는 근대적 노동 개념을 정착시켰다. 목포 지역민 역시 근대 사회질서 변화에 적극적으로 부응해갔다. 1924년 일본인 강사까지 초빙한 '에스페란토Esperanto' 학습은[31] 식민 질서 아래 종족과 도시 그리고 지역의 경계를 넘어 세계인을 향하는 목포부민의 열망을 보여 주었다.

목포극장 개관과 시각적 이벤트events

1926년 목포극장 개관은 그 자체로 근대 도시 목포의 위상을 정립하는 기념비적 사건이었다. 목포극장 개관과 더불어 공진회—특화된 형태의 박람회—가 선보였기 때문이다. 즉, 목포극장 개관 3일 이후인 1926년 11월 11일 전라남도 주최로 전남물산공진회全南物産共進會와 조선면업공진회朝鮮綿業共進會가 개최되었다.[32] 목포항 개항 30주년을 기념하여 열린 전남물산공진회는 경성을 벗어난 '지방'에서 이뤄진 대표적 공진회로서, 규모 면에서 조선 각지各地 비슷한 형태의

---

[29] 《목포신보》1929년 7월 10일자 〈목포부영木浦府營 시장 개점〉.

[30] 목포신보사,《(개항만35년기념) 목포사진첩》, 40쪽.

[31] 《시대일보》1924년 12월 17일자 〈목포에 세계어〉.

[32] 《동아일보》1926년 10월 5일자 〈2대공진회二大共進會 익숙益孰〉;《조선일보》1926년 8월 20일자 석간 〈전남물산공진회〉.

박람회 가운데 선구적 역할을 수행한 것으로 평가된다.[33] 실제로, 양 兩 공진회는 성공적이었다. 11월 11일부터 25일까지 15일 동안 열린 양대 공진회에 23만 명이 관람했다. 이러한 수치는 양대 공진회 개 최에 앞서 동년 5월부터 한 달 동안 경복궁에서 열린 조선박람회 관 람 인원 60여 만 명 가운데 3분의 1을 넘어선 것이었다.[34] 양대 공진 회 부대 회사로서 전라남도교육품대전람회—각 학교 출품 물건과 조선군 새로운 병기兵機 설명 및 사진 등—와 전라남도위생대전람회 가 포함된 사실을 고려한다면, 공진회 관람객 대다수는 단체로 동원 된 학생으로 짐작된다. 그럼에도 불구하고, 경성 이외 지역에서 열 린 행사에 대규모 인원이 참여한 것은 공진회의 성공적 개최를 의미 했다. 전남물산공진회 기간 동안 전라남북도 각지와 연결된 교통 노 선 증설로 공진회장 접근 용이성을 높인 것도 공진회 성공 요인으로 작용했다. 전북 이리(현 익산), 함평 학다리(학교), 그리고 광주 인근 송정리와 목포를 잇는 열차 증편을 비롯해 하루 1번 목포에서 제주 도를 오가는 기선汽船 마련은[35] 근대 도시로서 목포 위상을 정립하기 위해 공들인 조치였다.

흥미로운 점은 전남물산공진회장에서 전시된 농수산물이 조선 각

[33] 이각규,《한국의 근대박람회》, 커뮤니케이션북스, 2010, 55쪽.

[34] 신주백,〈[한국적 근대는 어떻게 만들어졌나] 박람회-과시 · 선전 · 계몽 · 소비의 체험공간〉,《역사비평》67, 역사비평사, 2004, 390쪽.

[35] 《동아일보》1926년 11월 6일자〈임시선차臨時船車 증발增發 전남물산공진회 관객 위해〉.

지는 물론 일본 각 부府와 현縣에서 출품된 것이라는 사실이다.[36] 공진회장에 지역 분관分館—광주관光州館과 제주관濟州館—을 설치한 것 역시 주목된다.[37] 이와 같은 조치는 일본 제국의 시선에서 조선과 목포라는 주변적인peripheral 도시를 '발견'하는 작업이었다. 요시미 순야 吉見俊哉가 지적하는 바, 근대적 이벤트로서 박람회의 전시 기법은 박물학적 시선으로 분류 및 서열을 매기는 비교우위 수법을 통해 내부 세계의 균질화와 외부 세계의 이질화를 가져온다.[38] 즉, 조선과 일본 각지의 물산物産을 전시한 것은 일본과 조선 간間 비교를 통해 일본의 '지방'으로서 조선을 확인시키는 작업이었다. 또한 분관 설치는 전남 지역을 세분화 한 것으로 특히, 이국성異國性을 강조한 제주관 설치는 지역 통합을 저해하려는 의도로 해석된다. 이러한 작업이 향하는 지점은 '일본의 지방으로서 조선'과 '조선의 지방으로서 목포'라는 이중적인 의미의 '목포의 지방화'였다. 따라서 전남물산공진회 행사장 전체 배치와 건물 기본 구조를 일본 내국권업박람회內國勸業博 覽會의 그것과 크게 다르지 않게 설정한 것은[39] 일본 제국의 시선에서 조선 문물을 평가하도록 만든 조치였다.

목포극장 개관에 이은 양대 공진회 개최는 1920년대 지역의 새로운 근대 주체의 등장과 그들의 '힘力 논리'의 개진 결과였다. 다시 말

---

[36] 이각규, 《한국의 근대박람회》, 155쪽.

[37] 전라남도물산공진회 · 조선면업공진회 공편, 《전라남도물산공진회, 조선면업공진회지》, 전라남도물산공진회, 1927, 1쪽.

[38] 요시미 순야 지음 · 이태문 옮김, 《박람회: 근대의 시선》, 논형, 2004, 23~46쪽.

[39] 이각규, 《한국의 근대박람회》, 155쪽.

해, 목포의 공진회 개최는 노동자 계급 투쟁과 이에 맞서는 일본 제
국 간 갈등의 부산물이었다. 1920년대 중반 목포는 자본주의제 공
장 설립과 함께 노동조합 결성과 활발한 노동운동을 전개했다. 목포
극장 개관을 1년 앞둔 1925년 한 해 11개 노동조합을 만들었으며,[40]
1925년 12월부터 시작된 노동자 동맹 파업은 공진회 개최 기간은
물론 1926년 말까지 이어졌다.[41]

목포극장 개관과 공진회 개최를 전후한 지역 노동운동의 폭발적
성장은 1923년부터 1924년까지 벌어진 목포 인근 무안 암태도岩泰島
소작쟁의에서 절대적인 영향을 받았다. 암태도 소작쟁의는 1920년
대 저미가정책低米價政策에 따른 악덕 지주의 과도한 소작료 납부에 저
항한 농민투쟁을 말한다. 광주지방법원 목포지청에서 벌인 6백여 명
농민의 6박 7일 단식 농성은 전국적인 반향을 불러일으켰다.[42] 즉,

[40] 광주일보사사편찬위원회에 따르면, 1925년 목포에서 결성된 노동조합은 양복직공
    조합(7월 2일), 제유製油노조(10월 1일), 면업노조(10월 2일), 자유노조(10월 3일),
    정미노조(10월 4일), 목공조합(11월 20일), 토공조합(11월 21일) 그리고 하차荷車
    노동조합(12월 18일) 등이다. 목포시사는 목포선하노조(10월 10일), 목포방직노조
    (10월 10일) 그리고 목포고용인노조(10월 25일) 결성을 추가로 기록하고 있다. 이
    에 대해서 각각 다음을 참고. 광주일보사사편찬위원회 편찬,《광주 · 전남 100년 연
    표: 1900-1993》, 광주일보사, 1993, 20~21쪽; 목포시,《목포시사: 사회 · 산업편》,
    목포시, 1990, 49쪽.
[41] 목포 노동자 동맹파업은 1925년 12월 자유노조 동맹 파업과 하차 노동조합원 4백
    명의 맹파盟罷로 시작되었다. 이후, 1926년 4월 제유공製油工 파업, 10월 인공印
    工 맹파, 11월 직포織布 맹파, 12월 하차荷車 조합원 4백여 명 파업으로 이어졌다.
    이에 대해서 다음을 참고. 광주일보사사편찬위원회 편찬,《광주 · 전남 100년 연표:
    1900-1993》, 21~23쪽.
[42] 박찬승, 〈1924년 암태도 소작쟁의의 전개과정〉,《한국근현대사연구》54, 한국근현
    대사학회, 2010, 133~170쪽.

암태도 소작쟁의로 촉발된 서해안 도서 지역 소작쟁의와 목포 노동 조합 결성 및 노동운동은 새로운 근대 주체의 등장을 의미했다. 이 러한 상황에서 개최된 공진회는 일본 제국의 현시顯示를 통해 문화적 우위를 점하려는 정치적 계산에 따른 것이었다. 실제로 일제는 그들 의 목표를 일정 부분 달성했다. 1926년 이후 지역 노동운동 조직의 결성과 집회가 현저히 줄었기 때문이다.[43] 요컨대, 근대도시 기획으 로서 조선인 극장 개관과 박람회 개최는 지역민으로 하여금 자본주 의 대중문화 감각을 체득體得하는 데 영향을 끼쳤다.

'지방' 도시 극장의 위치: 계몽과 흥행 사이

1920년대 후반 목포는 영화를 통해 세계적인 도시로의 도약을 꿈꾸 었다. 목포극장 개관 다음 해인 1927년 목포극장의 필름 배급망이 변하고 지역에 기반을 둔 영화사 설립 움직임이 나타났기 때문이다. 즉, 목포극장은 1927년 2월 26일부터 할리우드 유니버설Universal 회 사와 특약을 맺고 외화를 상영했다. 할리우드 영화 상영을 위해 조 선인 변사辯士도 두 명이나 새롭게 초빙한[44] 목포극장의 노력은 목포

---

[43] 1927~1929년 동안 목포 지역 노동운동은 단 한 건도 발생하지 않았으며, 농민운 동 분야 갈등은 지주와 소작인 관계가 아니라 농지 소작권을 둘러싼 신구新舊 작 인作人 사이 분쟁이었다. 광주일보사사편찬위원회 편찬,《광주·전남 100년 연표: 1900-1993》, 23~25쪽.

[44] 《동아일보》 1927년 3월 8일자 〈목포극장 혁신〉.

를 일개 지방 도시가 아니라 세계 도시 일원으로 편입시키려는 기획이었다. 시각문화 확산을 통한 근대도시 진입 계획은 1927년 5월 9일 목포극장에 모인 지역 유지有志들의 '오리엔탈프로덕순' 영화사 창립과 영화 제작 계획으로 이어졌다.[45]

하지만 지역민의 근대 문화 향유는 목포극장의 기획에 미치지 못했다. 유니버설 영화사와 특약을 체결한 지 석 달이 지나지 않은 1927년 5월, 목포극장이 재정 손실을 이유로 임시 휴관에 들어갔기 때문이다.[46] 입장료 절반 할인과 상설 영화 상영에도 불구하고, 목포극장이 휴관한 것은 그만큼 관객 입장이 적었음을 말한다. 흥미로운 사실은 목포극장이 재개관을 약속하면서 "악사도 상당한 사람을 초빙"할 계획을 세운 점이다. 영화 상영에 변사로도 모자라 악사 초빙을 강조한 것은 영화 흥행이 공연성에 의해 크게 좌우되었음을 의미한다. 목포극장 임시 휴관이 토키talkie 등장 이전이라는 사실을 감안하더라도, 악사를 강조한 목포극장 사정事情은 영화보다 공연물에 대한 지역민의 선호를 방증傍證했다. 일례로, 1928년 2월 9일 평일 저녁 10시경 극장 정원의 60퍼센트에 해당하는 300여 명이 관람한 것은 영화가 아니라 과거 광무대 연극배우가 출연한 동반예술단東半藝術團[47] 공연이었다.[48] 또한 1931년 "혹독한 추위임에도 불고하고 대성황을" 이룬 것은

---

45 《동아일보》 1927년 5월 17일자 〈목포에 촬영소 '오리엔탈프로덕순' 영화계의 유지를 망라〉.

46 《동아일보》 1927년 5월 17일자 〈목포극장 임시휴관〉.

47 《동아일보》 1925년 12월 5일자 〈동반예술단 제1회 흥행, 조선극장〉.

48 《중외일보》 1928년 2월 12일 2면 〈빈번한 목포화재, 9일야에 우발 발화, 죽동에서

판소리 명창^{名唱} 송만갑^{宋萬甲}과 리중선^{李仲仙}의 공연이었다.⁴⁹

1920년대 목포극장 운영에 영향을 끼친 요인으로 열악한 조선인 생활 역시 간과할 수 없다. 바다를 매립하여 도시를 건설한 목포는 항상적인 물 부족에 시달렸기 때문이다. 1914년 새로운 부제^{府制} 실시 이후, 십 년 단위로 두 배씩 늘어난 목포의 인구는 식수 부족 문제를 가중시켰다.⁵⁰ 당시 일본인 거류지에만 수돗물이 공급되었고, 조선인을 비롯해 도시 전체 급수를 위한 제3수원지와 제4수원지 준공은 각각 1916년과 1928년에 이르러서야 이뤄졌다. 따라서 조선인 거주지 공설 수도에서 물을 받으려는 물통 행렬은 계속될 수밖에 없었다.⁵¹ 심지어 목포극장 개관과 그리 멀지 않은 1922년, 수원지 고갈로 한 사람이 하루에 한 번 한 말(1두^斗)만 식수를 배급받는 상황도 연출되었다.⁵² 생계 유지의 절박함은 조선인의 '극장 구경'을 뒷전으로 미루도록 만들었으며, 이에 따라 목포극장은 흥행장이라기보다 조선인의 생활을 논의하는 공론장^{公論場}의 성격을 부여받았다. 더욱이 목포극장 개관 이전 발생한 암태도 소작쟁의는 지역에서 조선인

불이 또 일어나, 전반소全^{半燒} 4호, 손해 4천원).

49 《동아일보》 1931년 3월 7일자 〈야학동정夜學同情 흥행〉.

50 1914년 부제 실시 이후 목포 인구는 10년 마다 두 배 이상 증가하여 1915년 12,782명에서 1925년 25,762명 그리고 1935년 59,046명으로 늘어났다. 1915~1935년 식민지 조선 전체 인구 증가율이 34.1퍼센트인 반면, 목포의 인구는 그것에 10배 이상에 해당하는 361.9퍼센트로 증가한 것이다. 양승주, 〈목포의 인구 변화와 목포사람의 정체성·정주의식〉, 이종화 외 공저, 《목포·목포사람들》, 경인문화사, 2004, 45쪽.

51 김정섭, 〈목포시가지의 형성〉, 97~98쪽.

52 목포신보사, 《(개항만35년기념) 목포사진첩》, 41쪽.

의 의견을 결집하고 논의할 공간의 필요성을 증대시켰다.[53] 하지만 1899년 창간된 지역 유일의 일간지 목포신보는 일본어로 발행되었고,[54] 1911년 낙성된 공회당公會堂은 사용료 지급을 비롯해 목포부 관리 아래 놓여 있어서[55] 이용이 쉽지 않았다. 이와 같이, 지역에서 절대다수를 차지하는 조선인의 이익을 대변할 언론의 부재는 공론장으로서 목포극장 위상을 강화시켰다. 따라서 개관한지 1년도 채 되지 않은 1927년 5월 목포극장 임시 휴관은 '지역민의 근심'을 살 수밖에 없는 일이었다.[56]

조선인 공론장으로서 목포극장은 일본 제국에 도전하는 사상 토론장을 의미했다. 이러한 사정은 1927년 8월 목포극장에서 열린 '호남소녀웅변대회'에서 배일排日과 공산주의共産主義 선전 발언을 이유로 연설이 중단되고 연사가 구속된 사건을 통해[57] 확인된다. 1928년 목포극장은 조선인 미두검사米豆檢査 차별을 성토하고,[58] 1931년 노동야

53 일제강점기 대구 만경관의 위상을 연구한 배선애에 따르면, 조선인 극장은 1907년 대구에서 시작된 국채보상운동國債報償運動에 대한 일제 탄압으로 민간 언론이 등장할 수 없는 상황에서 근대적 미디어로 기능했다. 배선애, 〈대구경북지역의 문화환경과 조선인극장의 로컬리티-대구 만경관을 중심으로-〉, 5~33쪽.

54 목포문화원 편, 《(완역) 목포부사》, 451~456쪽.

55 목포문화원 편, 《(완역) 목포부사》, 781~783쪽.

56 《중외일보》 1927년 12월 3일자 〈목포극장 부활, 김, 송 양군의 건영으로〉.

57 〈목포극장에서 개최된 호남소녀웅변대회(湖南少女雄辯大會)〉, 《일제침략하 한국 36년사》 8권 고등경찰高等警察 관계 연표, 1927년 8월 24일.

58 《동아일보》 1928년 7월 5일자 〈곡물검사차별문제로 목포시민대회, 6일 목포극장에서 개최〉.

학 후원금 마련과 전기료 인하 문제를 논의하는 장소가 되었다.[59] 목포극장은 식민지 조선인의 대안 공간이자 지역민 계몽 공간으로 기능했다. 일본인 극장 평화관이 1930년대 초반까지 영업하였음에도, 1928년 목포극장을 '지역 유일의' 오락 기관으로 소개한 동아일보 기사는[60] 이러한 상황을 대변한다.[61]

하지만 목포극장이 조선인 계몽 공간으로 기능한다고 해서 오락장 기능이 축소된 것은 아니었다. 목포극장은 흥행을 좇았고, 심지어 일본인과 조선인 종족 간 경계를 오가는 프로그램을 구성했다. 조선인과 일본인 거주지 경계에 자리한 목포극장의 위치처럼, 목포극장 프로그램은 조선인과 일본인 모두를 아우르고 있었다. 목포극장은 활동사진을 비롯해 가부키와 같은 일본 고유 연극을 상연하는 시바이しばい(芝居)와 로오교꾸ロオギョク(浪曲) 그리고 곡예를 주요 프로그램으로 구성했다. 예를 들어, 1929년 기준 현재 목포극장 연간 흥업興業 상황은 영화보다 공연물에 대한 관객의 선호를 보여 준다.[62] 즉, 시바이(118회)와 로오교꾸 및 곡예(34회) 상연 횟수는 활동사진(198회)에 미치지 못했지만, 시바이(30,987명)와 로오교꾸 및 곡예

[59] 《중외일보》 1930년 2월 21일자 〈노동야학 위해 음악대회 개최, 각 단체의 후원 하에 17일 목포극장에서〉; 《동아일보》 1931년 8월 11일자 〈전료감하電料減下 문제로 목포시민 대연설, 명일明日 목포극장서 개최〉.

[60] 《동아일보》 1928년 11월 12일자 〈목포극장개관기념식〉.

[61] 각각 다음을 참고. 목포문화원 편, 《(완역) 목포부사》, 801쪽; 목포신보사, 《(개항만 35년기념) 목포사진첩》, 36쪽.

[62] 고석규, 〈근대도시 목포의 대중문화를 통해 본 식민지 근대성〉, 118쪽 재인용.

(9,686명) 입장객은 활동사진의 그것(37,079명)을 상회하였다. 조선인 공론장으로서 상징적 공간인 목포극장은 실제로 조선인과 일본인의 종족 간 혼재 공간이었고, 더욱이 일본인에게 목포극장은 오락장을 의미했다. 요컨대, 목포극장은 계몽과 오락의 양축을 오가며 식민지 조선인에게 공론장으로 기능하는 한편으로, 이윤과 흥행을 쫓는 자본의 논리에 따라 프로그램을 구성하면서 종족 간 혼종混種의 공간이 되었다.

혼종적 공간으로서 목포극장은 식민지 근대 도시화의 차등적 결과였다. 목포는 경성만큼 흥행 시장 규모가 크지 않았고, 조선인은 일본인보다 절대적으로 많았지만 상대적으로 빈곤했다. 지역 전체 인구 가운데 일본인 숫자가 적었음에도 일본인을 중심으로 극장 프로그램을 구성한 것은 조선인 경제의 취약성을 의미했다. 따라서 목포극장은 근대도시 문화 기획으로 등장하여 조선인에게 자긍심을 부여했지만 흥행장으로서의 목포극장과 간극間隙을 발생시켰다. 특히, 조선인 변사가 연행하는 방식의 영화 상영은 일본인을 비롯해 재목在木 외국인—중국인과 구미인歐美人 등—의 배제를 의미했다. 그것은 극장의 운영 수지에 맞지 않는 일이었다.

목포의 식민지 근대 문화 향유에서 드러난 종족 간 경계의 월경越境이나 경계의 무화無化 현상은 영화보다 서커스Circus에서 두드러졌다. 서커스는 인종과 종족 및 국적은 물론 성별과 연령 그리고 계층의 경계를 넘어선 대중오락이자 무엇보다도 언어라는 장벽이 없었다. 서커스는 조선인은 물론 중국인과 일본인들과 함께 어우러져 관람할 수 있는 놀이였다.[63] 근대 극장 등장과 깊은 연관성을 갖는 서커스는 1920년대 목포 지역에 특별한 의미로 다가왔다. 지역 조선인은 암태도 소작쟁의와 노동자 동맹 파업 등을 통해 '힘의 논리'를 체험했고, '활동사진' 상영의 일상화를 가져온 목포극장 개관과 박람회 관람을 통해 근대 시각문화의 스펙터클spectacle을 경험했다. 이는 자연스레 '활동하는 신체'를 내세운 서커스에 대한 관심으로 이어졌으며, 1927년 호남정(현 호남동)에서 첫선을 보인 동춘서커스(또는 동춘연예단) 결성으로 이어졌다.[64]

극장과 '활동하는 신체' 서커스

서커스가 처음으로 조선에 도래한 시기에 대한 주장은 연구자와 공연 관련자에 따라 분분하다. 가장 신뢰할 만한 기록은 1890년 궁중의 초대를 받아 조선에서 공연을 가진 아리타양행회有田洋行會(이후 아리타서커스)를 들 수 있다.[65] 곡마단曲馬團이라는 명칭으로 알려진 서

---

[63] 《동아일보》 1924년 5월 4일자 〈삼십년 만에 고국에 온 조선인 곡예사 오만술吳萬述, 여덟 살 먹어 일인에게 안기어 산 설고 물선 일본에서 삼십삼 년의 세월〉.

[64] 동춘서커스단의 창단 시기를 1927년으로 기록한 것은 동춘서커스단 홈페이지에 따른 것이다. 이에 대해서 다음을 참고. http://circus.co.kr; 목포 지역의 식민지 근대성에 대하여 대중문화 일반을 통해 분석한 고석규는 동춘서커스를 동춘연예단으로 소개한다. 고석규, 〈근대도시 목포의 대중문화를 통해 본 식민지 근대성〉, 112쪽.

[65] 조선에서 최초로 서커스가 등장 시기는 논자에 따라 다르다. 이에 대해서 다음을 참고. 하야시 후미키林史樹, 〈한국 서커스에 비춰진 〈일본〉 - 고정화된 〈지배-피

커스는 1920년대 경성과 함경도 원산元山 등 대도시에서 개최되면서 성황을 누렸다. 곡마 단체 국적도 이탈리아, 러시아, 중국 그리고 일본에 두루 걸쳐 있었으며,[66] 평균 인원 60~90여 명에 이르는 공연자와 그들의 기예技藝는 세간의 관심을 끌기에 충분했다. 1920년 5월 일본 맥주회사 후원으로 명치정明治町에서 열린 곡마단의 출연진은 60여 명이었고,[67] 1922년 동경 평화박람회 공연 차 들린 러시아 곡마단은 "녀배우가 삼십명이오 남자가 육십명"으로 모두 90명으로 구

지배)관으로부터 벗어나기 위하여 - 〉, 《일본학연구》 37, 단국대학교 일본연구소, 2012, 95~98쪽; 하야시 후미키 저 · 장미선 옮김, 《서커스가 왔다!: 한국 서커스의 삶과 이동 이야기》, 제이앤씨, 2013, 33쪽. 하야시 후미키 저서는 일본의 한국 서커스 연구와 국내 서커스 관련자 구술 검토 그리고 동춘서커스단 일원으로 직접 참여한 저자의 경험을 바탕으로 기술되었다. 하지만 그의 연구는 한국 서커스 등장에 대한 사회사적 분석이라기보다는 서커스의 이동 생활과 구성원의 유동성 및 통합성에 주목한다. 그럼에도 불구하고, 하야시 후미키의 연구는 국내 서커스를 최초로 학술적 연구 대상으로 다룬 점에서 의의를 지닌다.

[66] 《동아일보》 1920년 5월 1일자 〈명치정明治町 곡마단 출연〉; 《동아일보》 1920년 6월 23일자 〈이태리 '쌀카스'단 래경來京, 금일부터 훈련원에서 여러 가지 기술을 흥행〉; 《동아일보》 1922년 3월 17일자 〈남녀 구십 명의 대곡마단大曲馬團 래경來京, 평화박람회 가는 길에 경성에서 수일 흥행〉; 《동아일보》 1922년 6월 17일자 〈목하木下곡마단 흥행〉; 《동아일보》 1922년 6월 26일자 〈본지本紙 독자우대, 목하木下 순업巡業 곡마단〉; 《동아일보》 1922년 10월 11일자 〈안전곡마단安田曲馬團 흥행 종로 권상장勸商場 엽 빈터에서〉; 《동아일보》 1924년 8월 14일자 〈김환대곡마단金丸大曲馬團 래경來京〉; 《동아일보》 1924년 8월 23일자 〈경성에 곡마단 성황〉; 《동아일보》 1926년 6월 26일자 〈본보 이천利川 지국 독자 위안대회, 도곡마단都曲馬團 흥행〉; 《중외일보》 1927년 8월 13일자 〈원산 초유의 납량서커스 대회, 본보 지국 후원〉; 《동아일보》 1928년 2월 10일자 〈제12회 써커스 래來 입사오卄四五 양일간兩日間〉; 《동아일보》 1929년 11월 22일자 〈중국 마기술곡예魔奇術曲藝 작일부터 런지관서〉.

[67] 《동아일보》 1920년 5월 1일자 〈명치정明治町 곡마단 출연〉.

성된 대규모 단체였다.[68] 서커스 공연에 출연한 동물은 서양 개犬와 표범[69] 또는 "락타, 코기리, 곰, 기리(기린의 오타로 보임) 등"[70] 이전까지 조선에서 볼 수 없었던 서구 박래품舶來品이었다. '길들인 말을 부리며 기술奇術과 요술妖術 따위를 흥행'한다는 '곡마'의 사전적 정의처럼, 맹수猛獸를 자유자재로 다루는 서커스 공연은 그 자체로 근대적인 볼거리였다. 또한 "소녀가 말을 타고 재조넘는 ○○ 공중비행空中飛行 맹수놀님"에서 알 수 있듯이,[71] 서커스는 어린 여성조차도 맹수를 다루는 강인한 신체를 강조한 오락이었다. 그것은 개발과 훈육의 대상으로 자연을 인식하도록 만들었다.

줄타기와 공중곡예 그리고 조련된 동물 기예 등을 선보인 서커스는 식민지 조선에 있어서 그리 낯선 존재는 아니었다. 서커스 단체가 보여 준 공연 종목 가운데 일부는 근대사회 이전부터 행해진 조선의 유랑연희流浪演戲도 포함되어 있었기 때문이다.[72] 하지만 서커

[68] 《동아일보》 1922년 3월 17일자 〈남녀 구십 명의 대곡마단大曲馬團 래경來京, 평화박람회 가는 길에 경성에서 수일 흥행〉.

[69] 《동아일보》 1920년 5월 1일자 〈명치정明治町 곡마단〉.

[70] 《동아일보》 1922년 3월 17일자 〈남녀 구십 명의 대곡마단大曲馬團 래경來京, 평화박람회 가는 길에 경성에서 수일 흥행〉.

[71] 《동아일보》 1922년 6월 17일자〈목하木下 곡마단 흥행〉.

[72] 유랑연희는 조선시대 비승비속非僧非俗 집단에서 발전한 것으로, 전문적인 연희 패거리를 형성하여 각종 기예를 선보였다. 박전열, 〈유랑민속-유랑예인 연구의 성과와 과제-〉, 월산 임동권 박사 고희 기념 논총간행위원회, 《한국민속학의 새로운 인식과 과제》, 집문당, 1996, 417~418쪽; 대략 10여 종에 이른 유랑예인 패거리는 사당패, 남사당패, 솟대장이패, 대광대패, 초란이패, 걸립패乞粒牌, 중매구(즉, 승걸립패僧乞粒牌), 광대패廣大牌, 굿중패, 각설이패 그리고 얘기장사 등이 있었다. 이에 대한 자세한 내용은 다음을 참고. 심우성, 《한국전통예술개론》, 동문선,

스는 기존 유랑연희에서 볼 수 있었던 볼거리 이상의 의미를 제공했다. 서커스는 근대 극장의 등장 및 도시화와 연관되었기 때문이다. 극장은 밀폐된 건물의 일면一面으로 시선을 고정시키는 시계視界를 형성하기 때문에 서커스와 같은 사방四方이 열린 놀이에 적합하지 않다. 그럼에도 불구하고, 외부 자연 환경의 영향에서 벗어나 동물의 움직임을 통제해야 하는 서커스에게 극장 공간은 최적의 장소였다. 서커스 등장은 '외부 세계의 내부 공간화'를 실현한 서구 아케이드arcade에 비견되는 도시적 현상이었다.

서커스에 대한 인기는 식민지 조선의 억압적인 상황에서 이국적인 서구 문물과 일제의 소비문화에 대한 욕망이 함께 뒤엉켜 나타난 현상이었다. 1920년 원산 시내에 나붙은 '고지서告知書'는 일본인 서커스를 조선인의 '금전과 정신을 빼앗는' 것이자 "악마惡魔"와 같은 존재로 묘사했다.[73] 일본인 서커스에 대하여 민족 감정을 드러낸 조선인 언론은 일본 제국에 대한 경계로 이어졌다. 즉, 1923년 황해도 재령에서 벌어진 도곡마단都曲馬團 관람은 금전 소비를 가져온 '통탄'할 일이었다.[74] 하지만 1920년대 서커스는 제국과 식민 '사이'에서 근대 매체 영화와 갈등하고 상조相助하며 대중을 매혹시켰다. 1924

2001, 175~199쪽.

[73] 《조선일보》 1920년 8월 25일자 〈일본 곡마단에 대한 고지서告知書. 우리의 금전과 정신까지 빼앗기지 말자〉.

[74] 《조선일보》 1923년 6월 10일자 〈곡마단의 래전來戰과 경제 상황의 영향. 재령 남녀 노소에게 기예技藝로 이목耳目을 놀랠만할 듯하나 거대한 금액을 도곡마단都曲馬團의 사리私利로 치우치게 함은 통탄불이痛嘆不已할 시라〉.

년 평양부平壤府 본정本町에서 벌어진 일본인 곡예단과 조선인 극장 제일관第一館 직원의 몸싸움이 이를 보여 준다. 몸싸움은 제일관이 영화 선전을 위해 자동차에 악대樂隊를 싣고 시내를 순회하다가 곡예단 흥행 장소 앞에서 몇 분간 머무르며 군악群樂을 불어댄 것이 원인이었다. 자신들을 "무시한 것으로" 여긴 일본인 곡예단원들이 조선인 극장 직원들과 싸움을 벌였는데, 싸움은 경찰이 출동해서야 진정될 정도로 격렬했다.[75] 서커스 인기를 반영하듯, 곡예사의 로맨스를 다룬 영화도 만들어졌다. 에밀 야닝스Emil Jannings 주연의 독일 우파UFA 영화사 작품 〈Varieté〉(1925)가 〈곡예단〉이라는 제목으로 단성사에서 개봉한 것이다.[76] 곡마단 곡예사의 사랑과 질투로 인한 살인과 수감을 비극적으로 서사화 한 〈곡예단〉은 스크린 밖 서커스의 인기를 실증하였다.

'활동하는 신체 오락' 서커스의 인기와 연관된 흥미로운 사실은 1920년대 조선인 청년단체의 서커스 장려 활동에서 찾을 수 있다. 즉, 1928년 중앙기독교청년회(YMCA)[77] 체육부는 '제12회 써커스대회'를 개최하면서 상금까지 걸고 역기力技 대회를 추가시켰다.[78] 이와

75 《시대일보》1924년 6월 15일자 〈곡예단의 폭행, 광고 군악으로 인하야 〉.

76 《동아일보》1927년 9월 4일자 〈독일명화 '곡예단', 단성사 불일不日 상연〉.

77 중앙기독교청년회(YMCA, Young Men's Christian Association)는 1903년 10월 28일 정회원 28명, 준회원 9명으로 '황성기독교청년회'라는 명칭으로 출발했다.

78 《중외일보》1928년 2월 11일자 〈운동경기, 조선 초유의 현상 역기대회, 서커스와 함께〉;《동아일보》1928년 2월 22일자 〈써커스대회에 현상 역기를 추가, 신청을 입 삼일廿三日까지〉.

같은 현상은 오락과 흥행을 넘어 신체 훈련을 위한 규범적 교과서로서 서커스 역할을 의미한다.[79] 1920년대 청년회는 조선인 교육과 계몽 활동을 주요 사업으로 설정하면서 지덕체知德體 조화를 중요하게 여겼다.[80] 1920년대 초반 전남의 다수 청년단체는 산하에 지육智育, 덕육德育, 체육體育 부서를 두었고,[81] 1920년대 후반 계급성을 전면에 내세운 조선청년총동맹 역시 체육부를 설치했다.[82] 청년회는 근대 시각적 '앎知'의 생산과 전파를 위해 연극 공연과 활동사진 상영을 수행하는 한편으로, '힘의 논리'를 토대로 근대적 신체 발달과 훈련에 관심을 두었다. 따라서 1931년 2월 중앙기독교청년회는 이전까지 사용하던 "써-커스 대회" 명칭을 "실내 운동대회"로[83] 변경하기에 이른다.[84]

---

[79] 1920년대 식민지 조선 청년단체의 신체에 대한 적극적인 의미 부여는 역설적으로 '조선인 사회교화'와 '정신의 대상화'라는 일본 제국의 문화정치의 맥락에서 이뤄진 것이었다. 이에 대해서 다음을 참고. 마이클 신Michael D. Shin, 〈'문화정치' 시기의 문화정책, 1919~1925년〉, 김동노 편, 《일제 식민지 시기의 통치체제 형성》, 혜안, 2006, 269~312쪽.

[80] 이기훈, 〈1920년대 전남지방의 청년단체와 청년운동- 사회정치적 공간의 구성과 변화를 중심으로〉, 《역사문제연구》 26, 역사문제연구소, 2011, 180쪽.

[81] 이기훈, 〈1920년대 전남지방의 청년단체와 청년운동-사회정치적 공간의 구성과 변화를 중심으로〉, 180쪽.

[82] 이기훈, 〈1920년대 전남지방의 청년단체와 청년운동-사회정치적 공간의 구성과 변화를 중심으로〉, 200쪽.

[83] 《동아일보》 1931년 2월 13일자 〈제15회 실내 운동대회를 개최, 래입칠팔래卄七八 양일간, 종래 〈써커스〉 대회의 이름을 고쳐〉.

[84] 중앙기독교청년회의 명칭 변경 이유에 대한 자세한 정보는 알 수 없다. 다만 서커스의 신체 훈련과 청년회가 지향한 체육 교육의 목표가 달라졌을 것으로 보인다. 조선인 청년단체의 '운동회' 명칭 부여는 일제강점기 근대화 담론과 관련한 조선

1920년대 서커스 관람을 독려한 것은 청년단체 이외에 조선인 언론사를 들 수 있다. 조선일보가 일본인 서커스에 대하여 민족의식을 내세워 경계한 반면, 동아일보와 중외일보는 입장료 할인 혜택까지 제공하며 서커스 관람을 부추겼다.[85] 나아가 동아일보는 서커스에 긍정적 의미를 부여하는 한편으로 근대 이전 사회부터 행해진 유랑연희를 폄하했다. 1925년 2월 남사당패의 새해맞이 공연을 환대한 원산 지역민을 공익사업共益事業에 인색한 "완고배頑固輩"이자 "미신에만 깨인 모양"이라고 보도했기 때문이다.[86] 서커스 인기가 부상하는 1920년대 전체 조선인 언론의 곡마단에 대한 태도를 고려한다면, 유랑연희에 대한 동아일보의 부정적 태도는 지나친 것이 아니었다. 조선인 언론은 곡마단 동정同情을 신속하게 전달한 반면, 유랑연희 공연에 대한 기사를 싣지 않았다. 심지어 조선인 언론은 유랑예인의 대표적인 집산지集散地 경기도 안성에서 열린 서커스 공연을 적극적으로 후원했다. 즉, 1928년 조선일보는 '일본기예협회'의 동양곡마단 안성 공연을 보도하면서, "동양에서 굴지屈指하는" "동양예술

인 우익 민족주의의 대응으로 짐작된다. 운동회를 근대국가 형성을 향한 신체의 근대화로 정의한 부분은 요시미 순야의 논의를 참고. 요시미 순야 외 지음 · 이태문 옮김, 《운동회: 근대의 신체》, 2007.

[85] 《동아일보》 1922년 6월 26일자 〈본지本紙 독자우대, 목하木下 순업巡業 곡마단〉; 《동아일보》 1926년 6월 26일자 〈본보 이천 지국 독자 위안대회, 도곡마단都曲馬團 흥행〉; 《중외일보》 1927년 8월 13일자 〈원산 초유의 납량서커스 대회, 본보 지국 후원〉.

[86] 《동아일보》 1925년 2월 23일자 〈강원도 방면에서 남사당패가 들어와 가가마다 단이며 소○ 신년 축복을 한다는데 공익사업에는 일분一分 안이쓰든 완고배頑固輩 들 오원 십원을 불석不惜 한다고〉.

의 우수한 기능을 관람케"하기 위해 우대권과 할인권 발부는 물론 원거리 독자에게 할인권 배달까지 실시했다.[87] 가히, 서커스는 조선인 언론에 의해 근대 오락으로 호출되며 전파되었다.

하지만 서커스에 대한 조선인 관객의 해석은 다층적으로 나타났다. 그것은 일차적으로 서커스가 인간 신체와 맺는 속성에서 기인했다. 인간 신체의 물리적 한계를 넘어 자극과 흥분을 강조한 서커스는 인간 신체에 대한 학대―그것도 사회적 약자에 대한―이기도 하였다. 즉, 1920년 서커스는 "공중비행술空中飛行術과 털사줄 우에서 '딴스'무도를 하는 등 위태하고 자미잇는 기술"이거나,[88] 1924년 "특별히 미인의 가슴에다가 날카로운 톱을 대이고 두 토막에 내이는 것은 참아 보기 어려울만치 끔직하고 신긔"할[89] 정도로 가혹한 볼거리였다. 또한 1930년에 이르러 "팽팽도는 비행긔 푸로펠 바람에 채이면서 날아가고 잇는 날개 우에서 가진 재조를 피고잇는"[90] 사람은 백인 '여성'이었다. 따라서 소녀와 같은 약자마저도 강인한 신체 소유자로 변화 가능성을 제시한 서커스는 역설적으로 시각적 쾌락을 빗겨나가 관객으로 하여금 양가적인 감성을 불러일으켰다.

무엇보다도, 서커스는 식민 질서 아래 조선인의 망국亡國과 이산

---

[87] 《조선일보》 1928년 4월 19일자 〈안성에서 동양곡마단東洋曲馬團. 본보本報 지국 주최로 거去 십사일부터 독자 우대권도 발행〉.

[88] 《동아일보》 1920년 6월 23일자 〈이태리 '쌀카스'단 래경來京, 금일부터 훈련원에서 여러 가지 기술을 흥행〉.

[89] 《동아일보》 1924년 8월 23일자 〈경성에 곡마단 성황〉.

[90] 《동아일보》 1930년 12월 21일자 〈용감한 녀자, 비행기 날개위에서 재주 피우는 여자〉.

離散의 감정과 복잡하게 연결되었다. 1924년 5월 동아일보는 어려서 고향을 떠나 일본에서 곡예를 익힌 '대아마술단' 외발자전거 공연자 조선인 오만술吳萬述에 대한 장문長文의 기사를 싣고 있다. 즉, 오만술은 어려서 부모를 떠나 생면부지 낯선 곳에서 "동양에서는 데 일간다는 한박휘 자행거 타는 기예가"가 되었는데, "흥행업자들에게 대단히 보히지안은 조선에는 도라올 긔회가" 없었는데 드디어 조선에서 공연을 갖게 된 것이다. 동아일보는 스릴thrill 넘치는 그의 공연에 대해 "부인석에서는 '인제 고만하여라' 소리까지 나는 터이니 만일 그가 ○재조를 다른 곳에 발휘하얏드면-하는 애석한 생각도 업지 아니"하다며[91] 안타까운 심정을 드러낸다. 당시 조선인 곡예사를 둘러싼 수사修辭는 대부분 '미약한 존재로서 조선'에 대한 강조와 함께 '고향', '고국', '동양 최고', '애석' 그리고 '애수' 등의 단어로 이뤄졌다. 나아가 조선인 서커스 공연자는 대부분 '가련한' 존재로 묘사되었다. 즉, 곡마단 학대를 피해 탈출한 소녀를 다룬 중외일보 기사는 서커스 공연 지역인 '인천'과 소녀의 고향인 '경남 사천읍'을 명시하면서, 그녀가 "곡마단에 팔리여" "중국 대련"까지 다녀온 과정을 상세히 전했다.[92] 또한 언론은 자식을 곡마단에 팔아먹은 부모의 이야기를 기사화하면서 조선인의 빈곤과 무지無知를 탓하기도 했다.[93]

---

[91] 《동아일보》 1924년 5월 4일자 〈십삼 년 만에 고국에 온 조선인 곡예사 오만술吳萬述, 여덜 살 먹어 일인에게 안기어 산 설고 물선 일본에서 삼십삼 년의 세월〉.

[92] 《동아일보》 1927년 10월 22일자 〈구세九歲에 몸 팔려 곡마단에서 학대밧고 도망해 나와 울며 방황, 가련한 변성임卞性任〉.

[93] 《중외일보》 1929년 3월 5일자 〈무남독녀를 곡예단에 매도, 아내가 없음을 기회로

이와 같이, 조선 각지는 물론 중국까지 드나들며 유랑하는 서커스의 비운悲運에 더하여 버려진 아동에 대한 기사는 이산의 고통을 겪는 식민지 조선인에게 호소력을 발휘했다. 서커스에 대한 애잔한 감상은 서커스 흥행의 불안정에서도 기인했다. 이국성을 강점으로 내세운 이탈리아와 러시아 등 서구 서커스도 불합리한 경영 때문에 생계와 흥행을 보장할 수 없는 일이 벌어졌기 때문이다.[94] 따라서 1920년대 후반을 지나 1930년대 초반으로 갈수록 서커스 관련 보도는 볼거리 강조보다 서커스 단원의 생계 곤란과 그들에 대한 학대 기사들로 채워졌다.[95] 요컨대, 1920년대 조선에 있어 서커스는 근대 극장 개관에 따른 공연 프로그램 변화 및 도시화 전개, 조선인 청년단체의 문명과 계몽 논리, 그리고 국권 상실에 따른 비통悲痛의 정서와 함께 보급되고 확산되었다.

동춘서커스와 식민지 근대 문화 감각

국내 최초 서커스 도래에 대한 의견이 분분한 것처럼, 조선인 서커스 단체 결성 연도 역시 논자에 따라 다르다. 조선인 최초 서커스는

빈곤과 무지의 죄과〉.

[94] 《동아일보》 1929년 7월 7일자 〈이국異國 예인藝人의 비애, 당국에 휘루揮淚 호소, 로서아 '써커스'단이 경성에서 흥행하엿스나 돈은 못 벌고 빗만저서〉.

[95] 《동아일보》 1933년 11월 28일자 〈곡마단 배우가 여비 없어 애소哀訴〉.

1931년 일본의 '미야코都서커스'로부터 독립한 김영대의 니시모토西本서커스로 주장되기도 하고, 1936년 "동춘서커스의 전신前身인 기무라木村서커스" 또는 1940년경 "박동수의 기무라서커스"로 주장된다.[96] 이와 달리 동춘서커스에 따르면, 일본 서커스 단원으로 활동한 조선인 박동춘이 1925년 조선인 30여 명으로 단체를 결성하여 1927년 목포 호남정에서 첫 무대를 올렸다.[97] 동춘서커스의 주장을 받아들이면, 국내 최초 서커스 단체는 1931년 니시모토서커스보다 훨씬 앞선 1925년(공연 기준 1927년) 동춘서커스에서 시작된다. 동춘서커스 창단 시기를 1925년, 1936년 그리고 1940년경으로 다르게 기록하는 이유는 일본인 서커스가 조선에서 공연을 반복하면서 현지인을 고용한 사실에서 유래한다. 다시 말해, 조선인 서커스 역사는 종족과 문화의 혼종성을 보이며 시작된 것이다.

조선 최초 서커스의 논쟁보다 더욱 중요한 문제는 조선인 서커스 창단의 사회사적 의미의 규명이다. 동춘서커스는 일제강점기 생겨난 이래 2017년 기준 현재까지 활동하는 국내 유일의 서커스 단체이다. 하지만 동춘서커스에 대한 정보는 서커스단 설립자와 첫 공연 장소 밖에 알려진 것이 없으며 창단 이후 일제강점기 동안 활동 역시 알 수 없다.[98] 언론을 통해 확인되는 목포 지역 서커스 공연 소개

---

[96] 하야시 후미키 저 · 장미선 옮김, 《서커스가 왔다!: 한국 서커스의 삶과 이동 이야기》, 33~34쪽.

[97] 동춘서커스 홈페이지 http://circus.co.kr/

[98] 동춘서커스단에 대한 기존 연구는 다음과 같다. 김지훈, 〈동물조련의 연희양상과 원리-동춘서커스단을 중심으로-〉, 《어문학교육》 42, 한국어문교육학회, 2011,

는 1931년 "마술계에 명성이 자자한 도곡마단都曲馬團"에 대한 것이 유일한 것으로, 미야코みやこ都곡마단이 목포에서 흥행하자 동아일보 독자에 한하여 입장료를 할인한다는 내용이었다.[99] 따라서 조선인이 결성한 동춘서커스 등장과 이에 대한 지역민 수용은 개항부터 1920년대에 이르는 기간 목포가 경험한 식민지 근대 문화 감각의 내용을 통해 우회적으로 이해할 수밖에 없다.

앞서 살펴본 바와 같이, 1920년대 후반까지 서커스대회를 지속적으로 개최한 기독교청년회 활동은 서커스를 단순한 오락을 넘어 근대적 신체 훈련의 일환으로 인식했음을 의미한다. 이러한 맥락에서 보면, 1920년대 목포 청년단체 활동 역시 동춘서커스 창단에 영향을 끼쳤을 것으로 짐작된다. 동춘서커스가 결성된 1925년 전국학생기독청년회(학생YMCA) 조직과 활동이 단서를 제공하기 때문이다. 즉, 1925년 전국학생기독청년회는 10개 지역 18개 학교에서 결성되었는데,[100] 이 가운데 목포 영흥중학교가 참여했다. 영흥중학교의 학생 YMCA 인원은 341명으로, 경성을 제외한 지역 가운데 평양의 광성

77~101쪽. 김지훈의 연구는 일제강점기 동춘서커스 등장에 대한 역사적 연구가 아니라 동물 연희를 집중적으로 분석한 것이다.; 서유상, 〈박세환 동춘서커스 단장-"남북 서커스 단일팀 세계 순회 공연이 꿈"〉, 《민족21》 46, 민족21, 2005, 142~146쪽. 서유상의 글은 학술논문이 아닌 박세환 단장을 인터뷰 한 보고서이다.

[99] 《동아일보》 1931년 7월 24일자 〈목포 독자우대, 도곡마단都曲馬團에〉.

[100] 학생기독청년회는 전국적으로 경성, 평양, 정주, 선천, 함흥, 전주, 목포, 광주, 마산, 대구 등 전국 10개 지역에서 조직되었다. 또한 경성 연희전문학교와 배재고등보통학교를 비롯한 전국 18개 학교가 이에 속했다. 장규식, 〈1920~30년대 YMCA 학생운동의 전개와 일상 활동〉, 《한국기독교와 역사》 27, 한국기독교역사연구소, 2007, 79쪽.

고보(499명)와 숭실중(350명) 다음의 순위를 차지했다. 또한 개최 행사 측면에서 보면, 영흥중학교가 경성의 세브란스의전과 배재고보를 제외한 학교 가운데 가장 많은 참가 인원을 기록했다. 영흥중학교의 508명에 달한 '각종 집회' 참가자, 700명에 이르는 '체육활동' 인원 그리고 400명의 '종교집회' 숫자는 경성을 제외한 지역 가운데 단연 최고였다. 특히, '체육활동' 참가 학생 700명은 배재고보(2,520명) 다음을 차지했으며, 3위에 머문 숭실중(400명)과도 현격한 차이를 보였다.[101] 1920년대 중반 목포의 유일한 학생기독교청년회의 압도적인 체육 활동 기록은 신체 훈육에 대한 지역 요청을 반영한 결과였다. 이러한 상황은 어떠한 방식으로든 서커스 공연에 대한 관심으로 이어지고 동춘서커스 창단에 우호적인 분위기로 작용했을 것으로 보인다.

한편, 지역 영화 상영과 조선인 극장 개관 그리고 동춘서커스 등 근대적 '보기目' 문화의 시공간적 전개는 조선인 신체의 여타 감각 변화를 전제하거나 동반한 것이었다. 새로운 경험으로서 '보기' 문화는 일본 제국의 미각味覺을 비롯해 신체의 쾌락을 추구한 유곽遊廓의 등장과 연관된다. 개항과 함께 일제의 식문화 지표指標인 요리점 '동운'이 목포에서 최초로 문을 열었고, 러일전쟁을 계기로 늘어난 일본인들은 조선인 거주지 죽동 방면에 '그들의 맛' 우동가게를 열었다.[102] 1926년 공진회 개최를 계기로 요리점이 발달했고 근대의

101 장규식, 〈1920~30년대 YMCA 학생운동의 전개와 일상 활동〉, 79쪽 〈표 1〉 참고.
102 《목포신보》 1932년 9월 26일자 〈극장의 원조 목포좌〉.

거리문화 상징인 까페cafe 역시 죽동 방면에서 영업을 시작했다. 즉, 조선인 거주지 죽동에 일본 제국 문화가 침입하여 혼종의 문화를 형성한 것이다. 흥미롭게도, 요리점 '동운'의 건물은 도정搗精 공장을 거쳐 이후 목포 최초 극장 목포좌로 변신했다.[103]

목포좌 개관과 비슷한 시기 목포에 유곽이 들어섰고, 러일전쟁이 끝나자 일본인 성매매 여성의 숫자도 늘었다.[104] 1909년 을종 요릿집 허가를 받으며 번성한 유곽에 고용된 일본인 기생들은 생계를 위해 화물貨物 증기선蒸氣船 바닥에 숨어서 바다를 건너온 하류층 여성들이었다.[105] 조선인 거주지 죽동에 들어선 초기 일본인 유곽은 1914년 호남선 개통으로 앵정櫻町(현 금화동)으로 자리를 옮겼다. '사쿠라마치'로 세간에 알려진 앵정으로의 유곽 이전은 목포를 식민지 근대 도시로 만들기 위한 기획이었다. 일제는 조선인 거주지의 도시 기반 시설 마련을 도외시한 채 앵정 유곽 건립에 무척이나 공을 들였다. 앵정 유곽은 "앞으로 바다를 끼고 목포항을 출입하는 선박의 출입을 볼 수 있는 전망이 매우 좋은", "일반시가와 동떨어져서 시정施政의 방식이 잘 되었다"고[106] 자평을 내린 곳이었다. 항구를 끼고 발달한 앵정 유곽은 부두 노동자를 대상으로 영업했는데, 1930년대에 접어들면서 조선인 성매매 여성 역시 증가했다. 유곽이 앵정으로 옮

---

[103] 목포문화원 편,《(완역) 목포부사》, 804~805쪽.

[104] 《목포신보》 1932년 9월 26일자 〈극장의 원조 목포좌〉.

[105] 《목포신보》 1932년 9월 26일자 〈극장의 원조 목포좌〉.

[106] 목포문화원 편,《(완역) 목포부사》, 806쪽.

긴 이후에도 도덕적으로 불온한 장소라는 죽동의 이미지는 사라지지 않았다. 유곽에 종사하는 기생의 양성 기관 '목포권번券番'의 존재 때문이었다.[107] 1929년 목포 조선인 예기藝妓는 33명에 이르렀는데, 기생에 대한 수요가 늘어나자 1930년 1월 죽동 132번지에서 목포 유지有志들이 회사 조직 형태의 권번을 창립하고 목포예기권번을 설립한 것이다.[108] 이와 같이, 목포극장이 자리한 죽동은 조선인 거주지이자 조선인과 일본인 혼거混居와 문화적 혼종이 벌어진 장소였다.

죽동은 동춘서커스단이 처음 공연을 벌인 호남정에서도 그리 멀지 않았다. 1920년대 중반 목포역 일대 호남정은 조선인들이 지게 벌이와 같은 일일 노동으로 연명하던 "빈민굴" 지역이었다.[109] 따라서 생계를 이유로 타지에서 몰려든 조선인 빈민촌과 일본인 하류층의 삶은 '유랑'과 '이산'을 표상하는 서커스 공연에 쉽게 동일화되었을 것이다. 또한 1925년 식민지 조선 전체 도시 가운데 8위를 차지

---

[107] 1907년 통감부統監府 주최 경성박람회가 관람객 유치를 위해 기생을 동원한 것에서도 볼 수 있듯이, 기생은 일본 제국의 식민지 조선 지배를 위해 일찍부터 필요한 존재였다. 이각규, 《한국의 근대박람회》, 179쪽; 1908년 '기생 단속령'으로 만들어진 기생조합은 1910년대 말 일본식 명칭인 권번으로 개명되었다. 홍성철, 《유곽의 역사》, 페이퍼로드, 2007, 75~76쪽; 죽동 소재 '목포권번' 명칭은 한영숙의 연구에 따른다. 이에 대해 다음을 참고. 한영숙, 〈일제 강점기 예인들의 사회적 역할과 연주활동〉, 《국악교육연구》 1, 한국국악교육연구학회, 2007, 168쪽.

[108] 1929년 목포의 유곽은 일본인 경영 5개와 조선인 경영 3개이며, 창기 숫자는 74명에 달했다. 이러한 수치는 이전 시기와 비교하여 현저히 줄어든 것이었다. 목포 지역 유곽과 창기는 제1차 세계대전으로 호경기를 누렸으나 전후 반동적 공황 아래 경제계 침체로 경영이 어려워졌기 때문이다. 목포문화원 편, 《(완역) 목포부사》, 806~807쪽.

[109] 고석규, 《근대도시 목포의 역사 공간 문화》, 114쪽 재인용.

한 목포 인구 규모[110] 역시 서커스 흥행을 위한 전제로 작용했을 것이다. 특히, 서커스는 경제적 빈곤으로 목포극장과 평화관 출입이 쉽지 않았던 경제적 하층민에게 상대적으로 열린 공간으로 받아들여졌을 가능성이 높다. 실제로, 목포극장에서 영화를 관람한 사람의 숫자는 무척이나 적었다. 1929년 목포의 연간 흥업興業 상황에 따르면, 평화관 활동사진 관객숫자는 49,202명인 데 비해, 목포극장 활동사진 입장객은 37,079명으로 12,000명 이상 차이를 보였다.[111] 1929년 목포 조선인 숫자가 전체 인구의 72퍼센트를 차지한 사실을 고려한다면,[112] 목포극장의 조선인 영화 관객 숫자는 현저히 낮은 것이었다. 이와 같은 사정으로, 서커스는 식민지 근대화 과정에서 외부적 존재로 밀려난 지역민이 절대다수를 차지하는 목포에서 더욱 호소력을 발휘했을 것이다. 요컨대, 동춘서커스 등장은 서구의 시각과 제국의 미각 그리고 그것의 총합으로서 몸身을 둘러싼 모순된 논리의 지역적 발현發顯이었다. 동춘서커스는 조선인과 일본인 사이 혼종의 모습을 띠면서 제국과 식민, 중심과 주변, 문명과 야만, 계몽과 오락 그리고 건전과 퇴폐의 양축을 오가며 확산되었다.

[110] 목포시,《목포시사: 인문편》, 목포시, 1990, 79쪽.

[111] 고석규, 〈근대도시 목포의 대중문화를 통해 본 식민지 근대성〉, 118쪽 〈표 2〉 참고.

[112] 목포시,《목포시사: 인문편》, 목포시, 1990, 75쪽.

다시 목포극장과 동춘서커스

개항과 함께 목포는 일본 제국의 무역항으로 개발되면서 근대 도시
로 성장했다. 1900년대 초반 일본인 극장이 문을 열고 근대 시각 문
화를 전파했고, 1926년 조선인 상설영화관 목포극장이 개관하여 일
상적 경험으로서 영화 관람의 기반을 마련했다. 목포극장 개관과 더
불어 개최된 공진회는 근대 문물의 전시장으로 기능하면서 식민지
근대도시 '보기보'의 감각을 확장시켰다. 하지만 목포극장 개관과 공
진회 개최라는 근대도시를 향한 야심찬 문화 기획은 '지방'으로서
목포의 존재를 확인시켰다. 게다가 목포극장은 1920년대 목포 지역
민의 일반 생활 세계와 문화 향유 방식에 호응呼應할 수 없는 상황이
었다.

　이러한 상황에서 목포극장은 일제 지배 질서에 대한 문화적 저항
을 상징하면서 조선인 지역민의 의견을 결집하는 공론장으로 기능
했다. 하지만 경성만큼 넓은 영화 소비 시장을 가질 수 없었던 지방
도시의 목포극장은 일본인 중심의 흥행 프로그램을 구성하는 오락
장이기도 했다. 즉, 목포극장은 종족과 문화의 혼종 공간이었던 것
이다. 극장이라는 근대 대중문화의 제도적 공간 내에서 벌어진 혼
종성은 극장을 벗어난 서커스 공연으로 이어졌다. 근대 극장 등장
과 연관이 깊은 서커스는 서구 문물과 일본제국 문화를 전체 조선
으로 확산시키며 번성했다. '몸'으로 향유하는 통속적通俗的 대중오
락 서커스는 자본의 논리와 흥행 그리고 조선인 계몽이라는 양가적
논리와 교착交錯하면서 확산되었다. 또한 유랑과 이산을 표상한 서커

스는 종족과 계층 그리고 젠더gender의 경계를 넘나들며 수용되었다. 그리고 이러한 과정을 거치며 목포에서 동춘서커스가 등장했다.

이 글은 1920년대 목포 지역민 생활 세계와 동춘서커스 활동을 면밀히 고찰하지 못한 점에서 한계를 지닌다.[113] 일제강점기 목포 지역 사정事情에 밝은 목포신보[114] 전체를 구할 수 없었다는 점과 일제강점기 동춘서커스 관객의 구술을 발굴하기 어려웠기 때문이다. 그럼에도 불구하고, 일제강점기 대중문화에 대한 기존 연구가 경성에 집중된 사실을 고려했을 때 이 글은 지역 도시화 과정과 식민지 근대 감각의 역동성을 살핀 점에서 주목된다. 특히, 목포극장 개관과 1920년대 서커스 수용에 대한 해석interpretation을 비롯한 동춘서커스 탄생의 사회사적 의미를 규명한 것은 이글의 의의를 제고시킨다.

---

[113] 1930년대 후반으로 갈수록 동춘서커스의 활동은 어려웠을 것으로 추측된다. 일제가 대륙 전쟁을 수행하면서 조선인 징병을 위해 유랑 단체를 단속 대상으로 삼으면서 조선기류령朝鮮寄留令을 시행했기 때문이다. 조선기류령과 유랑예인 단체 활동의 소멸에 대해서 다음을 참고. 위경혜, 〈1950년대 '굿쟁이' 이동영사 - 유랑예인 연행과 시각적 근대의 매개〉, 《지방사와 지방문화》 15-2, 역사문화학회, 2012, 197~228쪽; 동춘서커스를 비롯한 전국의 서커스 단체가 호경기를 맞이한 것은 1950년대 후반 이후인 것으로 전해진다. 동춘서커스 대표자 박세환에 따르면, 1950년대 후반부터 1970년대 초반까지 전국에서 활동한 서커스 단체는 18개였으며, 1960년대 동춘서커스 단원은 200여명에 이르렀다. 동춘서커스는 연극, 쇼show, 공중 곡예, 국악, 모창模唱, 코미디comedy 그리고 마술魔術 등을 망라한 종합 엔터테인먼트entertainment였다. 박세환(1940년생 추정, 동춘서커스 대표자)의 구술. 박세환은 고교를 졸업한 1961년 동춘서커스단에 입단하여 1978년 서커스단을 인수하여 현재까지 운영 중이다. 구술 일자 2006년 8월 9일.

[114] 1899년 창간된 목포신보는 1941년 2월 11일 일제의 일도 일사一道一社 정책에 따라 광주일보光州日報로 합병되었다. 이에 대해 다음을 참고. 목포문화원 편, 《(완역) 목포부사》, 451쪽; 네이버 지식백과 http://terms.naver.com

고석규, 《근대도시 목포의 역사 공간 문화》, 서울대출판부, 2004.

고석규, 〈근대도시 목포의 문화 전환과 식민지 근대성〉, 《역사문화학회 학술대회 발표자료집》, 2004.

고석규, 〈근대도시 목포의 대중문화를 통해 본 식민지 근대성〉, 《지방사와 지방문화》 9-1, 2006.

광주일보사사편찬위원회 편찬, 《광주 · 전남 100년 연표: 1900-1993》, 광주일보사, 1993.

김남석, 〈인천 애관愛館 연구-'협률사' 설립에서 1945년 광복까지-〉, 《인천학연구》 17, 2012.

김양수, 〈개항장과 공연예술〉, 《인천학연구》 1, 2002.

김지훈, 〈동물조련의 연희양상과 원리-동춘서커스단을 중심으로-〉, 《어문학교육》 42, 2011.

마이클 신Michael D. Shin, 〈'문화정치' 시기의 문화정책, 1919~1925년〉, 김동노 편, 《일제 식민지 시기의 통치체제 형성》, 혜안, 2006.

목포문화원 편, 《(완역) 목포부사》, 2011.

목포문화원, 《목포의 향토문화연구》, 목포문화원, 2012.

목포시, 《목포시사: 사회 · 산업편》, 목포시, 1990.

목포시, 《목포시사: 인문편》, 목포시, 1990,

목포신보사, 《(개항만35년기념) 목포사진첩》, 1932.

박전열, 〈유랑민민속-유랑예인 연구의 성과와 과제-〉, 월산 임동권 박사 고희 기념 논총간행위원회, 《한국민속학의 새로운 인식과 과제》, 집문당, 1996.

박찬승, 〈1924년 암태도 소작쟁의의 전개과정〉, 《한국근현대사연구》 54, 2010.

배선애, 〈대구경북지역의 문화환경과 조선인극장의 로컬리티-대구 만경관을 중심으로-〉, 《대동문화연구》 72, 2010.

사단법인 목포백년회,《목포개항백년사》, 1997.

서유상, 〈박세환 동춘서커스 단장-"남북 서커스 단일팀 세계 순회공연이 꿈"〉, 《민족21》 46, 2005.

신주백, 〈[한국적 근대는 어떻게 만들어졌나] 박람회-과시 · 선전 · 계몽 · 소비의 체험공간〉,《역사비평》 67, 2004.

심우성,《한국전통예술개론》, 동문선, 2001.

요시미 순야,《박람회: 근대의 시선》, 이태문 옮김, 논형, 2004.

요시미 순야 외,《운동회: 근대의 신체》, 이태문 옮김, 논형, 2007.

위경혜, 〈식민지 개항도시 극장의 장소성-군산 지역을 중심으로〉,《대동문화연구》 72, 2010.

위경혜, 〈1950년대 '굿쟁이' 이동영사-유랑예인 연행과 시각적 근대의 매개〉,《지방사와 지방문화》 15-2, 2012.

이각규,《한국의 근대박람회》, 커뮤니케이션북스, 2010.

이기훈, 〈1920년대 전남지방의 청년단체와 청년운동-사회정치적 공간의 구성과 변화를 중심으로〉,《역사문제연구》 26, 2011.

이승기,《마산영화 100년》, 마산문화원, 2009.

이승희, 〈공공 미디어로서의 극장과 조선민간자본의 문화정치-함경도 지역 사례 연구〉,《대동문화연구》 69, 2010.

이종화 외 공저,《목포 · 목포사람들》, 경인문화사, 2004.

이호걸, 〈식민지 조선의 문화사업, 극장업〉,《대동문화연구》 69, 2010.

장규식, 〈1920~30년대 YMCA 학생운동의 전개와 일상 활동〉,《한국기독교와 역사》 27, 2007.

전라남도물산공진회 · 조선면업공진회 공편,《전라남도물산공진회, 조선면업공진회지》, 전라남도물산공진회, 1927.

하야시 후미키,《서커스가 왔다!: 한국 서커스의 삶과 이동 이야기》, 장미선 옮김, 제이앤씨, 2013.

하야시 후미키, 〈한국 서커스에 비춰진 〈일본〉-고정화된 〈지배-피지배〉관으로부터 벗어나기 위하여-〉,《일본학연구》 37, 2012.

한영숙, 〈일제 강점기 예인들의 사회적 역할과 연주활동〉,《국악교육연구》 1,

2007.

한국영상자료원 편, 《식민지시대의 영화 검열 1910~1934》, 한국영상자료원, 2009.

홍선영, 〈경성의 일본인 극장 변천사-식민지도시의 문화와 '극장'-〉, 《일본문화학보》 43, 2009.

홍성철, 《유곽의 역사》, 페이퍼로드, 2007.

홍영철 · 부산대학교 한국민족문화연구소, 《부산근대 영화사: 영화상영자료 (1915-1944)》, 산지니, 2009.

《동아일보》
《목포신보》
《시대일보》
《조선일보》
《중외일보》
네이버 지식백과 http://terms.naver.com
동춘서커스단 홈페이지 http://circus.co.kr
한국민족문화대백과 http://terms.naver.com
박세환(1940년생 추정, 동춘서커스 대표자) 구술, 구술 일자 2006년 8월 9일.

2 | 일제 말기 '역사' 담론의 아포리아와 그 초극의 문제
원천으로서의 이질언어와 전통으로서의 자기부정

이진형

문제로서의 '역사'

일제 말기 제국주의 국가권력은 대륙 진출을 본격적으로 전개하는 가운데 식민지 조선에서 정치적 · 경제적 · 이데올로기적 통제를 강화했고, 일본의 전쟁 승리를 기정사실로 선전하면서 일본 중심 동양주의를 서구의 근대주의에 대한 대안적 이데올로기로서 유포했다. 이와 같은 상황은 유럽 파시즘 국가들의 계속되는 영토 확장 소식과 맞물려, 식민지 조선의 지식인들이 당대 사회를 독립된 민족국가 수립이라는 전망 속에서 인식하는 데 결정적인 어려움을 초래했다. 그로 인해 일제 말기 많은 지식인들은 일본의 전쟁 승리를 기정사실로

이 글은 《한국근대문학연구》 제29집(2014.4)에 게재된 원고를 수정하고 가필하여 재수록한 것이다.

받아들이며 제국주의 이데올로기의 수용을 노골적으로 주장하기도 했다. 1937년 일본의 중국 침략을 '동양사의 비상한 비약'으로 규정하며, 북경, 상해, 남경, 서주, 황구 등의 함락을 '지나의 봉건적 성문의 함락'으로 보아야 한다는 백철의 주장은 그 대표적 사례에 해당할 것이다.[1]

한편 적지 않은 지식인들이 제국주의 이데올로기에 유보적 태도를 취하며 당대 사회에 대한 대안적 역사 인식을 시도한 것도 사실이다. 일제 말기 임화와 김기림이 수행한 작업, 즉 조선 근대문학과 모더니즘 문학을 중심으로 한 대안적 역사적 인식은 그 대표적인 경우라고 할 수 있다.[2]

일제 말기 식민지 조선의 '역사' 논의를 주도한 것은 물론 김기림이나 임화 같은 문학 비평가들이라기보다 서인식, 신남철, 박치우 같은 역사철학자들이었다. 이들은 일본 교토학파의 역사 담론, 특히 동아협동체론을 비판적으로 수용한 뒤 '세계사'라는 거시적 관점에

---

[1] 백철, 〈시대적 우연의 수리〉, 《조선일보》, 1938년 12월 6일.

[2] 1941년 이후 조선 지식인들이 공적 출판물을 통해서 일본 제국주의의 정책에 어긋나는 발언을 하기란 거의 불가능한 일이었다. 1940년 8월 《조선일보》와 《동아일보》의 폐간, 그리고 1941년 4월 《문장》과 《인문평론》의 폐간 및 10월 《국민문학》의 창간은 이와 같은 사정을 상징적으로 보여 주는 사건이었다. 그래서 이 시기 많은 작가들은 일본 제국주의와 그 이데올로기에 대해 직접적이기보다는 '우회적'인 방식으로 비판적 입장을 표명하곤 했다. 예를 들어, 이 무렵 채만식 같은 작가는 "갈릴레오가 새벽에 오히려 망원경을 들붙어 앉아서 별을 보기를 자신 잃지 않는 광경"(〈소설가는 이렇게 생각한다―갈릴레오의 대망〉, 《조선일보》, 1940년 6월 15일)을 언급하며 비판적 역사 인식의 필요성을 암시하기도 했다. 그러므로 임화와 김기림의 '문학' 논의 역시 이 맥락에서 '역사' 논의로, 더 나아가서는 동시대 제국주의 역사 이데올로기'에 대한' 응수로 볼 수 있을 것이다.

서 동시대 사회에 관한 역사철학적 사유를 전개해 나갔다. 이때 가장 중요한 관심사는 서구 근대 문명의 극복 원리, 정확히 말하면 경제 체제로서의 자본주의를 극복하고 차별과 위계 없는 세계를 구성할 수 있는 원리를 모색하는 데 있었다. 일본 중심 동양주의에 거리를 둔 채 식민지 조선 사회에 관한 역사적 인식을 시도했다는 점에서 임화와 김기림, 그리고 역사철학자들 사이에는 근본적인 차이가 없는 것처럼 보인다. 그러나 역사 인식이나 서술 방법의 측면에서 그들은 분명히 구별되는 면모를 보였다. 문학 비평가들이 조선문학 작품들에 대한 경험적 고찰을 토대로 조선 사회의 역사에 관한 재인식을 시도했다면, 역사철학자들은 추상적 사유에 의존해 보편적 역사에 관한 자기완결된 설명을 제공하려고 했다. 따라서 이 글에서는 일제 말기 식민지 조선의 역사 담론 지형을 파악하기 위해서, 또한 임화와 김기림의 역사 이해를 복합적으로 이해하기 위해서 역사철학자들의 논의 역시 개괄하려고 한다.

알렉스 캘리니코스의 '역사철학/역사이론' 구분은 일제 말기 '역사' 담론을 살펴보는 데 유용한 방법인 듯하다. 그에 따르면 역사철학과 역사이론은 '역사과정 전범위'를 다룬다는 점에서[3], 다시 말해 역사 과정 전체에 적용될 수 있는 설명을 제시하려고 한다는 점에서 공통점이 있다. 역사철학과 역사이론 모두 '구조에 대한 이론 theory of structure'(사회구조의 다양한 유형들 간 차이에 관한 설명), '변혁 이론 theory of transformation'(사회 변화 메커니즘에 관한 설명), '방향성 이론theory of

---

[3] 알렉스 캘리니코스, 《이론과 서사》, 박형신 · 박선권 옮김, 일신사, 2000, 81쪽.

directionality'(진보, 퇴보, 순환 등 역사의 방향에 관한 설명)을 포함하고 있다. 그러나 역사철학과 역사이론은 크게 두 가지 점에서 구별된다. 우선 역사철학이 경험적 증거보다 추상적 논리에 의존해 역사의 전개를 설명하려 한다면, 역사이론은 구체적 역사 탐구와의 상호 의존성에 근거해 역사적 설명을 시도한다. 다음으로 역사철학이 역사 과정의 최종적 상태와 관련한 목적론적 설명을 제공하려 한다면, 역사이론은 역사 과정의 진보적 방향성을 전제하면서도 역사의 내적 동학에 관한 비목적론적 설명을 시도한다.[4] 역사철학/역사이론 구분은 이 시기 역사철학자들과 문학 비평가들의 역사 담론을 대조해서 이해하는 데뿐만 아니라 역사 담론의 지형에서 그들의 역사 이해가 갖는 의의를 파악하는 데도 도움이 된다. 그리고 무엇보다도 역사철학자들의 역사 담론에 내재하는 아포리아를 폭로하는 한편, 임화와 김기림의 역사 이론에서 그 초극의 가능성을 포착하는 데도 역시 유용하다.

일제 말기 역사 담론에 대한 연구는 김윤식의《한국근대문예비평사연구》(한얼문고, 1973)에서 처음 이루어졌다. 그러나 김윤식의 저술은 근대 문예 비평에 대한 전반적 개괄에 초점이 맞추어져 있었기 때문에, 이 시기 역사 담론에 대한 심층적이고도 포괄적인 연구로까지 진전되지는 못했다. 일제 말기 역사 담론에 대한 연구가 본격적으로 진행된 것은 1990년대 중반 이후였다. 이 무렵 '근대성/탈근대성', '식민성/탈식민성' 같은 개념들이 학계의 주요 관심사로 부상하

---

[4] 알렉스 캘리니코스,《이론과 서사》, 2000, 168~174쪽.

면서 일제 말기 비평가들에 대한 연구 역시 그 개념들을 중심으로 이루어지기 시작했다. 그리고 2000년대 들어서는 거기에 '저항/협력'이나 '근대 초극' 같은 개념들이 덧붙여지면서 이 시기 역사 담론에 대한 연구자들의 관심은 더욱 고조되었다.[5] 이 맥락에서 김기림과 임화의 평론들을 일제 말기 역사 담론의 맥락 속에서 이해하려는 연구도 간헐적으로 이루어졌다.[6] 이 연구들은 임화나 김기림, 혹은 그 둘의 역사 이해를 재구성하고 그 의의를 규명하는 데 적지 않은 성과를 낳았지만, 그들의 역사 이해가 일제 말기 식민지 조선의 역사 담론 지형 속에서 갖는 의미를 파악하고 동시대 상이한 역사 담

---

[5] 일제 말기 문학자들의 '역사' 담론에 관한 주요 연구물로는 황종연, 〈한국문학의 근대와 반근대〉, 동국대 박사학위 논문, 1991; 류보선, 〈1930년대 후반기 문학비평 연구〉, 서울대 박사학위 논문, 1995; 김유중, 〈1930년대 후반기 한국 모더니즘 문학의 세계관 연구〉, 서울대 박사학위 논문, 1995; 차승기, 〈1930년대 후반 전통론 연구〉, 연세대 박사학위 논문, 2003, 김예림, 〈1930년대 후반 몰락/재생의 서사와 미의식〉, 연세대 박사학위 논문, 2003; 김재용, 《저항과 협력》, 소명출판, 2004; 정종현, 〈식민지 후반기(1937-1945) 한국문학에 나타난 동양론 연구〉, 동국대 박사학위 논문, 2005; 차승기, 〈추상과 과잉〉, 《상허학보》21, 2007; 조관자, 〈세계사의 가능성과 〈나의 운명〉〉, 《일본연구》9, 2008.

[6] 일제 말기의 '역사' 담론의 문맥 속에서 김기림과 임화의 역사 이해를 다룬 글로는 다음과 같은 것들이 있다. 임명섭, 〈김기림 비평에 나타난 근대의 추구와 초극의 문제〉, 《한국근대문학연구》1-1, 2000; 채호석, 〈탈-식민의 거울, 임화〉, 《한국학연구》17, 2002; 장인수, 〈김기림의 근대 보편과 식민지 현실〉, 《반교어문연구》15, 2003; 고봉준, 〈모더니즘의 초극과 동양 인식〉, 《한국시학연구》13, 2005; 방민호, 〈김기림 비평의 문명비평론적 성격에 관한 고찰〉, 《우리말글》34, 2005; 권성우, 〈시대에 대한 성찰, 혹은 두 가지 저항의 방식: 임화와 김기림〉, 《한민족문화연구》26, 2008; 김유중, 〈김기림의 역사관, 문학관과 일본 근대 사상의 관련성〉, 《한국현대문학연구》26, 2008; 김준환, 〈김기림의 반-제국/식민 모더니즘〉, 《Comparative Korean Studies》16, 2008; 류보선, 〈이식의 발명과 또 다른 근대-1930년대 후반기 임화 비평의 경우〉, 《Comparative Korean Studies》19, 2011.

론들과 맺고 있는 복합적 관계를 명료하게 규명하는 데까지 나아가지는 못한 듯하다.

이 글에서는 임화와 김기림의 역사 이해를 일제 말기 역사 담론의 지형 속에서 변별력 있게 파악하고, 그것이 제국주의자들의 동아협동체론 및 역사철학자들의 역사 담론과 맺고 있는 복합적 관계를 규명하려고 한다. 이를 위해 우선 이 시기 일본 제국주의자들의 동아협동체론을 간략히 살펴본 뒤 그에 대한 역사철학자들의 대응 방식을 검토할 것이다. 그리고는 조선 근대문학의 이질언어적 원천에 관한 임화의 논의와 모더니즘 문학의 자기부정 전통에 관한 김기림의 논의에 역사철학자들의 역사 담론에 내재하는 아포리아의 초극 가능성이 있음을 보여 주려 한다. 이 작업은 일제 말기 식민지 조선에서 전개된 역사 담론의 지형을 보여줄 뿐만 아니라, 제국주의자들의 역사 기획 너머 대안적 역사 이해의 시도까지도 가능하게 해 줄 것이다.

동아신질서론과 역사철학적 사유

일제 말기 제국주의자들은 중국 침략을 정당화하고 반일운동을 무마하기 위해 동아신질서론을 적극적으로 선전했다. 일본의 전쟁 목적은 제국주의적 영토 확장이 아닌 '동아의 영원한 안정을 확보할 신질서 건설'에 있다는 게 그 핵심 내용이었다. 이 시기 동아신질서론은 만주사변 이후 이시하라 간지石原莞爾 그룹 직업군인들에 의해 주도된 동아연맹론과 중일전쟁 이후 쇼와연구회 소속 지식인들에 의해 구상된 동아협동체론으로 구분되지만, 일본 정부에 의해 채택되어 광범위하게 유포된 것은 동아협동체론이었다. 동아연맹론은 국방의 공동화, 경제의 일원화, 정치의 독립을 기본 원칙으로 한 삼국(일본, 중국, 만주국)의 동아연맹체 형성을 내세웠기 때문에, 중국과 만주국뿐만 아닌 식민지 조선 또한 '정치적 독립'을 요구하며 일본의 식민주의에 반발할 위험성을 내포하고 있었다.[7] 그에 반해 동아협동체론은 철저하게 '식민지/제국' 체제를 전제로 한 제국 일본의 자기 혁신을 주장했다. 흥미로운 것은 제국주의자들뿐만 아닌 일본의 혁신적 지식인들도 동아협동체론에 지지를 표했다는 점이다. '전시 사회변혁을 통한 식민지/제국의 분쟁 극복'과 '각 민족의 자주·협동을 통한 새로운 동아시아 형성'[8]이라는 '동아협동체' 구상이 제국주의자들에게는 자기 정당화 이데올로기로 활용될 수 있었고, 혁신적 지식인들에게는 사회의 근본적 변화를 위한 유토피아적 비전으로 해석될 수 있었던 것이다.[9]

동아협동체론의 호소력은 크게 두 측면에서 살펴볼 수 있다. 우선, 동아협동체는 근대 자본주의 체제를 극복한 대안적 세계 질서로 간

---

[7] 그 때문에 조선총독부는 1940년 들어 '동아연맹' 운동뿐만 아니라 그와 관련된 서적의 출판까지도 전면적으로 금지했다.(김희주, 〈중일전쟁기 在京都 조선인의 東亞聯盟運動과 趙恩濟〉, 《경주사학》 27, 2008.6, 71쪽.)

[8] 요네타니 마사후미, 《아시아/일본》, 조은미 옮김, 그린비, 2010, 164~167쪽.

[9] 정종현은 동아협동체의 이중적 성격을 '일본 파시즘의 국책 이데올로기'이자 '코민테른의 인민전선전술'로 규정하기도 했다.(정종현, 《동양론과 식민지 조선문학》, 창비, 2011, 32쪽)

주되었다. 20세기 들어 미국과 일본에서 발생한 경제공황은 자본주의 체제에 심각한 문제가 있음을 폭로함으로써 전 세계 국가들이 자본주의 문제의 해결을 가장 중요한 과제로 설정하게 만들었다. 특히 동아시아 국가들에 대한 영국과 미국의 침략뿐만 아닌 근대 민족들 사이의 불균형 역시 그에 기인한 것으로 인식되면서 자본주의는 근본적 혁신이 필요한 체제로 여겨졌다. 이때 동아협동체는 "자본주의 경제의 영리주의를 초월한 새로운 제도"로서, 서구로부터 '동아'의 해방과 민족들 간 위계 관계 해소를 동시에 현실화할 수 있는 기획으로 선전되었다.[10] 다음으로 동아협동체론은 '서양/동양'의 이분법 위에서 '동양'을 '서양'에 대한 문명론적 대안으로 설정했다. 과거 서양 문명이 '동양'을 '정체성停滯性'과 동일시함으로써 자신의 보편성과 우월성을 내세웠다면, 20세기 들어 발발한 세계대전과 파시즘 국가들의 승전은 동양과 서양의 기존 위계 관계가 오류임을 입증하는 한편 그 역전의 필요성까지도 요구하는 것으로 해석되었다. 이제 새로운 세계 질서의 원리는 (늙은=소진된) '서양'이 아니라 (젊은=잠재력 있는) '동양'에서 발견되어야 했고, '동양'은 서양 문명에 대한 단순한 부정태가 아니라 '근대=서양'(게젤샤프트)과 '전근대=동양'(게마인샤프트)의 지양태(게젤샤프트와 게마인샤프트의 종합)로서 높은 수준의 보편성을 구현한 문명으로 재규정되었다.[11] 이 문맥에서 동아협동체

---

[10] 미키 키요시, 〈신일본의 사상 원리〉, 유용태 옮김; 최원식 · 백영서 편,《동아시아인의 '동양' 인식: 19-20세기》, 문학과지성사, 1995, 54쪽.

[11] 미키 키요시, 〈신일본의 사상 원리〉, 58쪽.

는 근대, 서양, 자본주의, 민족주의 등을 모두 '초극'한 세계 질서, 심지어는 일본의 특권적 지위까지도 거부한 채 민족들 간 '협동'을 실현한 '탈근대 다민족 공동체' 기획임을 자부했다.

그러나 일제 말기 새로운 질서의 원리로서 부상한 '동아'란 결코 '다민족 공동체'를 구상하는 데 적합한 개념이 아니었다. 무엇보다도 그 개념에는 중화주의의 일원론을 해체하고 일본주의의 우월성을 내세우려는 의도가 내포되어 있었다. 게다가 '동아'는 '근대' 자본주의 체제의 혁신을 사유하는 데도 전혀 적합한 개념이 아니었다. 그것은 '서양 문명'에 대한 대립 개념, 즉 일종의 '문화적 지역 개념'에 불과했다. 다시 말해, 동아협동체론이란 일본이라는 "확고한 특권적 동일성이 단지 영토와 국경을 넘어가면서 확산되고 유통되는 '동일성의 유통공간'"[12]을 만들어 내려는 기획이자 "금융 독점 자본주의라는 옛 형태로부터 국가 독점 자본주의라는 새로운 체제로의 재편성에 걸맞는 이데올로기"[13]로서 제국 일본의 자본주의적(제국주의적) 성격을 신비화하려는 시도였다. 그럼에도 불구하고 당대 지식인들은 동아협동체론의 내용물을 적극적으로 활용해 동시대 사회에 대한 역사철학적 사유를 전개하고자 했다. 독립된 민족국가 수립 전망이 불투명해진 상황에서, 그리고 제국주의적 역사 기획에 적대적인 미래 기획을 직접적으로 제시하기 힘든 상황에서, 그들은 일본

---

[12] 이진경, 〈식민지 인민은 말할 수 있는가?: '동아신질서론'과 조선의 지식인〉, 《사회와 역사》 71, 2006, 16쪽.

[13] 히로마쓰 와타루, 《근대초극론》, 김항 옮김, 민음사, 2003, 227쪽.

중심주의를 제거할 수만 있다면 동아협동체론이 역사철학적 사유를 위한 유용한 이론적 도구가 될 수 있다고 믿었다.

일본의 동아협동체론자들은 일본의 영토 확장이란 식민지 확보 전쟁이 아니라 '아시아 각 민족의 해방과 공생'을 위한 행위라고 주장했다. 조선의 지식인들이 동시대 사회에 대한 역사적 성찰을 위해 동아협동체론에 기댄 이유는 바로 여기에 있었다. 그들은 무엇보다도 '동아협동체' 기획의 유토피아적 측면을 부각해서 받아들였고, 그럼으로써 그것을 '일본의 자기비판을 내포한 미래 기획'[14]으로 이해했다. 이와 동시에 그들은 동아협동체론에 대한 비판적 거리를 유지하려는 노력 역시 포기하지 않았다. 동아협동체론자들이 내세우는 '아시아 각 민족의 해방과 공생'이란 궁극적으로 '제국 일본'의 경계 내에서 이루어지는 '아시아 각 민족의 해방과 공생'을 의미할 뿐임을, 즉 일본이 "위장된 대표자의 자격으로 세계의 기존 질서를 재편하려는 요구"[15]에 불과함을 인지하고 있었다. 그 결과 그들은 '동아협동체' 기획의 유토피아적 측면에 대한 기본적인 공감 위에서, '일본'을 괄호 치는 방식으로 제국의 경계가 소거된 '아시아 각 민족의 해방과 공생'에 관한 사유를 전개할 수 있었다. 식민지 지식인의 입장에서 볼 때, 아시아 각 민족들을 포괄하는 경계로서의 '일본'을 소거하지 않는 이상 '동아협동체'의 이상은 실현 불가능한 일

---

[14] 차승기, 〈추상과 과잉〉, 《상허학보》 21, 2007, 269쪽.

[15] 고야스 노부쿠니, 이승연 옮김, 《동아 · 대동아 · 동아시아―근대 일본의 오리엔탈리즘》, 역사비평사, 2004, 88쪽.

이었다.

　일제 말기 신남철, 박치우, 서인식 등은 동아협동체론에 비판적 거리를 둔 채 역사철학적 사유를 전개해 나간 대표적인 철학자들이었다. 물론 동아협동체론에 대한 그들의 입장은 동일하지 않았으며, 그 이론적 내용물을 활용하는 방식도 전혀 달랐다. 예컨대, 신남철은 '동양/서양'의 문명론적 구분 위에서 동양 문화의 원리를 '몰입'과 '융합'으로 규정한 뒤 동양의 문화적 통일성과 서양에 대한 동양의 도덕적 우월성을 주장했지만, 동양 문화의 중심에 일본을 놓는 대신 중국, 일본, 조선의 문화적 동등성과 동질성을 강조했다.[16] 박치우의 경우에는 '운명의 동일성'('구미제국으로부터의 공동방호')을 들어 '동아협동체'의 의의를 인정했지만, "개체의 참된 개체의식을 토대로 하는 변증법적 전체주의"[17]를 주장함으로써 신화, 피, 흙 등에 의존하는 비이성적 전체주의를 강하게 비판했다. 그리고 서인식은 동아협동체론이 자본주의의 문제를 해결하기 위해 제시된 기획이라는

---

[16] "이것으로 미루어 보건대 **동양문화의 원리는 몰입·융화의 원리라고 말할 수 있을 것이다.** …(중략)… 요컨대 동양 사상·정신의 근본성격은 주관과 객관, 자연과 인간의 대립의 멸각과 합일, 철학·과학·종교의 미분화 등이라고 할 수 있다. 노장의 '無', 불교의 '空'의 사상도 일반적으로 이러한 점에서 설명되지 않을까. 이 '무'와 '공'을 합하여 '동양적 무無'라고 한다면 물론 노장과 불교에 따라 차이가 있음을 무시할 수 없으나, 이 말은 공통된 동양적 성격을 가장 잘 표현하는 말이라고 하겠다. 이것은 예술 특히 시가, 회화에 있어서 그 특징을 발견할 수 있으리라. **당시唐詩, 하이꾸俳句, 시조時調 등에서 우리는 인간과 자연의 융화, 몰입의 경지를 얼마든지 지적할 수 있지 않은가 한다.**"(〈동양정신의 특색〉《조광》 1942년 5월호), 정종현 편,《신남철 문장선집Ⅰ》, 성균관대학교출판부, 2013, 725쪽; 강조는 인용자)

[17] 박치우, 〈동아협동체론의 일성찰〉《인문평론》 1940년 7월호), 윤대석·윤미란 편,《사상과 현실》, 인하대학교 출판부, 2010, 176쪽.

데 동의하면서도, 동양주의란 서양 문명에 맞서는 '특수한' 원리로서 보편적 자본주의의 문제를 해결하는 데 무력하다는 점을 들어 그에 대한 근본적 비판을 감행하기도 했다.[18]

신남철이나 박치우의 역사철학적 사유가 동아협동체론 내부에서 전개되었다면, 서인식의 역사철학적 사유는 동아협동체론 너머로 그 범위가 확장되어 있었다. 일제 말기 서인식은 서양의 근대 문명이 몰락했다고 하더라도 '동양'이 자명하게 그것을 대체할 수는 없으며, 오히려 일본의 동양 문화뿐만 아닌 슬라브 문화와 아메리카 문화까지도 충분히 고려해서 새로운 세계 질서를 모색해야 한다고 주장했다.[19] 이와 같은 주장은 기본적으로 '매개적 전체성'의 원리와 그 실현 장소로서의 '세계성의 세계'를 전제함으로써 가능했다. 여기서 '매개적 전체성'이란 "근대의 고유한 개인주의와 현대의 고유한 전체주의를 합리적으로 지양한 한 개의 종합적 원리", 즉 "전체와 함께 개인을 살릴 수 있는 원리"를 의미했다.[20] 그리고 '세계성의 세계'란 '매개적 전체성'의 구현 장소로서 "모든 개체가 개체로서 독립하여 있으면서 그대로 곧 전체가 될 수 있는 구조를 가진 세계"이자 "다多가 다多로서의 특수성을 유지하면서 그대로 곧 일一이 될 수

[18] 서인식, 〈현대의 과제(2)〉(《조선일보》 1939년 4월 6일), 차승기 · 정종현 편, 《서인식 전집 I》, 역락, 2006, 153~154쪽.

[19] 서인식, 〈세계문화의 신구조-무너져 가는 낡은 구라파〉(《조선일보》 1940년 7월 6일), 차승기 · 정종현 편, 《서인식 전집 II》, 역락, 2006, 226쪽.

[20] 서인식, 〈문화에 있어서의 전체와 개인〉(《인문평론》 1939년 10월호), 차승기 · 정종현 편, 《서인식 전집 II》, 93~94쪽.

있는 일종의 무적無的 보편의 성격을 가진 세계"를 가리켰다.[21] 이와 같은 다중심적 세계상, 혹은 탈중심적 세계상을 통해 서인식이 의도한 바는 크게 두 가지였다. 하나는 새로운 세계 질서란 각각의 문화 정체성들(민족성)의 위계 없는 공존(세계성)을 보장해야 한다는 것이고,[22] 다른 하나는 개별 문화 정체성이란 자유로운 개인들(개별성)의 인격적 관계(전체성)에 입각해서 구성되어야 한다는 것이었다.[23] 서인식의 '세계성의 세계' 구상에서는 서양과 동양, 그리고 일본, 조선, 중국 등 다양한 문화적 정체성들 가운데 어느 하나가 특권적 지위를 누릴 수 없었다. 그의 주요 관심사는 특정한 문화 유형(동양 문화, 슬라브 문화, 아메리카 문화)의 자기 정체성 그 자체가 아닌 자유로운 개인들 간 인격적 관계, 그리고 문화적 정체성들의 위계 없는 공존이었다.

---

[21] 서인식, 〈문화에 있어서의 전체와 개인〉, 97쪽.

[22] **"이러한 세계에서만 문화에서 계층성이 해소될 수 있다.** 그리고 문화에서 계층성이 해소되는 때에만 정치는 문화에 해소되고 문화와 정치는 현대의 상극성을 지양할 수 있는 것이다. 그리고 문화에서 정치의 구심적 작용이 탈락하는 때에만 문화의 민족성과 세계성은 완전한 조화에 도달할 수 있는 것이다."(〈문화의 유형과 단계〉(《조선일보》 1939년 6월), 차승기 · 정종현 편,《서인식 전집 I》, 220쪽; 강조는 인용자)

[23] **"개인주의의 역사적 생명은 유한할는지 모르나 그가 발견한 개성과 인격의 가치만은 그 어떠한 사회형태 밑에서든 구원의 의의를 가질 것이다.**
그리고 개인주의는 개성과 인격의 가치를 발견하는 동시에 현대 인간성의 두 낱의 중요한 측면을 형성하는 자발성과 책임감을 강조하여 주었다.
…(중략)…
근대 개인주의의 산물인 이러한 제다(諸多)의 정신적 특질은 개인주의가 종언을 고한 후에도 역사상에 보존될 인간 형성사의 찬연한 업적이다."(〈문화에 있어서의 전체와 개인〉, 차승기 · 정종현 편,《서인식 전집 II》, 92~93쪽; 강조는 인용자)

일제 말기 역사철학자들은 역사 인식에서 적지 않은 편차를 드러냈지만, 그 방법론에서는 기본적으로 유사한 모습을 보였다. 우선 그들은 동아시아의 역사를 전체주의 원리에 기반한 봉건 사회, 개인주의 원리 위에 구축된 근대 자본주의 사회, 전체주의와 개인주의의 변증법적 지양(종합)에 입각한 '탈근대' 사회('동아협동체' 혹은 '세계성의 세계') 등 세 시기로 구분해서 이해했다. 다음으로 그들은 역사의 변화가 '내적 필연성'에 의해 변증법적으로 전개된다는 데 동의했다. 그로 인해 '탈근대' 사회는 근대 자본주의 사회의 단순 부정이 아닌 그 변증법적 지양태로 간주되었다. 마지막으로 그들은 역사의 전개를 진보주의적 입장에서 이해하려고 했다. 신남철이나 박치우의 경우 '동양'과 '서양'의 대립은 단순한 공간적 대립이 아닌 '탈근대'(갱신된 동양)와 '근대'(자본주의)의 시간적 대립을 의미했다. 서인식의 경우 '세계성의 세계'를 제안함으로써 마치 시간성이 소거된 유토피아적 공간을 전제하는 것처럼 보이지만, 거기에는 세계사의 최종적 완성태를 향한 역사의 전진 운동에 대한 신념이 내재해 있었다. 일제 말기 역사철학자들은 역사적 시기 구분에 기초해서 변화의 메커니즘을 인식하는 한편 변화의 방향성을 명백히 미래 쪽에 두려고 했다. 그럼으로써 그들은 '원原일본적인 것'('천황제 국체')의 복원을 서구 근대의 극복으로 간주하는 제국주의자들의 '시대착오 anachronism'[24]에 일정한 거리를 둘 수 있었고, 그에 맞서는 방식으로 동시대 사회에 관한 역사철학적 사유를 전개할 수 있었다.

[24] 히로마쓰 와타루, 《근대초극론》, 90쪽.

박치우의 '변증법적 전체주의'나 서인식의 '세계성의 세계'에서 확인할 수 있듯이, 일제 말기 역사철학자들은 제국주의자들의 '동아 협동체'의 이상에 맞설 수 있는 대안적 미래 비전을 제시하려고 했다. 그렇지만 바로 그 때문에 역사철학자들의 역사 담론은 그 비판적 의의와 무관하게 두 가지 아포리아를 내포하게 되었다. 우선, 그들은 세계사에 대한 거시적 사유를 시도한 결과 식민지 조선 사회에서 그에 상응하는 경험적 근거를 제시할 수 없었다. 역사철학자들은 실존하는 지역이나 민족을 사유의 중심에 두지 않음으로써 한편으로 특수주의(동양주의, 일본주의)의 위험에 빠지지 않을 수 있었지만, 다른 한편으로는 역사 담론의 존립 근거라고 할 수 있는 식민지 조선의 경험적 사실을 초월할 수밖에 없었다. 다음으로 그들은 제국주의의 역사 기획에 필적하는 대안을 마련하려고 한 결과 그와 유사한 유토피아적-목적론적 역사 구상을 제시하게 되었다. 역사철학자들은 이상적인 미래상을 구상함으로써 한편으로 제국주의적 역사 기획에 대립할 수 있었지만, 다른 한편으로는 그 미래상을 현실화할 수 있는 힘을 동시대 사회 속에서 발견할 수 없었다. '동아협동체'의 이상이 일련의 제국주의 전쟁을 통해 실현 가능한 게 아니었듯이, '세계성의 세계' 역시 완결성 있는 논리 구성만으로는 설득력을 얻기 힘들었다.

조선 근대문학의 원천과 전통

원천으로서의 이질언어

일제 말기 역사에 대한 임화의 관심은 동시대 조선문학에 대한 문제
제기 및 그 해결책 모색 과정에서 부상했다. 1930년대 중반 이후 문
학작품들은 일정한 방향('근대문학'의 발전)을 상실했고, 작가들은 정
치적·경제적·이데올로기적 조건들에 수동적으로 반응함으로써 현
실의 서사적 재현(역사적 인식)에 실패했으며, 문학 비평가들은 조선
문학의 문제적 상황에 대한 어떤 바람직한 해법도 제시하지 못했다
는 게 그의 진단이었다. 이와 같은 문제들 앞에서 임화는 '문학 정신'
의 재인식을 요구하기도 했고 본격소설의 의의를 강조하기도 했지
만,[25] 그가 전력을 기울인 것은 과거 문학작품들에 대한 역사적 고찰
을 토대로 조선 근대문학의 '전통'을 회복하는 일이었다. 임화는 이
시기 조선문학의 문제적 상황이란 기본적으로 동시대 사회와 문학
에 대한 역사적 인식의 결여에 기인한다고 여겼다.[26]

---

[25] 이진형, 《1930년대 후반 식민지 조선의 소설 이론》, 소명, 2013, 66~79쪽 참조.

[26] 임화는 〈역사·문화·문학〉(《동아일보》 1939년 2월 18일~3월 3일)에서 역사적 성
찰의 필요성을 다음과 같이 설명했다.
**"미래와 현재를 과거와 더불어 일관하게 이해하지 아니할 수 없는 절박한 필요가
역사에의 의식을 환기한다.**
어째 이런 일관된 이해가 절실히 필요하게 되느냐? 현재란 것이 재래의 상식을 가
지고는 이해할 수 없이 되고, 또한 재래의 상식을 기준으로 하여 형성되어 왔던 그
현재의 의식이란 것이 그대로는 미래란 것을 투시할 수 없이 되었기 때문이다.
다시 말하면 재래에 통용되어 오던 현실 이해의 방법이나 행위의 기준, 내지는 공

임화에게 역사적 성찰의 목적은 무엇보다도 조선문학의 방향성 모색에 있었다. 이때 문학사 서술은 과거 발표된 작품들에 대한 고찰을 통해 30여 년에 이르는 조선문학의 역사에 대한 일관성 있는 이해를 제공해 준다는 점에서 그 목적을 실현하는 데 가장 유력한 방법으로 여겨졌다. 임화의 문학사 서술은 1930년대 중반 〈조선신문학사론 서설〉(《조선중앙일보》 1935년 10월 9일~11월 13일)을 저술하면서 시작되었다. 이 시기 임화의 문학사 서술 동기는 역사적 고찰을 통한 조선문학의 진로 모색에 있었는데, 이는 일제 말기 일련의 문학사 서술[27] 동기와 전혀 다르지 않았다. 하지만 그 둘 사이에는 결정적인 차이가 있었다. 1930년대 중반 임화가 사회주의 이데올로기에 대한 믿음 위에서 조선 근대문학의 역사를 카프 중심 리얼리즘 문학의 역사로 재구성했다면, 일제 말기 임화는 사회주의 이데올로기를 명시적으로 내세우지도 않았고[28] 카프의 리얼리즘 문학을 무

　상(미래에 대한)의 구도가 일절로 통용이 정지되는 순간이다."(임화문학예술전집 편찬위원회 편, 《임화문학예술전집3-문학의 논리》, 소명출판, 2009, 575~576쪽; 강조는 인용자)

[27]　여기에는 〈개설 신문학사〉(《조선일보》, 1939년 9월 2일~11월 25일), 〈신문학사〉(《조선일보》 1939년 12월 5일~12월 27일), 〈속 신문학사〉(《조선일보》, 1940년 2월 2일~5월 10일), 〈개설 조선신문학사〉(《인문평론》 1940년 11월호~1941년 4월호) 등 문학사 서술과 그 서술 방법론으로서 〈신문학사의 방법(朝鮮文學 硏究의 一課題-新文學史의 方法論)〉(《동아일보》 1940년 1월 13일~1월 20일), 그리고 〈소설문학의 20년〉(《동아일보》 1940년 4월 12일~4월 20일)과 《《백조白潮》의 문학사적 의의》(《춘추》, 1942년 11월호)가 포함된다.

[28]　이 시기 임화의 주요 관심사는 '상식' 비판과 '문학정신' 회복, 말하자면 '현실' 인식에 입각한 문학작품의 생산에 있었다. 그 때문에 사회주의 이데올로기를 비롯한 모든 이데올로기는 반드시 '현실'을 경유함으로써 정당성을 검증받아야 했다. "상식까지를 버리고 현실로 들어가든지 다시 한 번 상식 대신 이상을 형성해 보든

조건적으로 옹호하려고 하지도 않았다.[29] 오히려 그는 근대 초기 문학작품들에 대한 면밀한 고찰을 토대로 조선 근대문학의 원천을 탐구하고 그 정체성을 재구성하는 데 전력을 기울였다. 이와 같은 임화의 관점 변화는 '리얼리즘 문학' 전통의 단절만이 문제로 제기되었던 1930년대 중반과, '조선문학'의 동일성 자체가 문제로 제기되었던 일제 말기 사이의 차이를 명시적으로 보여 준다.

조선 근대문학의 정체성을 재구성하기 위해 근대 초기 문학작품들 속으로 들어갔을 때 임화가 발견한 것은 '조선의 고유성'이 아니었다. 오히려 그는 거기에서 조선의 근대문학이란 '이식문학'에 불과하다는 사실, 즉 조선 근대문학의 기원에는 '조선적인 것'이 아닌 일본어로 번역되어 수입된 서구 근대문학이 자리 잡고 있다는 사실을 발견했다.

신문학이란 새 현실을 새 사상의 견지에서 엄숙하게 순純예술적으로

지 —그것은 반드시 경향문학 시대의 사상만을 의미하지 않는다—여하튼 지금에 현실과 작품의 관계를 솔직히 다시 한 번 성찰하는 데서 문학은 재출발해야 하지 않을지?"(〈창작계의 1년〉,《문장》, 1939년 12월호, 140쪽; 강조는 인용자)

[29] 임화는 경향문학의 '집단성'을 들어 카프의 리얼리즘 문학이 근대 소설(본격소설)에 미치지 못했음을 지적하기도 했다.
"누언하는 바와 같이 소설은 개인으로서의 성격과 환경과 그 운명을 그리는 예술이라 서구적 의미의 완미한 개성으로서의 인간 또는 그 기초가 되는 사회 생활이 확립되지 않는 한 소설양식의 완성은 기대할 수 없는 것이다.
이런 의미에서 진정으로 개성이기엔 다분히 봉건적인 신문학, 또한 개성적이기보다는 지나치게 집단적인 경향문학은, 결국 조선에 소설양식을 완성할 수 없었다."(〈본격소설론〉,《조선일보》1938년 5월 24일~5월 28일), 임화문학예술전집 편찬위원회 편,《임화문학예술전집3-문학의 논리》, 296~297쪽; 강조는 인용자)

언문일치言文一致의 조선어로 쓴, 바꾸어 말하면 내용·형식 함께 서구적 형태를 갖춘 문학이다."[30]

신문학사는 신문학의 선행하는 두 가지 표현 형식[언문과 한자; 인용자]을 가진 조선인의 문학 생활의 역사의 종합이요 지양止揚이다.
그런 의미에서 신문학사는 일반 조선문학 전사全史 가운데 최근의 일一 시대로서 씌어져 무방한 것이다.[31]

그때 혹은 그 뒤의 신문학이 일본문학에서 배운 것은 왕년의 경향문학傾向文學과 최근의 단편소설들을 제외하면 극소極少한 것이다. 그러면 직접으로 서구문학西歐文學을 배웠느냐 하면 그렇지도 아니했다. 그럼에 불구하고 신문학은 서구문학의 이식과 모방 가운데서 자라났다. …(중략)…

신문학이 서구문학을 배운 것은 일본문학을 통해서 배웠기 때문이다. 또한 일본문학은 자기 자신을 조선문학 위에 넘겨준 것보다 서구문학을 조선문학에게 주었다. 그것은 번역과 창작과 비평 등 세 가지 방법을 통해서 수행되었다.[32]

---

[30] 임화, 〈개설 신문학사〉, 임화문학예술전집 편찬위원회 편, 《임화문학예술전집2-문학사》, 소명, 2009, 15쪽.

[31] 임화, 〈개설 신문학사〉, 21쪽.

[32] 임화, 〈신문학사의 방법〉, 임화문학예술전집 편찬위원회 편, 《임화문학예술전집2-문학사》, 654쪽.

임화는 조선의 근대문학을 내용과 형식에서 '서구적 형태를 갖춘 문학'으로 정의했다. 그렇지만 그것은 또한 전근대문학('언문학'과 '한문학')의 종합이자 지양이기도 했고, 일본문학을 경유해서 번역되고 수입된 서구문학의 변종이기도 했다. 이 점에서 '서구적 형태를 갖춘 문학', 즉 근대문학이란 조선 전근대문학, 일본문학, 서구문학 등이 뒤섞여 있는 '이질언어heteroglossia' 문학이라고 말할 수 있다. 이질언어적 원천에 관한 임화의 인식은 신소설 작품들에 대한 설명에 특히 잘 나타나 있다. 임화는 이인직의 《은세계》를 '서구적 형태'를 갖춘 예외적 작품으로 평가했지만, 그 밖의 신소설 작품들에 대해서는 서구 근대소설(객관적 태도, 권선징악 구성 탈피)에의 지향이 일본문학(정치소설, 탐정소설)의 영향이나 조선 '언문학'의 잔재(가정소설 형식, 권선징악 구성)와 혼합되어 있다고 평가했다. 그렇다면 '서구적 형태를 갖춘 문학'이라는 임화의 근대문학 정의를 글자 그대로 받아들이는 것은 적절해 보이지 않는다. 게다가 그가 1930년대 소설 작품들(예컨대, 세태소설과 내성소설)에 대해 여전히 '서구적 형태'에 미달한다는 평가를 내렸음을 고려한다면, 그의 표현과 무관하게 조선 근대문학이란 '일본문학'을 경유해서 수입된 '서구적 형태'의 문학과 조선 전근대문학의 잔재로 이루어진 이질언어적 원천 위에서 형성된 혼종문학으로 재정의되어야 할 것이다.

문학적 원천으로서의 이질언어에 관한 논의에서 흥미로운 것은, 임화가 서구 근대문학의 주도적 지위를 전제함으로써 조선 전근대문학의 의의를 소극적으로 평가하는 데 그치지 않고 일본문학의 영향 역시 최소한도로만 인정했다는 사실이다. 임화는 조선 근대문학에 끼친 일본문학의 영향을 전면적으로 부정할 수는 없었지만, 조선 전근대문학과 서구 근대문학의 역학 관계를 조선 근대문학 형성의 결정적 동력으로 간주함으로써 조선문학의 정체성을 일본문학과 뚜렷이 구별해서 정의하려고 했다. 이와 같은 임화의 의도는 '근대 초기'를 '개화기'나 '문학혁명의 시대'가 아닌 '과도기'로 규정하는 데서도 확인할 수 있다. 임화는 일본문학사에서 사용되는 용어 '개화기'란 "구시대를 몽매기朦昧期라 하여 그것이 문명개화文明開化됨에 따라 중대한 역할을 연演한 서구 외래문화를 중히 평가한 데서 온 결과"라는 점에서, 그리고 중국문학사에서 사용되는 용어 '문학혁명의 시대'란 "새 문학의 탄생과 구문학의 몰락에 있어 서구 외래문화의 큰 역할을 몰각"했다는 점에서 조선 근대 초기의 성격을 표현하는 데 적합하지 않다고 보았다.[33] 그 대신 임화는 조선의 근대 초기를 조선 전근대문학과 서구 근대문학의 '세력 균형 상태'로써 규정한 뒤[34] 그에 대해 '과도기'라는 명칭을 부여했다. 그에게 조선의 근대는 중국이나 일본의 근대와 전혀 달랐고, 그 때문에 조선 근대문학이 일본이나 중국의 근대문학과 구별되는 것은 자연스러운 일이었다.

임화의 논의에서 조선 근대문학의 동일성이 이질언어적 원천에 의해 형성되었다면, 그 역사적 전개를 규정한 것은 조선 전근대문학과 서구 근대문학 사이의 역학 관계였다. 이 점에서 그동안 많은 논

---

[33] 임화, 〈신문학사의 방법〉, 134쪽.
[34] 임화, 〈신문학사의 방법〉, 133쪽.

란을 야기했던 임화의 용어 '이식' 또한 단순한 서구 중심주의의 표지로 받아들여서는 안 된다. 오히려 그것은 조선 근대문학을 형성한 이질언어적 요소들 사이에서 '서구적 형태'가 수행한 주도적 역할을 내표하는 표현으로 볼 필요가 있다. 여기서 서구 근대문학의 주도적 역할이란 단지 형식적 측면(작품 구성 방식)에서 그것이 조선 전근대 문학에 준 충격에만 한정되지 않았다. 그 역할은 내용적 측면, 즉 '자주의 정신'에 입각해서 '자유로운 개성'을 주장하는 근대정신에도 있었다. 그러므로 임화가 '과도기' 문학에서 목격한 전근대와 근대의 '세력 균형 상태'란 이와 같은 근대정신이 조선의 전근대정신(집단성, 봉건 윤리)과 역학 관계에 있다는 것, 따라서 "평민화하는 귀족과 신흥하는 평민이 일종의 개량주의적이고 절충적인 지점에서 합작할 수 있는 가능성"[35]이 있음을 의미했다. 조선 근대문학은 '근대'의 문학인 한 (일본문학을 경유해서 수입된) 서구적 형태와 정신에 주도성을 부여할 수밖에 없지만, 그 특수성으로 인해 조선 전근대문학의 잔재를 여전히 포함할 수밖에 없었다.

　임화는 조선 근대문학의 역사를 이질언어적 요소들 사이의 역학 관계로써 설명했다. 문학적 원천으로서의 이질언어를 조선 근대문학의 형성에서뿐만 아닌 그 역사적 전개에서도 결정적 요인으로 인식한 것이다. 예컨대, 일제 말기 문학사 서술에서 임화는 약간의 오인에 기초한 것이기는 하지만 이인직의 《은세계》를 최초이자 최고

35　임화, 〈신문학사〉, 임화문학예술전집 편찬위원회 편, 《임화문학예술전집2 - 문학사》, 136쪽.

의 신소설 작품으로 평가한 뒤 이인직과 이해조의 작품 발표 과정을 "신소설의 붕괴 도정"[36]으로 서술한 바 있다. 이 서술에서 그가 가장 중요하게 여긴 것은 서구 근대문학의 영향과 조선 전근대문학의 잔재 사이의 긴장 관계였다. 이인직의 《은세계》에서 근대문학의 영향이 우세했다면, 그에 뒤이어 발표된 일련의 신소설 작품들에서는 전근대문학의 잔재가 우세하게 되었다는 것이다. 이는 임화가 이인직에 뒤이은 조선 근대문학의 계승자로서 이해조나 최찬식이 아닌 이광수를 지목한 이유이기도 했다. 시기적으로 이해조나 최찬식이 이인직 이후 작가들임에도 불구하고 그들의 작품은 이인직의 작품들에 비해 전근대적이라는 것, 그리고 조선 근대문학에서 근대적인 것의 우세는 이광수의 소설에 이르러서야 비로소 복원된다는 것이 그의 생각이었다.

임화의 문학사 서술에서 역사의 전개 방향은 그리 명료하게 제시되어 있지 않다. 그는 한편으로 조선 근대문학이 서구 근대문학을 향한 전진 운동을 전개했다고 주장하면서도, 다른 한편으로는 신소설의 전개 과정을 서구 근대문학으로부터의 후퇴 과정으로 묘사하기도 했다. 게다가 1940년대 들어서는 '서구 문화의 종언'을 선언함으로써 그와 같은 전진 운동 자체가 소멸해 버린 것처럼 주장하기도 했다. 하지만 문학적 원천으로서의 이질언어에 관한 생각이 암시하는 것은, 이인직의 《은세계》처럼 예외적으로 근대문학의 우세를 입

---

[36] 임화, 〈개설 조선신문학사〉(《인문평론》 1941년 4월호), 임화문학예술전집 편찬위원회 편,《임화문학예술전집2-문학사》, 346쪽.

증하는 작품이 등장할 수도 있지만 이해조나 최찬식의 신소설처럼 전근대문학의 우세를 보여 주는 작품이 쓰여질 수도 있고 근대문학의 영향을 거의 식별하기 힘든 작품이 발표될 수도 있다는 점이었다. 조선 근대문학이 서구문학의 형태와 정신을 지향해 왔다는 설명과 달리, 그의 문학사 서술은 조선 근대문학의 역사적 전개란 서구문학으로부터의 일탈과 중단으로 점철된 과정이라는 것을 보여 주었다. 말하자면, 조선 근대문학의 역사에는 어떤 초월론적 목적지$_{telos}$도 설정되어 있지 않다는 것, 오히려 이질언어적 요소들 사이의 역학 관계 변화에 따라 언제든 그 방향이 뒤집힐 수 있다는 것이었다. 그렇다면 조선 근대문학이 서구 근대문학을 지향했다는 임화의 설명은 단순한 경험적 사실 제시라기보다 이질언어적 요소들 가운데 근대적인 것(서구적 형태, 근대정신)의 회복 필요성에 대한 요구로 재해석될 수 있다. 다시 말해, 임화는 서구 근대문학의 우세를 회복하는 것만이 동시대 조선문학의 문제에 대한 유일한 해결책이라고 보았다.

일제 말기 임화는 조선 근대문학의 이질언어적 원천이 여전히 소진되지 않은 것으로 인식했다. "우리의 사회나 문학이 한 번도 완전히 시민적이 되지 못했다는 특수성"[37]은 이 시기 그의 사유를 조건 지은 중요한 성격 규정이었다. 임화는 조선 근대문학의 역사를 조선 전근대문학과 서구 근대문학 사이의 역학 관계로써 이해했고, 이를 통해 제국 일본의 문학과 구별되는 조선문학의 이질언어적 원천

---

[37] 임화, 〈교양과 조선문단〉, 《인문평론》, 1939년 11월호, 51쪽.

을 강조할 수 있었다. 일제 말기 역사 담론의 지형을 고려한다면, 임화의 문학사 서술에 내재하는 역사 이해는 조선 사회의 현재와 미래를 '동아협동체'의 틀로써 이해하려는 시도에 대한 명백한 반대를 의미했다. 일제 말기 '(서구) 근대'의 실현에 대한 요구란 결국 '동양'의 이름으로 그것의 '초극'을 참칭하는 데 대한 명백한 거부를 내포하고 있었다. 특히 조선 근대문학의 이질언어적 원천에 관한 임화의 인식은 '동양/서양' 이분법 자체를 무력하게 만들 수 있었고, 그럼으로써 제국주의자들의 역사 기획에 비판적 거리를 둔 채 동시대 사회를 역사적으로 성찰할 수 있는 계기가 되었다. 게다가 임화가 역사철학자들처럼 완결된 역사상을 제시하는 대신 조선문학작품들에 대한 경험적 고찰을 통해 실재하는 변화의 동력(이질언어적 원천)을 포착한 것은, 그가 일제 말기 조선 사회의 근본적 변화를 논리적 일관성의 수준에서가 아닌 현실적 가능성의 수준에서 사유했음을 보여주는 중요한 증거였다.

전통으로서의 자기부정

일제 말기 김기림이 조선 근대문학에 대한 역사적 고찰을 시도한 계기는 임화의 경우와 본질적으로 다르지 않았다.[38] 그 역시 이 시기

---

[38] 김기림에게 역사적 성찰의 목적은 '전통'에 대한 인식을 통해서 문학의 방향성을 회복하는 데 있었다.

들어 조선 근대문학의 정체성에 문제가 발생한 것으로 진단했고, 과거 문학작품들에 대한 역사적 고찰을 통해 해법을 모색하려 했다. 하지만 김기림은 이 시기 조선문학의 문제를 '근대의 파산'과 관련해서 이해했고, 이 점에서 명백히 임화의 입장과 구별되었다. 임화가 일제 말기에도 여전히 서구 근대문학의 주도성을 인정한 것과 달리, 김기림은 "조선은 근대사회를 그 성숙한 모양으로 이루어 보지도 못하고 근대정신을 그 완전한 상태에서 체득해 보지도 못한 채 인제 '근대' 그것의 파국에 좋든 궂든 다닥치고 말았"[39]다고 선언했다. 그로 인해 임화가 조선 근대문학의 원천으로서 이질언어를 강조했던 것과 달리, 김기림은 조선 근대문학의 자기부정 전통에 관심을 기울이게 되었다.

김기림은 '근대의 파산'을 선언했으면서도 새로운 세계 질서의 '등장'에 대해서는 명백히 유보적인 태도를 취했다. 그는 '동양' 중심의 세계 질서 수립 기획뿐만 아닌 '동양'이라는 정체성 그 자체에 대해서도 비판적 입장을 드러냈고, 심지어는 새로운 세계 질서 수립을 언급하는 것조차도 부정적으로 평가했다. "시작된 것은 실은 아직도 새로운 시대가 아니고 '근대'의 청산과정淸算過程"이며, "새로운

"어느 시기에 특히 문학을 하는 사람들 사이에 문학사를 요망하는 기운이 움직인다고 하면 그것은 그 시기의 문학이 자신의 계보를 정돈함으로써 거기 연결한 전통을 찾아서 그 앞길의 방향을 바로 잡으려는 요구를 가지기 시작한 증거일 것이다."(〈'모더니즘'의 역사적 위치〉《인문평론》 1939년 10월호), 《김기림 전집1》, 심설당, 1988, 53쪽.

[39] 김기림, 〈'모더니즘'의 역사적 위치〉, 51쪽.

시대는 오히려 당분간은 먼 혼란과 파괴와 모색의 저편에 있"을 뿐이라는 게 그 이유였다.[40] 오히려 '근대의 파산' 시기 '긴급한 과제'는 "새 세계의 구상"이 아닌 근대의 "현명하고 정확한 결산"[41]이 되어야 했다. 이때 김기림은 비록 서양 근대 문화가 파산했다고 하더라도 동양문화가 즉각적으로 그 자리를 대신할 수는 없다고 주장했다. 근대의 "현명하고 정확한 결산"을 수행해야 한다면, "서양문화가 일정한 거리에까지 물러선 것처럼 동양문화도 한번은 어느 거리 밖에 물러가서 우리들의 새로운 관찰과 평가"[42]를 견뎌내지 않으면 안 된다는 것이었다. 여기에 김기림이 "지나간 30년 동안의 우리 자신의 체험을 토대로 '근대' 그것을 다시 은밀하게 검토"[43]하는 행위, 즉 조선 근대문학을 문명사적 관점에서 비판적으로 성찰하는 행위를 요청한 이유가 있다.

이 소론의 목적은 제1차의 경향파의 뒤를 이어 제2차로 우리 신시에 결정적인 가치 전환을 가져온 '모더니즘'의 역사적 성격과 위치를 구명해서 우리 신시사 전체에 대한 일관된 통견洞見을 가져 보자는 데 있다. 새삼스럽게 필자가 이 제목을 가린 것은 30년대 말기 수 년 동안의 시단의 혼미란 사실은 시인들이 '모더니즘'을 그 역사적 필연성과 발

---

[40] 김기림, 〈'모더니즘'의 역사적 위치〉, 50쪽.

[41] 김기림, 〈'모더니즘'의 역사적 위치〉, 50쪽.

[42] 김기림, 〈'동양'에 관한 단장斷章〉(《문장》, 1941.4), 《김기림 전집6》, 심설당, 1988, 52쪽.

[43] 김기림, 〈우리 신문학과 근대의식〉, 《김기림 전집6》, 49쪽.

전에서 보지 못하고 단순한 한때의 사건으로 취급할 위험이 보이는 때문이다. 영구한 '모더니즘'이란 듣기만 해도 몸서리치는 말이다. 다만 그것은 어떠한 역사의 계기에 피치 못할 필연으로서 등장했으며 또한 그 뒤의 시는 그것에 대한 일정한 관련 아래서 발전한 것이 아니면 안된다는 결론을 가짐이 없이는 신시사를 바로 이해했다고 할 수는 없다. 또 '모더니즘'의 역사성에 대한 파악이 없이는 그 뒤의 시는 참말로 정당한 역사적 '코스'를 찾았다고 할 수 없다.[44]

30년대 말기 수년은 어느 시인에게 있어서도 혼미였다. 새로운 진로는 발견되어야 했다. 그러나 그것은 어떤 길이든지 간에 '모더니즘'을 쉽사리 잊어버림으로써만 될 일은 결코 아니었다. 무슨 의미로든지 '모더니즘'으로부터 발전이 아니면 아니 되었다.[45]

인용문에서 확인할 수 있는 것처럼, 김기림은 "현명하고 정확한 결산"을 통해 '근대의 파산' 이후에도 모더니즘 문학이 지속할 수 있다고 주장했다. 이 주장은 언뜻 보기에 모순적인 것처럼 보인다. 모더니즘 문학이 근대사회에서 등장한 언어예술이라면 '근대의 파산'은 모더니즘 문학의 역사적 생명력 역시 소진시킬 수밖에 없는 것처럼 보이기 때문이다. 하지만 김기림에게 그것은 결코 모순된 결론이 아니었다. 모더니즘 문학이란 그 고유한 특성으로 인해 '근대의 파

---

[44] 김기림, 〈'모더니즘'의 역사적 위치〉, 54쪽.

[45] 김기림, 〈'모더니즘'의 역사적 위치〉, 58쪽.

산' 이후에도, 정확히 말하면 '근대의 파산'을 통해 비로소 생명력을 유지할 수 있다는 게 그의 생각이었다.

모더니즘 문학에 대한 김기림의 옹호는 무엇보다도 그것을 특정한 유형이나 형식이 아닌 "반역의 정신"[46]으로 규정한 데 비롯했다. 여기서 '반역의 정신'이란 두 가지 의미로 해석될 수 있다. 우선, 모더니즘 문학은 근대사회의 산물로서 그에 대한 부정negation을 실천했다는 것이다. 김기림의 설명에 따르면, 모더니즘 문학은 "근대라고 하는 이 파렴치한 상업의 시기"에 "'근대'에 대한 열렬한 부정자요, 비판자요, 풍자자로서 등장"했으며 "통렬하게 세계를 매도하고 꾸짖고 조소"하는 데서 "한 연면한 전통"을 형성했다.[47] 이 점은 조선의 경우에도 다르지 않았다. 조선의 모더니즘 문학 역시 봉건적 이데올로기, 유교적 질서, 영구한 정체, 신분적 구속 등으로부터의 '인간 해방'과 "권리와 창조의 주체로서의 개성"[48]을 내세웠고, 생활과 사고에서 봉건사상과 인문주의가 공존하는 동시대 사회에 대한 부정을 적극적으로 실천했다. 이와 같은 모더니즘 문학의 부정적 실천은 이후 김기림이 경향문학의 의의를 인정하고 "전대의 경향과와 '모더니즘'의 종합"[49]을 바람직한 문학적 방향으로 제시하는 데 결정적 계기가 되었다. 특히 그는 일제 말기 문명사적 상황에서 근

---

[46] 김기림, 〈시의 장래〉(《조선일보》 1940년 8월 5일), 《김기림 전집2》, 심설당, 1988, 338쪽.

[47] 김기림, 〈시의 장래〉, 338쪽.

[48] 김기림, 〈우리 신문학과 근대의식〉, 47쪽.

[49] 김기림, 〈'모더니즘'의 역사적 위치〉, 57쪽.

대사회에 맞선 모더니즘 문학의 부정적 실천이란 '세계사의 갱신'에
도 충분히 기여할 수 있으리라고 생각했다.

다음으로, 모더니즘 문학은 근대사회에 대한 부정으로서의 자기
자신에 대한 부정, 즉 자기부정self-negation을 실천했다. 이는 조선 모더
니즘 문학의 역사적 전개에 관한 설명에 매우 명료하게 제시되어 있
다. 김기림의 설명에 따르면, 조선 모더니즘 문학은 문학자들이 서
구문학에서 '로맨티시즘'과 '세기말 문학'을 받아들이면서 시작되었
다. 하지만 이는 '전진하는 역사적 현실'이나 '새로운 시민의 질서'
를 표현하는 데 적합하지 않았다. 그 때문에 1920년대 경향문학 이
론가들은 첫 번째 자기부정을 실천함으로써 그러한 문학적 경향을
극복해야 했다. 그에 뒤이은 1930년대 기교주의자들은 경향문학의
내용 중심주의를 비판하고 '근대 문명'에 대한 감수성과 '언어예술'
로서의 시를 강조함으로써 두 번째 자기부정을 실천했다. 이후 1930
년대 중반 '근대 문명'의 부정성이 폭로되고 언어의 '기교주의적 말
초화'가 진행되었을 때, 모더니즘 문학은 '사회성'(근대사회에 대한 부
정)을 '언어의 가치'와 결합함으로써 세 번째 자기부정을 실천했다.
그리고 일제 말기 조선 모더니즘 문학은 '근대의 파국'과 더불어 네
번째 자기부정으로서의 '모더니즘의 초극'을 실천해야 하는 상황에
처하게 되었다. 여기서 주목해야 할 것은 모더니즘 문학이 '근대의
파국'이나 '모더니즘의 초극' 논의에서 수동적 객체가 아닌 능동적
주체로 설정되어 있다는 점이다. 이것이 갖는 의미는 분명하다. 과
거 특수한 모더니즘 형식들이 자기부정을 통해 존속했던 것처럼, 일
제 말기 모더니즘 문학 역시 지속적인 자기부정(자기 '초극')을 능동

적으로 실천함으로써 생명력을 입증해야 한다는 것이다.

30여 년에 이르는 조선 모더니즘 문학의 역사는 여러 문학 형식
들이 순차적으로 자기부정을 실천하는 가운데 발전을 거듭해 왔다.
이때 모더니즘 문학의 발전을 추동한 핵심 동력은 바로 전통으로서
의 자기부정에 있었다. 모더니즘 문학의 역사는 "단순한 계기繼起 ·
병존처럼 보이는 현상의 잡답 속에서도 (모든 역사가 그런 것처럼) 분
명히 발전의 모양"을 갖추고 있다는 것, "긍정과 부정과 그 종합에
서 다시 새로운 부정에로—이렇게 그것은 내용이 다른 가치의 끊임
없는 투쟁의 역사"[50]라는 것이 그의 기본 생각이었다. 김기림이 조
선 모더니즘 문학에 대한 통시적 고찰을 통해 재구성해낸 것은 바로
그와 같은 자기부정 전통이었다. 그러므로 모더니즘 문학이 비록 특
정한 역사적 시기에 등장했다고 하더라도, 그 역사성 때문에 그것을
"단순한 한때의 사건"으로 평가절하하는 것은 적절하지 않았다. 오
히려 그것은 특정한 역사적 시기에 등장한 뒤 마치 자동기계처럼 내
부 동력(자기부정)에 의해 앞으로 전진해 나갈 수 있는 문학이었다.
이 맥락에서 김기림은 계기적으로 등장했다 사라지는 여러 문학 형
식들을 관통해서 존속하는 모더니즘, 즉 '모더니즘의 초극'까지도
감수할 수 있을 정도로 자기부정을 실천하는 모더니즘을 "영구한
'모더니즘'"으로 명명하기도 했다.

일제 말기 '모더니즘의 초극' 문제는 '근대의 파국' 이후 서구 문
화에 대한 대안적 문화를 구상하는 문제, 즉 서구 문화의 잠재력 소

---

[50] 김기림, 〈'모더니즘'의 역사적 위치〉, 53쪽.

진과 동양문화의 잠재력 충만을 내세우는 제국주의자들의 '동양' 중심 문화 기획에 맞서 새로운 문화를 구상하는 문제와 긴밀하게 연관되어 있었다. 모더니즘 문학이 서구 근대문학의 영향을 통해 형성된 것인 한, '새로운 문화'를 탈-서구 문화의 구상 및 동양문화의 발견과 관련해서 논의하는 것은 자연스러운 일처럼 보인다. 그렇지만 김기림은 결코 논의의 범위를 '동양/서양' 이분법에 한정하려고 하지 않았다. 오히려 그는 '새로운 문화'의 구성 문제를 모더니즘 문학의 자기부정 전통 속에서 다루었고, 동양문화과 서구 문화 모두에 대한 비판적 성찰을 실천할 때 대안적 문화('모더니즘의 초극')를 구상할 수 있다고 믿었다. 이 맥락에서 볼 때 "근대 서양의 파탄을 목전에서 보았다고 곧 그것의 포기 · 절연을 결의하는 것"이나 "서양은 돌아볼 여지조차 없는 것이라 속단하고 그 반동으로 실로 손쉽게 동양문화에 귀의하고 몰입沒入하려는 태도"는 모두 '문화적 감상주의'의 표현으로서 새로운 문화 구상에 전혀 도움이 되지 못했다.[51] "근대 문화보다도 다시 더 놓은 단계의 함축 있고 포괄적인"[52] 문화를 구상하기 위해서는 특정한 문화를 긍정하든 부정하든 동양/서양 이분법 자체를 해체해야만 했다. 김기림에게 '근대의 파국' 이후 탈-서구 문화의 구상은 기존 문화 정체성을 고수할 때가 아닌 자기부정 전통에 충실할 때 가능한 일이었다.

〈'동양'에 관한 단장〉에서 김기림은 "동양문화와 서양문화의 결

[51] 김기림, 〈'동양'에 관한 단장〉, 51쪽.
[52] 김기림, 〈'동양'에 관한 단장〉, 52쪽.

혼"을 "세계사가 구경하여야 향연饗宴"이자 "한 위대한 신문화 탄생의 서곡序曲"이라고 서술했다.[53] 여기서 "동양문화와 서양문화의 결혼"이라는 표현은 '근대의 파국' 이후 도래할 탈-서구 문화적 정체성의 형상처럼 보이기도 한다. 말하자면, 김기림이 동양문화와 서양문화의 기계적 결합을 통한 종합적 문화의 형성을 주장하는 것처럼 보인다.[54] 하지만 그가 "동양문화와 서양문화의 결혼"을 "한 위대한 신문화 탄생의 서곡"으로 규정했다는 점을 고려한다면, 그 표현은 "한 위대한 신문화"의 동일성을 제시한 것이라기보다 일종의 방법론으로서 기존 문화 동일성들에 대한 자기부정을 강조한 것으로 재해석될 필요가 있다. '모더니즘의 초극'이란 '동양/서양' 이분법이 무효화되고 기존 문화 동일성들의 자기부정이 실천될 때 비로소 '시작'될 수 있다는 식으로 말이다.

일제 말기 김기림은 모더니즘 문학의 자기부정 전통에 충실하려고 했고, 그럼으로써 제국주의자들의 일본 중심 동아협동체 기획에 거리를 둔 채 식민지 조선의 미래에 관한 사유를 전개하려고 했다. 게다가 그는 조선 모더니즘 문학의 역사에 대한 경험적 고찰에 기초

---

53 김기림, 〈'동양'에 관한 단장〉, 54쪽.

54 〈'동양'에 관한 단장〉에서 김기림은 서구 문화와 동양문화에 대한 '반성'을 거쳐 탈근대 문화 구상을 위한 '유산'을 분명하게 가려낸다. 서구 문화의 경우 과학문명에 내재하는 '과학적 정신=태도=방법'과 동양문화의 경우 문학 · 예술에 내재하는 '창조력'이 바로 그것이었다. 이 경우 "동양문화와 서양문화의 결혼"이란 단지 예술적 창조력을 합리적 방법에 의해 현실화해야 한다는 당위적인 내용만 드러내게 된다. 이러한 글자 그대로의 해석은 큰 의미가 없어 보인다. 거기에는 '문화'의 문제와 관련해서 어떤 특별한 내용도 담겨 있지 않기 때문이다.

함으로써 역사철학자들과 달리 현실성 있는 역사 변화의 동력을 포착할 수 있었다. 그리고 문학적 전통으로서의 자기부정에 대한 인식을 통해 임화와 구별되는 방식으로 식민지 '근대'의 '초극' 문제에 응답할 수 있었다.

역사 인식의 아포리아와 그 초극의 가능성

'서양'의 근대 자본주의 체제에 대한 회의와 '동양'의 탈근대 공동체에 대한 기대가 교차하는 일제 말기 역사 담론의 지형 속에서, 역사철학자들을 비롯한 식민지 지식인들은 동아신질서론에 대한 비판적 거리를 유지한 채 동시대 조선 사회에 관한 역사적 이해를 시도했다. 그들은 민족국가나 사회주의 사회의 수립에 대해 더 이상 긍정적 전망을 제시할 수 없었지만, 그렇다고 해서 제국주의자들의 '동아협동체' 구상을 식민지 조선의 바람직한 미래상으로서 받아들일 수도 없었다. 그들은 역사(철학)적 사유를 전개하기 위해서 동아협동체론의 내용물을 부분적으로 참조하기도 했지만, 거기에 내재하는 일본 중심 동양주의에 대해서는 명백히 비판적 태도를 취했다.

 '역사철학/역사이론'의 구분을 활용할 경우, 일제 말기 역사 담론의 지형은 크게 역사철학자들의 역사철학과 문학비평가들의 역사이론으로 구획될 수 있다. 신남철, 박치우, 서인식 등 이 시기 역사철학자들은 개인/전체, 민족/세계, 특수/보편 같은 범주들을 통해서 역사에 관한 완결된 설명을 시도했다. 그들은 '동아협동체' 기획에 맞서기 위해 '변증법적 전체주의'(박치우)라든가 '세계성의 세계'(서인식)를 역사의 최종적 완성태로서 구상했고, 그럼으로써 제국주의자들과는 다른 방식으로 식민지 조선의 미래에 관한 사유를 전개할 수 있었다. 하지만 그들의 역사 담론은 세계사에 대한 거시적 사유를 시도한 결과 조선 사회에서 그에 상응하는 경험적 사실들을 제시할 수 없었다. 또한 제국주의의 역사 기획에 필적하는 대안적 모델을 마련하려고 한 결과 그와 유사한 유토피아적-목적론적 역사 구상을 제시하게 되었다. 이 점에서 그들의 논의에는 일종의 아포리아가 내재해 있다고 말할 수 있다. 그와 달리 임화와 김기림의 역사 이론은 조선문학작품들에 대한 경험적 고찰을 통해 조선 근대문학(과 근대사회)의 역사적 전개(발전)에 내재하는 동력을 포착하는 데 주력했다. 그리고 조선 근대문학의 이질언어적 원천과 모더니즘 문학의 자기부정 전통에 주목함으로써 역사철학자들의 역사 담론에 내재하는 아포리아의 초극 가능성을 보여 주었다.

일제 말기 역사 담론의 지형에서 역사철학자들의 역사철학과 임화와 김기림의 역사이론은 전혀 상이한 장소를 점유하고 있었다. 그렇지만 그들 사이에는 차이점 못지않게 모종의 연루 관계를 짐작하게 해 주는 유사점 역시 존재했다. 임화와 김기림은 각각 조선 근대문학의 이질언어적 원천과 모더니즘 문학의 자기부정 전통에 주목함으로써 유토피아적-목적론적 역사 구상에서 벗어날 가능성을 보여 주었다. 그러나 다른 한편으로는 불분명한 형태이기는 하지만 역사의 전진 운동에 방향성을 부여해 주는 지표를 제시함으로써 유토피아적-목적론적 역사 이해에서 완전히 벗어나 있지 못함을 암시하기도 했다. 조선 근대문학의 역사적 전개에 관한 임화의 설명에서 서구 근대문학은 조선 근대문학의 형성을 가능하게 한 주요 이질언 어적 요소로 작동하기도 했지만, 조선 근대문학이 나아가야 할 유토 피아적 목적지로 기능하기도 했다. 김기림 역시 모더니즘 문학의 자 기부정 전통에 주목했지만, '근대의 파국' 이후 탈-서구 문화의 구 상이라는 과제 앞에서 '한 위대한 신문화'라는 유토피아적 목적지를 설정할 수밖에 없었다. 임화와 김기림의 역사 이론 역시 역사철학자 들의 역사 담론과 마찬가지로 유토피아적-목적론적 역사 구상에 어 느 정도 연루되어 있었던 셈이다. 이와 같은 연루 관계는, 역사철학 자들의 경우에도 그렇듯이 특수한 역사 이해가 제국주의자들의 역 사 기획에 대한 '대안'임을 주장하려 할 때 불가피하게 수반하는 것 이기도 했다. '지향점'으로서의 역사의 목적을 전제하지 않은 채 역 사의 전진 운동을 사유하기란 어쩌면 불가능한 일일지도 모른다.

임화와 김기림의 역사이론들이 비록 유토피아적-목적론적 역사 구상에 연루되어 있다고 하더라도, 그들의 역사 이해는 역사의 최종 적 완성태나 유토피아적 목적지를 구체적으로 상상하는 대신 30여 년에 이르는 근대문학의 경험 속에서 역사적 변화의 동력을 포착하 려고 했다는 점에서 큰 의의가 있다. 원천으로서의 이질언어나 전통 으로서의 자기부정은 조선 근대문학의 역사적 전개에 내재하는 동 력이기도 했지만, 다른 한편으로는 식민지 조선인이 그 역사적 전개 에 능동적 주체로서 참여해 왔음을 입증하는 증거이기도 했다. 조선 문학자들은 과거 30여 년 동안 전개된 이질언어적 요소들 간 싸움 에 능동적 주체로 참여함으로써 근대문학의 형성과 전개에 기여했고, 자기부정 전통에도 역시 능동적 주체로 참여함으로써 모더니즘 문학의 지속을 위해 헌신했다. 그렇다면 일제 말기 조선 근대문학의 정체성 위기 앞에서 임화와 김기림이 이질언어적 원천과 자기부정 전통을 강조한 것은, 조선 작가들에게 '근대'의 편에 서서 '전근대'에 맞서 싸우거나 아니면 기존 문화 유형들(동양문화와 서양문화)에 대한 자기부정을 실천을 통해 역사의 변화에 능동적 주체로 참여하기를 요구한 것으로 해석될 수 있다. 이 시기 임화와 김기림에게 주요 관심사는 식민지 조선의 근대 역사에 대한 충실한 기술 그 자체가 아니었다. 그들에게 중요한 문제는 30여 년에 이르는 조선 근대의 역사 속에서 변화의 동력을 포착하는 한편 동시대 조선 사회에서 그것을 표면화하고, 이를 통해 제국주의자들의 기획과는 다른 방향으로 역사의 흐름을 전환시키는 데 있었다.

일제 말기 식민지 조선 지식인들의 역사 담론은 일본을 중심으로 세계 질서를 재편하려는 제국주의자들의 역사 기획에 대한 비판이자 저항으로 볼 수 있다. 특히 임화와 김기림의 역사 이론은 식민지 조선 사회에 내재하는 변화의 동력을 지적하는 방식으로 식민지 주체의 참여를 의도했다는 점에서 제국주의 체제에 대한 이데올로기적 비판이자 현실적·물질적 저항으로 볼 수 있다. 조선 사회에 내재하는 변화의 동력을 복원하려는 그들의 시도는 분명 제국주의자들의 기획에 맞서 식민지 조선의 역사적 전개 방향을 재정향하려는 노력이었다. 일제 말기 어떤 현실성 있는 미래 비전도 제국주의자들의 역사 기획에 맞서 긍정적인 방식으로 제시될 수 없는 상황에서, 임화와 김기림은 현재의 역사적 좌표를 가늠하기 위해 시선을 과거로 돌리는 방법을 선택했다. 그러나 바로 그 때문에 그들은 섣불리 역사의 목적지를 설정함으로써 발생할 수 있는 위험에 빠지지 않은 채 식민지 조선의 역사적 변화에 관해 성찰할 수 있었고, 제국주의자들의 역사 기획 너머에서 조선 사회 변화의 동력을 포착하는 데까지 나아갈 수 있었다. 이 점에서 그들의 역사 이해는 기존 역사 기획들에 대한 비판이나 저항에 그치지 않고 그 초극 가능성 또한 내포하고 있었다고도 말할 수 있다. 임화와 김기림의 역사 이해는 식민지 조선 사회의 변화를 사유하려는 중요한 시도였고, 바로 여기에 일제 말기 역사 담론 지형에서 그들의 작업이 갖는 의의가 있다.

1. 자료

《문장》,《인문평론》,《조선일보》,《조광》,《춘추》

김기림,《김기림 전집1》, 심설당, 1988.

김기림,《김기림 전집2》, 심설당, 1988.

김기림,《김기림 전집6》, 심설당, 1988.

윤대석 · 윤미란 편,《사상과 현실》, 인하대학교 출판부, 2010.

임화문학예술전집 편찬위원회 편,《임화문학예술전집2-문학사》, 소명, 2009.

임화문학예술전집 편찬위원회 편,《임화문학예술전집3-문학의 논리》, 소명, 2009.

차승기 · 정종현 편,《서인식 전집 I 》, 역락, 2006.

차승기 · 정종현 편,《서인식 전집 II 》, 역락, 2006.

정종현 편,《신남철 문장선집 I 》, 성균관대학교출판부, 2013.

2. 논저

고봉준,〈모더니즘의 초극과 동양 인식〉,《한국시학연구》13, 2005.

권성우,〈시대에 대한 성찰, 혹은 두 가지 저항의 방식: 임화와 김기림〉,《한민족 문화연구》26, 2008.

김예림,〈1930년대 후반 몰락/재생의 서사와 미의식〉, 연세대 박사학위 논문, 2003.

김유중,〈1930년대 후반기 한국 모더니즘 문학의 세계관 연구〉, 서울대 박사학위 논문, 1995.

김유중,〈김기림의 역사관, 문학관과 일본 근대 사상의 관련성〉,《한국현대문학연구》 26, 2008.

김재용, 《저항과 협력》, 소명출판, 2004.

김준환, 〈김기림의 반-제국/식민 모더니즘〉, 《Comparative Korean Studies》 16, 2008.

김희주, 〈중일전쟁기 在京都 조선인의 東亞聯盟運動과 趙恩濟〉, 《경주사학》 27, 2008.

류보선, 〈1930년대 후반기 문학비평 연구〉, 서울대 박사학위 논문, 1995.

류보선, 〈이식의 발명과 또 다른 근대-1930년대 후반기 임화 비평의 경우〉, 《Comparative Korean Studies》 19, 2011.

방민호, 〈김기림 비평의 문명비평론적 성격에 관한 고찰〉, 《우리말글》 34, 2005.

이경훈 편역, 《한국 근대 일본어 평론 · 좌담회 선집》, 역락, 2009.

이진경, 〈식민지 인민은 말할 수 있는가?: '동아신질서론'과 조선의 지식인〉, 《사회와 역사》 71, 2006.

이진형, 《1930년대 후반 식민지 조선의 소설 이론》, 소명, 2013.

임명섭, 〈김기림 비평에 나타난 근대의 추구와 초극의 문제〉, 《한국근대문학연구》 1-1, 2000.

장인수, 〈김기림의 근대 보편과 식민지 현실〉, 《반교어문연구》 15, 2003.

정종현, 〈식민지 후반기(1937-1945) 한국문학에 나타난 동양론 연구〉, 동국대 박사학위 논문, 2005.

정종현, 《동양론과 식민지 조선문학》, 창비, 2011.

조관자, 〈세계사의 가능성과 〈나의 운명〉〉, 《일본연구》 9, 2008.

차승기, 〈1930년대 후반 전통론 연구〉, 연세대 박사학위 논문, 2003.

차승기, 〈추상과 과잉〉, 《상허학보》 21, 2007.

채호석, 〈탈-식민의 거울, 임화〉, 《한국학연구》 17, 2002.

황종연, 〈한국문학의 근대와 반근대〉, 동국대 박사학위 논문, 1991.

고야스 노부쿠니, 《동아 · 대동아 · 동아시아-근대 일본의 오리엔탈리즘》, 이승연 옮김, 역사비평사, 2004.

미키 키요시, 〈신일본의 사상 원리〉, 유용태 옮김, 최원식 · 백영서 편, 《동아시아인의 '동양' 인식: 19-20세기》, 문학과지성사, 1995.

알렉스 캘리니코스,《이론과 서사》, 박형신 · 박선권 옮김, 일신사, 2000.
요네타니 마사후미,《아시아/일본》, 조은미 옮김, 그린비, 2010.
히로마쓰 와타루,《근대초극론》, 김항 옮김, 민음사, 2003.

3 | 포크 모더니티, 그 혼종적 성격과 대안적 가치

이영배

혼종적 사태로서 민속의 현대성

민속 관련 조사와 연구 작업들 중 대다수는 마을 민속의 현상적 보고에 머물러 있다고 해도 과언이 아니다. 그 작업들은 구비문학이나 무속·민속놀이·일생 의례·세시풍속 등 일제강점기 식민적 근대화로부터 현재까지 문화 변동과 관련한 민속의 존속 문제에 집중해 온 편이다. 물론 한국 자본주의 형성과 전개 속에서 제기된 구조적 모순에 대한 80년대의 시평이나 민족 혹은 민중문화론에 양분을 제공했던 성과가 없는 것은 아니다. 그러나 90년대 이후 전개된 현대사회의 구조적 문제에 대해서는 많은 부분 간과해 왔다. 사정이 그러

---

* 이 글은《호남문화연구》제57집(2015)에 게재된 원고를 수정하고 가필하여 재수록한 것이다.

한 까닭에 현대사회에서 민속의 혼종적 성격과 그 가능성을 논의하려는 이 글과 직접적으로 관련되는 연구는 거의 없다. 다만 도시 공간에 잔존하는 민속 현상에 주목한 연구들이 현대사회와 민속의 문제를 연관지었다 할 수 있다. 대체로 이 연구들은 외국의 도시민속학의 경향을 소개하고 도시민속의 개념과 방법의 문제를 다루는 한편, 도시민의 생활민속이나 상업화된 풍속을 조사하여 그 의미를 규명하였다.[1]

이 글은 현대사회에서 민속의 성격과 위상을 논의하기 위하여, 현재의 문화장 내에 존속하는 민속 현상을 중시하고, 그것이 놓인 구조의 역동적 변화상을 양태 그대로 읽어 내고자 하였다. 그간의 지배적인 관점은 민속이 놓인 조건을 후경화하고 전통적인 요소를 전경화하는 것이었다. 따라서 후경화된 조건이나 구조의 의미와 가치를 복원하고 그 속에서 민속적인 것들의 존재 상태를 읽어 내는 일이 전략적으로 선택될 필요가 있다. 여기에서 중요한 점은 현재 민속 현상이 근대성의 자장으로부터 벗어나 있는 예외적인 것이 될 수 없다는 것이다. 현재의 지배적인 민속 현상은 '포크 모더니티folk modernty'로서, 근대적 세계 체제의 지구화 과정 속에서 혼종적 사태로 드러나고 있다. 또한 문화산업의 확장 속에서 지배문화화한 대중문화의 하위 영역으로 포섭되어 문화장 내 주변부 영역에 위치해 있다.

한국 사회의 압축적 근대화 과정 속에서 전통·포스트/모더니티

---

[1] 이영배, 〈붕괴의 시대, 연대의 전망: 민속연구에서 연대의 문제설정〉, 《코기토》 77, 2015, 260~261, 263~264쪽 참조.

의 계기들이 동시적으로 존재하는 혼종적 근대성의 구조 속에서, 민속의 사회적·문화적 형식이 주조되고 있다. 이전에는 별개의 형태로 존재하던 상이한 구조 및 실천들이 결합하여, 새로운 구조·대상·실천들을 생성하는 사회문화적 과정이 급속히 전개되고 있고, 그에 따라 민속 역시 형식적으로든 내용적으로든 복잡한 궤적을 그리며 변화해 가고 있다. 이 글은 '포크 모더니티'의 특이성을 혼종성과 감정 구조를 중심으로 논의할 것이다. 다시 말해 구시대·잔여·지배·부상하는 것의 형태로 생성·소멸하는 문화의 역동적인 과정을 문제 삼으면서, '포크 모더니티'의 가능지대를 검토하고자 한다.

호미 바바는 '현재의 순간'을 공간과 시간이 교차하여 차이와 동일성, 내부와 외부, 포함과 배제의 복합적 형상들을 생산하는 이행의 순간으로 간주한다. 이 이행의 순간을 통해 그는 근대적 공간과 그 내부의 고정적 주체 개념을 급진적으로 반성한다. 즉, 현재의 순간에 위치한 문화들을 근원적이고 기원적인 주체성의 서사들을 넘어서서 사고한다. 그것들에 내재한 문화적 차이들이 접합하는 순간에 생산되는 계기들과 과정들에 주목하여 이행의 순간에 펼쳐지는 문화들의 성격을 해명[2]한다. 이를테면 그는 제국 혹은 서구 문명과 식민지 혹은 민족/민속문화 간의 번역과 혼종이 이루어지는 경계지대에 주목한다. 뿐만 아니라 이 양가적이고 모호한 공간에서 발생하는 혼종성을 문화 해석의 전략으로 삼는다.

---

[2] 김용규, 《혼종문화론》, 소명출판, 2013, 430쪽.

'넘어서beyond'의 장소에 있다는 것은 …(중략)… 중간에 낀 공간에 살고 있다는 것이다. 그러나 또한 '넘어서의 위치에서' 산다는 것은 …(중략)… 수정의 시간에 속해 있음을 뜻한다. 즉 우리의 문화적 동시대성을 재기술하는 현재로의 되돌아옴에 속해 있다는 것이다. 그것은 우리의 인간적·역사적 공동성을 재기입하는 현재로의 되돌아옴이다. 그것은 또한 '미래를 미래의 이쪽 편에서 접속하기 위한' 현재로의 귀환이다. 따라서 그 같은 의미에서 중간에 낀 공간 '넘어서'는 지금-여기에서의 간섭의 공간이 된다.[3]

'현재의 순간'은 과거에 사로잡힌 종속적 정체성이 지속되는 순간만도 아니고, 미래로만 질주하는 전혀 새로운 단절된 순간도 아니며, 그것들 속에서 지속과 단절의 계기로만 작동하는 절차적 순간도 아니다. 바바의 언표가 의미하는 것처럼 그것은 현재를 살아가는 여러 갈등적·대립적 혹은 지배적·종속적 또는 순응적·저항적 존재들이 다각적으로 관계 맺어진 망 혹은 그것의 흐름이나 배치로 이해된다. 현재의 순간은 끊임없이 현재로 되돌아오는 수정의 시간이기 때문에, 혹은 인간적·역사적 공동성이 재기입되는 시간이기 때문에 그것은 '넘어선 장소'를 살아가며 '넘어서의 위치'에 할당된다. 그러므로 현재의 순간은, 여러 힘들과 그 힘들의 배치의 표현인 구조 속에 섞인 결들이 어떤 계기들에 따라 각축하는 장들로, 구체화된다고 말할 수 있다. 그것은 결국 혼종성의 시간으로 인지되고 구성된, 계

---

[3] 호미 바바,《문화의 위치》, 나병철 옮김, 소명출판, 2002, 37쪽.

기와 과정들의 잠정적 총합으로 현재화되는 문화들, 즉 혼종적 문화들을 배태하는, 역사적 선험으로서 문화의 토대라 말할 수 있다.

이러한 맥락에서 현재의 순간을 경유한다고 이해되는 민속은 이질적인 생산양식들의 공존과 혼합에서 비롯하는 다양한 가치와 계기들이 단일한 지배 가치 중심으로 동질화되지 않고 중층적으로 혼종화되어 있는 문화라고 말할 수 있다. 그것은 사회구조의 변화와 함께 현재에도 사회적으로 구성되고 있다고 말할 수 있는데, 지구적 차원에서, 지역적 차원에서, 국민국가 혹은 지방적 차원에서 진행되고 있는 사회적 변화 과정 속을 지나가고 있다. 그렇기 때문에 그것은 현실적 사회구조의 변화와 연결되어 사유되어야 한다. 그렇지 못하다면, 지구화된 문화 혼종의 사태 속에서 문화적 차이와 특수성만 강조하는 특수주의의 위험을 피할 수 없다. 실제로 압축적 근대화의 과정 속에서 과거의 가치들은 점진적으로 동화되기보다는 급격히 소멸되거나, 현재화의 과정을 통과하지 못한 채 기억이나 무의식 속에 잔존해 왔으며, 다양한 가치와 계기들이 시간적·동질적 연속성으로 통합되지 못한 채 비동시적이고 비동질적으로 혼재[4]해 있다. 바바의 혼종성에 대한 긍정적인 언표를 생각할 때, 이러한 혼종적인 문화 상황은 현재와 과거, 과거의 서로 다른 시기, 현재의 서로 다른 사회·이념적 집단들, 기타 여러 유파나 학파, 소그룹 사이의 사회·이념적 모순의 구체적 공존[5]을 함축하고 있으며, 새로운 현실 속에

---

[4] 김용규, 《혼종문화론》, 소명출판, 2013, 262쪽.

[5] 미하일 바흐젠, 《장편소설과 민중언어》, 전승희 외 옮김, 창작과비평사, 1988,

서 변형되고 적용되는 재전환의 과정을 표현하고 있다. 민속적인 것들과 근대적인 것들이 복합적으로 절합되는 혼종성, 이 혼종성은 개방적인 가치들과 가능성들이 존재하는 틈새이고, 이 틈새에서 누가 어떤 방식으로 무엇을 기획하고 실행해 나가는가에 따라 대안적인 전망을 생성할 수도 있다.

스튜어트 홀은 기호는 늘 새로운 악센트를 부여받게끔 되어 있으며 의미를 놓고 벌어지는 투쟁, 즉 언어 안에서 벌어지는 계급투쟁에 전적으로 뛰어든다고 말했다. 문화의 현재 혹은 실행의 과정은 그 주체의 위치와 성향, 그리고 입장에 따라 달라지는, 의미를 둘러싼 투쟁이라고 이해된다. 이러한 맥락에서 생산자가 이미 구성한 기호는 잠재적으로 하나 이상의 함축적(내포적) 형태들로 변화[6]한다고 말할 수 있다. 한편으로 민속사회는 고유한 역사를 간직하고 있는 것으로 이해되고 있다. 골골마다 펼쳐진 역사적 삶의 흔적이 지명유래나 전설 등과 같은 민속 지식의 형태로 전승되기도 하며, 유서 깊은 학식과 덕행을 저장하고 있는 다양한 문화 유적들의 형태로 보존되기도 한다. 다른 한편으로 이러한 역사문화적인 기반 위를, 구조화된 근현대의 결들이 가로지르고 있다. 이를테면 중앙선 도로와 지방 도로와 같은 근현대 체제의 효율적이고 기능적인 구조적 연결망들이 각기 다른 역사와 문화를 간직하고 있는 마을들을 한데 묶고 있으며, 이러한 국가적 연결망은 하나로 통합된 경험과 민족적 서사

100~101쪽.

[6] 제임스 프록터, 《지금 스튜어트 홀》, 손유경 옮김, 앨피, 2006, 129쪽.

를 국민국가의 거시적인 차원에서 통합하기도 한다.

또한 민속사회 구성원들의 대부분은 자신들이 살아 낸 과거의 삶을 '궁핍에서 풍요로'와 같은 경험적 서사로 풀어 내기도 한다. 즉 "예전에는 소나무 껍질을 벗겨서 죽을 끓여 먹을 정도로 가난하였다. 그러나 1970년대부터 진행된 새마을 운동으로 인해 엄청난 물질적·정신적 성과를 얻었다. 이전만 하더라도 보릿고개를 넘기 힘들었으나, 통일벼가 보급이 되면서 마을의 식량 문제는 점차 해결되었으며 밀가루·우유 등도 배고픔을 극복하는 데 도움이 되었다"[7] 등과 같은 근대적 신화의 형태로 사회적 의식 속에 각인되어 있다. 각기 다른 고유성 위에 새겨진 이러한 통합의 서사는 어느 마을이든 공통적으로 내포하고 있는 민속사회와 역사 그리고 문화의 일반적 패턴이자 속성이기도 하다. 그러나 그것은 단일하게 흐르는 시간 속에서 보편적으로 확립된 것이라기보다는 현재를 살아가는 마을 사람들의 경험과 기억 속에 새겨져 현재의 시점에서 특수하게 재현되는 지식으로 사회구조를 가로지르는 장들의 역학 속에서 갈등하고 투쟁하고 있는 상징 형식으로 이해된다.

현재 민속사회의 그 수많은 전통적 지식 혹은 민속적 지식들은 한국 사회의 근현대적 변화와 마주치면서 기억 속으로 저장되는 부분이 많아지고 있으며, 이러한 추세는 가속되고 있다. 마을 제사의 전승이 1960년 즈음에 중단되었기 때문에 마을 제사의 실상은 기억을

---

7 이영배, 〈역사의 진자를 좇아 문화 유전의 흔적을 지식화하다〉, 안동대학교 민속학과 편, 《일직의 민속, 여럿이 함께 전승해 온 변화와 공존의 지식》, 민속원, 2014, 6쪽.

통해서 재구해야 할 지식으로 굳혀지고 있으며, 그에 대한 지식 보유자의 수도 현저하게 감소되고 있는 추세에 있다. 대부분의 마을들이 고령화 마을로 구조화되고 있기 때문이다. 그럼에도 불구하고 마을 사람들의 집합기억 속에서 발산되는 지식에는 힘들고 가난했던 시절을 함께 겪으면서 극복하고, 어려운 이웃에게 베풀고 나누려는 심성[8]과 같은, 시대를 관통하는 한국 사람들의 역사문화적 감성이 진하게 배어 있다. 이러한 지식의 속성은 우리가 물질적 풍요 속에서 잃어버린 가치들을 되살릴 수 있는 미래적이고 대안적인 특질을 지니고 있는 것이기도 하다.

어로漁撈 시간의 혼종적 구조

어촌의 시간은 도시와 농촌의 고정된 육지의 시간 개념이 아니라 매우 유동적인 개념으로 간주된다. 특히 근대적 시간의 외부로서 인식되며, 현장적인 용어, 즉 '물때'로 언표된다. 물때는 어민들의 독특한 어업력으로 조석 차이를 나타낸다. 한물부터 시작해 열세 물, 조금, 목시 그리고 다시 한물로 반복되는 주기를 갖는다. 반복 주기는 보름(15일)이며 조금(음력 8월 23일)에서 물이 적게 들고 나며 사리(음력 15일, 30일)에는 물이 많이 들고 많이 빠진다.[9] 물때에 따라 어로 작업

---

[8] 이영배, 〈역사의 진자를 좇아 문화 유전의 흔적을 지식화하다〉, 6~7쪽.

[9] 김준, 《어촌 사회학》, 민속원, 2010, 113쪽.

이 결정되기 때문에 물때는 생존의 문제를 둘러싸고 벌어진 자연과 사람의 투쟁과 갈등, 그리고 협력했던 민속사회의 시간문화 체계로 표상된다. 그러나 물때는 갯벌 어업이나 고기잡이 어업이 발달한 곳에서는 민감하지만 양식 어업이 발달한 곳에서는 물때 감이 약하다. 그럼에도 불구하고 이러한 물때의 고유성은 '양식 어업이 활발하기 전에는'이라는 한정과 함께 체계와 다른 결을 가진 생활 세계를 규정하는 근본적인 민속적 시간으로 구별되고 있다.

그러나 체계와 생활 세계, 혹은 구조와 행위를 가르는 시간의 구분선이 본질적인 것일까? 현재의 국면에서 어촌의 생업과 노동조건 및 그 구조를 민속적인 것들을 중심으로 고유하게 이해하는 것에 문제는 없을까?

한국 연근해에 잡히는 고등어의 95퍼센트(정치망·낚시 등 5퍼센트)가 부산공동어시장에 모인다. 고등어잡이 '대형 선망' 어선들이 부산 남항으로 집결하는 까닭이다. 일본 대마도와 대만, 중국 인근까지 조업을 나간다. 주요 어장은 제주도 주변 해역이다. 대형 선망 어선들은 2013년 11만 8천 톤(1,970억 원어치)의 고등어를 잡았다. 공동어시장의 고등어 대부분이 중매인을 거쳐 서울 노량진시장으로 보내진다. 노량진에서 재경매를 통해 전국 각지로 유통된다.[10] 어떤 어종이든 현재 어촌의 생업 구조는 이와 같이 자본의 흐름을 따라 배치되어 있는 시간 구조에 포섭되어 있다. 그 심층에서 자연적인 바탕 시간이 근본적인 것으로 주장될 수 있다 하더라도, 어촌 사회의 삶

---

[10] 이문영, 〈지옥선이 낚은 물고기〉, 《한겨레 21》 1026, 2014, 35쪽.

과 노동, 그리고 사회의 작동 방식은 자본의 흐름을 중심으로 한 여러 시간의 계기들과 속성들을 포섭하여 이룬 근대적 시간 체제의 자장 속에 놓여 있다.

국내 연근해어선 이주노동자는 2013년 6월 현재 6,200명(입국 누적 1만 6,305명)이다. 전체 선원의 약 30퍼센트 정도를 이주노동자들이 차지하고 있다. 이러한 이주노동자들은 중국, 인도네시아, 베트남, 스리랑카 4개국(특화국가)에서 주로 들어온다. … 연근해 어선 이주노동자 업무는 여전히 수협중앙회가 맡고 있는데, 수협은 영리를 목적으로 하는 송출·송입업체(관리회사)에 모집·선발·관리를 전담시켰다. 민간 영리회사인 관리회사가 선원 이주노동자들의 인사노무관리와 근로감독까지 담당한다. 선주의 위탁을 받은 관리업체는 이주노동자들이 피해를 호소할 때 선주의 편에서 문제를 해결하려 한다. 그러다 보니, 이탈 방지를 빌미로 한 담보 강요(집문서 등), 열악한 노동 환경, 장시간 강제 노동, 임금 체불, 폭언·폭행, 여권·외국인등록증·통장 압류 등이 여전히 행해지고 있다.[11] 이주노동자 선원들은 적은 월급과 한국 선원의 욕

---

[11] 같은 글, 38쪽에서 재구성하여 인용함. 기사에 따르면, 2011년 12월 기준 고용허가제 대상 전체 이주노동자의 이탈률은 19.3퍼센트였다. E9 이주노동자는 30.6퍼센트, E10 선원은 31.4퍼센트를 기록했다. 업종별 이탈률이 연근해 선원 이주노동자들의 열악한 인권·노동 현실을 증명한다. 임금 차별도 제도적으로 보장돼 있다. 어선원의 최저임금은 해양수산부 장관이 고시한다. 2014년 한국인 선원의 최저임금은 141만 5천 원이다. 어획량에 따른 직급별 수당도 보태진다. 외국인 선원의 최저임금은 선주와 선원이 노사 단체협약으로 정한다. 한국인 임금의 75~80퍼센트 수준(2014년 5월 1일부터 118만 원)에서 결정한다. 생산수당은 없다. 장해 보상금과 사망보상금 산정에도 최저임금 차별은 그대로 반영된다. 해양수산부는 외국인 선원

설과 폭행 등을 견디지 못하고 멸치배에서 오징어배로 옮겨 다니기도
한다. 때로는 휴어기에 고향에 다녀오면 계약이 해지되는 경우도 있다.
그만큼 그들의 노동 환경은 불안정하다. 어떤 경우는 선원 출신을 환영
하는 농촌으로 옮겨 가 불법체류자가 되기도 한다.[12]

　주목되는 점은 지구적 노동 분업 체계 속에서 어촌의 생업 구조와
어로 방식 등이 작동하고 있다는 점이다. 뿐만 아니라 세계 체제의
주변부 영역에서 반주변부 거점으로 위상이 변화한 한국 사회의 자
본주의 경제의 구조적 변동 속에서 이른바 3D 업종을 담당하는 노
동인구가 지구적 노동 분업 체계의 조정 속에서 투입되고 있다는 것
이다. 그 구조 속으로, 코리안 드림을 꿈꾸며 찾아오는 이주노동자
의 수가 증가하고 있는데, 이러한 노동인구의 구조적 변화와 제도
혹은 문화의 조응 속에서 새로운 계급, 즉 세계화된 프레카리아트(불
안정노동자)가 출현하고 있으며, 그러한 계급 모순이 심화되고 있다[13]
는 점이다. 이러한 문제들이 내부적으로 어촌에서 농촌으로 혹은 농

　의 경우 근무 능력, 선원국의 물가와 소득수준 등을 감안해 임금을 정하는 것은 '합
　리적인 차별'에 해당한다(2014년 3월 12일)고 선원 이주노동자의 임금 계산에서
　평등 원칙을 배제하는 이유(2014년 2월 27일, '이주민과 함께')에 대해 답했다.

[12]　한 중국 이주노동자 선원의 경우 이 배 저 배를 전전하다가 양파밭에서 일하는 친
　구의 소개로 농촌으로 갔다. 불법체류자가 되어 전남 고흥에서 땅을 밟은 그는 전
　남 강진→충남 아산→강원 횡성→강원 태백 등지를 오가며 배추밭에서 일한다. 자
　세한 내용은 같은 글, 38쪽 참조.

[13]　이러한 자본주의 체제의 구조적 변동과 새롭게 전개되는 불안정노동의 문제를 민
　속 연구에서 어떻게 인식하고 접근할 것인가에 대해서는 이영배, 〈붕괴의 시대, 연
　대의 전망: 민속연구에서 연대의 문제설정〉,《코기토》77, 2015, 252~286쪽 참조.

촌에서 어촌으로 연결되고 있는데, 이러한 점은 자본과 시장을 중심으로 구조화된 지구적 시간에 포섭되어 있는 어촌의 현재 혹은 민속 현장의 현실을 잘 보여 주고 있다.

어촌 사회는 바다라는 특수한 환경에 적응하는 과정에서 형성된 정신적·사회경제적 특성이 체현되는 사회 공동체로, 사회경제적 측면에서 어민 사회의 특징은 자유성과 상품성에 있다고 말해진다. 본래 누구의 것도 아닌 고기는 잡는 자가 임자라는 자유의 논리가, 어촌 공동체의 다양한 관습 속에서 일관되게 발현되는 논리였다. 하지만, 어촌 사회의 경제활동은 어패류 위주의 자급자족의 경제는 성립될 수 없다는 조건에서부터 필연적으로 교환과 상업화의 방향을 기축으로 전개되어 왔다. 어촌 사회는 바다와 육지로 분단되는 공간에서 전개되는 총유와 사유, 경합과 연대 등 해상에서의 질서와, 촌락을 중심으로 한 육상에서의 질서 사이의 모순이 복합적으로 구현되는 곳으로 인식되곤 한다. 그렇지만 변방의 해안가라 할지라도 대개의 경우 축항 작업이 이루어지면서 버스 길이 나 있기 마련이다. 이 길은 어촌 주민들의 삶이 국가 사회와 세계경제라는 보다 큰 외부 세계에 연동하면서 변화한다는 점을 말해 주는 지표이다. 뿐만 아니라, 상당수가 자가 차량을 보유하고 있으며, 자가 차량을 이용하여 대도시로 나가 해산물을 팔고 필요한 물건들을 구입하기도 하며 도시로 나간 아이들에게 식량과 생필품을 대어 주는 생활을 한다. 더구나 대규모의 도로 항만 시설의 확충은 어느 정도 전통 혹은 민속적 삶이 구별되는 소농적 삶까지 해체하고 구조적으로 국민국가의 시장경제를 넘어서는 세계시장의 연결망에 포섭되도록 만들고 있다. 이 과정에서 사회문화적으로 생활양식의 개별화 추세가 강화되어 공동체 의식은 약화되고 있다. 주민들의 다양한 이해관계에 따른 갈등과 조정의 양상이 복잡해지고 있다. 즉, 시장 체계 편입의 가속화 속에서 급속히 이익집단화하고 있다.[14]

농업 노동의 혼종적 구조

하나의 예시를 통해 현재 민속문화의 현장으로 운위되고 있는 농촌 마을 농업 노동의 혼종적 성격에 대해 살펴보자. 경상북도 안동시 남선면 외하리는 1970년대 초에 마을 안길의 도로포장이 시작되었다. 1988~1989년 사이에는 마을 진입로를 닦았다. 버스는 1973년 도입되어 현재 21번 버스가 1시간에 한두 대씩 다니고 있다. 전기·라디오·텔레비전은 1970년 초 도입되었고 냉장고와 전화는 1980년대 중·후반에 보급되었다. 1977년부터 '농촌주택개량사업'이 진행되어 외하리 주거의 외양이 달라졌으며, '취락구조개선사업'으로 인하여 마을 구조와 경관이 전면적으로 변화하였다. 1970년대 동력 경운기가 들어옴으로써 영농의 기계화가 시작되었고, 그 뒤 1980년대에 이앙기를 도입하였다. 1981년에는 마을회관을 건립하였으며

---

[14] 변방 어촌 사회생활 세계의 근본적인 구조적 변화에 대해서는 유명기, 〈어촌 사회의 사회경제적 변화와 정치적 과정〉, 《민족문화연구총서》 27, 2003, 172~246쪽을 참조.

1983년 원림에 보건진료소가 들어섰다.

외하리의 인구는 대체로 70~80년대부터 10년 단위로 급감하였는데, 2014년도 기준 행정상으로는 100세대, 240명, 실제로는 83가구, 166명이 거주하고 있다. 행정상 인구와 실제 거주민의 수가 다른 것은 농촌 거주민에게 주는 각종 혜택, 즉 장학금 및 농촌보조사업, 의료비 지원 때문이다. 주민들의 연령은 50세 이상이 절반 이상으로 한국 농촌 마을의 고령화 추세를 역시 반영하고 있다. 95개 가구 중 농가가 71가구로 약 70퍼센트 정도를 차지하며, 이외에 가축사육 농가가 총 8가구로 한우 169두를 키우고 있다. 현재 벼·콩을 주작물로 삼아 재배하고 있으며 부작물로 마늘·생강·양파·고추 등의 환금작물을 재배하고 있다.

농기계는 70년대를 기점으로 차례로 도입되었는데, 경운기를 시작으로 80년대 초 농산물 건조기와 이앙기가 도입되었고, 80년대 중반에는 트랙터 콤바인이 도입되었다. 90년대 중반에는 스피드 스프레이어(SS분무기)도 도입되었다. 농경지의 지력을 증진시키기 위하여 화학비료를 사용하고 트랙터를 이용해 땅을 갈아엎는다. 8월 중순경에 도열병·문고병 등을 예방하고 해충을 박멸하기 위해 논에 약을 친다. 추수철이 되면 콤바인을 대여하여 벼를 거둔다. 추수가 끝난 벼는 건조 과정을 거쳐 상품화하여 수매를 한다. 콩은 주로 대원콩을 재배하는데, 6월 중순부터 7월 사이에 파종한다. 마늘을 한 번 재배했던 땅을 트랙터를 이용해 정리하고 다시 관리기를 이용해서 고랑을 내고 파종한다. 보통 농협의 계약재배로 이루어지는데, 민간 업자가 재배하고 선별·소독·보관해 놓은 씨콩을 농협으로부터 납품받는다. 추수한 콩은 두부의 원료로 쓰이며 농협이 전량 수매한다.

기타 생업을 살펴보면 먼저 축사의 규모는 약 1,300제곱미터이고 사육 두수는 90두이다. 사육 중인 소의 품종은 숫소 거세이며, 사육 목적은 비육우 판매용이다. 판매·출하 방식은 계통 판매이다. 계통 판매는 판매자가 판매할 소를 경매장에 출하하여 도축하고, 등급을 매기고 경매로 판매하고 대금을 받는 방식이다. 판매처는 김해에 위치하고 있다. 둘째 양잠 산업은 전성기인 1969~1979년대에는 수출에 큰 기여를 하는 중요 산업이었으나 1980년대 중반 이후 중국에서 값싼 생사가 수입되고, 화학섬유의 등장으로 인해 급격히 하락세를 겪었다. 특히 1999년 '잠업법'이 폐지되면서 관련 조직과 기구가 축소되는 등 사양화의 길을 걷고 있다. 외하리도 1965년 경 새마을 운동 전부터 80년대 초까지 잠업을 했다. 중국발 생사의 가격이 저렴한 탓에 국내 생산이 경쟁력을 잃었고, 화학섬유 등의 등장으로 제품 자체의 가치가 떨어졌다.

민속의 시간문화, 즉 세시풍속은 다중적 시간의 구조를 취하고 있다고 말해진다. 즉 천자의 시간, 신분적 계급 구조의 제약에 매인 시간, 생업과 결부된 시간, 자연의 순환적 흐름에 순응하는 시간 등으로 성격지어지기도 했고, 전적인 외부성이 다층적인 내재적 통합성을 포섭한 시간으로 파악되기도 했다. 하늘의 시간은 천자가 제후, 제후가 가신, 가신이 신민 등의 지배 관계 속에서 내려주는 절대권력의 속성을 지니고 있는 것으로 그 시간성은 우주적 통합과 단일한 통치의 영속화를 지향한다. 또 지배계급의 시간에 귀속되는 일하는 민중의 시간은 하늘의 시간이 중심이 된 시간 구조 속에서 민중이 겪는 노동과 생산의 시간을 의미했다. 이러한 시간의 형식 혹은 구조는 민속사회를 유지하고 존속시키는 외부의 시간이라 할 수 있다. 그러한 시간의 구조 속에서 일상성을 띠고 흐르는 시간이 존재한다. 즉 삶과 죽음, 여름과 겨울, 개화와 낙화, 풍요와 결핍이 짝을 이룬 이중 구조로 내재적 통합성을 특징으로 하는 시간이다. 이러한 시간이 민중의 생활 저변을 아우르는 시간으로 문화적 차원에서 세시풍속으로 나타나며, 그 속에서 제의적 시간, 생업적 시간, 놀이와 축제의 시간 등으로 자연과 마을, 인간의 관계를 총체적으로 합일시키는 시간의 형식으로 나타난다.

그러나 문제는 이러한 민속의 시간적 특성이 현재 민속 현장의 세시풍속을 접근하는 지배적인 분석틀이라고 하는 데 있다. 민속의 시간성에는 자연에 밀착된 시간의 인지 체계와, 그것을 생성했을 뿐만 아니라 그것을 지속시키는 물질적이고 사회적인 과정이, 필수적이다. 그런데 외하리를 사례[15]로 살펴본 사회·경제적 변화상에서 핵심

---

[15] 외하리의 사례가 특수하고 예외적인 경우가 아니라는 데 거의 모든 사람이 동의할 것이다. 어느 마을을 가든 외하리의 사회·경제·문화적 차원에서 볼 수 있는 근대적이고 자본주의적인 변화상은 이미 일반적이다. 다만 연대기적 시간의 차이와 정도의 차이가 나타날 뿐이다. 이와 같은 변화상을 볼 수 있는 조사 보고서로, 안동대학교 민속학연구소 편, 《까치구멍집 많고 도둑 없는 목현마을》, 한국학술정보, 2002;《반속과 민속이 함께 가는 현리마을》, 한국학술정보, 2003;《줄당기기와 길쌈이 유명한 청운마을》, 한국학술정보, 2004;《농사짓다 고기잡는 창포마을의 민속》, 민속원, 2008; 안동대학교 대학원 민속학과 BK21사업팀, 《셋이면서 하나인 원구마을》, 민속원, 2007;《중대바위가 지켜주는 서미마을》, 민속원, 2008;《공민왕을 섬기는 수동마을》, 민속원, 2009;《오일장과 함께 가는 구담마을》, 민속원, 2010;《부인당이 지켜주는 가송마을》, 민속원, 2011;《오음실과 남촌이 함께 가는 구수마을》,

적인 것은 그러한 물질적이고 사회적인 과정이 점진적으로(도시와 비교하여 볼 때) 해체되었다는 것이다. 다시 말해 민속사회의 물질적·사회적 과정에 의해 지지된 민속의 시간성은 근대적 시간 체제와 충돌하거나 접속·중첩되면서 서서히 혹은 급속하게 변화해 왔다.

다음 페이지의 표는 세시풍속의 전승력이 어느 정도 살아 있는, 한 농촌 마을의 세시력[16]을 나타낸 것이다. 이 사례는 특수한 사례가 아니라, 현재 어느 농촌 마을을 가든 얻을 수 있는 세시풍속의 전형을 보여 준다. 도시에서는 세시풍속의 전통이 현저히 약화되었고 근대적 시간체제의 특성을 반영한 상품화한 세시의례가 상품의 소비와 함께 지배적으로 나타난다. 이를테면 국경일이나 법정 기념일에 따른 일상의 전개가 두드러지고, 다이어리데이(1. 14), 쌕쌕데이(1. 17), 밸런타인데이(2. 14), 삼겹살데이(3. 3), 로즈데이(5. 14) …가래떡/빼빼로데이(11. 11)와 같이 상품화한 소비 지향의 의례들이 번성하고 있다. 이러한 현상은 생업 구조와 기술의 근대적 재편과 관련이 깊다. 민속사회에는 마을사람들의 두레나 품앗이 같은 협업의 리듬이 존재하였지만, 그것을 가능하게 한 기본적인 인구가 감소하고, 농기계가 일반화되면서, 풋구와 같은 세시풍속이 사라지고 이는 또 생업 방식에도 영향을 주게 되었다. 뿐만 아니라, 농약이나 비료와

민속원, 2012; 임재해 외, 《전통과 혁신의 마을 내앞》, 민속원, 2013; 《전통과 역사의 마을 조탑》, 민속원, 2014; 《전통과 상생의 산촌마을 신전》, 민속원, 2015 등을 들 수 있다.

[16] 안동대학교 민속학과 편, 《일직의 민속, 여럿이 함께 전승해 온 변화와 공존의 지식》, 민속원, 2014, 826~828쪽.

〈표〉 경상북도 안동시 일직면 명진1리의 세시력

* 전승되고 있는 세시풍속 O, 부분 전승되는 세시풍속 △, 단절된 세시풍속 X

월	일	명칭	의례 및 행사	세시 음식	놀이	단절된 세시풍속	전승
1	1	설날	해세배하기, 덕담하기, 차례지 내기, 설빔, 복조리 달기	떡국, 떡, 고기 등의 제사음식	윷놀이	설빔, 복조리 달기	△
	정초 십이 지일	뱀날	장 담그면 안 되는 날				○
		말날	장 담그는 날(장이 달다)				○
		닭날	장 담그는 날(장이 달다)				○
		돼지날	장 담그는 날				○
	14	동제	보호수에 제사 지내기	떡, 매주, 밤, 감, 사과, 배, 포, 고기(조기·고등어·상어), 나물			X
	15	정월 대보름	찰밥(오곡밥) 먹기, 나물 먹 기, 부럼깨기, 상여제 지음 제 산, 달맞이 불놀이(달집 태우 기)	오곡밥(조, 팥, 콩, 찹쌀, 밤, 나 물(고사리, 도라지, 시금치, 무 등), 땅콩, 호두, 귀 밝이술(막걸리)	줄당기기, 농악, 기우랑 첨지 기, 달맞이 불놀음(달집 태우 기)	부럼 깨기, 귀밝이술(막걸 리), 줄당기기, 농악, 기우랑 첨지기, 달맞이 불놀음(달집 태우기)	△
	16	귀신날	신발 뒤집어 놓기, 기둥에 체 걸어 놓기, 쓰레기를 치워서 불 붙고 태 우기				X
	월종	마을동 총회	마을 자금 결산, 주추 제회 발표	비빔밥 또는 국밥, 우주			○

월	날	행사	내용	음식	놀이	평가
2	1	영등날	세수한 찬물(정화수) 올리기			×
	4	입춘날	입춘대길, 건양다경 등 글귀 입춘축 붙이기			△
	8	한식	성묘 가기			△
	윤중	노인회 관광여행	관광버스 타고 해마다 2번 여행			○
3	8	초파일	불공 드리기, 등 달기	나물 비빔밥		○
4		단오날	마을 사람들이 먹고 놀고 즐기기	쑥떡, 산나물 '빼긋나'로 떡을 쪄 먹음	그네 타기, 줄당기기, 농악 놀이, 궁궁이(천궁) 꽃기, 창포로 머리 감기	×
5	8	어버이날(양력)	마을회관에서 부녀회가 노인회에게 음식 대접	고기국, 밥, 잡채, 떡, 과일, 음료수, 술		○
		복날	복날 음식으로 몸보신 하기	삼계탕		○
6		칠구	회관 내에서 마을 사람들끼리 음식 해 먹기	애호박 빈대떡, 보신탕		△
7	윤중	노인회 관광여행	바다에 가서 회를 사 먹음	회		○
8	15	추석	차례 지내기, 음복하기	송편, 고기, 과일(배, 감, 사과, 대추 등)		○

월	일	명칭	의례 및 행사	세시 음식	놀이	단절된 세시풍속	전승
9	9	중구	중구 차례, 햇곡식 조상님께 바치기, 햇곡식으로 만드는 떡 먹기	햇곡식으로 만드는 떡			×
10	1	시제	일직 손씨, 대구 서씨	제물(떡, 사과, 배, 감, 대추, 밤, 상어, 방어, 조기, 소고기, 닭고기, 무나물, 배추나물, 고사리, 육탕, 해탕, 채소탕 등)			○
	12	안동 시민 체육대회(양력)	체육대회(헌자랑 등), 음식 먹기	밤, 고기, 술, 안주, 과일, 다과			○
11		김장	김장 김치 담그기				○
		동지	팥죽 먹기, 팥죽을 마당에 뿌려 액 막이	팥죽			○
12	25	크리스마스(양력)	헌금하기, 예배 드리기, 음식 먹기	떡국, 떡, 과일			○
	29 30	섣달 그믐	묵은세배하기, 웃어른께 떡국과 식혜 대접하기		줄당기기, 놋아		×
윤달 (공달)		부정 타지 않는 달	묘 이장하기, 수의 마련하기, 지붕 고치기				×

같은 화학농법이 발전하고 일반화되어, 기우제나 풍농제 등의 필요
성도 사라져 관련 세시풍속들이 소멸되었다. 이러한 현상은 1970년
대에 이루어진 농촌 근대화운동으로 가속화되었는데, 그 가치 지향
은 근대적 시간 체제의 계산 가능성에 기반한, 생활태도 혁신·환경
개선·소득 증대와 같은 개발운동의 성격을 지닌 것이었다.

세시풍속의 변화 속에서 민속적 시간성은 근대적 시간 체제에 포
섭된다. 근대적 시간 체제는 전혀 새로운 자본주의적 화폐 시간으로
만 단선적으로 표상되지 않는다. 그것은 자신과 다른 다양한 시간성
을 그 안에 포섭하여 전유한다. 민속사회의 시간 의식과 구조 및 체
험의 전통조차 이윤을 발생시키는 상품으로 전화시키며, 유통과 소
비의 자본주의적 시간 구조 속에서 이윤을 증식하지 않는 것들은 단
절시키고 있다. 전통적으로 설과 추석은 민속시간의 끈질긴 생명력
을 언급하는 사례로 제시되기도 했었다. 일제강점기에 근대적 시간
혹은 제국의 시간에 저항하는 사례로 예시되기도 했다. 그러나 현재
의 시점에서 보면 설과 추석의 풍속도는 자본주의의 화폐적 시간에
의해 잠식된 양상을 보인다. 그 시기에 맞춘 민속문화 기획상품의 번
성, 선물과 같은 상품, 또는 관련 의례와 놀이뿐만 아니라 여가와 여
행 상품 등이 설과 추석과 같은 명절의 시간성을 자본화하고 있다.[17]

요컨대 세시歲時는 전통 사회의 시간 주기로서 농경사회에 기초한
순환적인 시간 의식을 함축한다. 민속문화는 이러한 시간의 터 위

[17] 이러한 시간문화의 구조 조정과 근대적 재편에 대해서는 이영배, 〈근대적 시간체제
비판과 민속적 시간문화의 가치 재인식〉, 《대동문화연구》 90, 2015, 181~226쪽 참조.

에 인간과 자연이 일체가 되는 풍수지리적인 공간이 펼쳐지면서 성립한다. 그러나 그 자리를 대체하고 들어선 것은 등질화된 양적 단위로 분절되어 일상적 삶을 규율하게 되는 시계적 시간이며, 화폐적 가치로 손쉽게 등가화되는 자본주의적 시간이다. 이러한 근대적 시간 속에서 공간 또한 잘게 분할되고 이러한 공간은 인간의 행위를 미세하게 분할하여 효율적이고 기능적인 문화를 성립시킨다. 근대적인 문화는 민속의 세계와는 너무 이질적인 것이기 때문에, 그 문화 속에서 민속놀이는 전승이 중단되거나 보다 효율적이고 편리한 방식으로 변해야 했다. 민속사회는 민속적 삶의 방식과 점점 더 멀어지는 과정에서 현재의 시간을 살아가는 주민들의 연령에 따른 경험의 세대 차이에 따라 미세한 정도의 차이가 있을 수 있지만, 아직까지 전통적인 삶의 방식에 젖어 있는 사람들에게도 현재 지속적으로 행해지지 않는, 또는 간소화되거나 자본의 시간에 전유된 행위 양식이 되어 가고 있다.

놀이문화와 소통 구조의 혼종성

민속사회의 놀이문화는 인위적인 시공간이 아닌 자연 친화적인 시공간의 체계 속에서 계절의 변화와 노동의 리듬에 결부되어 해마다 혹은 절기마다, 달마다 반복적으로 마을 공동체 속에서 수행되어 왔다. 이를테면 정초의 민속놀이, 대보름 민속놀이, 단오·추석 등의 민속놀이, 그리고 줄다리기, 달맞이, 지신밟기, 화간, 모방고, 술멕이 혹은 풋구 등 농경 주술적인 풍요의 의례이자 놀이 등 세시의 주기와 농업 노동에 결부되어 수행되어 왔던 것이다. 이처럼 민속놀이도 시간의 변화에 따른 생업의 주기가 그 기초를 이루면서 민속사회의 일상과 의례 혹은 사회와 문화의 영역에서 소집단이 때론 마을 전체가 다양한 방식으로 여가를 즐겼던 생활의 한 양식이다. 그러나 현재는 농촌 마을에서조차 그것의 많은 부분이 소실되어 기억의 양식으로 존재하고 있다.

경상북도 안동시 북후면 신전1리[18] 주민들의 문화생활 속에서 회상되는 민속놀이에 대한 문화적 기억도 정월의 지신밟기, 연날리기, 대보름의 달맞이와 쥐불놀이, 봄맞이로서 화전놀이, 단오의 그네뛰기 등과 같이 세시의 주기에 따라 수행된 대표적인 민속놀이 형식을 간직하고 있다. 또한 '꼴'을 비던 과정에서 놀았던 꼴던지기와 보리사리, 벼를 베고 난 논에서 틈틈이 놀았던 자치기, 여름에 물을 가두어 놀던 물놀이 혹은 고기잡이 등과 같이 소를 기르고 논일을 하는 노동의 틈새에서 놀이가 이루어졌던 것으로 기억되고 있다. 그런데 주목되는 것은 세월의 흐름 속에서 축적된 사회문화적 경험이 놀이의 양상 혹은 놀이의 기억에 반영되어 있다는 점이다. 즉, 정월의 지신밟기는 '웃대 어른들' 또는 몇몇 특정한 주민의 소수적 활동(이를테면 간혹 이루어졌던 김영환 씨와 김수호 씨 중심의 풍물 연행) 정도로 약화된 민속적 놀이문화의 경향을 반영하고 있다. '정월 대보름 달맞

---

[18] 민속놀이 관련 자료에 대해서는 이영배 · 강석민, 〈놀이문화의 기억과 현재적 양상〉, 임재해 외, 《전통과 상생의 산촌마을 신전》, 민속원, 2015, 203~222쪽을 참고함.

이와 쥐불놀이'의 기억에는 '조운산'에 올라가 달을 보며 "달 봤다!" 라고 외치면서, 총각의 장가가기를 빌었다는 전통이 그 모습을 드러내기도 한다. 하지만, 쥐불놀이의 재료인 깡통을 학가산에 주둔하고 있는 군부대에서 구했다는 점, 당시 마을에 주기적으로 방문하던 장사꾼에게 구입했던 솜을 불쏘시개로 깡통에 넣었다는 점, 성냥을 사용하여 불을 붙였던 점 등에는 민속적인 놀이로서 정체화되는 쥐불놀이의 연행에 있어 당시의 놀이 환경의 특수성이 반영되어 있다. 다시 말해 풍농 기원의 유감주술과 속신 혹은 다산의 희구가 놀이의 전통으로 기억되고 있는 동시에, 군부대, 깡통, 성냥 등에 대한 기억에는 근대화 과정 중에 있는 당대의 특성이 함축되어 있다.

3월 말 무렵 산과 들에 봄꽃이 피면, 신전1리 부녀자들은 술 한말을 장만하여 봄맞이 나들이를 갔다. 딸이나 친구같이 절친한 관계들로 짜여진 소그룹별로 이날을 위해 설렘 속에 날을 받고 먹을거리를 준비하여 하루 온전히 유희를 만끽했다. 이는 화전놀이에 대한 기억으로, 그 놀이를 통해 신전1리 부녀자들은 고래의 풍속을 생활 속에 구현했다. 그러나 기억 속에서 과거를 반추하는 현재의 시선은 '뭐 별 거 있나', '그걸 뭐 하러', '하루 뭐 노는 거지', '술 먹으로 가는 거지' 등과 같이 소박한 생활의 한 반영, 혹은 궁핍한 시절의 자화상으로 회상되고 있다. 그러한 시선은 화전놀이의 전통이 사라진 삶의 전회轉回를 반영하고 있다고 생각되는데, '발전'이라는 말의 의미와 함께 '단양'행의 한때 나들이, 또는 노인회 중심으로 바뀌어 현재 이루어지는 관광으로의 그 변화상을 함축하고 있다.

단오놀이의 기억도 다르지 않다. 그 기억은 그네뛰기를 통해 그 전통적인 면모를 드러내고 그 날의 기대감 혹은 그 놀이를 수행했던 놀이 주체의 설렘을 단오빔으로 전경화한다. 그네뛰기는 자연마을 공동체가 놀이수행의 기초 단위였다. 그네는 세줄 형태로 줄을 다렸으며, 그네줄에 비가 맺혀야 풍년이 든다는 속신이 있었다. 그네를 뛰는 여성들은 깨끗한 옷을 정성스럽게 준비하여 차려 입었으며, 궁궁이풀을 귀에 꽂는 고래의 풍속도 이어 갔었다. 이러한 단오놀이의 문화가 사라진 것도 전통이 약화된 시대의 격랑을 반영하고 있으며, 그 전승·연행의 주체가 믿고 의지했던 세계의 이상, 그리고 그들이 지녔던 공동체적 감성이 달라진 저간의 상황을 함축하고 있다.

자치기는 대개 겨울에 행하던 민속놀이였다. 놀이의 특성상 넓은 공간을 확보해야 하기 때문에 보통 벼 수확을 마친 논에서 행했다. 이때 논은 노동의 공간이자 놀이의 공간, 즉 행위의 특성에 따라 공간이 전화되는 민속공간의 다중적 특징을 고스란히 가지고 있는 공간적 속성을 지닌 것으로 회상되고 있다. 노동의 공간이 계절과 생업의 긴밀한 주기적 조응 속에서 '벼 벤 논' 즉 전이적 공간으로 변화하고 그 전이적 공간 속에서 자치기를 수행함과 동시에 놀이적 공간으로 전화되는 것이다. 이외에도 신전1리에서는 현재 다목적 공터 부근인 안채나 조산들에서 행해지기도 했다. 특징적인 것은 기억하는 사람의 설명 방식인데, 자치기 자체를 온전히 회상하여 설명하는 것이 아니라, 야구에 빗대어 그 놀이 방식을 설명하고 있다. 이 또한 자치기 놀이의 약화된 전승력과 문화 환경을 반영하는 것으로 현재 시점에서 야구와 빗대어 이야기될 때 쉽게 이해될 수 있다는 기억 주체의 인식의 한 반영이다.

이웃과 정이 돈독했던 시절, 숟가락이 몇 개 있는지 알 정도로 살림살이의 내막까지 서로 공유하고 그러한 공동체적 심성의 기초 위에서 궁핍했던 시대를 겪어 냈던 세대의 기억 속에서 '서리 관행'은, 자연스레 체득된 '관용'의 미덕 위에 움텄던 재미있는 놀이로 회상되고 있다. 아이들이 무를 저장해 두었던 '무 구덩이'를 찾아다니며 한때의 허기를 달래면서 그 행위 자체를 즐겼던 일은 어쩌면 많은 것을 서로 공유했던 감성, 즉 소유권의 배타적 경계가 느슨했던 민속사회 속에서 용인되었던 것일지 모른다. 어쨌든 아이들의 무 서리는 그 과정에서 또다른 재미있는 놀이를 파생시켰는데, '무 구덩이'에서 '똥 구덩이'로 변주되었다. 지금에 와서 보면 매우 비위생적인 것처럼 생각될 터이지만, '무'와 '똥(혹은 거름)'의 관계, 즉 무를 재배하는 데 필수적인 영양을 제공하는 거름이 되는 똥은 놀이 자체뿐만 아니라, 그 놀이의 재미를 공유하고 그것을 가능하게 했던 시절의 통합적인 세계 인식을 보여 주는 것일 수 있다. 먹을거리와 배설물이 생명의 순환 속에서 공생적 관계로 혹은 통합적인 관계로 간주되는 세계 속에서 위생과 비위생의 관념 즉 존재와 사물, 알맹이와 찌꺼기를 분리하여 보는 의식은 오히려 낯설게 느껴졌을 것이다.

신전1리 주민들의 놀이 공간은 논, 학교 운동장, 전방, 철탑이나 버스 정류장, 마을회관 등으로 대표된다. 논은 일하는 장소로 농한기인 겨울 놀이의 장소가 되었다. 그 곳에서 아이들은 썰매를 타거나 팽이를 쳤다. 학교는 배움의 장소로서 생활의 틈새에서 놀이의 장소가 되었다. 역시 아이들은 그곳에서 팽이를 치거나 달리기·철봉·축구·가이셍 등을 하고 놀았으며 학교 앞 전방에서 군것질을 하면서 놀았다. 정례적으로 학교에서 개최한 가을 운동회는 학생들이 사는 여러 마을 전체의 축제이기도 했다. 철탑이나 버스정류장에서 아이들은 연을 날리며 놀았고 연싸움도 했다. 특히 1999년 건립된 마을회관은 주민들의 회합 공간을 제공했으며 그곳에서 윷놀이가 자주 행해졌다. 이와 같이 놀이 공간도 민속적인 장소와 근대적인 장소가 중첩되고 있다. 그런데 생업 노동이 근대화된 경제적 기반 위에서 작동하는 것이라면, 민속적인 장소로 관념되는 '논' 또한 민속적인 장소성이 약화되어 혼종화된 놀이 공간으로 이해될 수 있다.

학산초등학교에서 매년 가을마다 개최된 운동회도 민속사회의 대동놀이를 대체한 것으로 이해되는데, 그것은 근대적인 형식과 민속적인 공동체적 감성이 혼종화된 양상으로, 한 시기를 풍미하기도 했다. 이 운동회는 당시 일종의 마을 축제로서 기능을 했다. 이때 행했던 종목은 줄당기기를 비롯해 씨름과 장애물 경주·기마전·손님찾기·마스게임·힘자랑·마라톤·계주 달리기 등이었다. 종목들의 주체는 주로 학생들이었지만 힘자랑·손님찾기·달리기 등 학부모가 주체가 되는 종목들도 있었다. 또한 청과 백으로 보통 편을 갈랐지만 당시 통학권을 형성하고 있던 마을들끼리 대항전을 펼치기도 했다. 당시 가을 운동회는 마을 축제로 기능했을 뿐 아니라 마을 간의 경쟁놀이가 펼쳐지는 장이기도 했던 것이다. 한편 학교 운동장에서는 일본식 놀이인 가이셍이 행해지기도 했으며, 학교 앞 전방에서 각종 먹을거리를 사 먹는 것도 하나의 재미였다. 특히 가을 운동회를 할 때면 옹천으로부터 노점상들이 마을에 들어와 번데기·음료수 등을 팔았던 기억 속의 한 풍경도 놀이문화의 혼종화된 양상을 전경화한다.

일과 놀이, 일상과 유희가 분리되지 않았던 민속놀이의 현장으로서 마을 사회는 한국 사회와 문화의 근대화 과정 속에서 서서히 분리되기 시작한다. 큰 변화는 놀이의 생산자 혹은 수행자가 놀이의 연행과 소비의 과정에서 분리되지 않았던 것에서 구경꾼 혹은 관객과 같이 놀이문화를 수동적으로 소비하는 것으로 나타난다. 전통 사회에서 마을로 찾아들었던 유랑예인의 공연조차도 마을 주민들과 결합하는 문굿의 과정이 있었고, 마을의 문화 혹은 공간과 일체화되는 들당산굿과 지신밟기 등의 과정 등이 있었으며, 마지막 판굿의 연행에서 공연자와 구경꾼이 분명히 구분되지 않는 공연 문법이 작용했었다. 그러나 마을 사회가 근대적으로 변용되는 과정에서 놀이문화도 근대적인 형식을 띠게 되었다. 마을 정미소 앞에서, 청년들이 상연했던 말광대놀이(신파)는 말광대(연극 배우)와 관객의 구분이 일정하게 이루어졌으며, 4H 혹은 학교에서 이루어진 연극 관람 혹은 학예 발표회도 그러한 구분선이 적용되었다. 또한 논이나 학산 쉼터에서 이루어진 마을 청년회의 노래자랑과, 학산초등학교 운동장에서 상영되었던 이동영사단의 영화에 대한 관람 행위는 그러한 구분을 전형적인 것으로 만들어나갔다. 뿐만 아니라 면소재지로 가서 관람했던 약장수 연희와 서커스 구경은 놀이의 주체이자 향유자들이 수동적인 관객으로 변화해 갔던 저간의 문화 상황을 보여 준다. 이러한 양상은 마을 놀이문화에 근대성이 구현되는 과정이자 결과로 생각되고 이를 통해 생산과 분리된 여가 생활이 자리잡은 사회 문화적 변화상을 보여 주는 것이라 하겠다.

신전1리 주민들의 문화생활은 전반적으로 한국 농촌 사회의 상황을 정확히 반영하고 있으며, 인구의 재생산과 다양한 세대의 공존이 약화된 고령화의 위기 속에서, 전통의 축소와 현대의 부분적 활성화라는 특징을 보이고 있다. 민속적인 놀이문화는 대부분 세대의 특성을 지니면서 기억 속에 머물고 있고, 현대의 문화생활은 근대적인 교육·문화·의료 시설이 제공하는 편의 속에서 소극적으로 그렇지만 일상적으로 전개되고 있다. 이를테면 마을회관에서 11월부터 이루어지는 '겨울나기'라는 행사가 있고 4월 마지막 주말 혹은 5월 초 주말에 행해지는 학산초등학교 총동창회의 문화 행사가 있다. 또한 2012년 겨울부터 진행된 신전보건진료소의 농촌 노인 여가 프로그램도 현재 주민들의 문화생활에서 중요한 부분을 차지하고 있다.

　　겨울나기는 공동체 의식을 가지고 하는 집단적인 놀이라기보다는 농한기 때 남는 시간을 보내는 성격이 강하다. 주로 먹고 노는 것으로 요약되는데, 비용은 갹출하여 마련하고 마을회관의 주방에서 음식을 조리하여 함께 먹기도 하고 인근 식당에 주문해서 먹기도 한다. 놀이는 남녀가 따로 놀며, 민화투와 윷놀이가 주종을 이루고 있다. 겨울나기가 이루어지는 마을회관에는 텔레비전과 안마기가 비치되어 있으며, 커피와 전기주전자, 노래반주기 등이 비치되어 있다. 학산초등학교 총동창회의 문화행사는 2004년에 처음 기획되어 행해졌으며, 2014년 현재 11회째 운영되고 있다. 필요한 경비는 대개 1인당 혹은 기별로 납부하거나 찬조금과 협찬을 통해 마련한다. 행사 기획은 전문 이벤트 업체에 맡기고 외부 공연자를 초빙하기도 한다. 이러한 점은 농촌 학교 및 마을 잔치가 이벤트화되어 가는 현대

사회 여가문화의 한 반영으로 생각된다. 신전보건진료소의 농촌 노인 여가 프로그램은 스포츠댄스, 노래교실, 에어로빅 등으로 구성되어 있는데, 외부 강사를 초빙하여 실시하고 있다. 주민들은 이 여가 프로그램에서 배운 기예능을 시민회관에서 발표하는 기회를 갖기도 한다. 또한 신전보건진료소는 그 자체로 여가의 한 방식이 되기도 한다. 거기에는 찜질기와 각종 안마기가 구비되어 있어 시간을 보내는 놀이 도구로 활용되기도 한다.

경상북도 안동시 임하면 내앞마을[19]에는 예전에 '소리꾼'이 있었다. 소리꾼은 동네의 중요한 전달 사항, 즉 마을회의 일정이라든가, 부역 등을 동민들에게 알리는 일을 했다. 그 소리꾼은 동네에서 마련한 토지를 부쳐 먹는 조건으로 방천둑길을 다니면서 "동네 모이소. 동네 모이소." 하는 일을 했다. 예전에는 창호지로 방문이나 창문을 썼기 때문에, 동네 소리꾼이 여러 가정에서 들을 수 있도록 방천둑의 제일 높은 곳을 걸어다니면서 "내일 부역 나오이소. 부역 나오이소." 소리치며 전달하는 일이 가능했다. 그러나 지금은 주거 형태도 근대화되었을 뿐만 아니라, 문을 꼭꼭 닫아 놓는 것과 같은 생활의 변화로 인해 '소리꾼'을 통한 마을 공동체의 공적인 소통 구조는 근대화된 미디어 기기의 도입과 함께 사라져 갔다. '소리꾼'을 대체한 것으로 먼저 엠프가 있다. 엠프는 집집마다 나무 케이스에 스피커 하나를 벽에 달아 놓고 유선을 연결하여 동장집에서 조절했다.

---

[19] 이영배, 〈민속놀이와 여가문화〉, 안동대학교 민속학연구소 편, 《전통과 혁신의 마을 내앞》, 민속원, 2013, 261~262쪽 참조.

당시에는 라디오도 집집마다 없었기 때문에, 심심할 때는 라디오를 틀어 음악이나 뉴스, 그리고 동네 전달 사항을 마이크로 방송했다. 이 시기를 지나 현재는 서울에 가 있어도 동네의 전달 사항을 공지할 수 있게 되었다. 이를테면 손전화를 내앞마을 스피커에 연결하여, 서울에서 각 집에 "내일 어느 집 결혼식이니까 모두 참여해 주시기 바랍니다."라고 방송할 수 있게 되었다. 이러한 사례는 현대사회의 시간성이 공간을 단축하고 사회의 전 부문을 단일한 체제로 구조화하는 근대적 시간 체제의 속성을 보여 준다. 즉, 매체는 떨어져 존재하기에 의식되지 않았던 타자들과 관계를 맺게 하면서 소통 불가능 속에서 응고되어 있던 공간들을 연결하여 공간을 재구성한다. 그것은 흩어져 있는 사람과 공간을 한데 모아 하나의 공간으로, 하나의 사회로 구성[20]한다. 이는 과거의 경험과 현재의 경험들이 혼합되면서 구조화되는 시간 속에 존재하고 있다.

감정 구조와 문화장의 재구조화

한국 사회는 압축적이고 격렬한 근대화의 과정 속에서 세대 간 감정 구조[21]가 사회관계 속에서 혹은 문화의 생산과 소비 속에서 유의미

[20] 최진호, 〈흐름의 공간과 분자적 미디어〉, 《전지구적 자본주의와 한국 사회》, 그린비, 2008, 183~184쪽 참조.
[21] 레이먼드 윌리엄스, 《마르크스주의와 문학》, 박만준 옮김, 지만지, 2009, 205~217쪽.

한 갈등적 요소로 작용함에 따라, 세대의 감정 구조의 분화에 따른 취향과 취향 집단의 분화를 낳았다. 문화적 재구조화, 즉 사회적 분화와 조응하는 취향의 재구조화는 세대의 감정 구조 속에서 혹은 세대 간 감정 구조 사이에서 급격하게 진행되고 있다. 민속사회의 문화적 취향이 위치해 있는 지점을 생각할 때 중요한 점은 이른바 근대화 과정 속에서 물질적 변화 과정의 속도와 정도에 따라, 혹은 정치적인 필요에 따라, 여전히 봉건성이 사회적 과정 속에서 문화적 기질과 의식의 주요한 작인으로 작용해 오고 있다는 것이다. 특히 사회적 연결망과 경제적 능력, 그리고 문화적 위치에 따라 복잡하게 층위화된 사회 공간의 역학은 문화적 감수성을 문화의 장에서 세대의 구분선을 따라 구조화하고 있다. 이러한 구조화는 한편으로 생물학적 시간을 따라 재구조화되기도 하고 다른 한편으로 사회자본과 문화자본의 재생산의 메커니즘을 따라 존속하기도 한다. 이 과정에서 문화들은 세대 간 감정 구조와 연동되면서, 문화의 장 속에서 이른바 '잔여적인 것, 지배적인 것, 부상하는 것'[22] 등으로 구조화된다. 이러한 구조화된 문화의 유형들은 그 가치와 계기들이 점진적이고 단계적인 순서를 통해 나타나기보다는 동시에 공존하고 혼종하며 갈등하는 상황으로 나타난다.

감정 구조는 "모든 문화가 가지고 있는 특별한 삶의 감각, 즉 특수하고도 특징적인 색깔인데, 세대문화"라고 설명되기도 하고 "특정한 시대, 계급, 집단의 살아 있는 문화를 구성하는 전체적 삶에 의해

---

[22]   레이먼드 윌리엄스, 《마르크스주의와 문학》, 195~204쪽.

형성되거나 그것이 형성하는 정형화된 규칙성을 보이는 공유된 생각이나 감정의 집합[23]으로 정의되기도 한다. 다시 말해 특정한 집단이나 계급, 사회가 공유하는 가치, 혹은 특정 집단에 의해서 공유되는 특정 시기의 생활철학으로 정리할 수 있다. 레이먼드 윌리엄스는 감정 구조라는 개념을 통해 문화를 물질적인 사회적 과정의 수준에 위치시키고, 또 헤게모니, 생산양식, 총체성, 매개와 같은 범주를 검토하였다. 그는 산업주의가 초래하는 유해한 사회적 결과를 비판하며 노동계급에 깊은 동정심을 보이면서도, 사회적·정치적 참여에 거리를 두는 중간계급의 감정 구조를 규명하였다. 이를 통해 모든 세대는 일반적인 문화 유형으로 구성되는 사회적 성격 속에서 그 계승자를 양성하나 다음 세대는 그들 나름의 감정 구조를 가질 것[24]이라고 주장하였다.

한국 사회에서 감정 구조의 혼종성[25]은 근대 자본주의 사회의 분화와 그에 따른 도시형성 그리고 이촌향도離村向都 및 대중문화 생산과 소비 등의 문제와 연관되어 나타났다. 한국 사회의 세대 간 감정 구조[26]는 매우 다양한 편차를 보인다. 그 이유는 주지하다시피 아주

---

23 그래엄 터너, 《문화연구입문》, 김연종 옮김, 한나래, 1995, 73~74쪽.

24 앨런 스윈지우드, 《문화사회학을 향하여》, 박형신·김민규 옮김, 한울아카데미, 2004, 143~144쪽.

25 이에 대한 내용은 이영배, 〈민속연구에서 문화이론의 문제설정〉, 《비교민속학》 47, 2012, 35~39쪽을 참조함.

26 한국 사회의 세대문화 혹은 세대의 감정 구조에 대해서는 심광현, 〈세대의 정치학과 한국현대사의 재해석〉, 《문화과학》 62, 2010, 17~71쪽; 〈자본주의의 압축성장과 세대의 정치경제/문화정치판의 개요〉, 《문화과학》 63, 2010, 15~46쪽; 강내희,

짧은 기간에 달성한 한국 근대화의 압축적 경험 때문이다. 다시 말해 한 세대가 전산업화 시대, 산업화 시대, 그리고 정보화 시대를 한꺼번에 체험하고 있는 아주 독특한 역사를 가지고 있어서 연령에 따라 전근대적, 근대적, 탈근대적 감정 구조가 한 개인 안에 상이한 비율로 공존한다. 현존하는 여러 세대 간에 전쟁과 기아의 경험으로부터 디지털화와 풍요로운 소비문화의 경험까지, 독재정권에 항거한 대규모 민중항쟁의 기억부터 신자유주의 경찰국가에 대항한 촛불시위의 기억까지 다양한 체험의 스펙트럼이 중첩되어 존재하고 있다는 점이 한국 사회 세대 간 감정 구조의 특이성이다.

압축적 근대화는 각 세대들에게 공동체의 해체, 핵가족화, 또는 가족과 개인의 파편화와 변형·고립화를 경험하게 하였다. 이러한 압축적 근대화에 의해 형성된 세대 간 감정 구조는 사회구조의 여러 모순들의 누적과 함께 소통보다는 격렬한 사회적 갈등을 야기하였다. 갈수록 세대분화와 단절이 가속화됨에 따라 한국 문화장 내에는 농경·산업·정보사회의 문화적 변동의 궤적이 다층적으로 누적되고 뒤틀린 구조를 형성하고 있는 것으로 보인다. 이는 비동시성의 동시성과 같은 문제를 낳았는데, 봉건적인 정치적-문화적 감수성을 가진 60대 이상의 세대와 민주적인 관계를 당연시하는 감정 구조를 지닌 10~20대의 네티즌들이 같은 사회에 공존하면서 서로 소통하지 못하고 갈등하는 상태에 직면하게 되었다.

예를 들어 1960~72년 사이에 성년이 된 사람들(4·19 세대)의 감정

〈4·19 세대의 회고와 반성〉, 《문화과학》 62, 2010, 136~157쪽을 참조함.

구조와, 2.0 세대 혹은 디지털 세대라고 불리는 촛불 세대의 감정 구조는 민속적인 것들의 존속과 변형 혹은 잔존과 부상의 측면에서 유의미한 비교점을 지니고 있다. 먼저 4·19 세대는 그 이름이 가리키는 바와 같이 청년 시절에 4·19를 직접 경험한 세대를 말한다. 이들 세대는 그 이전 세대를 타기와 극복의 대상으로 삼은 특징이 있다. 왜냐하면 1950년대의 한국 사회는 남루 그 자체였기 때문이었으며, 그들 부모 세대는 학력도 짧았다. 1910~20년대에 태어난 사람들은 설령 집안 형편이 교육을 시킬 여유가 있었다 해도 한편으로는 조선의 전통적 교육 체계가 무너지고, 다른 한편으로는 일제 치하의 차별적 식민지 교육으로 인해 구학문도 신학문도 제대로 배울 수 있는 처지가 아니었다. 이런 조건에서 가난하고 못날 수밖에 없었던 부모들은 그들에게 한시바삐 벗어나야 할 굴레였을 뿐이다. 이들 세대는 탈향과 도시화 경향을 거의 동시적으로 경험하였다. 고향을 떠나는 사람들이 급증한 것은 박정희 정권이 산업 중공업화를 추진하기 시작한 1970년대 초부터인데, 젊은 사람들이 대거 도시로 빠져나감으로써 1980년대에 이르러 농촌 마을의 공동화 혹은 노령화가 가속화되었다.

다른 한편으로 4·19 세대는 부모 세대에게 농어촌 공동체의 자양분을 물려받았다. 즉, 마을 공동체적 습속과 도덕적 심성을 습득하였으며, 가족을 살려야 한다는 등의 마음가짐, 근면함과 성실함이라는 습속을 지닌 세대였다. 그럼에도 불구하고 이들 세대는 전근대 공동체적 사회를 해체하는 산업화의 주역이었고 근대적 시민사회의 형성을 지연시킨 세대로 평가된다. 그들이 유지한 사회는 가족·향우회·동창회 정도로 혈연·학연 등의 연줄을 중요하게 생각한 세대였다. 요컨대 4·19 세대의 특징은 고향을 버리고 부모를 무시했으나, 부모들의 지원으로 삶을 이어 간 세대였고 미래 세대의 많은 기회와 자원을 미리 빼앗은 세대였다. 핵가족을 시작하면서 부모 모시기를 중단했다는 점에서 부모의 자양분은 흡수하고 그에 대한 보답은 하지 못했으며, 자녀들을 위한 근대적 공동체를 만들어 내는 데 실패한 세대로 규정된다.

둘째, 촛불 세대는 60년대에 태어나 80년대 민주화운동을 주도했던 386 세대를 부모 세대로 두었으며, 한국 경제가 다시금 회복되는 시기에 비교적 풍요롭고 경제적으로 안정된 청소년기를 보낸 세대로 규정된다. 이들 세대는 소비가 매우 자연스럽게 몸에 배어 있으며 그와 동시에 비교적 탈물질주의적인 가치관을 형성할 가능성이 있는 것으로 분석된다. 이들의 앞 세대인 IMF 세대가 사회문제에 대해 대체로 무관심하며 보수적인 성향을 띠는 것과 달리, 촛불 세대는 사회에 대한 문제의식이 상대적으로 높은 것으로 평가된다. 이들은 디지털문화의 확산과 새로운 광장문화를 경험하면서 청소년들의 사회참여를 활성화시켰다. 즉, 디지털 광장을 통해 사회적 이슈들을 공유하고 생각을 표현하는 세대라고 할 수 있다. 요컨대 촛불 세대는 2008년 촛불집회를 주도했던 10대들로서 사회비판적이면서도 기존 운동권과는 구별되는 감성을 지닌다. 촛불 세대는 IMF 이후 한국 경제가 회복세에 올랐을 때 청소년기를 보냈고 따라서 비교적 안정적이고 풍요로웠던 경제적 배경을 가졌던 덕분에 소비가 몸에 밴 한편, 탈물질주의적인 가치들도 수용하는 이중적인 태도를 가진 세대이다. 문화적으로 촛불 세대는 2.0세대라고 불리는 디지털 문화에 친화력을 가진 세대이며, 인터넷과 모바일 등을 통해서 자유롭게 소통하는 세대로 평가된다.

4·19 세대는 민속사회와 산업사회의 과도기적 양가감정을 가진 세대로 정리할 수 있고 촛불 세대는 소비자본주의사회와 정보사회에 민감한 감정 구조를 지녔다고 할 수 있다. 4·19 세대는 근대적 감정 구조를 지향하였으나 촛불 세대의 감정 구조는 탈물질적이고 탈근대적 지향을 가졌다. 이러한 지향으로 미루어볼 때 이들에게 민속문화는 매우 다른 의미를 형성하는 것으로 이해된다. 4·19 세대에게 민속문화는 타기되어야 할 것임과 동시에 그들의 지배적인 문화적 취향을 형성하는 상속받은 상징자본으로 기능한다. 또 그것은 잔여적 문화이면서 동시에 부상하는 문화라고 할 수 있다. 근대화 과정(식민적 근대화도 포함)에서 타기되어야 할 문화임과 동시에, 이들 세대에 의해 민족적·민중적 문화로 재구성되어 지배적 문화의 안티테제로 작용하였기 때문이다. 촛불 세대에게 민속문화는 주변화된 문화에 해당할 것이다. 그럼에도 불구하고 그들이 경험한 광장의 문화는 외형적으로 디지털 문화 형식을 지니고 있지만, 그 내용 면에서 민속문화의 공동체성과 저항성을 담지한 것으로 해석할 수 있다. 요컨대 민속문화는 세대 간 감정 구조의 차이 속에서 의미화되는 양상이 다르다고 할 수 있으며, 그것이 놓인 문화장 내 좌표도 다르다. 다시 말해, 민속문화의 위상이 세대 간 차이를 통해 중층적으로 나타나며 동일한 시공 속에서 중첩되어 있는 것으로 생각된다. 그 성격 또한 위상을 달리한 좌표 속에서 다른 성격을 지닌 것으로 분석되나 세대의 감정 구조가 다층적 구조를 형성하는 문화장 내에서 다

중적이며 혼종적인 특징을 가진 것으로 보인다.

　레이먼드 윌리엄스는 이러한 세대 간 감정 구조의 변화를 개인적인 체험이나 혹은 단순히 피상적이거나 부수적인 '소규모'의 사회 변화로 이해되기보다는 오히려 처음부터 사회적인 체험으로 간주되어야 한다고 주장했다. 그러면서 사회적인 것으로 보는 두 가지 이유를 첫째 그것은 현존재의 변화라는 점에서 구별된다.(그것이 현재 체험되고 있는 한 이 점은 명백하며, 이미 체험되고 난 다음에도 이 점은 여전히 그것의 실질적인 특성이 된다.) 둘째, 비록 부상하거나 부상 준비 중인 성격을 띠긴 하지만, 확정적으로 규정되고, 분류되고, 합리화되기 이전에 이미 그것은 체험과 행위에 뚜렷한 압력과 효과적인 제약을 발휘한다고 설명했다. 그가 논의의 대상으로 삼고 있는 것은 충동, 억제, 경향 등이 지닌 특징적인 요소, 특히 의식과 여러 관계가 지닌 특수한 정서적 요소인데, 이것은 생각과 대비되는 감정이 아니라 느껴진 생각thought as felt이고 생각된 느낌feeling as thought이다. 다시 말해서 이는 살아 있으면서 끊임없이 상호작용하는 연속적인 흐름 속에 놓여 있는, 현재적인 것a present kind에 대한 실천적 의식이다. 그는 이 감정 구조를 하나의 구조로서, 즉 서로 맞물려 있으면서 긴장 관계에 있는가 하면 동시에 또한 특수한 내적 관계를 맺는 하나의 세트로 개념화하고 있다. 따라서 감정의 구조는 특수한 연결, 특수한 강조나 억압의 특수한 구조이고 또 그것이 가끔 쉽게 인식되는 형태라고 할 수 있는, 심오한 출발점과 결론의 특수한 구조[27]로 규정된다.

---

[27]　레이먼드 윌리엄스, 《마르크스주의와 문학》, 211~216쪽 참조.

사회적인 체험의 축적이 과거형으로서가 아니라, 현재적 진행으로서 미래의 문화장의 구조를 변화시키는 힘으로 존속하면서 구조화되는 이 감정 구조는 현재의 국면에서 실천되는 사회적 의식 형성의 계기와 특징을 설명하여 그 사회 혹은 문화의 성격을 이해하는 데 도움이 된다. 그렇다면 어떤 마을에서 특수하게 경험되는 '민속사회'의 일반적인 감정 구조(특수하게 경험된다고 하는 것은 실존적 만남의 특수성이고 일반적이라는 말은 세대적·지역적 일반성을 함축한다)의 형식은 어떤 것이 있을까?

타성들, 자기네들은 맹 끼리끼리 자는 방이 있어요. 그 사람들은 거기서 모여 가지고 윷놀이도 하고. 이전에 남의 집 사는 사람이 많았지 …(중략)… TV 본다면 나는 딴 거 안 봐. 뉴스, 현재 선거 관계 그것만 내가 보지. 다 모도 생각이 다 다른데, 나는 말이지. 박근혜가 한 번 시켜 봤으면 싶어요 …(중략)… 내가 13살 날 때, 우리 증조부께서 독립운동하러 간다고 …(중략)… 우리 집이 삼천석이라 카거든 …(중략)… 우리 증조부께서 4형제래요. 4형제께서 다 선비랬어요 …(중략)… 해방되고설랑 김구 선생하고 김일성이하고 남북회담할 때 사회 본 어른여. 그 어른이. 대단한 어른여.[28]

육여사 서거 …(중략)… 그때 그 장례식 서울서 장례식 하는데 이웃에서 다 우리 집에 와서 울고 했어요. 그때가 우리 동네에서 참 두 번째

28   김○○(남, 83세, 2012년 10월 13일, 자택).

샀어. 흑백 TV …(중략)… 옛날로 봐서는 그 집의 머슴질을 해도 그 집 덕으로 먹고 산다 이렇게 말했어. 토지를 부치고 일해 주고 밥을 얻어 먹으니까. 그 집 덕에 먹고 산다고도 말했어요 …(중략)… 요새 안 된 말로 종이라고도 할 수 있었어. 그런 사람들이 70년대 가서 고마 없어 졌어. 60년대까지도 혹간 있었는데, 박대통령이 …(중략)… 70년대 박 통, 통일벼쌀이 저거 돼 가지고 자꾸 먹는 게 풍부해지니까.[29]

위 인용은 내앞마을[30]의 사례로 그 마을의 특수한 체험이 녹아 있 다. 동성반촌으로서 지니는 사회적 위상이 그들의 언표에 각인되어 있다. 이러한 신분의식은 물질적 기반이 해체되는 과정에서 마을의 역사와 전통에 결부된 자부심으로 재구조화되어 여전히 존속하고 있다. 머슴 또는 타성에 대한 기억도 동성반촌의 혈연적·지연적 유 대감과 우월의식을 함축하고 있으며, 특히 그러한 기억은 경제성장 의 신화 혹은 마을 근대화의 국가적 위업 달성에 연결되고 있다. 주 목되는 것은 텔레비전을 통해 그들의 감정 구조에 각인된 장례의 스

---

[29] 김○○(남, 77세, 2012년 10월 13일, 모정).

[30] 내앞마을은 경상북도 안동시 임하면 천전1리로 1700년대 후반부터 의성김씨의 동 족 마을이 된 것으로 추정되고 있다. 내앞마을은 일제강점기 독립운동으로 이름이 높다. 특히 백하 김대락의 경우, 1910년 대한제국이 멸망하자 신민회 회원이던 마 을의 김동삼으로부터 해외 독립군 기지 건설을 위한 망명 계획을 전해 듣고 앞장 서서 망명을 결단하고 그해 12월 24일 문중의 청장년들과 함께 서간도 삼원포로 망명길에 올라 독립운동을 펼치게 된다. 내앞마을의 역사적 전통과 위상에 대해 서는 문옥표 외, 《조선양반의 생활 세계》, 백산서당, 2004; 의성김씨 천상문화보존 회 편, 《내앞 500년》, 성심, 2011; 김복영 편저, 《한결로 이어 온 500년, 안동 내앞마 을》, 성심, 2012 참조.

펙타클의 정서적 효과이다. 비극적인 죽음의 시뮬라크르는 경제성장에 대한 직접적인 체험과 함께 정치적 영웅에 대한 믿음을 창출하고 지속시킨다. 그들에게 일제강점기 선조들의 독립운동은 '선비' 집안의 내력을 반추하며 현존의 의미를 되새김질하는 자긍심으로 상징자본화된다. 그런데 그들에게는 독재의 체험과 그에 대한 감정은 보이지 않는다. 그들의 역사의식 혹은 정치사회의식은 그들의 실존적 체험의 맥락 속에서 '느껴진 생각이고 생각된 느낌'으로 지속되고 있다.

이 마을의 특수한 감정 구조는 '박정희 신드롬'[31]이라는 일반화된 대중의 감정 구조와 연결되어있다. 한국 정치권이 민주화 국면에 들어서면서 본격적으로 시행된 개혁정책에 반감을 가진 언론권력들에 의해 인위적으로 조장된 박정희 신드롬은, 당시 언론권력들이, 문민정부의 부실한 개혁 과정에 조금씩 환멸을 느끼기 시작한 대중들 앞에서 민주화운동의 지도자였던 김영삼 대통령의 무능성과 취약함을 과거 박정희 대통령의 유능성과 강력함에 선명하게 대비시킴으로써 민주주의의 공고화가 아니라 아예 민주적인 것 그 자체에 대한 근본적인 회의를 지지하고 확산시킨, 문화정치적 기획이었다. 또한 박정희라는 인물을 주제로 한 이인화의 대하소설《인간의 길》1~3, 조갑제의《내 무덤에 침을 뱉어라》1~4는 새로운 경지의 '박정희 신격화 담론'을 개발하였고, 그에 따라 대중의 정치적 감정 구조에 각인

---

[31] 박정희 신드롬에 대해서는 홍윤기, 〈다극적 현대성 맥락 속의 미완의 파시즘과 미성숙 시민사회〉,《사회와 철학》2, 2001, 57~103쪽을 참조함.

되고 확산되면서 1997년 대통령 후보 김대중으로 하여금 박정희 기념관 건립을 공약으로 제시하게 하였다. 이 신드롬의 분위기 속에서 '박정희 대통령과 육영수 여사를 좋아하는 사람들의 모임'이 생기고 인터넷에 박정희 홈페이지가 개설되기도 하였다.

박정희 신드롬은 단순히 과거 박정희가 이룩한 위업에 대한 복고적 향수가 아니라, 민주화 시대의 박정희는 암실에서 은밀하게 제작된 것이 아니라, 수많은 독자들이 출입하는 공론장에서 공개적으로 논의된 각종 이데올로기 담론들이 시너지 효과를 일으키면서 창출한 문화적 합작품이었다. 그래서 '反박정희=反정부=反국가=反민족, 즉 박정희=국가'라는 대중의식이 형성되었을 뿐만 아니라, 신드롬 속 박정희는 비장한 혼을 가진 근대화 혁명가로서 자기 삶을 다해 한국 민중의 한을 대변하고자 서민적 반골정신을 민족·자주 정신으로 승화시킨 정의감의 화신이었으며, 가장 신임하던 심복이 저지른 암살로 인한 그의 죽음도 일종의 혁명적 순교로 신성하게 미화되었다. 박정희 신드롬은 한국인의 무속적 세계관이 반영된 성격 특질로까지 해석[32]되기도 했는데, 이른바 무속의 현세주의와 밀접히 관련된 것으로 규정되기도 했다. 박정희 시대의 경제적 발전은 동시대의 한국인들에게 지난 세대의 한스러운 가난에서 벗어남을 의미했다. 가난의 해소는 곧 현실에서의 복을 의미하였고, 군인으로서 카리스마적 리더십을 펼쳤던 박정희 전 대통령은 재복을 관장하는 신령,

---

[32] 박정희 신드롬과 무속에 대해서는 한민, 〈문화심리학적 관점에서 본 박정희 신드롬의 무속적 의미〉, 《한국무속학》 16, 2008, 391~415쪽을 참조함.

즉 장군신의 이미지로 한국인들의 무속적 세계관에 자리 잡을 수 있었다. 요컨대 현재 한국 사회 혹은 마을사회(/민속사회)를 살고 있는 한 세대의 감정 구조는 정치경제적 혹은 문화정치적 차원에서 근대성과 봉건성의 혼종적 사태를 함축하고 있는 것으로 파악된다.

 "어떤 시기에 하나의 새로운 감정의 구조가 부상하는 것은 하나의 계급이 형성되는 것과 가장 잘 결부된다. 또 어떤 시기에는 새로운 감정의 구조가 부상하는 것이 한 계급 내부의 모순이나 분열 또는 변화와 곧잘 연결된다 …(중략)… 그 긴장 관계는 근본적으로 새로운 의미의 표상들을 통해 체험되고 또 접합된다 …(중략)… 그것이 현존재를 명시화하고 접합한다…."[33] 바로 이러한 의미에서 한 극단에 대형 복합쇼핑몰에 가는 것이 일상이 된 청소년과 20~30대의 감정 구조가 형성·접합되고 있다. 그들은 거대한 미로의 당혹감을 주는 공간 속에서 편안함과 즐거움을 얻고, 여가를 쇼핑하면서 즐기는 문화를 만드는 '몰링족'[34]이라고 명명된다. 50대에게는 어린 시절 동네에 처음 아파트가 들어서고 아파트 1층에 손님이 물건을 마음대로 집어 입구의 계산대에 가져다 놓은 다음 돈을 지급하는 슈퍼마켓의 시스템이 신기했다. 그러나 몰링족에게는 대형마트와 서점, 멀티플렉스(복합상영관), 각종 식당, 의류·신발·가방·화장품 등 온갖 종류의 상품을 다루는 매장이 모두 모여 있는 복합쇼핑몰이 신기한 일상이

---

[33] 레이먼드 윌리엄스, 《마르크스주의와 문학》, 216~217쪽.

[34] 이 몰링족의 감정 구조에 대해서는 박수진·이수현, 〈길 잃어도 좋아, 나는야 몰링족〉, 《한겨레 21》 1050, 2015, 74~81쪽 참조.

되고 있다. 몰링족을 형성하고 그에 특화된 자본주의 상품 물신의 새로운 공간은 세대 간 감정 구조의 차이를 극단화하면서 구매력이 있는 자와 그렇지 못한 자를 양분하기도 하는데, 이러한 구분선을 따라 세대와 계층을 접합시키면서 배제의 구분선을 확장시킨다.

이러한 세대 간 혹은 계층간 감정 구조의 형성과 접합 혹은 그 대립과 갈등은 경쟁과 공유(혹은 연대)라는 경제적·정치적·사회적·문화적·담론적인 장들을 가로지르면서 접합·탈구되며 구조화된다. 그것은 역사적인 차원을 지니기도 하는데, 서구 문명과 자본주의 그리고 시장을 횡단하고 통합하면서 변주되는 사회진화론적 경쟁 이데올로기와, 그에 대한 연대와 공감, 혹은 공동체적 감성 사이에서 발생한(/하고 있는) 대립과 갈등, 접합과 혼종의 계보를 지니고 있다. 이 접합과 혼종은 매 시기 해당 국면의 대안적 혹은 부상하는 공유의 감정 구조에 이른바 '종북, 경제성장 방해, 불온세력' 등의 꼬리표를 붙이기도 하고 공유경제라는 새로운 자본의 흐름으로 나타나기도 한다. 특히 '공유경제'[35]는 한 개인만 쓰기엔 활용도가 적은 자원을 발굴해 모두가 공유할 수 있게 만들어 새로운 가치를 창출하는 대안경제로 주장되기도 한다. 대표적인 사례로 '우버(택시)'와 '에어비앤비(숙박)'가 있는데, 우버의 기업가치는 182억 달러(약 18조 원)이고 에어비앤비의 기업 가치는 100억 달러로 평가되고 있다. 이러한 공유경제의 모델은 벤처캐피털 등 국제 금융자본의 투자를 받아 시

---

[35] 공유경제에 대해서는 이완, 〈공유경제, 자본주의 敵? 자본주의的?〉, 《한겨레21》 1027, 2014, 74~77쪽을 참조함.

장을 확대하고 있다는 점에서 공유가치의 사회적 형성과 확산보다 이윤의 확보를 위해 공유의 가치를 자본 친화적으로 접합시킨 사례에 불과하다.

바로 이 지점에 민속의 현재적 상황을 인식하고 그 가능성의 지평을 사유하는 일의 복잡성이 있다. 민속은 근대의 외부에 자율적으로 존재하다가 서구 제국 혹은 문명과 조우하면서 발견·재현된 성격을 지닌다. 제국의 시선에 의해 계몽·교화·문명화의 대상으로 표상되어 관리되고 재구성되어 왔기에, 굴절과 변형의 과정을 겪을 수밖에 없었다. 민속은 내부의 지식인들에 의해 재발견되어 민족적으로 구성되기도 했다. 따라서 그것은 양가적이고 혼종적인 성격을 지니게 되었는데, 식민지 내부 지식인의 실존은 주체(=서구 혹은 일본 제국)와 타자(=민속)의 경계에서 유동하기 때문이다. 이러한 경로 속에서 한국 사회의 근대적 분화가 심화됨에 따라 민속은 문화장 내에서 주변부에 위치하게 되었고, 특정한 국면에서 지배 혹은 저항의 자원으로 호명되기도 했으며, 대중문화의 하위문화로 포섭되기도 했다. 대부분의 민속이 근대화 과정을 거치면서 제도 속에 안착하고 그 무형의 가치조차 박물관의 시뮬라크르로 전시되고 상품화되며, 담론적 형태로 이념화되거나 때론 축제적 형태로 스펙터클화하고 있다. 일제강점기에는 전쟁의 물자로 혹은 이데올로기 장치로 동원되기도 했는데, 이 과정에서 민속의 공동체성은 향토오락의 수준에서 정체화되었고 그 쓰임새는 '전쟁-기계'의 유지와 동원에 있었다.

뿐만 아니라 개발독재 시기 국가주의적 맥락에서 전통과 민족의 이름으로 호명된 민속의 대부분은 통치를 정당화하고 경계 내에서 단합과 결속을 강조하는 이데올로기 장치로 효과화되었다. 물론 그에 대한 저항이 민중성을 특화시켰고, 그러한 재전환을 통해 독재 정권에 항거하는 저항적 문화 실천을 위한 동력으로 활용되기도 했다는 점은 주지의 사실이다. 이 시기 민속의 현장은 토착적인 향수와 전통 혹은 민족적 정체성으로 선분화된 감정 구조와, 계급적이고 민주적인 진보적 감정 구조가 경합하는 장이었으며, 그러한 감정 구조를 형성하고 재생산하는 문화로서 민속이 효과화되었다. 즉, '잔여적인 것으로서 민속'과 '부상하는 것으로서 민속'이 '지배적인 것으로서 민속'에 대립하거나 저항하기도 했고 접합되고 통합되기도 했다. 90년대 이후 한국 사회의 문화공간이 문화정책의 확장과 문화산업의 급성장으로 말미암아 자본 혹은 시장 중심으로 재편되면서 민속은 화폐적 가치로 재환산되기에 이른다. 이 국면에서 민속은 체계와 생활 세계를 통틀어 재구조화된 문화장 내에서 상품적 가치를 중심으로 주변 혹은 하위 영역으로 재배치되고 있다. 그에 따라 민속은 상품적 가치로 전화될 때 문화장 내에서 '부상하고 있는 것'이 될 수 있고, 그렇지 못할 때는 '구시대적인 것' 혹은 상품화 가능한 자원으로서 '잔여적인 것'에 머물게 된다. 민중문화의 저항적 실천성의 계열로서 민속이 〈서편제〉로 번역되어 문화시장의 반향을 얻은 '사건'은 민속이 대중문화 혹은 문화산업의 영역으로 포섭되어 부상하고 있는 것으로 민속의 사례를 예증하고 있는 것이면서, 새롭게 재편된 문화장 내에 민속에 대한 새로운 감정 구조를 지닌 새로운 소비 계층의 출현을 보여 주고 있는 것이다.

가능지대로서 민속의 지평

1921년 2월 28일자 《동아일보》에 〈해희蟹戱 끝에 석전石戰〉이라는 기사가 실린다. 이 기사는 1921년 정월 보름 전남 광주에서 벌어진 줄다리기 혹은 편싸움[36]에 대한 것이다. 특징적인 것은 부락 대항 줄다리기로 시작되어 석전으로 끝났다는 점이다. 줄다리기는 광주군 내두 부락의 아이들이 시작했고 수만 명의 구경꾼으로 인산인해를 이루었다고 한다. 오후 5시부터 줄다리기를 시작하여 다음날 새벽까지도 승부를 내지 못하자 결국 석전으로 승부를 내려했으나 실패했다. 그리하여 일단 해산하고 조반 후 다시 모여 줄다리기를 재개했으나 오후 4시까지도 승부를 내지 못하고 다시 석전으로 바꾸었는데 다수 부상자가 발생했다.

1924년 2월 27일자 《매일신보》에 〈누백년폐습인 석전 엄금〉이라는 기사가 실린다. 이 기사는 구한말 명성이 자자했던 경성 신문밖(신문로) 동막東幕 편쌈에 대한 기사이다. 당시 경찰은 이 동막 편쌈을 예의주시하면서 경계했었다. 그러나 2월 22일에 발진부사가 발생하여 경찰이 호구별 검역 조사를 하느라 오후에는 경계가 허술해졌다. 그 틈을 타고 약 1백 명의 아이들이 돌쌈을 시작했다. 23일 경찰이 이 사건을 조사하는 중에 용산과 연희면 방향에서 사람들이 삼삼오오 모여들어 높은 지대에 진을 치고 척후를 보내 경찰이 순회하는

---

[36] 편싸움에 대한 내용에 대해서는 유선영, 〈편쌈 소멸의 문화사〉, 《사회와역사》 86, 2010, 5~46쪽을 참조함.

지역은 피해 다니다가 대현리(신촌 이화여대 부근)에서 돌쌈을 시작하였다. 이에 경찰 4명이 급히 출동하여 해산시켰으나, 형세는 오히려 험악해졌고 경찰 4명으로 감당하지 못하여 소관 본서에 기마경관과 도보경관을 지원해 달라고 요청하여 24일에 대비하였다. 주모자 검거에 노력하고 있으나 현재 분위기로는 편쌈이 계속될 것으로 보이므로 경관이 대대적으로 출동하여 일거에 해산시키는 동시에 일망타진하여 검거할 예정이라고 기사는 전하고 있다.

편쌈은 근대 이전 시기에는 지배층의 편에서는 상무정신의 고양을 위해 진작되기도 했고 민중의 편에서는 사회적인 필요에 의해 제의와 놀이의 층위를 오가며 행해지기도 했으며, 때로 그것은 민중봉기의 동력이 되기도 했다. 그러나 근대가 시작되면서 편쌈은 제국과 식민의 양 층위에서 통제·관리하여 양편의 목적에 복무하도록 규율하고 동원해야 할 위험이자 자원이었다. 그리하여 편쌈은 애국계몽기는 물론 일제강점기에 이르는 시기에 변형되고 조율되기 시작하여 현재에 이르러서는 가상적 재현을 제외하고는 현실의 영역에서 그 실존적 형태를 찾아볼 수 없게 되었다. 그 사정을 대략적으로 정리하면 다음과 같다.

1897년 대보름에는 편쌈 중 기물 파손이나 약탈 행위자를 경무청에서 체포·구금했고 1899년 1월엔 내각 훈령으로 경무청에서 편쌈을 본격적으로 단속·금지한다. 그런데 통치 세력은 물리적인 차원에서는 경찰력을 동원하여 편쌈을 단속하지만 담론적인 차원에서는 주저하고 동요하는 태도를 보이기도 했다. 즉 1897년 2월 말부터 4월 초까지 전개된 한성의 편싸움에 대해《독립신문》은, 금지 자체는 반대하지만 일부 피해를 줄이고, '어디까지나 작란답게' 하는 것이 옳다는 입장을 제시한다. 일관되게 편쌈움의 폐해를 강조하면서도 아예 금지하기보다는 법률에 맞게 하도록 유도하고 있는데, 규칙과 법률의 경계를 벗어난 편쌈꾼에 대해서는 역시 불한당으로 규정했다. 주목되는 것은 소문에 근거하여 편쌈의 폐해를 강조했다는 점이다. 즉, 사람을 죽이고 백성의 집을 부수며 물건을 탈취하고 부녀자를 욕하는 실태를 소문에 의지하여 전하면서, 그러한 폐악을 일소해야 한다고 주장하며 그러한 짓을 저지르는 자들을 죄인으로 단정하여 법으로 다스릴 것을 주장하였다.

이와 같이 《독립신문》의 논자들로 대표되는 당시의 지배 엘리트들은 조선의 미개를 극복하고자 서구화를 지향했던 지식인들로서, 편쌈으로 대표되는 조선의 문화와 조선 대중의 문화적 감정 구조를 그들 스스로 반근대적·반문명적 요소들이라고 공격하여 그 척결을 주장하였다. 그들은 근대 계몽주의의 정치성과 운동성에 추동되어 이분법적이고 배타적이며 적대적인 방식으로 전통을 재규정한 것이다. 이와 마찬가지로 《매일신문》 1899년 2월 17일 논설도 조선의 습속 중에 급히 고칠 것이 허다하다고 하면서 대표적인 것으로 정월 보름에 전국 각지에서 벌어졌던 줄다리기·무동놀이·편싸움을 들었다. 논자는 이러한 습속을 야만적인 것으로 규정했고 조선의 습속을 미개한 것으로 보는 외국인의 시선을 정당화하면서 스스로 자국의 문화를 타자화했다.

그러나 당시 순검들의 편쌈 진압과 해산에 대한 조선 민중의 저항은 매우 거세었다. 심지어는 함께 출동한 구병정이 오히려 편싸움에 가담하여 순검의 진압을 방해하기도 하였다. 그러한 저항에 대응하여 을사늑약(1905) 이후 편쌈 해산 시 저항하는 군중에 대해 위협용으로 총을 발사하기도 했다. 《대한매일신보》의 1905년 3월 1일, 1908년 2월 14일, 1909년 1월 28일 기사에 이러한 정황이 잘 드러나 있다. 편쌈 군중과 경찰의 대치는 1910년 정월까지 계속되었다. 강제합병(1910) 이후 일제는 '경찰범처벌령'에 따라 편쌈 근절을 시도하였다.

그러나 3·1운동 이후 식민정부의 통치 방식의 변경 속에서 편쌈은 재개되었다. 이 편쌈의 재개를 이끈 동력은 민족감정에 기반한 민중의 반일 정서로 보인다. 주목되는 점은 경찰의 감시를 따돌리기 위해 척후대를 보내 정찰을 하고 계획적으로 장소를 이동하는 등 격렬함과 집요함, 게릴라 전투의 양상을 보였다는 것이다. 또한 이 시기 편쌈은 양력 정월이나 여름, 한식일 등에 벌어지기도 했고 다른 민속놀이(줄다리기 등)와 병행되기도 했다는 점이다. 이는 식민화와 근대화의 중층적 억압에 직면하여 편쌈(석전)이 식민지 조선인의 감정 구조를 담아낸 하나의 징후로서 해석할 수 있다.

그러나 새롭게 형성된 감정 구조는 일제에 저항하는 새로운 대중을 형성·촉진하는 계기와 동력으로 작용했지만, 지배의 측면에서는 이러한 감정 구조의 형성과 궤를 같이 하면서, 대안적이고 저항적인 것으로 부상하는 민속을 새롭게 주조해 내면서 지배적인 것 내부에 통합하거나 그렇지 못한 것은 배제하는 세련된 전략을 구사한다. 즉 식민지의 생활방식·문화·풍속과 관습을 열등하고 저급하며 야만적인 것으로 호명하는 것은 동일하지만, 호명의 방식과 기술은 이론·과학·학술의 문법을 따른다. 일제가 인류학과 민속학을 동원하여 조선의 전통과 풍속, 생활 방식을 조사한 것은 바로 이러한 새로운 전략의 구체적인 사례로서 법과 제도의 정비를 통해 그 저항성을 체계적으로 관리하고자 한 것이다. 이 과정에서 편쌈을 둘러싸고 움트던 민속의 새로운 지평은 지배적인 것에 포섭되거나 구시대적인 것으로 고착되었다. 즉 전통이라는 이름으로 호출되면서 식민화 혹은 황국신민화의 이론적 기반이 되기도 했으며, 거기에 부합하지 않는 민속은 일방적이고 폭력적으로 철폐되거나 일부 요소는 선별적으로 식민화에 동원되었다. 민속은 식민지 조선인들에게 한편으로 민족적 정체성을 구성하는 기반이 되기도 하고 다른 한편으로 생활 세계의 존재 방식으로 자기 의식의 기반이 되기 때문에, 통치의 입장에서 그것은 식민적 주체 형성에 필요한 문화적 구성물로 대체되고 필요한 경우 선별적으로 재배치되어야 했다.

피에르 부르디외의 장 이론을 빌어 이러한 민속의 변용과 배치 또는 재전환의 궤적을 설명할 수 있다.[37] 이 민속의 궤적이 만들어내는 장의 구조는 거기에 참여한 주체 혹은 제도들 사이의 역학 관계, 이전의 투쟁을 통해 축적되어 이후 그 전략의 방향을 결정짓는 특정 자본의 분배 관계의 상태를 나타낸다. 이러한 장에서 발생하는 투쟁들은 특정 자본의 분배 구조의 전복, 혹은 보존을 목표로 삼고 있다. 권력의 장에 편입된 주체들의 궤도는 장의 힘들 사이의 관계와 그

---

[37] 이 장 이론에 대한 구체적인 분석 사례에 대해서는 이영배, 〈자율과 횡단, 문화 재생산의 이중 효과〉, 《서강인문논총》 33, 2012, 89~143쪽 참조.

들에게 고유한 관성에 의해 결정된다. 그 관성은 한편으로는 그들의 성향 속에 유지되며 다른 한편으로는 그들의 자본의 상속에 기입된다. 장에 편입된다는 것은 장의 역사에 편입된다는 것을 함축한다. 다시 말해 그 장에 실천적으로 제도화되어 있고 역사적으로 구성되어 온 문제 설정에 대한 인지와 인정을 매개로 바로 그 장의 역사가 지닌 기념비적 산물에 통합된다는 것을 함축한다. 특정한 배치는 특정한 욕망을 작동시키고 그 특정한 욕망은 그것의 담지자, 즉 특정한 주체성을 만들어 낸다는 점에서 배치는 주체를 구성하는 주체 형성의 기제이다. 주체성이란 원자화된 개인의 합리적 판단이나 의지적 결단에 의해서 결정되는 것이 아니다. 그것은 개인들이 타자와 맺게 되는 관계 속에서, 그 관계로 인해 그 개인들의 신체에 일어나는 변용 속에서 탄생하는 것이다.

민속이 전승·연행되고 향유되는(생산/재생산되고 유통/공유되는) 장은 민속에 대한 입장들이 구조화된 공간이다. 사회 세력들은 그들의 입장에 따라 그 장의 성격을 사회 공간 속에 구조화한다. 현재의 국면 속에서 민속의 장은 위계화된 사회 공간의 최하층에 전근대/근대, 옛것/새것, 감성/이성 등과 같은 이항 대립적 논리를 따라 주변적 위치에 구조화되어 있다. 핵심 문화가 대규모의 기업에 의해 전 국민이나 여러 국가의 국민을 대상으로 양산되는 문화라면, 주변 문화는 특정한 취향을 가진 사람들만이 향유할 수 있는 다양하게 분화된 문화를 말한다. 한 사회 내에서 보편적이며 지배적인 문화로서 인정받는 고급문화로 규정되는 것은 지배계급에 의해서 행사되는 일종의 상징적 폭력의 결과라 할 수 있다. 상징폭력의 결과로서 민속이 비록 주변화되어 있을지라도 그 장은 특정한 자본(민속)의 획득과 유지에 따라 다른 입장들을 배제하고 인접한 장들 속에서 그에 대한 입장을 공유하는 아비투스를 지닌 사람들을 포함하여 존속한다.

그 장의 구조는 장의 생존을 위해 실천하는 주체와 제도의 역학 관계를 따라 변화하며, 이전의 궤적 속에서 축적된 실천의 양상에 따라 달라진다. 따라서 장은 그 유지와 존속 및 확장을 위해서 위계화된 사회 공간 속에 할당된 특정 자본의 분배 구조를 보존하려 하기보다는 그것을 전복하려는 실천에 적극적일 수 있다. 물론 체념의 정념이 강하게 확산되어 있는 사회 공간 속에서 주체들의 실천 방향은 왜곡될 수 있지만, 다시 말해 지배적인 권력의 장에 편입된 소수 문화의 주체들은 장의 힘들 사이의 관계 속에서 그들에게 부여된 고유한 관성에 지배될 수 있지만, 장의 역사를 새롭게 쓰려는 그 아비투스의 구현자들은 지배와 종속의 특정한 배치를 흔들고 연대와 공존의 실천 전략 속에서 새로운 전망을 수립하고자 할 것이다. 다시 말해, 민속의 담지자들은 경제적 장과 문화적 장에서 소외와 분리를 경험하는 주변부 존재이다. 때문에 그들의 아비투스의 발현은 문화적 생산물이 놓인 구조적 장을 가로질러, 위치들의 재변경을 시도하려는 횡단적 성격을 가진 것으로 나타나고 그 성패는 사회 공간을 분할하는 각 장들의 역동적인 변화와 전복에 달려 있다.

한 시대/국면의 감정 구조는 거기에 적합한 경험을 산출한다. 이 산출된 경험이 축적되고 습속화/양식화되면 그 시대/국면의 문화적 생산물이 되고 새로운 감정 구조를 배태하게 된다. 그런데 감정 구조가 변경되면 그 이전의 감정 구조나 문화가 상속되는 지속의 국면과, 변경된 감정 구조를 반영한 경험이나 문화가 생성되는 단절의 국면이 공존하면서 경합한다. 일정 시기가 경과되면 지배적 감정 구조에 의한 선택과 배제의 원리가 작동하여 이전의 감정 구조와 새로운 감정 구조가 산출한 문화들을 융합시키면서 새로운 문화 유형을 발생시키거나, 구시대적인 것 또는 지배적인 것의 감정 구조와 문화 유형이 축출된 전혀 다른 문화가 생성될 수 있다.

　민속은 근대 이전 사회에서 지배문화는 아니었지만, 소수의 핵심 문화 향유자를 제외하고 보면 민속적 아비투스의 구현자들이 그 사회 공간의 대부분을 점유하였다. 그러나 일제강점기와 근대 이후 민속은 양적으로도 장 내의 주변부 영역으로 이동해 갔다. 물론 일제강점기의 식민적 근대화 국면에서 민속은 단절보다는 변용과 지속의 두 양상이 교차하였지만, 근대화의 물질적 과정이 축적·확장되어 감에 따라 민속의 근본적인 변화는 불가피했다. 그러나 역설적으로 근대성이 야기하는 위기와 부정이 심화될수록 공동체에 근간한 집합적 아비투스는 저항성과 대안성을 구현할 실천 감각으로서 재평가되고 있다. 이 집합적 아비투스는 상속된 문화자본에 의해 이전 사회의 궤적을 포함하긴 하지만 상이한 토대, 즉 행위자들의 실천 전략이 기반하고 있는 사회 공간의 변동으로 인해 이전과 똑같은 방식으로 존재하지 않는다. 중요한 것은 앞선 국면의 경험이나 문화를 재료로 하여 현 시대의 경험 조건에 입각해서 이루어지는 생산/재생산의 원리이다.

　이러한 장의 역학을 따라 민속의 궤적은 구시대적인 것the archaic과 잔여적인 것the residual, 그리고 부상하는 것the emergent으로서 유동하면서 지배적인 것the dominant과 유력한 것the effective 혹은 헤게모니적인 것[38]과 조응해 왔다고 할 수 있다. 그러나 이러한 문화 유형이 명확하게 구분되는 것은 아니다. 그 안팎에서 각각의 문화들은 유형 혹은 요소들로 서로 대립 · 병치 · 배제 · 선별 · 중첩 · 통합되며 일정한 국면에 등장하고 사라진다. 따라서 어떤 문화든 그 자체에 유효한 과거적 요소들을 포함하게 마련이지만, 그 요소들이 당대의 문화적 과정 속에서 차지하는 위치는 무척 가변적이다.

레이먼드 윌리엄스가 의미하는 구시대적인 것이란 완전히 과거적 요소로 인정되어 관찰과 연구 대상이 될 뿐만 아니라, 심지어 때에 따라서는 고의적으로 특수화하는 방식을 통해 의식적으로 부활되기도 하는 것을 가리킨다. 잔여적인 것의 의미는 이와 완전히 다르다. 정의상으로 보면, 잔여적인 것은 과거에 효과적으로 형성되었지만, 문화적 과정 속에서 여전히 능동적으로 활동하면서, 과거적 요소에 그치는 것이 아니라 현재를 이루는 유력한 요소로서 존재하는 것을 가리킨다. 따라서 그것들은 전혀 과거적 요소가 아닌 것처럼 보일 때가 많다. 이런 까닭으로 지배문화의 견지에서는 표현될 수 없거나 내용적으로 입증될 수 없는 어떤 경험이나 의미 · 가치 등이 이전 시대의 어떤 사회적이고 문화적인 제도나 형성물의 잔여분을 바탕으로 살아나게 되고 또 실행되기도 한다. 따라서 잔여적인 것은 지배문화와 대안적 혹은 심지어 대립적인 관계에 놓일 수도 있다. 이를

---

[38] 이 문화 유형에 대한 기술은 레이먼드 윌리엄스, 《마르크스주의와 문학》, 195~204쪽을 참조함.

테면 '전원적 공동체'라는 개념도 잔여적인 성격을 띠지만, 도시 산업 자본주의에 대한 대안적 또는 대립적 성격을 띨 수 있다. 그러나 이는 대부분 이상이나 몽상 또는 지배질서 그 자체에 대한 신선한 여가의 기능으로 통합되어 버렸다. 대체로 잔여적인 문화적 요소는 유력한 지배문화로부터 약간의 거리를 유지하지만, 어떤 시점에 이르면 지배문화가 지나치게 많은 잔여적 경험이나 관습을 통합되지 않은 상태로 자기 영역 바깥에 내버려 둘 수가 없게 된다.

　부상하는 것이라는 말의 의미는 첫째로 새로운 의미 체계·가치관·관행, 그리고 새로운 관계나 여러 가지 종류의 관계가 끊임없이 창조되고 있다는 사실이다. 그러나 지배문화의 새로운 국면에 지나지 않는 것과, 그 지배문화에 대해 실질적으로 대안적 혹은 대립적 성향을 지닌 것으로서 부상하는 것을 구별하기 쉽지 않다. 그것은 언제나 문화적 과정 내의 관계이기 때문이다. 따라서 실제의 어떤 의미 체계나 가치관을 생겨나게 한 문화적 과정의 보다 초기적인 사회적 형성물이나 국면과 연결되어 있는, 잔여적인 것을 통하는 것이 필요하다. 왜냐하면 그것은 지배문화가 무시하고 과소평가하고 반대하고 억압하고, 심지어는 제대로 인식조차 하지 못하는 인간의 경험과 열망과 업적의 영역들을 대변하기 때문이다. 부상하는 것의 경우는 근본적으로 다르다. 어떠한 현실 사회든 그 구조 속에는 지배요소에 대한 대안적 혹은 대립적 성격을 지닌 문화적 과정의 요소에 대한 사회적 기반이 항상 내포되어 있다. 새로운 계급은 항상 부상하는 문화적 관행의 원천이 되지만, 그 계급이 하나의 계급으로서 여전히 비교적 종속적인 성격을 띠는 위치에 있는 한, 그 관행은 항상 불규칙적인 면모를 드러낼 것이며, 미완의 상태에 놓여 있을 것이다. 왜냐하면 새로운 관계가 하나의 고립된 과정이 아니기 때문이다. 그것이 부상하면 부상할수록, 특히 그것이 대안적이기보다는 대립적인 성향을 띠면 띨수록, 통합 작용은 더욱더 본격적으로 시도되기 시작한다. 중요한 점은 그것이 결코 직접적인 실천의 문제로 끝나는 것이 아니라는 사실이다. 사실상 그것은 새로운 형식이나 그 형식의 새로운 응용 방식의 발견에 결정적으로 의존해 있다. 우리가 되풀이해서 실제로 고찰해야 하는 것은 사실상 부상을 준비하는 중인 '선先–부상pre-emergence'으로 그것은 능동적이고 급박한 움직임을 보이면서도 아직은 완전히 명시화되지 않는 상태를 가리킨다.

현재의 문화장의 구조 속에서 민속은 구시대적인 것과 잔여적인 것, 그리고 부상하는 것의 위치들을 갖고 있다고 말할 수 있다. 그 지배적인 형식은 지배적인 문화의 통합과 배제 혹은 선택과 접합의 작용에 의해 제도적인 영역과 대중의 상식 속에서 구시대적인 것으로 자리해 있고 대중문화 혹은 문화산업과의 접합을 통해 잔여적인 것으로 위치해 있다. 이 잔여적인 것으로서 민속은 때로는 새로운 민속문화의 형식(여성 농악, 사물놀이, 창극, 창작 판소리 등)을 창출하기도 하고 대중문화 상품(난타, 퓨전 장르 등)으로 재창조되기도 한다. 그러한 의미에서 윌리엄스가 말하는 잔여적인 것의 능동성이 지니는 소극적 대안성을 지니고 있다고 할 수 있다. 때문에 이와 같이 혼종화된 문화장 속에서 민속적인 것들의 전개를 '형태의 행위'[39]에 초점을

---

[39] 뒤따르는 이 글의 각주 46)과 해당 본문에서 설명하고 있는 대목 참조.

맞출 때, 그것은 사회의 물질적 과정에서 탈락되어 박제화 혹은 관제화될 수밖에 없다. 자본 혹은 시장의 선택에서 배제된 민속이 자리할 수 있는 공간은 제도적인 차원이나 정치적인 차원에 있다고 밖에 볼 수 없으며 그곳에서 재생산의 기회를 마련할 수밖에 없을 것이다.

한 가지 사례를 들어 보자. 2015년 4월 25일(토), 경북 안동시 웅부공원과 문화공원에서 자칭 전국 유일의 여성 축제라고 일컬어지는 '제13회 여성민속한마당'이 개최되었다. 이 행사는 경상북도와 안동시가 주최하고 안동문화원이 주관했으며 경상북도 안동교육지원청과 KBS안동방송국, 그리고 안동MBC와 CJ헬로비전영남방송이 후원했다. 행사의 프로그램은 오른쪽 표에서 보는 바와 같이 유교와 민속, 대중문화와 각종 체험 행사 등으로 구성되었고, 안동문화를 총망라한다고 할 수 있는 유력한 집단들, 즉 행정기관을 비롯한 관변 내지 민간단체들이 동원되었다. 주목되는 것은 행사를 위해 동원된 초등학생들과 프로그램에 참여하는 공연자, 그리고 행사의 진행을 담당하거나 감독하는 행정기관과 업체의 참여자들 외에 청년 세대들은 찾아보기 힘들다는 점이다. 거의 대다수가 노인 세대들이며, 간혹 프로그램에 적극적으로 동참하거나 흥에 겨워 하는 동원된 관객들도 노인들이었다. 이 행사에서 부재하는 청년들은 인접한 안동의 번화가인 문화의 거리 가설 무대에서 개최된 '열린사회를 위한 안동시민연대'의 세월호 추모집회를 둘러싸고 혹은 지나가고 있었다. 그러나 그곳에서는 형식으로서 '민속'은 부재했으며, 그 대신 '잊지 말아요 0416 온라인 만화전', '세월호 시행령 찬반투표', 인디적인 '랩퍼'의 공연이 있었고, 그 리듬과 흐름을 따라 출렁이는 '떼'로서 혹은 '분자'로서 대중이 머물다가 흩어지고 있었다.

프로그램
지신밟기, 고유제, 식전 공연·개회식·축하 공연(국악, 색소폰, 가요, 성악, 어린이중창단, 다듬이 공연), 접빈다례·두리차회, 자연 염색 및 민화 체험, 야생화 전시 및 체험, 어린이 화전놀이 체험, 전통 떡 만들기 체험, 안동 한지공예 전시 및 체험, 우드마커스 체험, 핸드페인팅 체험, 안동포 향주머니 체험, 전통장류 전시 및 체험, 가양주 전시 및 체험, 전통 음식 전시 및 체험, 발효 음식 전시 및 체험, 추억의 음식 전시 및 체험, 향토 음식 체험, 사찰음식 체험, 민속놀이 체험, 꽃잎차 시음, 내방가사 체험, 읍면동 향토음식솜씨대회, 경상북도 화전놀이대회, 경상북도 노국공주 선발대회, 전 및 민속주 나눔, 청소년 민속놀이대회, 읍면동 널뛰기 대회, 안동 놋다리밟기 시연, 초청공연(동춘서커스)

주관 단체
태화동 풍물패, 안동문화원, 안동예절다도연구회, (사)안동자연색문화원, 한국야생화안동연합회, (사)한국예절 교육원, 이수다례문화원, 안동한지, 안동공예문화전시관, 안동포문화산업보존회, 된장담그는사람들(선지농산), 우리음식사랑회, 한국여성문화생활회, 단계종택, 우리음식사랑회, 안동시여성단체협의회, 고운사 사찰음식체험관, 샘문학회, 꽃우리미, 안동내방가사전승보존회, 안동놋다리밟기보존회, 안동농협여성대학 총동창회, 회곡막걸리, 동춘서커스

이 행사가 재현하는 '여성 민속'은 도대체 무엇일까? 프로그램과 주관 단체에서 확인할 수 있는 것은 전통 음식과 내방가사, 안동놋다리밟기와 그 놀이의 전설 속에서 회자되는 노국공주가 대표적이다. 전통 음식의 조리와 전시 그리고 체험 행사는 읍면동 행정기관에 의해 동원된 각 마을 단위 조직을 근간으로 하여 종가음식이 특화되어 있으며, 내방가사는 종가를 중심으로 한 지역 문중의 내방에서 전승되고 있는 가사가 그 계 조직의 주도로, 공연되거나 체험, 전시되었고 여성 주도의 세시풍속인 화전놀이·널뛰기 등을 비롯하여

부수적으로 민속놀이 체험 행사가 전시되었다. 이 여성 민속의 전시와 체험을 배경으로 '읍면동 향토음식솜씨대회'·'경상북도 화전놀이대회'·'경상북도 노국공주 선발대회'가 진행되었다. 특히 노국공주 선발대회는 해당 학교장의 추천을 받은 관내 초등학교 3학년 이상 재학생들이 선발되어 행사에 참여하였고, 부수적으로 진행된 '청소년 민속놀이대회'에는 관내에 재학 중인 초등학생들이 참가하였다. 노국공주는 동부공주와 서부공주를 선발하는 것을 필두로 하여 그 외 예절상·교양상·미소상·맵시상·인기상 등이 수여되었다. 이러한 행사에서 호출되는 여성 민속은 어쩌면 예절·교양·미소·맵시 등이 언표하는 바와 같은 지극히 전통적인 여성성의 재현에 초점화되었는지도 모른다.

　민속의 잔여적인 것의 형태가 시장적 가능성을 지닌 문화상품이라면, '여성 민속'과 같은 구시대적인 것의 형태를 재현하는 지배적인 것에 대립하고 저항하는, 부상하는 것으로서 민속은 어디에서 발견할 수 있을까? 민속의 형태를 온전히 간직하고 있는 것들 속에서 그 부상의 움직임을 감지할 수 있을까? 문화장의 구조를 가로지르고 그 관성을 흔드는 부상의 움직임 혹은 '선先–부상'의 징후에 대해 지배문화는 항상적으로 통합하려 하고 부상의 징후가 뚜렷해질수록 그러한 통합 작용은 본격화된다. 이 과정에서 선–부상의 징후가 부상하는 것으로 대두될 때 실천의 문제를 넘어 새로운 형식을 만들거나 그 형식의 새로운 응용 방식을 발견하는 것에 결정적으로 의존해 있다는 말은 무슨 뜻일까? 그것은 지배문화에 포섭되는 계기에 의해 새로운 형태와 응용 방식을 부여받는다는 의미로 해석된다. 그러나 이러한 과정, 즉 선-부상과 부상의 사이에서 발생하는 긴장과 그 긴장의 잠정적인 형식으로서 실천행위가 발산하는 표현의 양태 속에서 부상하는 것으로서 민속의 잠재적인 지평을 생각할 수 있다. 그것은 정의상 다양한 형식으로 발현되기 때문에 그 형식은 행동하는 모든 방식으로 규정될 수 있다. 요컨대 '행동의 형태',[40] 즉 민속적인 것들이 물질적 과정의 변화에 조응하여 행위하는 양태에 주목하여 그 양태 속에서 표현되는 속성에 주목할 때, 현 시대 민속의 가능지대를 발견할 수 있을 것이다.

'형태의 행동', 즉 실체나 본질로 간주되어 규범적으로 강제되는 어떤 준거 형식을 맴도는, 그래서 반드시 의거해야 하는 절차에 의해 전개되는 행동이 아니라, '행동의 형태' 즉 현실의 물질적·사회적 과정과 맞물려 있고 그 현실적인 맥락으로부터 생성되는 사건적 의미에 결부되어 기획·실행되고 그 과정에서 여러 현실적인 필요와 조건, 자원과 역량, 관계와 의지 등 여러 경로에서 흘러들어 이루어지는 행동들이 과정 속에서 만들어 내는 잠정적인 형태는 어떤 것일까? 선-부상이 이전의 요소들에 연접해 있지만, 그것들과의 이접을 통해 생성해 내는 운동이라는 점과 그 운동이 이전의 요소들에 대해 대립적이거나 대안적이라는 정의로부터 '가정법적' 행동의 형태들을 경유하여 민속의 잠재성에 다다르게 된다.

---

[40] 이 '행동의 형태'라는 개념에 주목하여 무속과 테크노에틱의 인접성 혹은 무속의 대안적 문화 형식을 제언한 논의에 대해서는 이영배, 〈다중의 습속, 되기 혹은 생성의 사건으로서 무속의 특이성〉, 《한국무속학》 26, 2013, 227~259쪽 참조.

하나의 사례를 들어 생각을 이어가 보자. '황해도 소놀이굿'[41]은 물질적이고 사회적인 과정으로부터 탈락되어 그것이 재현될 때 의거한 전통적인 형식이 끊임없이 되풀이되면서 존재하는 무속의 한 양식이다. 규범적으로 강제되는 그 전통성은 현재의 맥락이 아니라, 과거 그것이 존재했던 농경사회의 망실된 맥락이라고 전제되는 이상화된 맥락을 반영·구현하면서 연행된다. 그러한 의미에서 그것은 물질적이고 사회적인 과정과 맞물려 있었다고 말할 수 있다. 그 정도의 수준에서 그것을 필요로 하는 현실로부터 자원과 역량을 총동원하여 펼쳐 내는 세계는 현실 속에서 선취해야 할 매우 중요한 가치를 체현하고 있다. 그것이 펼쳐 내는 세계는 가정법적 공간으로 현실의 결핍이나 모순의 극복이 이루어지는 풍요와 소망의 선취된 대안적 세계라는 말이다.

그 세계가 어떻게 구현되는지 분석해 보자. 소놀이굿은 상좌로부터 백편지(하얀 종이에 아무런 내용이 없는 편지)를 만신에게 건네 주는 것으로부터 시작한다. 상좌에게 백편지를 받은 경관만신은 편지

---

[41] 양종승, 〈황해도굿〉, 하효길 외,《한국의 굿》, 민속원, 2002, 48~54쪽 참조. 우리나라의 소놀이굿은 '소놀이굿', '소놀음굿', '소머리굿', '소굿', '쇠굿', '마부타령굿' 등으로 호칭되면서 지역적으로 서울, 경기도, 강원도, 평안남도, 황해도 일대에서 연행되었다. 소놀이굿의 목적은 풍농을 기원하고 액을 쫓으며 마을민들의 대동단결을 모색하기 위한 것이다. 황해도 옹진 지방의 소놀이굿은 주로 만구대택굿에서 놀아지는데 이 놀이가 이루어지려면 사전에 경관만신과 소놀이굿 주관자들 간에 사전 약속을 하게 된다. 주관자들은 마을의 청장년들, 난봉꾼, 그리고 풍물꾼 등으로 구성되어 저녁때가 되면 볏짚이나 가마니 또는 멍석으로 꾸민 어미소와 송아지를 마부와 상좌를 앞세워 풍악을 울리면서 굿당으로 들어온다. 만구대택굿의 소놀이굿에 등장하는 인물은 경관만신 1명, 여러 만신들, 악사들, 어미 소 2명, 송아지 1명, 마부 1명, 상좌 1명, 마을의 난봉꾼들 그리고 풍물패 등이다.

를 보고서 "이게 무엇이냐고 여쭈어 보아라"고 상좌에게 말을 전한다. 상좌는 마부에게 가 "경관만신이 무엇이냐고 여쭙니다"고 전한다. 그러면 마부는 "삼십 삼천 도솔천에 계시는 아미타불님께서 이곳에 하늘이 아시는 영천도문에 지하가 아시는 신사발원 허신단 말씀을 듣고 명복을 많이 싣고가서 주고 오라 하여 왔다고 여쭈어라"고 상좌에게 전하고 상좌는 다시 경관만신에게 전한다. 이러한 과정이 연행이 계속되는 동안 반복된다. 상좌를 사이에 두고 마부와 경관만신이 주고받는 말은 신의 말이라는 점에서 신의 명령이다. 따라서 그것은 당위이고 수행성이 선행한다. 이 말의 전달이 행위의 계기를 만들어 내고 그 계기가 모여 의례의 형태를 구성한다. 곧 말이 전부이고 그러한 점에서 말은 행동의 선취이고 의례적 선취이다. 마부는 신이 되기도 하고 신이 보낸 소를 이끄는 전령이다. 상좌는 이 전령의 말을 무당에게 전해 주는 전령이자 무당의 질문, 그리고 그 질문이 이끌어 내는 소망의 구현을, 마부에게 전하여 신으로부터 다시 무당에게로 구현한다. 무당은 상좌를 매개로 마부를 거쳐 신에게서 현실의 필요를 의례적으로 선취하는 실질적인 존재이다. 이러한 이중적 매개를 통한 다중적 소통의 방식은 그 전개 과정 속에서 현재의 순간을 구부려 미래로 혹은 과거로 이동하며 매번 소망을 구현하면서 소놀이굿의 필요에 부응한다. 마부를 통해 발화된 신의 말은 '미래적 언표'이다. 상좌가 전하여 주는 신의 전언은 당위와 명령으로서 반복될 때 그것은 이미 한 번 말해진 과거이다. 이 미래적 언표이자 이미 말해진 과거의 언표는 무당이 의례를 통해 달성하고자 하는 미래이자, 의례의 과정 속에서 매번 이루어지는 현재 진행형이다. 그런데 이 현재는 의례의 차원에서 달성되었다는 점에서 이미 선취된 미래, 즉 과거적 미래이다. 소놀이굿의 다중적 시간의 구현은 현실의 결핍과 모순을 해소하고자 하는 의례의 전략으로서, 실제의 그 어떤 형식과도 구별되는 형태를 구현한다. 그러나 그 형태는 가정법적 완료라는 점에서 잠정적이고 가변적이다.

　현재 민속 현장의 실제적 영역에서 이 소놀이굿의 대안적 형태는 더이상 구현되지 않고 있다. 대부분의 민속문화의 담지자들은 제도와 시장의 영역 속에서 무대화된 예능적 실천을 통해 자신들의 욕망을 구현하고 있다. 거기에는 관계 트기의 설렘과 공감, 즐거움과 행복보다는 피로감과 시각화된 스펙타클이 낳는 소외와 물신이 자리하고 있다. 그로부터 벗어나고자 하는 욕망의 흐름조차도 포획되어 무대화·상품화·자본화된 예능으로 다시 배치되고 그러한 배치에 최적화된 예능인의 욕망이 몰적 형태로 재순환되고 있다. 소놀이굿의 의례적 선취가 가능했던 현실적 기반인 신과 자연과 인간의, 서로를 존중했던 관계가 약화된 현재는, 자연자원의 약탈적 채취에 골몰하는 사회를 영속화하려는 자본의 기획 즉 자본의 씨줄에 의해 묶여 짜인 체계와 생활 세계의 단속적 리듬이 지배하고 있다. 그 어느 때보다도 이 구조와 관계를 역전시키는 프레임이 당위적으로 요청되는 시대도 드물 것이다. 자연과 공생하는 삶의 리듬을 씨줄로 문명·기술·정보 등을 묶어 짜는 세계의 상상과 구축이 필요하다는 주장이 끊임없이 제기되고 있다. 한편에서는 교통이 발달하면서 일터와 삶터의 거리가 더욱 멀어짐으로써 도시의 비극이 심화되었다는 진단 속에서, 이 분리된 상호 연결망을 잇기 위한 정치적 기획으로서 '마을운동'[42]이 부상하고 있다. 물론 이 마을운동의 부상은 이미 지배적인 것에 의해 제도 속으로 통합되고 있기도 하다. 다른 한편에서 공동체적 감성의 재전환의 맥락에서 지배적인 것에 맞서는 극한의 행동들이 있다. 이러한 행동들에서 민속의 잠재적 지평 속으로 접혀진 의례적 선취가 현실 속으로 재맥락화될 수 있는 가능성의 지대를 상상할 수 있다.

제주 강정마을에는 태어난 지 3만 년이 된 구럼비 너럭바위가 있다. 길이 1.8킬로미터로 해안 단괴인 '구럼비바위'[43]는 멸종 위기종 붉은발말똥게·제주세뱅이·맹꽁이가 서식하는 바위 습지였다. 이 구럼비바위가 상징하는 세계를 지켜 내기 위해 강정마을 사람들은 제주 해군기지, 즉 지배적인 것에 맞서 잔여적인 것으로 존속하는 민속적인 것들을 새롭게 형성하고 있다. 설문대할망의 치마폭으로 언표되는 민속적인 상징자본을 중심으로, 강정마을회·강정 공소·강정마을밥상 '삼거리식당'·평화유랑단 '평화바람'·'가차길옆작은학교'·평화센터·강정평화상단협동조합·평화지킴이 '들꽃' 등 제주 해군기지 건설을 반대하는 다양한 세력들이 연대하여 행동하고 있다. 이러한 행동들은 '강정생명평화마을 만들기'로 구체화되고 있는데, 이는 현재 한국 사회의 공간 속에서 부상하는 것으로서 민속적 기획으로 예시할 수 있다. 이 행동들은 친환경농법 교육·평화인

---

[42] 이 마을운동에 대해서는 권단 외, 《모두를 위한 마을은 없다》, 삶창, 2014. 참조.

[43] 제주 강정마을 구럼비바위에 대한 내용은 이경석 외, 《섬과 섬을 잇다》, 한겨레출판, 2014, 165~203쪽 참조.

권 교육·주민복지와 의료 지원 등의 형태를 만들어가고 있다. 주목되는 것은 '올림은어통'[44]·'은어올리기'[45]·'강정천은어올림축제'[46] 등, 민속과 그것을 바탕으로 축제화된 잔여적인 문화들을, 즉 자연과 함께 살아가는 법을 알았던 강정마을 공동체의 아름다운 전통을, 생명과 평화의 대안으로, 다시 되살리는 실천을 모색하고 있다는 점이다. 그 성공 여부가 강정생명평화마을의 실존을 결정하겠지만, 그들은 그 과정 속에서 이전의 민속적 요소들을 현재적 맥락 혹은 현실의 물질적·사회적 과정과 맞물리게 하면서, 이른바 '선-부상'의 한 예시로서 민속적인 것들의 대안 형태를 만들어 나가고 있다. '행동의 형태'를 중시하는 관점에서 이 사건은 민속적인 것의 잠재성을 현실화하고 있는 사례로서 민속의 가능지대를 상상하게 하는 하나의 지평이 될 수 있을 것이다.

서구의 근대 문명은 비서구 사회의 문화와 지식들을 비합리적이고 미신적인 것으로 간주하고 계몽과 발전, 합리성을 바탕으로 배제·선택·통합하는 전략을 구사해 왔다. 무수한 타자성의 문화들

---

[44] 올림은어통은, 강정천 하류의 너럭바위에서 떨어지는 물살을 거슬러 튀어 오르는 은어들이 거센 물살에 부딪쳐 옆으로 떨어지는 것을 받아 모으기 위해, 멧부리와 너럭바위 사이의 물속에 돌을 쌓아 만든 물통이다. 마을사람들은 이 올림은어통에 은어가 가득 차면 그 은어를 마을에 가장 나이 많은 어른부터 차례로 나눠 드렸다.

[45] 이른 봄 은어가 무사히 알을 낳으러 오게끔 물길을 만들어 주던 강정마을의 민속. 이른 봄 올라온 은어가 강정천 맑은 상류에 알을 낳을 자리를 잡고 나면, 강정마을 주민들은 이 먼저 자리 잡은 은어들이 무사히 알을 낳고 키울 수 있도록 하기 위해, 5월부터 강정천의 진소나 남동지소에서 은어를 잡았다.

[46] 강정마을의 '은어올리기' 민속을 축제화한 것으로 은어잡이가 한창인 5월마다 개최되었다.

과 존재들이 무가치하고 무의미하고 하찮고 쓸모없는 것으로 폄하되어오는 과정에서, 서구 문명을 보편적 문화 모델로서 확산시켜 온 근대적/식민적 세계 체제는 돌이킬 수 없는 한계에 봉착하게 되었다. 즉, 지구적 규모에서 생태적 위기가 급속도로 확산되고 있고, 인간성이 이윤 창출의 매개물로 전락했다. 이러한 한계 앞에서 식민적 차이에 기반을 둔 인식론적 전환이 요구되고 있으며, 억압된 타자의 해방이 윤리적 기반으로 작용하는 연대의 정치학과 미래의 유토피아적 상상력이 요청되고 있다.[47] 이러한 맥락 속에서 이 글은, 세계 체제 내 반주변부에 위치해 있으면서 문화적으로 혼종화된 반주변부 문화의 주변성으로만 환원될 수 없는 민속의 혼종적 의미와 가치를, 현실 문화의 물질적·사회적 과정에 기초해 민속의 잠재적 지평이자 현대사회에서 민속의 가능지대로 사유하고자 했다.

혼종적 문화 상황이 부정적인 것으로 폄하되는 것을 그치고, 긍정적인 가치를 가진 것으로 사유되기 시작한 배경은 사회주의권의 붕괴 이후 세계가 하나의 단일한 체제로 재편성되는 글로벌 자본주의의 출현과 관련이 깊다. 국가 간 경계를 넘어서는 초국적 기구들과 금융 및 정보 네트워크의 형성은, 국민국가의 위기와 국민문화 간 경계 해체, 그리고 그에 수반된 노동과 문화의 대대적인 이동[48]을 가속화하면서 혼종적인 것이 일상적인 것이 되는 세계를 구축하고 있

---

47 강정마을의 '은어올리기' 민속을 축제화한 것으로 은어잡이가 한창인 5월마다 개최되었다.

48 김용규, 《혼종문화론》, 290쪽.

다. 문화의 혼종적 사태는 세계 체제의 (반)주변부에 위치해 있는 하나의 장소로서 민속이, 전지구적 자본주의에 의해 잠식된 결과를 뜻하기도 하지만, 그것과 대립하기도 하고 그것에 대한 대안을 창출하기도 하는 행위자들의 수행성을 함축하고 있기도 하다. 물론 혼종문화의 장소들을 낭만화하거나 이상화하는 것은 위험하다. 이 공간에서는 여전히 권력과 자본의 지배와 헤게모니가 발휘되고 있을 뿐만 아니라, 상징적·물질적 의미를 둘러싼 투쟁과 경합이 항상 펼쳐지기[49] 때문이다. 따라서 혼종성은 헤게모니 집단이든 민중이든, 다양한 집단들과 주체들에 의해 다양한 방식으로 전유될 수 있다. 즉, 혼종성이 진보적으로 전유될 수도 있지만 반대로 보수적이고 반동적으로 전유될 수도 있다.

유럽에는 시간적 여유가 있는 사람이 별로 없다. 어쩌면 전혀 없다고 해도 과언이 아니다 …(중략)… 내가 본 어떤 사람은 약속한 시간보다 하인이 조금 늦게 왔다고 해서 눈알을 부라리고 다 죽어 가는 물고기처럼 입에 거품을 물더니 얼굴이 붉으락푸르락해지면서 주먹으로 자기 몸을 치며 발버둥쳤다. 잠시 늦게 온 것이 절대로 용서할 수 없는 커다란 손실을 입혔다는 것이다. 결국 하인은 쫓겨났고, 주인은 하인의 등 뒤에 대고 소리쳤다. "그동안 내 시간을 너무 많이 빼앗아 갔어. 시간을 소중하게 여기지 않는 사람은 아무짝에도 쓸모 없는 인간이야."

오, 사랑하는 나의 형제들이여! 우리는 결코 시간에 대해 불평하지

---

[49] 김용규, 《혼종문화론》, 292쪽.

않았다 …(중략)… 우리는 우리에게 주어진 시간보다 더 많은 시간을 필요로 하지 않는다. 그것만으로 충분하다 …(중략)… 우리는 저 불쌍하고 정신이 혼란스러운 빠빠라기들이 광란에서 벗어나 시간을 되찾을 수 있도록 해주어야 한다. 그러기 위해 그들이 갖고 있는 작고 둥근 시간 기계를 깨부수고, 인간이 필요로 하는 시간보다 훨씬 많은 시간이 해가 뜰 때부터 질 때까지 있다는 것을 알려주어야 한다.

　위대한 바다의 형제들이여. 그대들에게 유럽의 진실을 알려주고 싶은 나는 할 말이 너무 많다. 아침부터 밤늦게까지 빠르게 흘러가는 물처럼 많은 말을 해야 하지만 그래도 부족하다.[50]

시간은 우리가 세계를 인식할 수 있는 선험적인 가능조건으로 그 자체를 감각하거나 소유할 수 있는 대상이 될 수 없다. 그럼에도 불구하고 근대적 시간 체제는 시간을 자본의 시간으로 수량화하여 화폐적 가치로 환원될 수 있는 자원으로 만들었다. 남태평양의 작은 섬 추장인 투이아비의 눈에 비친 유럽의 시간문화는 혼돈과 광란으로 체험되고 있다. 투이아비는 쓸모없는 사람과 쓸모 있는 사람을 시간의 양적 투사물인 화폐적 시간의 척도로 위계화하는 구조를 근본적으로 문제 삼고 있다. 그는 인간성을 파괴하는 "시간 기계를 깨부수

---

[50] 투비아이, 《빠빠라기》, 에리히 쇼일만 편, 유혜자 옮김, 가교출판, 2009, 88~89, 92, 135쪽. 《빠빠라기》는 남태평양 사모아 섬 티아베아 마을의 추장 투이아비가 유럽 시찰단의 일원으로 유럽의 여러 나라들을 여행하며 그들의 문화와 생활을 관찰한 기록물이다. 독일 함부르크 태생으로 화가 · 작가 · 선교사로 활동했던 에리히 쇼이어만이 1914년 당시 독일의 식민지였던 남태평양 사모아 섬으로 이주해 살다가 접한 이 기록을 독일로 귀환하여 1920년에 출판하였다.

고" 그들을 구원해야 하는 사명을 자신들에게 부여하고 있다. 이러한 투이아비의 근대적 시간문화에 대한 비판과 경계는 한편으로는 서구 문명에 대한 자기 문화의 우월감으로 확장되고 있으며, 다른 한편으로 부족한 시간에 대한 인식에서 보이듯 서구의 시간문화에 포섭된 이중의식을 보여 주고 있다. 이러한 이중의식 혹은 모순이 발원하는 지점이 혼종성이며 구조적으로 그것은 서구와 타자 혹은 비서구와 타자의 대쌍이 여러 방식으로 교차하는 그 순간들에 기원하고 있는지도 모른다. 이러한 맥락에서 민속의 혼종성은 구조적인 차원과 관계적인 맥락에서 실제적으로 접근해야 하는 제국과 식민의 양가적인 생성물이라고 할 수 있다. 이러한 점이 혼종의 역사적인 조건과 정치경제적인 구조, 그리고 사회문화적인 맥락을 탐구하는 데 있어 적극적이고 개방적인 태도가 필요한 이유가 될 것이다.

혼종적인 사태로서 민속 개념은 본질 혹은 실체론적 접근이나 그에 대한 구성적인 접근 양자를 극복하는 방법이 될 수 있다. 현실에 대한 이론적 개입으로서 실천적 맥락을 고려하는 유용성도 있을 수 있다. 특히 세월호 사건·핵발전소·불안정노동·위험사회 등 붕괴의 언표들이 유령처럼 떠돌고 있는 현재의 국면에서, 민속의 가능지대는 혼종적인 사태를 거슬러 이러한 징후들이 예시하는 갈래 길에서 생성될지도 모른다. 민속의 현실 영역과 그 가능지대가 맞닿아 이루는 지평 속에서, 식민성을 극복하고, 공감과 연대의 감성에 기초한 이론적 상상과 실천이 구체화될 수 있을지도 모른다. 좀 더 가야 할 길은 현대사회의 주요 문제인 세대·기억·계급·젠더·다중·연대의 민속학을 이론과 실천의 차원에서 체계적으로 구상하는 일일 것이다.

강내희, 〈대중문화, 주체형성, 대중정치〉, 《문화과학》 6, 1994.

강내희, 〈문화와 시장: 신자유주의 시대의 한국 문화〉, 《마르크스주의 연구》 5-2, 2008.

강내희, 〈4 · 19 세대의 회고와 반성〉, 《문화과학》 62, 2010.

권단 외, 《모두를 위한 마을은 없다》, 삶창, 2014.

김복영 편저, 《한결로 이어 온 500년, 안동 내앞마을》, 성심, 2012.

김예란, 〈1990년대 이후 한국 사회의 문화생산 공간과 실천에 관한 연구〉, 《언론과 사회》 15-1, 2007.

김용규, 《혼종문화론》, 소명출판, 2013.

김준, 《어촌 사회학》, 민속원, 2010.

문옥표 외, 《조선양반의 생활 세계》, 백산서당, 2004.

박수진 · 이수현, 〈길 잃어도 좋아, 나는야 몰링족〉, 《한겨레 21》 1050, 2015.

심광현, 〈세대의 정치학과 한국현대사의 재해석〉, 《문화과학》 62, 2010.

심광현, 〈자본주의의 압축성장과 세대의 정치경제/문화정치판의 개요〉, 《문화과학》 63, 2010.

안동대학교 대학원 민속학과 BK21사업팀, 《셋이면서 하나인 원구마을》, 민속원, 2007.

안동대학교 대학원 민속학과 BK21사업팀, 《중대바위가 지켜주는 서미마을》, 민속원, 2008.

안동대학교 대학원 민속학과 BK21사업팀, 《공민왕을 섬기는 수동마을》, 민속원, 2009.

안동대학교 대학원 민속학과 BK21사업팀, 《오일장과 함께 가는 구담마을》, 민속원, 2010.

안동대학교 대학원 민속학과 BK21사업팀, 《부인당이 지켜주는 가송마을》, 민속원, 2011.

안동대학교 대학원 민속학과 BK21사업팀,《오음실과 남촌이 함께 가는 구수마을》, 민속원, 2012.

안동대학교 민속학과 편,《일직의 민속, 여럿이 함께 전승해 온 변화와 공존의 지식》, 민속원, 2014.

안동대학교 민속학연구소 편,《까치구멍집 많고 도둑 없는 목현마을》, 한국학술정보, 2002.

안동대학교 민속학연구소 편,《반속과 민속이 함께 가는 현리마을》, 한국학술정보, 2003.

안동대학교 민속학연구소 편,《줄당기기와 길쌈이 유명한 청운마을》, 한국학술정보, 2004.

안동대학교 민속학연구소 편,《농사짓다 고기잡는 창포마을의 민속》, 민속원, 2008.

앨런 스윈지우드《문화사회학을 향하여》, 박형신 · 김민규 옮김, 한울아카데미, 2004.

유명기, 〈어촌 사회의 사회경제적 변화와 정치적 과정〉,《민족문화연구총서》 27, 2003.

유선영, 〈편쌈 소멸의 문화사〉,《사회와역사》 86, 2010.

의성김씨 천상문화보존회 편,《내앞 500년》, 성심, 2011.

이경석 외,《섬과 섬을 잇다》, 한겨레출판사, 2014.

이문영, 〈지옥선이 낚은 물고기〉,《한겨레 21》 1026, 2014.

이영배, 〈민속연구에서 문화이론의 문제설정〉,《비교민속학》 47, 2012.

이영배, 〈자율과 횡단, 문화 재생산의 이중 효과〉,《서강인문논총》 33, 2012.

이영배, 〈다중의 습속, 되기 혹은 생성의 사건으로서 무속의 특이성〉,《한국무속학》 26, 2013.

이영배, 〈근대적 시간체제 비판과 민속적 시간문화의 가치 재인식〉,《대동문화연구》 90, 2015.

이영배, 〈붕괴의 시대, 연대의 전망: 민속연구에서 연대의 문제설정〉,《코기토》 77, 2015.

이완, 〈공유경제, 자본주의 敵? 자본주의的?〉, 《한겨레 21》 1027, 2014.

임재해 외, 《전통과 혁신의 마을 내앞》, 민속원, 2013.

임재해 외, 《전통과 역사의 마을 조탑》, 민속원, 2014.

임재해 외, 《전통과 상생의 산촌마을 신전》, 민속원, 2015.

최진호, 〈흐름의 공간과 분자적 미디어〉, 《전지구적 자본주의와 한국 사회》, 그린 비, 2008.

하효길 외, 《한국의 굿》, 민속원, 2002.

한민, 〈문화심리학적 관점에서 본 박정희 신드롬의 무속적 의미〉, 《한국무속학》 16, 2008.

홍윤기, 〈다극적 현대성 맥락 속의 미완의 파시즘과 미성숙 시민사회〉, 《사회와 철학》 2, 2001.

그래엄 터너, 《문화연구입문》, 김연종 옮김, 한나래, 1995.

레이먼드 윌리엄스, 《마르크스주의와 문학》, 박만준 옮김, 지만지, 2009.

미하일 바흐찐, 《장편소설과 민중언어》, 전승희 외 옮김, 창작과비평사, 1988.

제임스 프록터, 《지금 스튜어트 홀》, 손유경 옮김, 앨피, 2006.

투비아이, 《빠빠라기》, 에리히 쇼일만 편, 유혜자 옮김, 가교출판, 2009.

호미 바바, 《문화의 위치》, 나병철 옮김, 소명출판, 2002.

제 3 부

더 혼종화되는 장소들

1 | 신체의 경계가 무너지는 장소
피부를 이용하는 미술

전혜숙

경계와 접속면으로서 피부의 의미

1990년대 이후 뉴미디어 아트의 영역에서는 터치스크린 등 기계와 만나는 피부 경계면의 촉각적이고 현상학적 경험, 즉 햅틱haptic이 강조되었다. 특히 인체 조직의 가장 넓은 부분을 차지하는 피부는 신체 전체의 감각을 통합적으로 이용하는 가상실재virtual reality를 위한 인터페이스로서 더욱더 중요한 기능을 발휘했다. 그러나 신체적 거리를 넘어 '피부에서 피부로skin-to-skin' 연결되는 원격현전의 가능성은 일정 수준 이상으로 발전되지 못하고, 그저 '사이버-섹스cyber-sex'같은 말을 유행시키며 미디어에 대한 비판적 논쟁으로 소진되어 가고 있다.[1]

---

* 이 글은 《서양미술사학회논문집》 제43집(2015.8)에 게재된 원고를 수정 및 보완하여 재수록한 것이다.

일반적으로 피부는 신체의 가장 바깥에 있는 표면으로서 신체를 통한 외적 정체성의 확립에 가장 영향을 주는 부분으로 여겨져 왔다. 과거로부터 지금까지 인체의 피부는 내부로 들어가는 통과의 장소로 여겨져 왔으며, 근대에 꽃을 피운 해부학은 당연히 피부를 뚫고 들어가 외부를 벗겨 내고 내부를 드러내는 일이었다. 또 사회문화적으로나 정신분석적인 면에서 볼 때 피부는 자아와 세계 사이에 존재하는 상징적인 경계로 기능해 왔다. 그것은 안과 밖을 분리하는 경계이자 신체가 외부와 만나는 접속면이었고, 주체가 타자를 경험하고 만나는 사건이 이루어지는 곳이었다. 그래서 피부에 관한 관념들에는 자아와 세계 사이에서 공전하는 역사성, 젠더, 이미지, 인종(피부색) 등과 같은 문제들이 늘 수반되었다.

최근 피부에 대한 관심과 함께 나타난 담론들을 살펴보면, 피부는 신체 자아와 세계가 만나는 경계 표면이지만, 단순히 한 존재의 신체에서 내부와 외부 사이를 단절하는 닫힌 경계가 아니며, 심리적으로 신체를 담고 있는 그릇이면서도 사회문화적으로 계속 변화를 겪고 있는 일종의 혼성물이자 경계가 무너지는 장소로 의미되고 있다.[2] 그러므로 피부에 대한 이해는 외부와 접촉하는 경계인 인터페

[1] Claudia Benthien, *Skin, On the Cultural Border Between Self and the World*, trans. Thomas Dunlap, New York: Columbia University Press, 2002, 6.

[2] Nicole C. Karafyllis, "Endogenous Design of Biofacts: Tissues and Networks in Bio Art and Life Science", in *Sk-interfaces, Exploding Borders-Creating Membranes in Art, Technology and Society*, ed. Jens Hauser, Liverpool: Fact & Liverpool University Press, 2008, p. 43.

이스로서의 기능에 머무르지 않고 '피부 아래'까지 포괄하는 신체 전체에 대한 이해로 확장되고 있으며, 현재 많은 연구들이 피부에 대한 철학, 미학, 정치학, 종교학, 정신분석학, 문화적 이해를 반영하는 탈학제적 접근과 함께 시도되고 있다.

이렇게 피부가 지닌 복잡하고 양면적인 의미들은 최근 생명 기술과 유전공학의 발전에 따른 신체의 변화와 관계있다. 임플란트, 성형수술, 각종 프로스테시스prosthesis에 의해 변화된 신체는 이제 "피부에 의해 덮여 있고 환경으로부터 구별되어 있는 단일한 총체적 유기체가 아니라, 단편화된 신체 혹은 분산된 신체의 총합"[3]이 되었다. 이와 함께 다양한 영상의학 기술은 신체의 안과 밖, 표면과 내부 사이의 절대적인 경계를 무화시킴으로써 피부가 지닌 경계면으로서의 의미도 약화되었다. 이를 반영하듯이 조직 배양과 혼성, 유전자 이식 등을 이용하는 바이오 아트에서는 피부가 상징해 온 한 인간의 정체성, 자아, 경계의 문제들을 재고하기 위해, 타자를 수용하고 '사이'에 존재하며 안과 밖의 구분을 흐리는 전략을 사용하고 있다. 피부는 이러한 상황에서 그 경계성을 상실해 가면서 사회문화적으로 끊임없이 변형을 겪고 있다.

이 글은 새로운 신체의 의미 아래 자신의 피부를 이용하거나, 생물학적 실험 및 조직공학 방식을 통해 피부를 배양하는 여섯 명의 미술가들의 작품을 중심으로, 생물학적, 의학적, 사회문화적, 정신분

[3] Bernadette Wegenstein, *Getting Under the Skin, The Body and Media Theory*, Cambridge: MIT Press, 2006, ix.

석적으로 변화된 피부 혹은 세포막의 의미를 고찰하면서, 피부가 지녀 온 모든 이분법적 경계를 허물고 있음을 포착하고 있다. 이러한 작품들은 한편으로는 열려 있는 경계 표면으로서의 피부가 지닌 의미를 강조하거나, 다른 한편으로는 혼성 배양된 피부 세포의 논쟁적이고 전복적인 의미를 드러내게 될 것이다.

열린 표면

자아와 세계 사이의 경계

피부는 인체 조직의 가장 넓은 부분을 차지하면서, 자아를 외부로 드러낼 수 있는 가장 일차적인 영역이다. 《피부 자아Le Moi-peau》를 쓴 프랑스 정신분석학자 디디에 앙지외Didier Anzieu는 피부와 피부를 통한 감각이 가장 원초적이고 근본적인 것임을 강조하기 위하여 태아의 발생 과정에서 뇌와 피부를 형성하는 것이 외배엽과 내배엽이라는 두 개의 얇은 층 중 바로 외배엽임을 밝히고 있다. 즉, 뇌와 피부는 둘 다 그 본질상 일종의 표면들이라는 것이다.[4] 자궁 안의 태아가 최초로 갖게 되는 감각인 촉각 또한 피부를 통해 발생한다. 물론 출

---

[4] 디디에 앙지외, 《피부자아, 만짐과 만져짐의 심리학》, 권정아·안석 옮김, 인간희극, 2013, 33쪽.

생 후 신생아에게서도 촉각이 가장 원초적인 감각임은 말할 것도 없
거니와, 피부는 어머니와의 소통과 접촉에서 가장 중요한 기관이다.
신생아가 자신의 시작과 끝, 자아의 경계들이 어디인가를 알게 되는
것은 바로 피부를 통해서다. 아기는 또한 시각이 발달하기 전에 피
부를 통해 기쁨과 불쾌함의 첫 감정을 배우게 되는데, 이러한 원초
적 경험은 피부 감각과 감정 상태 사이에 밀접한 관계를 형성한다.[5]
앙지외는 르네상스 이후의 근대 서구 사상이 '어떤 것을 아는 것이
란 껍데기를 뚫고 내부의 중심 혹은 핵심에 도달하는 과정'이라고
여기는 잘못된 이해에 사로잡혀 있었다고 주장한다. 신경생리학을
통해서도 밝혀졌듯이, 인간의 두뇌는 피질cortex로 말하자면 회백질의
외부층 혹은 외피이고, 이는 사고思考가 중심(안)이 아니라 바깥인 외
피(피부)에 위치함을 말해 준다는 것이다.[6] 그는 폴 발레리Paul Valery의
말을 인용하면서, 아무리 깊은 곳을 파고드는 통찰력이 있어도 그
깊은 곳에서 본질을 찾을 수 없음을 역설하였다.[7]

앙지외는 더 나아가 표면, 즉 피부에 대한 통찰력과 지식을 끌어
내면서, 지그문트 프로이트Sigmund Freud의 '신체 자아body-ego' 개념을 모

---

[5] Claudia Benthien, *Skin, On the Cultural Border Between Self and the World*, p. 7.

[6] 디디에 앙지외,《피부자아, 만짐과 만져짐의 심리학》, 32쪽.

[7] "인간 속에서 가장 심층적인 것은 피부입니다 … 게다가 골수, 뇌, 느끼고, 괴로워
하고 생각하고 … 깊이 있게 되기 위해 필요한 모든 것….이러한 것들은 바로 피부
의 발명품들입니다. 우리가 아무리 연구해 보아도, 의사 선생님, 우리는 외배엽입
니다.": Paul Valery, "L'ideé fixe; ou, Deux hommes à la mer," in *Oeuvres complètes*,
Paris: Gallimard, Péiade, 1957, 2, pp. 215~216.(디디에 앙지외,《피부자아, 만짐과
만져짐의 심리학》, 115쪽에서 인용)

델로 하여 '피부자아skin-ego'라는 개념을 만들어 낸다.[8] 피부자아는 일종의 정신적 형상으로서 심리를 지탱해 주는 기능을 지닌다. 즉, 발달 초기 단계에서 아기가 신체 표면의 경험을 바탕으로 심리적 내용물을 담아 주는 자아로서 스스로를 나타내기 위해 사용하는 형상이다. 엄마와 모든 것을 공유하고 교환하는 아기에게 피부는 안이면서 동시에 밖이고 서로를 향한 통로이며 궁극적으로는 자아를 표시하고 최초로 자아의 흔적들을 남기는 표면이다. 앙지외에 의하면 피부자아는 피부의 다양한 기능에 의탁하는데, 그가 제시한 피부의 세 가지 기능은 첫째, 자아를 감싸 주는 주머니와 같은 기능, 둘째, 외부로부터 내부를 보호하고, 공격으로부터 막아주는 울타리와 같은 경계면으로서의 기능, 셋째, 타인과 의사소통하고 타인과 의미 있는 관계를 형성하는 최초의 장소이자 수단으로서의 기능 등이다.[9] 이러한 피부의 기능과 고유수용성 감각을 기초로 하여 자아는 경계선을 형성하고 소통을 가능하게 하는 이중의 기능을 얻게 된다.

클라우디아 벤티엔Claudia Benthien은 앙지외의 피부자아의 개념을 가져와, 피부와 관련된 인류학적 의미에서 발생한 후 예술과 문학에서 자주 나타나는 두 개의 극단적인 환영적 표현에 대해 설명한 바 있다. 하나는 '벗겨진 피부'에 대한 환영이고,[10] 다른 하나는 '이중 피부

---

[8] 디디에 앙지외, 《피부자아, 만짐과 만져짐의 심리학》, 83쪽.

[9] 디디에 앙지외, 《피부자아, 만짐과 만져짐의 심리학》, 84쪽.

[10] 피부를 벗기는 것에 대한 이야기의 근원은 그리스 신화의 마르시아스Marsyas에서 찾을 수 있다. 바로 아테네 여신이 불다 버린 저주받은 피리를 주워서 연주하게 된 마르시아스의 비극적인 이야기다. 사람들은 마르시아스의 피리 소리에 감탄하며

doubled skin'를 향한 나르시스적 환영[11]이다. 그녀는 두 개의 환영 모두 유아가 자신을 돌보는 어머니의 피부를 공유한다고 믿었던 착각에서 나온 것이라고 보았다.[12] 본래는 둘 다 일종의 정신적 장애에 속했지만, 그녀는 많은 문학과 예술들에서 다루어 온 이러한 환영들이 피부(신체)와 자아의 통합과 분리를 의미하고, 또한 인간의 정신적인 것을 보호하는 피부의 개념과 연관되어 상징적으로 풍부한 재현을 만들어 냈다고 주장한다. 이 글에서는 앙지외의 피부자아 개념과 벤티엔이 지적한 피부에 대한 두 가지 재현 형식이 피부와 관련된 미술들에 어떠한 방식으로 적용되는지 살펴보고, 최근에 피부를 이용한 미술가들의 작업에서 피부 표면의 역할과 의미가 어떻게 변화되

아폴론신의 리라 연주 소리보다 훨씬 아름답다고 찬사를 보낸다. 화가 난 아폴론이 경쟁을 제안했으나 우열을 가릴 수 없게 되자 악기를 거꾸로 들고 연주하는 경쟁을 다시 하게 된다. 어쩔 수 없이 경쟁에 지게 된 마르시아스는 아폴론신으로부터 거꾸로 매달려 산 채로 피부가 벗겨지는 벌을 받게 된다. 이는 전체적으로 보면 '휴브리스hubris', 즉 신의 경지에 도전하는 인간의 오만이 가혹한 댓가를 치른다는 교훈이었다. 그러나 벗겨진 그의 피부는 프리기아인들에 의해 보존되는데, 이로써 마르시아스의 이야기는 신체의 싸개인 피부가 그 개별성을 보장받는 한 개인의 영혼을 존속시킬 수 있다는 의미로 전환된다.: 디디에 앙지외, 《피부자아, 만짐과 만져짐의 심리학》, 100쪽.

[11] 원래 '더블double'은 어떤 영혼, 그림자, 거울 속의 이미지와 같이 그것의 다른 것으로서의 주체를 망령처럼 붙어 다니는 상상적인 형상이며, 주체가 그 자신이면서 동시에 자기 자신과 결코 닮지 않도록 하는 것이고, 또 이것은 교묘한 그리고 항상 내쫓긴 죽음처럼 주체에 항상 붙어 있는 것이다. 나르시스는 지속적인 생생함이 그대로 유지되는 수면 위에서 자신의 실재성을 포착하려고 하였다. 그는 자신을 고정시키기 위해 실제를 덮치고 그와 '더블'의 기한이 만료되는 그곳에 실제를 두게 된다.: 장 보드리야르, 《시뮬라시옹-포스트모던 사회문화론》, 하태환 옮김, 민음사, 1992, 166, 178쪽.

[12] Claudia Benthien, *Skin, On the Cultural Border Between Self and the World*, p. 9.

고 있는지 살펴본다.

피부로 만든 옷

여성 미술가 알바 두르바노Alba d'Urbano는 1995년 '미술가의 피부The
Artist's Skin' 혹은 '피부로 가까이Close to the Skin / Skin Tight'라는 의미를 지
닌 〈하우트나Hautnah〉 프로젝트(1995)에서, "자신의 피부를 떼어 낸 것
과 같은"[13] '제2의 피부'를 만들기로 한다. "잠시 내 피부로부터 슬쩍
빠져나와 다른 사람에게 그것을 주어 보고 싶은 생각이 들었다. 그것
은 미술가의 피부 아래 숨겨진 세계를 다른 사람이 경험해 볼 수 있
는 가능성을 제공할 것이다."[14]라는 것이 그녀의 생각이었다. 이탈리
아 출신으로 독일 등을 중심으로 철학자이자 미술 비평가로 활동하
고 있는 그녀는 동시에 피부를 주제로 일관된 작업을 진행하고 있다.
  그녀는 '피부 같은 옷'을 만든다는 생각을 실현하기 위해 자신의
신체(피부) 사진을 찍은 후 천에 디지털로 전사하고 실물의 크기로
만드는 프로세싱을 거쳐 옷 만드는 패턴대로 자신의 몸에 꼭 맞게
잘라낸다. 그리고 양복 만드는 사람들이 하듯이 전통적인 방식대로

[13] Alba D'Urbano, "The Project Hauthah, or Close to the Skin," in *Photography
after Photography: Memory and Representation in the Digital Age*, eds. Hubertus
von Amelunxen, Stefan Iglhaut, and Florian Rötzer, Amsterdam: GandB Arts
International, 1996, p. 272.

[14] Alba D'Urbano, "Hautnah, The Project, 1995": http://www.durbano.de/hautnah/
index.html (2015. 5. 5. 접속)

2차원적인 패턴을 3차원의 신체 형태로 리모델링해 옷을 완성한 후 누군가가 입을 수 있도록 옷걸이에 걸어 놓았다. 디지털 기술과 전자매체를 이용한 이 '피부-정장skin-suit'은 신체-주체body-subject라는 관념에 포커스를 맞춘 것으로, 그것은 더 정확히 말해 가장 바깥의 경계이자 외부의 껍데기이며, 둘러싼 세계와의 관계 속에서 선택되고 통제되어 결정된 것으로서, 타인의 시각을 통해 똑같이 확인된 그녀의 신체 윤곽선을 가진 최초의 '피부-옷'이었다. 이렇게 만들어진 옷은 비디오와 사운드, 사진 설치와 함께 전시되었다.[15]

두르바노는 알몸 상태nudity를 패션의 시나리오로 택해 '옷을 입은 알몸clothed nudity'의 역설을 유희적으로 나타냈다. 〈불후의 재단사Il Sarto Immortale〉(1997) 프로젝트에서 그녀는 자신의 벗은 몸의 앞뒤를 사진 찍어 천위에 프린트하여 〈하우트나〉에서와 마찬가지로 그것을 자켓, 블라우스, 코트, 스커트, 바지 등으로 만들었다. 모델들에 입혀 패션쇼 형식으로 전시된 이 옷들은 투명하지 않음에도 기묘하게도 들여다보는 듯한 느낌을 준다. 실제로 입어 볼 수도 있고 구입할 수도 있는 두르바노의 옷들은 이미지로서의 그녀의 벌거벗은 몸에 대한 관음증voyeurism을 발생시킨다.[16] 이와 같이 그녀의 프로젝트들은 패션

[15] 옷이 우리들의 확장된 피부라는 것은 마셜 매크루언이 그의 책에서 하나의 주제로 설명했던 것이기도 하다.: 마셜 매클루언,《미디어의 이해, 인간의 확장》, 박정규 옮김, 커뮤니케이션북스, 2001, 134~138쪽.

[16] Ingrid Loscheck, When Clothes Become Fashion: Design and Innovation Systems, Oxford: Berg, 2009, ISBN 9781847883681, http://dx.doi.org/10.2752/9781847883681 (2015. 5. 12. 접속)

이라는 개념 안에서 자아를 나타내는 피부, 디지털 기술, 바느질, 여성의 몸에 대한 응시의 특별한 관계를 강조한다. 이렇게 두르바노가 제시한 '피부', 즉 신체의 표면으로서의 피부-옷은 '자아가 결정되는 장소'이고 투사 표면a projection surface이자 일종의 페티시였으며, 사회문화적 행동으로서의 정체성들이 새겨지는 장소였다.

외부 자극을 기록하는 장소

미국의 여성 미술가인 애리아나 페이지 러셀Ariana Page Russel은 피부가 가지는 독특한 특징을 이용한다. 즉, 피부는 외적 자극을 주관적으로 경험하고 그 결과로 상처를 얻기도 하지만 신체의 내부에서 일어나는 일들을 표시처럼 '증상'으로 내보이는 곳이며, 그래서 피부는 인간 개인의 내부와 외부 사이인 매개적 경계 위에서 끊임없이 인상적인 이미지를 생산할 수 있는 장소가 된다는 것이다. 이와 마찬가지로 그녀의 작품에서 피부는 외부 자극에 반응하고 상처와 흔적을 감내하는 장소로서, 또한 그 자체를 계속 재생하고 회복하는 장소로 기능하고 있다. 그녀는 히스타민의 과도함이 원인인 '피부면 표기기 두드러기dermatographic urticaria'라는 일종의 자가 면역 질환으로 인해 매우 민감한 피부를 갖고 있다. 긁거나 자극을 주는 경우 고통은 없으나 두드러기가 나서 붉게 부풀어 오르는 피부의 증상을 이용해 그녀는 10여 년이 넘는 동안 동일한 작업을 해 오고 있다. 러셀은 뜨개질 바늘과 같은 뭉툭한 도구를 사용해 배, 다리, 팔 등에 글을 쓰거나 정교한 패턴을 그리는데, 30분 정도 다시 가라앉으면서 다시 회복되는 동안 부풀어 오른 이미지들을 사진으로 남겨 작품으로 만든다.

그녀에게 있어서 외부의 자극에 의해 피부에 남는 상처는 피부가 외부의 요소들과 만나 생긴 결과이며 신체의 변화를 기억하게 하는 장소다. 그것은 고통이나 가려움과 같은 특정한 감각적 경험과 낯섦, 익숙하지 않음과 같은 심리적 경험을 기록하고 있는 장소이기도 하다. 이렇게 상처는 이미지로 남는다.[17] 러셀의 경우 피부에 가한 자극이 폭력을 암시하는 것은 아니라 할지라도, 그녀 자신이 "한나 윌키Hannah Wilkie, 아나 멘디에타Ana Mendieta, 캐롤리 슈네만Carolee Schneeman과 같은 미술가들이 여성으로서의 미술가 자신의 신체를 미술 영역으로 들여오는 방식에 영향을 주었다"[18]고 말하고 있듯이, 여성의 신체에 새겨진 자국들은 타인의 응시gaze와 시공간 속의 기억을 드러내고 있는 이미지들로 남게 된다.

일시적인 자극을 통해 만들어진, 정교하지만 곧 사라질 피부 위의 패턴들은 사진들로 기록된 후, 마치 벽지처럼 반복적으로 디자인되어 벽에 전시되기도 하고 콜라주로 제작되기도 한다. 이때 사진은 그녀의 정체성을 나타내는 초상사진의 역할을 하지만, 그녀의 피부 위에서 일어난 사건들의 '원본'은 사라져 없어지고 원본성이 없는 상태에서 사진들은 무제한의 재생산 기능을 갖게 된다. 이것은 신체가 더 이상 그 자체의 메시지, 정보와 메시지들의 저장, 정보적인 실

---

[17] Petra Kuppers, *The Scar of Visibility, Medical Performances and Contemporary Art*, Minneapolis: University of Minnesota Press, 2007, 1.

[18] Anthony Thornton, "The Skin We Live in: Ariana Page Russel", *Tropical Cream*, 2015.1.24., http://topicalcream.info/editorial/2523/ (2015. 5. 10. 접속).

체 이상으로 인식되지 않을 때 발생한다. 그런데 그녀는 사진들을 스캔하여 패턴들을 다시 디자인한 후 그것을 자신의 몸에 일시적으로 문신하기도 한다. 그 패턴들은 피부로 되돌아와 또 하나의 피부막이 됨으로써, 일종의 이중 피부doubled skin로서 피부와 겹쳐지며 일시적으로 생겼다 사라지는 것이 아닌 영속적으로 존재할 수 있는 이미지로 남게 된다.

그로테스크 피부

피부의 경계면은 외부로부터 자극을 받아들이기만 하는 일방적인 매개체가 아니다. 실제로 피부는 투과력을 지니고 있어서 수분 등을 흡수하기도 하고 반대로 분비물을 내보내기도 한다. 즉, 신체의 표면은 규칙적이며 매끄러운 닫힌 영역이 아니다. 스며들거나 내보내는 기능 때문에 피부는 균질적인 표면을 가질 수 없다. 확대해 보면 그것은 돌기를 가지거나 움푹한 구멍을 가진다. 그러한 의미에서 신체 표면에 대한 미학적 표현은 미하일 바흐친Mikhail Bakhtin이 말한 '그로테스크 신체'의 묘사 및 의미와 가깝다.[19] 바흐친은 우선 그로테스

---

[19] 바흐친은 프랑수아 라블레François Rabelais(1494~1553)의 작품을 통해 중세와 르네상스 민중문화 속의 '웃음'의 힘을 다루었는데, 거기에서 그는 '웃음'을 통해 자연의 왕국을 구분 짓고 있던 경계선을 해체하고 모든 완성된 형태들의 윤곽을 지우는 대상들의 상호침투를 그로테스크의 특징으로 보았다. 그로테스크에 대한 바흐친의 이러한 견해는 라블레의 경우에는 잘 적용되지만 그로테스크의 일면만 부각되고 있다고 지적되기도 한다.(필립 톰슨,《그로테스크》, 김영무 옮김, 서울대학교출판부, 1986, 87쪽.)

크 신체 이미지들이 몸과 세계 사이의 경계, 개별적인 몸 사이의 경계가 지닌 특징과 관계 있다고 보았다. 사실상 몸은 고전주의의 이미지처럼 매끈한 것이 아니라, 내부로부터 밀려 나오고 솟아오르며 몸의 경계를 넘으려고 애쓰는 것들로 이루어져 있다. 바로 그러한 점에서 몸은 그로테스크의 본질을 갖고 있다. 그러므로 그로테스크 이미지의 예술적 논리는 닫혀 있고 평평하며 뚫을 수 없는 표면이 아니라, 오직 몸의 융기된 부분, 구멍들, 경계를 넘어서고 몸의 심연으로 들어가는 것들에 집중되어 있다. 그러므로 그에 의하면 그로테스크한 몸은 생성하는 몸이며 그러한 몸은 결코 완성되거나 종결되지 않는다.[20]

주로 피부를 주제로 하여 작업해 온 벨기에의 개념미술가 윔 델부와예Wim Delvoye는 비디오 작업 〈시빌Sybille II〉(2008)에서 분비물들이 신체 내부로부터 피부의 작은 구멍들을 통해 빠져나오는 모습을 현미경으로 확대해 비디오로 기록함으로써 바흐친의 그로테스크 신체를 시각화했다. 피부 표면에서 터져 나오듯 밖으로 배출되는 무정형 물질들의 느린 움직임은, 주체와 외부 세계 사이, 접촉할 수 있는 장소로서의 신체 표면과 외부 세계 사이에서, 인터페이스로서 기능하는 피부가 수수께끼처럼 소통하는 메시지가 된다.[21] 이로써 피부는

20 미하일 바흐친, 《프랑수아 라블레의 작품과 중세 및 르네상스의 민중 문화》, 이덕형 · 최건영 옮김, 아카넷, 2001, 490~494쪽.

21 Ralf Kotschka, "Wim Delvoye's 〈Sybille II〉", in Sk-interfaces, Exploding Borders-Creating Membranes in Art, Technology and Society, ed. Jens Hauser, Liverpool: Fact & Liverpool University Press, 2008, p. 127.

무엇보다도 "신체의 내부가 그 자체를 스스로 드러내는 표면"[22]이 되며, 경계로서 혹은 신체를 외부로부터 보호하는 폐쇄적인 덮개로서의 피부의 개념은 폐지된다. 그것은 쌍방향적인 교환이 가능한 영역으로서의 인간 피부 개념으로 대체되며, 이를 통해 열린 피부의 개념을 강조한다.

〈시빌 II〉에서의 분비물들은 신체의 내부에서 빠져나오는 다른 무정형의 물질들과 마찬가지로 크리스테바Julia Kristeva가 말한 비체abject로 볼 수 있다. 사람들은 태아 시절 어머니의 뱃속에서 경험하고 익숙했던 신체의 분비 물질들을 사회화, 문명화를 통해 극복하고 망각하며 심지어 점점 더 혐오스런 것으로 여기게 된다. 그러나 델부와예는 그러한 단계에 머물도록 우리를 붙든다. 그는 이 작품 외에도 혐오감을 주는 일명 '소화 시뮬레이션 기계'〈배설강排泄腔 · Cloaca〉를 통해 문화적 구성물로서의 신체를 충격적으로 묘사하는 데 몇 년 동안 몰두하기도 했었다. 그러나 〈시빌 II〉에서 밖으로 퇴출되고 있는 신체의 내부는 1960년대 신체공격형 퍼포먼스 미술가들이 보여준 유혈이 낭자한 모습이나 신디 셔먼Cindy Sherman이 보여 주었던 내장 혹은 구토물과 같은 것이 아니다. 마치 그가 '시빌sybille'이라는 여성 이름의 작품 제목을 만드는 데 참조했던 '덜 노골적인soft-core' 포르노그래피[23]에서처럼, 델부와예는 분비물이 분출되는 순간을 과도한

Benthien, *Skin, On the Cultural Border Between Self and the World*, p. 40.

[23] 델부와예는 David Hamilton의 soft-core 포르노영화 〈Bilitis〉를 참조하여 'Bilitis'의 스펠링을 뒤섞어 여성 이름인 'Sybille II'를 만들었다.

클로즈업과 집중 묘사 방식으로, 그러나 부드러운 포커스를 통해 기록하고 있다. 그의 작품은 눈에 보이지 않는 피부의 존재 방식을 가시화함으로써, 열린 장소로서의 피부, 내부와 외부가 소통하는 피부, 그러나 매끈한 2차원의 면이 아닌 끊임없이 분비물을 배출하는 3차원적이고 그로테스크한 신체의 일부임을 강조한 것이었다.

조직 배양된 혼성 피부

조직 배양tissue culture 기술이 미술에서 사용될 경우, 조직은 미술과 과학 사이의 경계를 넘나든다. 즉 미술에서의 '조직 배양'은 자연과 문화 사이를 가로지름을 의미하며, 생물학 실험실에서 배양되고 만들어진 것이기 때문에 미학적 영역을 넘어선 어떤 다른 가능성을 지니고 있다. 예를 들어 조직 배양은 종種들의 경계를 변경시킬 수 있기 때문에, 그것이 원래 무엇인가, 혹은 무엇이었는가에 대한 경계를 와해시키며, 매체로서의 물질성과 배양되는 동안 실제로 자라남으로써 왜곡되는 것 사이에 긴장을 발생시킨다. 그러므로 조직 배양을 이용하는 미술들의 미학적인 의미는 그들이 사용하는 바이오 매체, 즉 배양된 조직 자체의 이미지에 있지 않다. 그들이 사용한 일부 조직들은 대부분 신체 전체를 대표하기 때문에 은유적이라기보다는 환유적이다. 그럼으로써 우리는 조직 배양을 통해 행해진 미술 작업들에 대해 인식론적 은유epistemological metaphor와 존재론적 환유ontological metonymy를 동시에 말할 수 있게 된다.[24] 여기에서 다루는 줄리아 레오디카, 아르 오리엔테 오브제, 그리고 오를랑은 조직 배양 작업을 통해 그녀들의 피부 세포를 타자의 세포들과 혼성한다. 이러한 작업들에서 배양된 조직들은 물론 그들의 부분이지만 담론적으로 신체 전체를 이야기하고 있다.

경계의 비판

2008년 영국의 리버풀에서는 '스킨-터페이스, 경계의 폭발-미술, 기술, 사회에서 세포막을 창조하기Sk-interface, Exploring Borders-Creating Membranes in Art, Technology and Society'라는 제목의 전시가 열렸다.[25] 피부skin와 인터페이스interface라는 두 단어를 결합한 전시의 제목은 두 단어가 지닌 '사이in-between-ness'의 경계적 상태를 강조하기 위해 고안된 것이었는데, 큐레이터인 젠스 하우저Jens Hauser는 특히 '젖은 기술wet technology'의 실행을 통해 기술, 생물학, 의학 등이 융합된 바이오아트를 주목하면서 분리와 경계로서가 아닌 막membrane으로서의 기능을 강조한 메타포를 제시했다. 즉 전시의 제목은 문자 그대로 인터페이

---

[24] Jens Hauser, "Who's Afraid of the In-Between?" in *Sk-interfaces, Exploding Borders-Creating Membranes in Art*, Technology and Society, ed. Jens Hauser, Liverpool: Fact & Liverpool University Press, 2008, p. 6.

[25] 이 전시는 큐레이터이자 미디어연구가인 젠스 하우저Jens Hauser의 지휘 아래 FACT(Foundation for Art and Creative Technology)에서 약 5년간 연구해 온 결과들과 함께 피부와 막membrane을 주제로 한 바이오아트와 퍼포먼스 등을 모은 것이었다. http://www.fact.co.uk/about.aspx (2015. 5. 14. 접속)

스로서의 피부 혹은 피부가 된 인터페이스 등의 의미를 먼저 떠올리게 하지만, 피부 이외에도 수동적인 것이 아닌 능동적인 것으로서의 (세포)막, 외부와 내부를 단순히 분리하는 것이 아니고 교차하거나 위반하는 것도 아닌 타협함으로써 매개하는 (세포)막의 기능에 대한 관심이 많은 부분을 차지하고 있었다.[26]

미국의 여성 작가 레오디카Julia Reodica의 논쟁적인 작업 〈하임넥스트hymNext〉 프로젝트(2005~2007)는 바로 이러한 신체 내의 막을 주제로 작업한 것이다. 이것은 소위 '대체 처녀막replacement hymens'을 만들고자 다양한 조직들을 혼성하고 배양한 작업으로, 구체적으로 말하자면 한 남성의 표피에서 얻은 섬유아 세포, 쥐의 대동맥에서 온 부드러운 근육조직 세포, 그리고 레오디카 자신의 질 세포를 모아 체외에서in vitro 함께 배양한 것이다. 조잡하긴 하지만 투명한 막으로 배양되어 디자인된 처녀막은 소의 콜라겐으로 만든 인공 자궁 위에 올려놓는 의식을 거쳤으며 한 달 정도 살아서 보존되었는데, 누구나 원하면 이식할 수 있는 것으로 공표되었고, 간혹 매우 제의적인ritual 상자에 담겨 연인들을 위한 선물이 되기도 했다. 다음은 처녀막 프로젝트에 대한 레오디카의 설명이다.

〈The hymNext 디자인과 Hymen 프로젝트〉는 현대의 성性의 문화에 대해 언급하고 여성 신체의 전통적인 역할에 대해 맞서며, 합성된 처녀막의 컬렉션을 보여 주는 일종의 설치다. '유니섹스unisex'인 처녀막은

---

[26] Jens Hauser, "Who's Afraid of the In-Between?", p. 16.

살아 있는 물질로 만들어졌으며, 미술가인 나 자신의 신체 조직을 이용한 것이다.[27]

레오디카는 '처녀막'이라는 명칭이 주는 불편함을 의도적으로 강조하면서, 얇은 막이 지녀 온, 지구상의 어딘가에서는 아직도 중요할지도 모르는 사회문화적이고 전통적인 의미에 맞서 대항하고 비판한다. 그녀가 처녀막을 배양하고 복제하는 행위는 단 한 번만 일어난다는 처녀막 파열에 대한 대응적 제스처였다. 처녀막은 생물학적으로 볼 때 여성 질의 내부에 있는 것도 외부에 있는 것도 아니다. 철학에서는 '처녀막'이라는 말이 두 개의 산만한 위치들 사이에 놓임을 의미한다고 한다.[28] 레오디카의 작업 또한 생물학적인 것과 미술적인 것과 정치학적인 위치들의 중간에 놓여 있다. 생물학적으로 엄밀히 말하면 '신체 피부 아래의 피부'로서 표면-조직의 '위'에 자라는 미묘한 위치의 처녀막은 여성을 성장시키는 데 도움을 주고 유익한 기능도 갖고 있다. 그러나 그보다는 사회적 영역으로 옮겨 가서 불분명한 생물학적 기능과 상관없이 처녀성을 상징하는 얇은 피

[27] Nicole .C. Karafyllis, "Endogenous Design of Biofacts: Tissues and Networks in Bio Art and Life Science", in *Sk-interfaces, Exploding Borders-Creating Membranes in Art, Technology and Society*, ed. Jens Hauser, Liverpool: Fact & Liverpool University Press, 2008, p. 44.

[28] Julia Reodica, "Feel Me, Touch Me: The HymNext Project", in *Sk-interfaces, Exploding Borders–Creating Membranes in Art, Technology and Society*, ed. Jens Hauser, Liverpool: Fact & Liverpool University Press, 2008, p. 73.

부라는 과도한 문화적 의미로 강화되었다.[29] 레오디카는 순수성의 상징 혹은 기호로서 처녀막의 사회적 문맥은 오직 젠더 통제와 전통적 문화의 가족경제에 근거한 것임을 주장한다.[30] 엄격한 전통적 문화에서는 처녀막이 없다는 사실이 가문의 수치가 되거나 비-처녀로 간주되어 여성을 죽음에까지 이르게 하는 영역에 속했지만, 레오디카에 의해 재창조된 이식 가능한 처녀막은 원한다면 반복도 가능한 것이 되었다. 한 사람이 자신의 처녀막을 만들 수 있다는 점에서 그것들은 개인에 속한 것이었고, 해서는 안 되거나 허락되지 않는 것 등의 경계를 무너뜨리는 것이었다.[31]

그녀는 이 작업과 관련해 피부 혹은 막이 지닌 사회적 · 의학적 측면을 함께 고려한다. 왜냐하면 일반적으로 피부에 관한 시각적 · 감각적 단서가 될 수 있는 해석들이 따라올 수 있기 때문이다. 성별, 인종별, 나이별의 편견이 없는 조직을 택하고, 심지어는 비인간의 조직을 혼성한 그녀의 작업은 바로 '처녀막의 정치학'[32]을 무화시키는 행

---

[29] Julia Reodica, "Feel Me, Touch me: The hymNext Project", p. 73.

[30] Reodica, "Feel Me, Touch Me: The HymNext Project", 73; 레오디카는 처녀막 프로젝트에 의해 제기될 수 있는 많은 도발적인 문제들을 상기시킨다. 그것은 '처녀막은 체내에서 자랄 필요가 있을까?, 왜 순결을 잃는 행위는 여성의 몸에서 단 한 번만 일어나야 하는가? 왜 결혼식 전에 비싼 돈 주고 (병원에서) 처녀막을 복원하는 일이 생기는가?' 등이다.

[31] Nicole. C. Karafyllis, "Endogenous Design of Biofacts: Tissues and Networks in Bio Art and Life Science", p. 44

[32] Julia Reodica, "un/Clean: Visualizing im'Purity in Art and Science", in *Art & Biotechnologies: Collected Essays*, eds. E. Daubner and L. Poissant. (Montreal: Presses de l'Université du Québec, 2005), p. 6.

위였다. 새로운 처녀막은 젠더로부터 자유로울 뿐 아니라 피부색으로 구별되는 인종적 문제로부터도 자유롭다. 레오디카는 브루노 라투르Bruno Latour가 '근대적인 비판적 입장'이라고 부른 것에 상응하는 '정화'의 개념을 가져와, 하이브리드를 배제하려고 할수록 그 혼성의 가능성이 더 높아진다는 역설을 강조한다.[33] 그녀는 〈hymNext〉를 통해 언제나 거기에 있어 온 자연세계와, 예측 가능하고 안정적인 이익과 이해관계가 있는 사회, 그리고 지시 대상과 사회 모두로부터 독립적인 담론들 사이에 분열을 가져오고자 한 것이다.

타자를 수용하는 접합된 피부

마리옹 라발-장테Marion Laval-Jeantet와 브누아 망쟁Benoît Mangin이라는 두 명의 프랑스 미술가들로 구성된 '아르 오리엔테 오브제Art orienté objet'[34] 그룹은 〈미술가의 피부 배양Culture de Peaux d'Artistes〉(1996~97) 프

---

[33] 브뤼노 라투르,《우리는 결코 근대인이었던 적이 없다, 대칭적 인류학을 위하여》, 홍철기 옮김, 갈무리, 2009, 42쪽.

[34] '아르 오리엔테 오브제Art orienté objet'는 두 명의 프랑스 미술가들의 협업으로 1991년에 시작된 2인조 그룹의 이름이다. 그룹의 명칭인 '아르 오리엔테 오브제'는 '사물을 향한 미술'을 의미하거나 '사물에 의해 방향 지어진 미술'이라는 뜻도 될 수 있지만, 여기서는 두 사람이 협업할 때 사용하는 일종의 고유명사다. 이들은 우리 사회에서 혹은 굳게 닫힌 문 뒤의 실험실에서 발생하고 문제들을 논쟁의 장으로 이끌어 내면서 알려지기 시작했다. '아르 오리엔테 오브제'의 미술가들은 처음부터 생명 기술이 만들어 내는 문제, 특히 인간이 동물을 취급하는 기본 체계에 대해 비판적인 관심을 가지면서 식물, 동물, 인간 등 살아 있는 것들을 사회 과학적으로 다루는 데 목적을 두었으나, 거기에만 머물지 않고 시각적 이미지와 과정을 포착하기 위해 실제 실험의 장으로 관심의 폭을 넓혀 갔다. 과학과 미술의 상호 연관

로젝트를 수행하는 동안 MIT 피부 생산 실험실의 연구자들에게 자신들의 피부를 미술적 목적을 위해 배양해 달라고 부탁했다. 이 실험실에서는 외과 수술용이나 미용을 위한 목적으로 피부조직을 거의 산업적인 스케일로 배양하고 있었다. 피부를 그들의 존재를 담고 있는 과학적 초상화로 여겼던 그들에게 '미술가로서' 피부 배양이 중요했던 이유는 첫째, 현대 미술을 과학적인 언어로 통합시킨다는 것과, 둘째, 살아 있는 매체 사용이 미술 작업의 통상적 매체 범위를 넘어서는 중요한 의미를 지니기 때문이었다.[35] 얼마 후 그들은 배양된 샘플을 얻었으나 너무 얇고 투명했다. 불투명하더라도 매끈하고 두꺼우리라고 생각했던 것과는 달랐다. 그들은 배양된 피부를 돼지의 진피와 접합시킨 후, 신화적인 동물이나 멸종 위기에 있는 동물들의 이미지를 생물학에서 사용되는 동물 모티프로 전환시켜 접합된 피부 위에 문신으로 새겼다. 여기에서 접합된 피부는 인간이 동물들을 타자화하고 지배해 온 방식들을 비판하고, 더 나아가 그들과 상징적인 융합과 동맹을 이루는 장소가 되었다.

배양된 피부의 접합을 통한 경계의 흐림은 이들의 최근 작업인 〈아마도 말이 내 안에 살고 있을지도 몰라May the Horse Live in me〉(2010)에서

된 분야를 탐색하면서 환경 문제와 동물실험의 이슈를 주로 다루는 이들은 종종 과학자들과 똑같은 실험을 위해 실험실의 도구를 사용한다.

[35] Marion Laval-Jeantet, "The Fusional Haptics of Art Orienté Objet", in *Sk-interfaces, Exploding Borders-Creating Membranes in Art, Technology and Society*, ed. Jens Hauser, Liverpool: Fact & Liverpool University Press, 2008, p. 90.

극대화되었다.[36] 경계 흐리기를 강조하고 동물에 대한 타자화를 비판하는 그들의 작업은 지난 25년간 인간 사회에서 동물의 위치가 무엇인가에 대한 관심을 표명해 온 그들의 작업 맥락 안에서 인간이 인간만의 관점 아래 행해 온 동물실험에 대한 저항적 표현을 나타낸다. 그들은 인간만의 관점이 아닌 다른 무엇인가를 경험하고자 했는데, 그것은 그들이 한계에 부딪쳤다고 느낀 종種들 사이의 장벽에 대해 생각해 보는 것이었고, 그것을 위해서는 과학적 연구가 꼭 필요했다. 그들은 동물을 포함한 세계에 대한 '인간 관점의 변화'가 자신의 작업의 본질적인 부분임을 강조하면서, 인간 중심주의적인 사고를 벗어나 다른 생명 형태에 대한 집단적인 경험의 가능성을 열어 놓았음을 조심스레 언급하고 있다.[37]

혼성 피부

성형수술 퍼포먼스로 다양한 반응을 불러일으키며 대중들에게 알려지게 된 프랑스의 여성 미술가 오를랑Orlan은 디지털 기술과 의학

---

[36] 이 작품은 말의 피(혈청)를 마리옹의 몸에 수혈하는 실험적 퍼포먼스이자 그것을 기록한 비디오아트다. 이 작업에 대한 자세한 설명은 필자의 저서 《포스트휴먼 시대의 미술, 신체변형미술과 바이오아트》(아카넷, 2015)와 이재은의 논문 〈포스트휴먼시대 사이보그의 알레고리에 대한 연구: 〈아마도 내 안에 말리 살고 있을지도 몰라〉를 중심으로〉(《미술이론과 현장》 22권)를 보시오.

[37] Hirszfeld, Aleksandra, "May the Horse Live in me (interview with Art Orienté Objet)", *Art+Science Meeting*: http://artandsciencemeeting.pl/?page_id=306&lang=en. (2015. 3. 2. 접속)

기술의 상호작용을 통해 신체를 수정함으로써 신체의 '경계 없음'의 개념을 적극적으로 받아들이고 다중적인 정체성을 고의적으로 드러내고자 했다. 이러한 오를랑의 작업은 경계의 해체를 통해 일찍이 우리에게 새로운 신체 담론의 가능성을 열어 주었던 다나 해러웨이Donna Haraway의 논의, 즉 생물학-결정론적 이데올로기를 넘어서는 '경계 침해'로 설명될 수 있을 것이다. 즉 그녀의 작업은 인간과 인간 아닌 것들과의 구분을 강조해 온 데카르트의 이분법적 인간이해를 넘어서는 것이며, "인간과 동물의 경계", "유기체와 기계 사이의 경계", "물리적인 것과 비물리적인 것 사이의 경계"를 거부함으로써 위험하고도 강력한 융합의 가능성을 암시하는 '사이-존재'의 대표적인 예로 제시될 수 있다.

50여 년이 넘게 자신의 신체를 이용하고 변형하는 퍼포먼스를 해온 오를랑의 모든 작품에는 피부의 중요성이 항상 내재되어 왔다. 아주 내밀한 방식으로 피부를 덮는 침대보와 천drapery을 이용한 초기 작업으로부터 성형수술 퍼포먼스와 '자기-혼성화Self-Hybridization' 작업들에 이르기까지 피부는 항상 그녀의 작업의 중심에 있었다. 자아의 시각적 이미지와 신체 경험 사이에서 플랫폼 역할을 하는 피부에 대해 정신분석적 해석이 가능하다는 것을 알고 있었던 오를랑은 〈성공적인 수술Nr.X Successful Operation Nr.X〉에서 성형수술을 하는 동안 라캉의 영향을 받은 정신분석학자 르무앵-루시오니Eugénie Lemoine-Luccioni의 피부에 대한 이론을 인용해 읽기도 했다. "피부는 기만적이다. 피부의 표면을 절개한다는 것은 그게 무엇이든 좋은 것이라고 할 수는 없다. 사람들은 그 이상 무엇인가를 얻을 수 없다. 피부는 개인적인 것에 대해 이야기한다. 생명을 창조하기 위해 찢겨지고 분리되며 잘려지는 것은 결국 피부다.[38] 오를랑은 피부를 앙지외가 말한 것처럼 자아를 감싸고 있는 것으로서 본 것이 아니라, 신체를 대신하는 기관, 그것 자체가 본질적으로 동떨어져 나와 있는 세계라고 보았다.

오를랑은 피부와 묶여서 함께 언급되는 '봉합suture'이라는 개념을 강조한다. '봉합'은 수술 후에 피부를 꿰매어 다시 붙이는 것을 의미하는데, 그녀가 사용한 '봉합'의 개념은 오를랑 자신이 제2의 피부라고 여긴 옷들과 천에도 사용되었다. 예를 들어 생-테티엔느 현대미술관에서 패션쇼처럼 열린 〈봉합/세속주의Suture/Secularism〉(2007) 전시에서 그녀는 처음부터 가위로 자신의 옷을 자르는 것으로 시작했다. 또 패션 디자이너들에게 자신이 어렸을 때부터 지니고 있던 옷들을 주고 '봉합'이라는 개념 아래 재작업rework해 줄 것을 부탁한다. 그것들은 반드시 '잘라지고cut' '혼성되며hybridized' '봉합sutured'되어야 했다. 그녀의 옷들은 다른 사람들에 의해 경계, 내용, 형태가 결정되는 또 다른 제2의 피부가 되었다. 절개된 상처를 꿰매는 '봉합'은 새로운 물리적 위치를 남길 뿐 아니라, 새롭게 설정된 경계들이 항상 재구성을 향해 열려 있고 아직 피부에 안정되게 자리 잡지 못해서 불안정하게 존재하는 장소를 나타낸다. 그러므로 봉합은 항상 더 많은 잠재적인 봉합들에 길을 내어준다. 그녀가 퍼포먼스로 진행해 온 성형수술

Getting Under the Skin, The Body and Media Theory, Cambridge: The MIT Press, 2006, p. 108에서 인용.

에서도 피부 표면과 봉합의 개념은 경계면에 머물러 있는 제2, 제3의 오를랑으로 변형되어 가는 과정에서 중요한 위치를 차지하고 있었다. 오를랑은 자신의 작업을 구분할 때, (1) 정체성들로서의 신체들의 봉합(초기의 천 작업들), (2) 이미지로서의 신체의 봉합(성형수술 퍼포먼스), (3) 생물학적 유기체로서의 신체들의 문자 그대로의 봉합(바이오아트) 등 세 가지의 봉합에 대한 탐구들로 묘사하기도 했다.[39]

바이오아트의 문맥에서 피부와 봉합이라는 개념을 강조한 〈할리퀸의 코트Harlequin Coat〉는 2003년 낭트에서 "다양한 색의 피부 조직 배양을 통한 다인종적多人種的 할리퀸 코트"에 대한 아이디어를 공개한 후, 오론 카츠Oron Catts 및 이오낫 주르Ionat Zurr와 아이디어를 교환하며 시작되었다. 이후 2007년 호주의 심바이오티카SymbioticA 연구소 실험실과 공조하는 방식으로 실행된 이 작품은, '제2의 혼성 피부'를 얻기 위해 체외에서in vitro 합성 피부 세포들을 배양하는 실험 형식으로 진행되었다. 설치되는 화랑의 환경에 맞게 주문 제작된 생체반응기 안에서 함께 배양된 살아 있는 3가지 세포 타입의 고분자 구조들은 합성된 후 실물 크기 옷인 할리퀸 코트의 다이아몬드 모양 패턴 안에 고정된 수십 개의 페트리 접시Petri dish들 위에 놓여졌다. 코트의 전체 모습은 커다란 프로젝트로 비추어졌다.[40] 페트리 접시 안에 있

[39] Orlan, "The Poetics and Politics of the face to face", in *Orlan: A Hybrid Body of Artworks*, eds. Simon Donger, Simon Shepherd, and Orlan, New York: Routledge, 2010, p. 116.

[40] 오를랑은 타자를 받아들인 혼성화의 인물을 재현하기 위해 할리퀸의 모티프를 이용했는데, 그 이야기는 프랑스의 철학자 Michel Serres가 자신의 책《The

는 죽은 세포들의 정지된 이미지들은 생체반응기 안에서 배양되고 혼성되는 모습을 저속으로 촬영한 생기 있게 움직이는 세포들의 모습과 중첩되었다. 그 외에도 후에 계속해서 혼성 배양될 인간의 혈액세포, 쥐의 결합 조직, 금붕어의 신경세포, 인간의 뇌세포, 원숭이 눈의 세포 등등의 이미지들이 비추어졌다.

오를랑이 택해 혼성 피부로 배양시킨 3개의 고분자 구조들은 12주된 아프리카계 여아 태아로부터 가져온 WS1 타입의 피부 섬유아세포,[41] 유대목 동물인 살찐꼬리더나트a fat-tailed dunnart의 섬유아 근육세포, 그리고 자신의 피부조직이었다. 피부색, 나이, 출신이 서로 다른 사람들로부터 온 피부 세포들, 게다가 동물의 세포를 혼성하는 과정은 젠더와 피부색, 인종 등의 경계를 넘는 상징적인 의미를 갖게 된다. 그녀는 "이 모든 것을 통해 나는 나의 예술적 어휘들이 생명 기술로 확장된다고 느꼈으며, 이 작업의 의미는 신체와 수술, 신체와 의학, 미술과 과학 사이에 놓였던 나의 과거 작업들과 일치하는 것이었다."[42]라고 썼다. 피부에 대한 관심 아래 오랜 기간 동안 진

Troubadour of Knowledge》의 서문으로 쓴 "Secularism"에 들어 있다. 이와 관련된 할리퀸의 이야기는 신승철의 논문 〈생명윤리의 저편? 바이오아트의 비판적 실천〉 《현대미술사연구》 33권)을 참조하시오.

[41] WS1 피부는 온라인으로 주문할 수 있는 일종의 조직 은행tissue bank인 American Type Culture Collection에서 신중하게 선택 주문된 것으로, 냉동 상태로 호주로 공수되었다.

[42] Orlan, "Harlequin Coat", in *Sk-interfaces, Exploding Borders-Creating Membranes in Art, Technology and Society*, ed. Jens Hauser, Liverpool: Fact & Liverpool University Press, 2008, p. 87.

행되고 있는 이 프로젝트에서 흥미로운 것은, 피부 세포들이 이론상 그것을 재료로 코트를 디자인 할 수 있는 것이 되었으나, 더 이상 알아 볼 수 있는 형태로서의 신체의 경계로 이해되지는 못하고 있다는 사실이다. 그것은 펴 늘릴 수 있고 변경 가능한 구성물이 되었다. 배양된 조직이 지닌 이러한 특징은 그녀가 도움을 받은 심바이오티카 연구소와 TC&A 프로젝트Tissue & Culture Art Project 팀의 조직공학을 이용한 바이오아트를 통해 소위 "반쯤 살아 있는semi-living 조직들"로 논의된 바 있다.

이 실험적 작업에서 혼성 배양의 결과는 예측할 수 없었고, 사실상은 사소한 변화만 있었을 뿐 결정적으로 특별한 피부 세포들로 발전되지 않았다. 그러나 오를랑은 조금이라도 변경될 수 있다는 가능성을 지켜본다는 것에 의미를 부여했다. "하나의 레디메이드로서, 나는 일종의 수정된 레디메이드로 남아 있었다. 왜냐하면 레디메이드에 대한 사소한 수정, 즉 신체에 대한 아주 미묘한 차이가 그것의 의미를 바꾸기 때문이다."[43] 그녀에게 신체는 피에로 만조니Piero Manzoni(1933~1963)가 1960년대 초에 했던 것 같이 몸에 사인sign이나 하는 그러한 레디메이드가 아니었다. 문자 그대로 '수정된 레디메이드'로서 그녀의 신체는 공공의 논쟁을 위한 공론의 장으로 변화되고, 바로 그것이 오를랑이 추구하는 바였다.

오를랑의 신체 조직이 〈할리퀸 코트〉의 혼성 세포들에 포함되어 있었다 하더라도, 그것은 더 이상 그녀의 것이 아니었다. 더욱이 알

---

[43]   Orlan, "Harlequin Coat", p. 87.

록달록한 할리퀸 코트는 순수함의 상징으로서의 흰색 피부에 대한 전복적 개념으로서, 유색피부 혹은 중립화된 피부를 상징하고 있다.[44] 이렇게 오를랑은 피부에 대한 생물학적이고 상징적인 의미를 무효로 만드는 데 관심이 있다. 물론 아직도 진행되고 있는 이 프로젝트가 계획대로 혼성 피부로 이루어진 코트 형태가 되지 않을 수도 있겠지만,[45] 그러한 가정을 내세운 실험은 이미 혼성을 통한 경계 넘기의 가능성을 알려 주고 있다. 우리는 오를랑의 할리퀸 코트 프로젝트가 단순히 형상 이미지를 취급한 것이 아니라, 일종의 텍스트로서의 (피부) 조직과 그 혼성이 지닌 경계 넘기와 사회적, 생물학적 '되기becoming'를 탐구한 것임을 알 수 있다.

이제까지 신체에서의 피부의 중요성과 최근 피부에 대한 개념 및 이해의 변화를 중심으로 피부를 다루는 미술가들을 크게 두 영역으로 나누어 살펴보았다. 하나는 피부자아의 개념을 유지하면서 열린 피부가 지닌 의미와 기능, 이미지의 특징을 시대적 · 신체적 변화에 근거해 사회문화적으로 재해석하는 작업들이었고, 다른 하나는 피부자아의 개념으로부터 벗어나 피부가 지닌 외부 경계로서의 기능

---

[44] Marcus Hallensleben and Jens Hauser, "ORLAN's The Harlequin's Coat", in *Orlan: A Hybrid Body of Artworks*, eds. Simon Donger, Simon Shepherd, and Orlan, New York: Routledge, 2010, p. 143.

[45] 이 작업은 작은 크기로 축소되어 지속되고 있어 그녀가 실물 크기로 옷을 만들려던 아이디어로부터 멀어졌으며, 그러한 조각보 같은 피부 코트가 실제로 어떤 모양이 될지 상상하기 어렵다.

과 의미를 해체하고, 피부 세포조직을 혼성 배양함으로써 피부를 문화적 경계와 생물학적 경계의 사이에 전략적으로 놓는 작업들이었다. 결론적으로 볼 때 우리는 이러한 미술가들의 작품을 통해서, 피부가 외부와 접촉하는 경계가 아니라 투과하고 스며드는 장소로 경계를 허무는 장소가 되었으며, 피부가 자아를 둘러싸는 싸개, 보호막, 경계 같은 의미에서 벗어나, 내적으로든 외적으로든 배양되고 자라나 그것들로 무엇인가 디자인해 만들 수 있는 매체와 수단이 되고 있음을 알 수 있었다. 이는 포스트휴먼 시대에 피부의 새로운 문화적 의미와 기능의 변화 과정을 파악할 수 있게 해 준다. 오를랑이 "나의 피부는 바로 나다."라고 말했던 것처럼, 위의 미술가들이 피부를 통해 보여 준 작업들은 지금 이 시대에 피부의 의미를 통해 인간 정체성에 대한 문제들을 이끌어내고, 또한 생명 기술을 이용함으로써 인간이 무엇인지, 무엇이 될 수 있는지, 혹은 무엇이 되어야 하는지에 대해, 혹은 논란이 많은 생명 기술을 어떻게 사용해야 할 것인지 숙고해 보게 만들고 있다. 인간을 위한 이기적인 목적을 위해 사용할 것인지, 아니면 타자와 공유하면서 모든 편견과 경계를 허물어가는 데 사용할 것인지까지도 생각해 보아야 할 문제다.

신승철, 〈생명윤리의 저편? 바이오아트의 비판적 실천〉, 《현대미술사 연구》 33, 2013.

디디에 앙지외, 《피부자아: 만짐과 만져짐의 심리학》, 권정아 · 안석 옮김, 인간희 극, 2013.

마셜 매클루언, 《미디어의 이해: 인간의 확장》, 박정규 역, 커뮤니케이션북스, 2001.

미하일 바흐찐, 《프랑수아 라블레의 작품과 중세 및 르네상스의 민중 문화》, 이덕 형 · 최건영 옮김, 아카넷, 2001.

브뤼노 라투르, 《우리는 결코 근대인이었던 적이 없다, 대칭적 인류학을 위하여》, 홍철기 옮김, 갈무리, 2009.

장 보드리야르, 《시뮬라시옹-포스트모던 사회문화론》, 하태환 옮김, 민음사, 1992.

필립 톰슨, 《그로테스크》, 김영무 옮김, 서울대학교출판부, 1986.

Benthien, Claudia, *Skin, On the Cultural Border Between Self and the World*, trans. Thomas Dunlap, New York: Columbia University Press, 2002.

D'Urbano, Alba, "The Project Hauthah, or Close to the Skin," in *Photography after Photography: Memory and Representation in the Digital Age*, eds. Hubertus von Amelunxen, Stefan Iglhaut, and Florian Rötzer, Amsterdam: G+B Arts International, 1996.

D'Urbano, Alba, "Hautnah, The Project, 1995": http://www.durbano.de/ hautnah/index.html (2015. 5. 5. 접속)

Donger, Simon, Simon Shepherd, and Orlan (eds.), *Orlan: A Hybrid Body of Artworks*, New York: Routledge, 2010.

Hauser, Jens (ed.), *Sk-interfaces, Exploding Borders-Creating Membranes in Art, Technology and Society*, Liverpool: Fact & Liverpool University Press, 2008.

Hirszfeld, Aleksandra, "May the Horse Live in me (interview with Art Orienté Objet)", Art+Science Meeting: http://artandsciencemeeting.pl/?page_id=306&lang=en. (2015. 3. 2. 접속)

Kuppers, Petra, The Scar of Visibility, *Medical Performances and Contemporary Art*, Minneapolis: University of Minnesota Press, 2007.

Loscheck, Ingrid, *When Clothes Become Fashion: Design and Innovation Systems*, Oxford: Berg, 2009, ISBN 9781847883681, http://dx.doi.org/10.2752/9781847883681 (2015. 5. 12. 접속)

Reodica, Julia, "un/Clean: Visualizing im'Purity in Art and Science", in *Art & Biotechnologies: Collected Essays*, eds. E. Daubner and L. Poissant, Montreal: Presses de l'Université du Québec, 2005.

Thornton, Anthony, "The Skin We Live in: Ariana Page Russel", Tropical Cream, 2015.1.24., http://topicalcream.info/editorial/2523/ (2015. 5. 10. 접속).

Valery, Paul, "L'ideé fixe; ou, Deux hommes à la mer," in *Oeuvres complètes*, Paris: Gallimard, Péiade, 1957.

Wegenstein, Bernadette, *Getting Under the Skin, The Body and Media Theory*, Cambridge: MIT Press, 2006.

2 | 다언어 글쓰기와 번역의 문제

선영아

탈영화된 작가들과 혼종적 글쓰기

"탈영토화된" 작가들의 수가 늘고 있다. 물론 어제 오늘의 일은 아니다. 블라디미르 나보코프Vladimir Nabokov나 사뮈엘 베케트Samuel Beckett, 밀란 쿤데라Milan Kundera처럼 어떤 한 특정 국가나 언어의 경계 안에 가두어 둘 수 없는 작가들은 20세기 훨씬 이전부터 존재해 왔다. 현재 부각되는 탈영토화된 작가들이 이전의 망명 작가나 이민 작가와 구별되는 점은, 이들이 비전형적 이력을 지닌 고립된 개인이 아니라 전 지구적 차원에서 일어나는 거대한 혼종의 흐름과 연관되어 있다는 것이다. 민족국가의 쇠퇴, 대규모 이산과 더불어 진행되는 이 현

---

* 이 글은《인문과학논총》제72권(2015.2)에 게재된 원고를 재수록한 것이다.

상은 언어·문화가 지리·사회적 영토와 맺는 국가 단위의 '자연스러운' 관계를 해체하며 다양한 혼종적 정체성들을 형성해 내고 있다.

우리가 여기서 눈여겨 보고자 하는 것은 언어적 혼종성이다. 언어 혼종성 현상이 가장 두드러지게 나타나는 곳이 글쓰기의 공간이다. 그런데 영어나 프랑스어와 같은 구舊식민국의 언어를 사용하는 아프리카 작가의 글에서 현지 토착어의 흔적이나, 피진·크레올·코드 스위칭[1]과 같은 혼종 언어적 형태를 발견하기 어렵지 않다.[2]

이러한 언어적 혼종성은 아프리카 작가들의 정체성을 표현하는 중요한 문학적 수단이자 독특한 글쓰기를 추동하는 힘으로 작용하지만, 언어와 언어 간의 번역을 방해하는 큰 장애물로 작용하기도

---

[1] 피진pidgin은 대개 식민지 지역이나 무역을 하는 상인들 사이에서 의사소통 문제를 해결하기 위해 등장한 언어이다. 대체로 영어나 프랑스어, 스페인어, 포르투갈어와 같은 언어와 현지 토박이말이 섞여 형성되는데, 최소한의 의사소통을 위해 만들어진 언어인 만큼 낱말의 수도 한정되고 문법도 매우 단순화되어 있다. 피진이 토착화되어 정식 언어가 된 것이 '크레올creole'이다. 크레올은 피진보다 어휘가 확장되고, 언어 구조 또한 더 정교하다. 코드 스위칭code-switching은 한 대화 맥락이나 텍스트 내에서 둘 이상의 언어 또는 방언을 교대로 사용하는 행위를 말한다. 예를 들어 미국에 사는 한국인 가정에서 부모들끼리 대화할 때는 한국어를 사용하다가 자식들과는 영어로 대화하는 경우가 코드 스위칭에 해당한다. 마찬가지로 공식적인 자리에서는 표준어를 구사하던 지방 출신의 정치가가 자기 고향의 지지자들과는 사투리로 대화를 하면 그것 역시 코드 스위칭이다.

[2] 다언어 텍스트 연구에서 가장 긴 관록을 자랑하는 분야는 문학이다. 문학 분야에서 다언어 글쓰기의 역사는 장구하다. 근대 초까지 유럽 지식인 사회에서는 라틴어와 민족어가 그 기능을 달리한 채 공존하였고, 16세기 프랑수아 라블레François Rabelais의《팡타그리엘Pantagruel》등은 다언어 글쓰기를 보여 주는 작품들이다. 그러나 '하나의' 민족, '하나의' 언어, '하나의' 문학이라는 민족국가의 이념은 작가들에게 민족의 언어로 글을 쓸 것을 권고함으로써 다언어 글쓰기의 발전을 가로막는 기제로서 작용한 것 또한 사실이다.

한다. 번역은 두 개 이상의 언어를 상대로 하는 작업이지만, 그러나 통념과는 달리, '이언어적 말걸기'heterolingual adress'가 아닌 '균질언어적 말걸기'homolingual adresse'[3]로 분류된다. 번역이 균질언어적 말걸기인 까닭은, 번역이 번역하는 언어와 번역되는 언어라는 두 언어를 마치 균질적이고 통일된 언어 공동체처럼 상정하고 있기 때문이다. 적어도 근대 국민국가 간의 번역은 한편으로는 민족·언어·문화를 균질적이고 단일한 실재로 상정하는 굳건한 믿음 위에, 다른 한편으로는 원문/번역문, 원천언어/목표언어, 출발문화/도착문화를 철저히 구분하는 이분법에 기대어 왔다. 그런데 이러한 근대적 기획으로서의 번역의 기본 전제, 즉 각각의 언어가 독립적으로 존재하는 단일 구조물이라는 언어관과, 번역은 언어·지리적으로 뚜렷하게 분리되는 두 언어·문화 간에 이루어지는 활동이라는 암묵적 전제

---

[3] '이언어적 말걸기'와 '균질언어적 말걸기'는 사카이 나오키가 《번역과 주체》에서 내세운 개념이다. 우리는 한 문화를 이미 뚜렷한 문화 정체성을 갖춘 균질적 언어통일체로 간주하고, 같은 언어권 내에서는 투명한 의사소통이 이루어진다고 생각하는 경향이 있다. 그런 까닭에 두 개의 서로 다른 언어·문화 사이에서 이루어지는 번역은 이언어적 말걸기로 간주되기 쉽다. 그러나 사카이에 따르면, 번역이야말로 균질언어적 말걸기의 대표적 사례이다. "엄밀하게 말해서 우리가 하나의 텍스트를 다른 텍스트로 번역(또는 통역/해석)해야 하는 까닭은 두 가지 상이한 언어통일체가 주어져 있기 때문이 아니다. 그것은 번역이 언어들을 **분절**한 결과 **어떤 번역의 표상**을 통해서 번역하는 언어와 번역되는 언어라는 두 가지 통일체를 마치 자기완결적인 실체처럼 정립할 수 있기 때문이다."(사카이 나오키, 《번역과 주체》, 후지이 다케시 옮김, 이산, 2005, 46쪽.)
두 개의 변별적, 자족적 통일체를 상정하는 이와 같은 '번역의 표상'은 투명한 상호 이해라는 환상을 강화할 뿐, '번역이 본질적으로 잡종화의 사례라는 점'(사카이 나오키, 《번역과 주체》, 48쪽.)을 도외시한다.

를 위협하는 새로운 텍스트들이 출현하고 있다. 앞에서 이야기했던, 언어 혼종성을 실천하는 작가들의 작품이 그것이다.

이 새로운 유형의 텍스트들, 제국어로 쓰인 텍스트 안에 자신의 모어를 섞어 넣음으로써 언어적 차원에서 불가해한 타자성을 실현하거나, 제국의 언어를 '제것화'하는 여러 장치들을 통해 단일 언어성을 교란하는 이러한 텍스트들의 등장은 번역학에 어떠한 도전을 제기하고 있는가? 다언어로 이루어진 텍스트는 실제 번역과정에서 어떻게 다루어지고 있으며, 어떠한 문제들을 제기하고 있는가? 이 논문의 목적은 실제 번역 사례를 검토하며 이러한 질문에 대한 답을 모색하는 것이다. 좀 더 정확하게 말하자면, 이 글에서 우리가 추구하는 것은 이론적 해결책의 모색이 아니라 문제의 쟁점들과 복잡성을 구체적으로 보여 주며 성찰의 한 실마리를 붙잡는 것이라고 말하는 것이 타당할 것이다.

번역 불가능한 과제

제임스 조이스James Joyce의 《피네간의 경야Finnegans Wake》[4]와 호르헤 루이스 보르헤스Jorge Luis Borges의 《피에르 메나르, 돈키호테의 저자Pierre

---

[4] 이 작품은 하룻밤 동안 이어위커Earwicker라는 주인공의 잠재의식 또는 꿈의 무의식을 그리고 있다. 1939년 발표된 이 작품에서 조이스는 65개의 언어와 방언을 동원하는데, 영어를 모국어로 하는 이들조차 해설 없이는 읽기 어려울 만큼, 대부분의 문장이 말장난, 어형 변화, 신조어 등으로 이루어져 있다.

Ménard, autor del Quijote》[5]를 논하는 자리에서 자크 데리다Jacques Derrida는 다언어 텍스트와 번역의 문제를 조명한 적이 있다. 데리다는 한 문장 안에 두 언어가 중첩되어 단일한 의미 질서를 교란하는 조이스의 문장 "And he war"[6]에 관해 상술한다. 텍스트에서 가장 큰 지분을 차지하는 언어는 분명 영어지만, 단편적으로 등장하는 낯선 언어가 텍스트에 균열을 만들며 주도적 언어를 위협하고 있음을 데리다는 강조한다.[7] 또한 비록 스페인어로 작성되었지만 프랑스어의 영향에 깊게 침윤된 보르헤스의 단편에 대해서도 데리다는 관습적 의미의 번역

---

[5] 보르헤스는 이 단편에서 피에르 메나르라는 가공의 인물을 등장시켜 문학의 문제를 다룬다. 20세기 프랑스 작가인 메나르는 17세기 스페인 작가 세르반테스의《돈키호테》의 일부를 다시 쓴다. 그가 기획하는《돈키호테》는 이전의《돈키호테》를 그대로 베껴 쓴 것도 아니고, 그렇다고 새롭게 다시 쓴《돈키호테》도 아니다. 메나르의 의도는 단어와 단어, 문장과 문장이 서로 일치하면서도 내용적으로는 다르게 해석되는 현대판《돈키호테》를 만들어 내는 것이다. 같으면서도 같지 않은, 이 역설적 작업은 어떻게 가능할까? 작중 화자인 '나'에 따르면, 외형적으로는 동일한 글이라 하더라도 세르반테스의 글과 메나르의 글은 큰 차이를 보인다. 가령 문체를 예로 들면, 세르반테스가 쓴 스페인어는 당대에 사용되던 작가의 자연스러운 모국어이지만, 20세기 프랑스 상징주의 작가인 메나르가 문학적으로 복원해 낸 17세기 스페인어는 외국어처럼 느껴지는 의고체이다. 그것은 또한 아주 특이한 형태의 번역이기도 하다. 일상적 번역이 외국어를 모국어로 옮기는 것이라면, 메나르의 번역은 원작의 언어를 배워 원작의 언어로 다시 씀으로써 동일한 언어 안에 다른 세계, 다른 문체, 다른 언어를 기입하는 작업이다.

[6] FW.258.12. 이 문장에서 'war'를 영어로 읽을 경우, '그는 전쟁을 했다'의 뜻이 되고, 'war'를 독일어로 보면 '그는 있었다'의 뜻으로 읽힌다. 한국어본에는 "그리하여 그는 전戰하도다"(제임스 조이스,《피네간의 경야》, 김종건 옮김, 고려대학교 출판부, 2012. 237쪽)로 번역되어 있다.

[7] "언어들·문화적 지시물들·고찰들의 다양성에도 불구하고, 영어가 지배적 언어임에는 논란의 여지가 없다. […] (그러나) 독일어 단어 (war)가 영어 단어를 짓누르고 있다. (Jacques Derrida, *Ulysse gramophone, suivi de Deux mots pour Joyce*, Paris: Galilée, 1987, p. 134.)

이 과연 그러한 텍스트의 특수성을 고려할 수 있을지 질문한 뒤, 단호하게 다언어 텍스트의 번역 불가능성을 선언한다.

번역은 모든 것을 할 수 있지만, 언어 내부에 기재된 이러한 언어적 차이, 단일 언어 안에 기재된 여러 언어 체계의 차이를 드러내는 것만큼은 불가능하다. 극단적으로 말하자면 번역은 모든 것을 전달할 수 있지만 […] 단일 언어 체계 안에 여러 언어가 공존할 수 있다는 사실만큼은 전달 불가능하다.[8]

데리다의 진단처럼, 최근까지도 번역학은 하나의 텍스트 안에서 복수의 언어와 대면할 가능성을 미처 고려 대상으로 삼지 못했다. 가령 《라우트리지 번역학 백과사전》의 〈다언어주의와 번역〉이라는 항목을 들여다보면, "다언어주의는 (한 사회, 텍스트, 개인에서) 둘 혹은 둘 이상의 언어의 공존을 떠올리게 하는 반면, 번역은 하나의 언어를 다른 언어로 대체하는 것과 연관"[9]된다고 기술되어 있다. 이러한 구분이 각인시켜 주는 것은, 번역이란 전통적으로 언어 '대체'의 과정이지 서로 다른 언어가 뒤섞여 교섭하는 혼성의 공간은 아니라는 사실이다.

근대의 국민국가 기획이 만들어 낸 단일 언어 체계, 민족이 곧 언

---

8 Jacques Derrida, "L'oreille de l'autre:otobiographie, transferts, traductions", *Textes et débats avec Jacques Derrida* (dir. par C. Lévesque et C. McDonald), Lincoln: University of Nebraska Press, 1982, p. 134.

9 Rainier Grutman, "Multilingualism and Translation", *Routledge Encyclopedia of Translation Studies* (ed. by M. Baker), London: Routledge, 2004, p. 157.

어라는 근대적 관념 속에서 태동한 기존 번역의 개념으로는 이처럼 복수複數의 이질적 언어들로 구현된 텍스트의 번역 가능성을 기대할 수 없다면, 이 '예기치 못한' 유형의 텍스트를 위해서라도 번역의 기본 전제들을 되짚어 보는 작업은 긴요해 보인다.

다언어 텍스트와 관련되어 번역의 문제가 조명을 받게 된 것은 포스트식민주의 담론을 통해서이다. 흔히 '번역된 사람들translated men'[10] 로 지칭되는 포스트식민 작가들의 글쓰기를 설명할 때 가장 빈번하게 동원되는 메타포가 번역이다. 사실상 구식민지국 작가들이 타자의 언어를 빌어 자신을 표현하는 방식은 번역과 그리 멀지 않다. 그런 이유로, 포스트식민주의적 글쓰기와 번역의 상동성에 대한 주장은 곳곳에서 발견된다.

아프리카 흑인 작가는 대개의 경우 자신의 모국어로 생각한 후 프랑스어로 표현한다. 따라서 그의 표현 언어는 모국어의 아주 정교한 번역으로 간주되어야 한다.[11]

번역은 프랑스어로 글을 쓰는 것과 같은 동질의 행위이다. 번역은 여러 형태로 이루어질 수 있다. 프랑스어로 된 텍스트에 다른 언어의 어휘들을 도입하는 것과 같은 단순한 형태로 이루어질 수도 있고 […]

---

[10] Salman Rushdie, "Imaginary Homelands", *Imaginary Homelands*, London, Granta Books, 1992, p. 17.

[11] Makouta-M'Boukou, Introduction *à l'étude du roman négro africain de langue française*, Abidjan, NEA/CLE, 1980, p. 270.

프랑스어로 된 텍스트에 작가 자신이 속한 언어-문화의 운율, 통사, 유머를 삽입하는 형태로 이루어질 수도 있다.[12]

그런데 제국어가 현지인에 의해 사용되는 과정에서 두 언어가 뒤섞여 그 어느 쪽에도 귀속되지 않는 제3의 언어가 출현하기도 한다. 카메룬 작가 페르디낭 오요노[Ferdinand Oyono]의 소설에서 발췌한 다음 대목은 프랑스어가 아프리카의 토착적 요소에 의해 변형되고 휘어지는 과정을 엿보게 해 주는 한 예이다.

–En avant 'marsssse'[13]! commanda l'homme [=le moniteur].

Les élèves s'avancèrent devant le commandant. Le moniteur indigène cria 'Fisk!'. Les enfants semblaient complètement affolés. [...] Le moniteur [...] battit la mesure. Les élèves chantèrent d'une seule traite dans une langue qui n'était ni le français ni la leur. C'était un étrange baragouin que les villageois prenaient pour du français et les Français pour langue indigène. Tous applaudirent.[14]

"앞으로 '갸'", 교관이 구령했다.

---

[12] Papa Samba Diop, "Comment traduire la littérature wolof en français? Exemple de Buur Tilléen et Doomi Golo", *D'une langue à l'autre: essai sur la traduction littéraire*(dir. M. Nowotna), Paris: Aux lieux d'être, 2005, p. 143.

[13] '마르스marsssse'는 프랑스어 '마르쉬marche'('행진, 행군')의 현지 발음이고, 뒤에 나오는 '피스크fisk'는 '픽스fixe'(군대 용어로 '주목!')의 현지 발음이다.

[14] Ferdinand Oyono, *Une vie de boy*, Paris: Pocket, 2006, p. 63.

학생들은 지휘관을 향해 전진했다. 현지 교관이 소리쳤다. "쥬먹" 아이들은 완전히 넋이 나간 듯했다. […] 교관이 […] 박자를 맞췄다. 학생들은 프랑스어도 아니고 자기나라 말도 아닌 언어로 노래를 불러 젖혔다. 그것은 기이한 아우성이었는데, 마을 사람들은 그것을 프랑스어라고, 프랑스인들은 토착어라고 믿었다. 모두가 박수를 쳤다.

언어와 언어 '사이'에 출현하는 이 변종 언어는 전통 번역학의 원천언어/목표원어, 충실성/반역, 문자/의미 등과 같은 도식의 한계를 노출시키며 새로운 패러다임을 요구하고 있다. 호미 바바Homi K. Bhabha의 '혼종성hybridity' 개념을 적극적으로 받아들인 사미아 메헤레즈Samia Mehrez는 혼종어의 출현이 번역학에 미친 반향을 다음과 같이 설명한다.

포스트식민주의 텍스트들은 그 내부에 존재하는 문화적·언어적 중첩으로 인해 흔히 '잡종' 혹은 '혼종'으로 규정되며, 새로운 언어를 빚어내는 데 성공했다. 이 새로운 언어는 다른 언어로 번역될 수 있는 '외국' 텍스트라는 개념 자체에 도전장을 내민다. 포스트식민주의 문학에서는 과거와 같이 언어적 등가라든지 오래도록 번역 이론의 주안점이었던 손실과 획득이라는 기존 개념에만 관심을 보일 수 없게 되었다. 이중 언어 사용자인 포스트식민 주체에 의해 쓰인 텍스트들은 '사이' 언어를 창조하고, 그래서 '사이' 공간을 점유하기 때문이다.[15]

---

[15] Samia Mehrez, "Translation and the Postcolonial Experience: the Francophone North

1990년대 이후 문학 연구의 지형을 변화시킨 포스트식민주의 이론은 번역과 관련해서도 여러 가지 흥미롭고 생산적인 논의들을 촉발시켰다. 그러나 잡종성에 대한 문화적 비유로서의 번역이나 포스트식민주의적 글쓰기의 메타포가 아닌, 본래적 의미에서의 번역, 즉 공간적·언어적 이동으로서의 번역과 관련해서는 큰 변화가 이루어졌다고 평가하기 힘들다. 혼종어 텍스트 자체에 대해서는 무성한 논의가 이루어졌지만, 정작 그 텍스트를 어떻게 다른 언어로 번역할 것인지에 대해서는 대부분의 이론가들이 침묵하거나 그저 스치듯 암시할 뿐이다. 현대 프랑스의 대표적 번역 이론가로 꼽히는 앙투안 베르만Antoine Berman마저도 산문의 가장 주요한 특질 가운데 하나인 '언어 중첩'이 번역 과정에서 사라지는 경향을 안타까워하며, 예외적 성공 사례를 상찬하는 데 그친다.

[…] 언어들의 중첩이 번역에 의해 위협받고 있다. 토착어와 공용어, 기저어와 표층어 등 사이에 존재하는 이 긴장과 통합의 관계가 지워지는 경향이 있다. 로아 바스토스의 작품에서 과라니어-스페인어의 긴장을 어떻게 보존할 것인가?《독재자 반데라스》에서의 스페인 스페인어-라틴아메리카 스페인어의 관계는? 이것이야말로 산문 번역이 제기하는 가장 첨예한 '문제'라고 할 수 있다. 왜냐하면 조금씩 어긋나는 여러 언어들의 중첩이야말로 모든 산문의 특징이기 때문이다. 바흐친에

African text", *Rethinking Translation, Discourse, Subjectivity, Ideology* (ed. by L. Venuti), London: Routledge, 1992, p. 121.

따르면, 소설은 그 안에 이종 담화성(즉 담화 유형의 다양성), 이종 언어성(즉, 언어들의 다양성), 다성성(즉 목소리들의 다양성)을 담고 있다. 이종 언어성의 경우 토마스 만의 《마의 산》이 훌륭한 예가 된다. 이 작품을 프랑스어로 번역한 모리스 베츠가 이를 부분적으로 살려 냈다. 주인공 한스 카스토르프가 사모하는 쇼사 부인과 나누는 대화가 여기에 해당된다. 원문에서 두 사람은 모두 프랑스어로 대화하는데, 여기서 놀라운 것은 독일인의 프랑스어와 젊은 러시아 여성의 프랑스어가 같지 않다는 것이다. 번역문에서 이 두 인물의 프랑스어는 번역문의 프랑스어에 둘러싸이게 된다. 모리스 베츠는 토마스 만의 독일어의 여운을 충분히 남겨 놓아서 세 가지 프랑스어가 각자의 고유한 낯섦을 간직하며 구별될 수 있도록 하였다. 이는 보기 드문 성공이다. 왜냐하면 대부분의 경우 번역은 이 혼란스러운 언어 중첩을 끊임없이 지워 내고 있기 때문이다.[16]

베르만이 지적하듯, 언어 혼종성은 번역 과정에서 대체로 그 표식이 지워지는 경향이 있다. 여러 이유가 있겠지만, 도착어의 규범에 어긋나는 언어에 대한 번역가의 자기검열과 출판사의 편집 방침이 아마도 가장 큰 이유 중 하나로 지적될 수 있겠다. 그러면서 또한 모두가 동의하는 한 가지 사실은, 언어 혼종성이 작중 인물의 정체성, 사실주의적 효과, 이른바 '아프리카성'을 결정하는 중요한 요소인

---

[16] 앙트완 베르만, 《번역과 문자: 먼 것의 거처》, 윤성우 · 이향 옮김, 철학과현실사, 2011, 95~96쪽. (위 인용문은 번역본을 약간 수정한 것이다.)

까닭에, 번역에서 언어 혼종성이 섬세하게 보존되지 못할 경우 작품성에 심각한 훼손이 이루어진다는 점이다.

몇몇 서아프리카 작가의 작품에서 발견되는 피진과 크레올은 특수한 번역 문제를 야기한다. 피진을 활용하면, 식민지 이전 · 식민지 시대 · 식민지 이후의 사회에서 작중 인물이 차지하는 지위에 부합하는 일관된 언어를 제시할 수 있을 뿐만 아니라, 소설의 '아프리카성性 · africanité'을 제기하고, 보다 사실주의적인 방식으로 배경을 다룰 수 있다. '아프리카성'을 구성하는 이러한 소설적 양상들의 보존은 번역가에게 중요한 일이다.[17]

포스트식민주의와 더불어 혼종적 글쓰기가 점차 일반화되어가는 현 시점에서,[18] 이질적 언어들을 내부에 품고 있는 이러한 작품을 어떻게 번역할 것인가의 문제는 현재 번역학이 숙고해야 할 가장 중요한 과제로 떠오르고 있다. 그러나 아직까지 이에 대한 이론적 접근과 조망은 제대로 이루어지지 못하는 실정이다. 서구 중심의 번역학이 비서구 문학에 보이는 관심이 그리 크지 않았다는 저간의 사정도 이러한 상황에 적지 않은 영향을 미쳤을 것이다. 어쨌거나 분명한

---

[17] Paul, F. Bandia, "On translating pidgins and in African literature", *TTR* 7-2, 1994, p. 101.

[18] "언어의 복수성이 포스트모던한 글쓰기를 사로잡고 있다. 과거 그것이 모더니티의 글쓰기에 깊은 각인을 남겼듯이 말이다." (Sherry Simon, "Entre les langues: between de Christine Brooke-Rose", *TTR*, vol 9-1, 1996, p. 55)

것은 적어도 이론적 차원에서 언어 혼종성은 여전히 번역 불가능한 과제로 남아 있다는 점이다.

팔림프세스트의 번역

앞에서도 언급했듯이, 타자의 언어를 빌어 자신을 전달하는 아프리카 작가들의 글쓰기 방식은 번역과 크게 다르지 않다. 쿠루마의 글쓰기는 그 전형적인 예이다. 작가 자신의 표현을 빌자면, 그의 글쓰기는 말린케족의 구전문학을 프랑스어로 전사(轉寫)한 '번역된 글쓰기'이다. 이미 그 자체가 번역에 비유되는 쿠루마의 글을 다른 언어로 옮기는 작업은 그러므로 또 한 번의 번역에 해당한다. 바꿔 말하자면, 쿠루마의 작품을 옮기는 번역자는, 작가 자신에 의해 (말린케어에서 프랑스어로) 번역된 작품을 (프랑스어에서 다른 언어로) 이중 번역하는 일과 그리 멀지 않다. 물론 글쓰기의 근원 혹은 밑자리에 위치한 말린케 '원본'이 실재 없는 잠재적 텍스트라는 점에서 첫 번째 번역과 두 번째 중역 간에는 분명한 차이가 있다. 그러나 지워진 말린케어가 프랑스어 텍스트에 팔림프세스트처럼 감춰져 있다는 점을 고려하면, 두 번째 번역자는 말린케족의 언어·문화와―간접적으로라도―대면할 수밖에 없는 처지다. 일찌감치 아프리카에 진출한 덕분에 문화적 교섭의 축적이 두터운 프랑스어로도 아프리카의 정체성과 문화를 담아내는 일이 만만치 않은 일이라는 점에 비춰 보면, 아프리카에 대한 양적·질적 정보 모두가 부족한 한국어 번역가가 겪는 고충은 짐작하고도 남음이 있다.

쿠루마의 네 번째 소설 《알라에겐 그럴 의무가 없지Allah n'est pas obligé》(2000)는 《열두 살 소령》[19]이라는 제목으로 국내에 소개되었다. 이 작품의 번역을 논할 때 우선 고려해야 할 점은 《열두 살 소령》이 '청소년 걸작선' 시리즈에 속해 있다는 것이다. '청소년 걸작선'을 '청소년을 위한' 걸작선의 의미로 이해한다면, 이 텍스트가 청소년 문학의 범주에 들어가는 것에는 별다른 문제가 없다. 처음부터 청소년[20]을 대상으로 창작된 텍스트뿐만 아니라 자국의 고전이나 세계 문학의 정전을 청소년에 맞게 개작하거나 축약한 텍스트 역시 청소 년문학의 대상이 될 수 있기 때문이다.[21] 주인공이 열 살 혹은 열두 살[22]의 소년이라는 점도 이 작품을 청소년문학으로 읽히게 만든 한 요인으로 작용했을 것이다.

일반 성인을 대상으로 한 문학작품을 아동이나 청소년이라는 특정 독자층을 위해 번역할 경우, 아동·청소년문학 자체의 고유한 기

---

19 아마두 쿠루마, 《열두 살 소령》, 유정애 옮김, 미래인, 2008.

20 아동과 청소년의 경계는 흐릿하다. 청소년은 '청년과 소년을 아울러 이르는' 용어 이며, 아동은 신체적·지적으로 미성숙한 단계에 있는 사람을 가리키지만, 법률상 으로는 아동과 청소년이 큰 구별 없이 사용된다. 사회 통념에 따르자면 대개 사춘 기 이전의 초등학교 학생은 아동으로, 사춘기 이후의 중, 고등학생은 청소년으로 분류된다.

21 김성진, 〈청소년 소설의 장르적 특성과 문학교육〉, 《비평문학》 39호, 2011, 68쪽.

22 한국어본의 제목은 《열두 살 소령》이지만 실상 주인공의 나이는 명확하지 않다. "내 나이는 열 살, 아니면 열두 살이다. 확실히는 모른다(2년 전에 나보고 할머니는 여덟 살이라고 했고 또 엄마는 열 살이라고 했다). 나는 어린아이지만 버릇없이 말 이 많다." (아마두 쿠루마, 《열두 살 소령》, 9쪽)

능과 목적성에 의해 번역 전략 역시 달라진다. 교육적 목적이 분명한 아동·청소년문학의 특성상, 번역된 텍스트의 가독성이 최우선의 고려 사항이 되면서, 수용자의 눈높이에 맞춘 단순화, 생략, 보충 설명 등과 같은 번역 전략이 허용된다.[23] 요컨대 아동·청소년문학 번역가에게는 일반 문학 번역자에 비해 상대적으로 큰 자율성이 인정된다고 볼 수 있다. 그뿐만 아니라 아동·청소년문학 장르 자체가 표준어의 사용을 규범으로 삼는 경향이 있다는 점도 고려 대상이 되어야 할 점이다. 한국어본에서 적지 않은 축소와 변형을 발견하는 것은 이러한 특수한 사정과 무관하지 않다.

그러나 아동·청소년문학 번역의 특수성을 십분 인정하더라도, 아동 문학 번역 역시 문학 번역의 한 갈래임을 변함없는 사실로 받아들인다면, 적어도 문학 번역이라는 특수한 관점에서 볼 때, 총 여섯 개의 장章으로 구성된 출발 텍스트[24]를 별다른 해명 없이 24개의 장으로 재구성한 점이나 작품을 풍성하고 기름지게 하는 언어 혼종성을 말끔히 걸러 낸 점 등은 번역의 공과를 논할 때 지적될 수밖에 없는 요소들이다. 물론, 언어 혼종성을 번역한다는 과제는 그 누구에

---

[23] Radegundis Stolze, "Translating for Children-World View or Pedagogics?", *Meta* 48(1-2), 2003, p. 209 참조.

[24] 쿠루마의 문학세계에서 숫자 6이 갖는 상징성을 눈여겨볼 필요가 있다. 두 번째 작품인 《모네, 모독과 도전Monnè, outrages et défis》(1990)에서부터 세 번째, 네 번째 소설 《야수들의 투표를 기다리며En attendant le vote des bêtes sauvages》(1998), 《알라에겐 그럴 의무가 없지》(2000)에 이르기까지 쿠루마는 일관되게 여섯 개의 장으로 이루어진 소설 체계를 유지하였다. 다섯 번째 소설이자 유작인 《싫을 땐 싫다고 말하는 법Quand on refuse on dit non》(2004)은 세 개의 장으로 그치지만, 이는 작가의 때 이른 죽음과 무관하지 않은 것으로 보인다.(Kourouma 2004: 140 참조)

게나 험난한 과제라는 것은 더 말할 필요조차 없다.

《알라에겐 그럴 의무가 없지》의 주인공 비라히마는 대체로 '짧은 가방끈'을 드러내는 엉터리 프랑스어, '쁘띠 네그르p'tit nègre'[25]를 통해 자신의 이야기를 전달한다. 비라히마가 자신을 소개하며 언급한 여섯 가지 점 가운데 첫 번째와 두 번째 사항이 그의 언어적 정체성[26]과 언어 환경[27]에 결부되어 있다는 점은 주인공의 언어가 그를 규정하는 주요 요소임을 말해 준다. 소설 도입부에 나오는 한 예를 살펴보자.

1) …Et trois… suis insolent, incorrect comme barbe d'un bouc et parle comme un salopard. Je dis pas comme les nègres noirs africains indigènes bien cravatés: merde! putain! salaud! J'emploie les mots malinkés comme faforo! (Faforo! signifie sexe de mon père ou du père de ton père.) Comme gnamokodé! (Gnamokodé! signifie bâtard ou

---

[25] 직역하자면 '꼬마 검둥이'를 뜻하는 '쁘띠 네그르p'etit nègre'는 식민지 흑인이 쓰는 엉터리 프랑스어를 가리키는 말이다.

[26] "내 이름은 비라이마. 나는 쁘띠(작은) 니그로(흑인)다. 단지 어리고 까맣다는 사실 때문에 쁘띠 니그로라고 불리는 게 아니다. 그게 아니다. 쁘띠 니그로라고 불리는 건 내가 프랑스어를 서툴게 말하기 때문이다. 이유는 그거다. 아무리 어른이어도, 늙은 사람이어도, 그리고 흑인이 아닌 아랍인이나 중국인이어도, 심지어 백인인 러시아인이나 미국인이라 할지라도 프랑스어로 말하는 데 서툴면 다 쁘띠 니그로다. 마치 어린 흑인처럼 말한다고 해서 그렇게 부르는 것이다. 말하자면 쁘띠 니그로는 일상적으로 흔히 쓰이는 표현이라고 할 수 있다."(아마두 쿠루마, 《열두 살 소령》, 7~8쪽.)

[27] "나는 학교를 오래 다니지 않았다. 초등학교 3학년을 다니다 그만두었다."(아마두 쿠루마, 《열두 살 소령》, 8쪽)

bâtardise.) Comme Walahé! (Walahé! signifie Au nom d'Allah.)[28]

나는 마치 염소 턱수염처럼 건방지고 버르장머리가 없다. 게다가 말
버릇도 비열해 보이고 천하며 볼품없다. 내가 하는 욕도 그렇다. 멋들
어지게 넥타이를 맨 아프리카 까만 니그로들이 주로 내뱉는 '똥, 갈보,
치사한 놈' 같은 욕을 나는 안 쓴다. 대신 나는 "파포로!" 같은 욕을 한
다(파포로는 '네 아버지의 성기'라는 뜻이다). 우리 말린케족이 주로 쓰는
욕이다. 아니면 "냐모코데!"(첩 자식을 가리킨다), 또는 "왈라에!"('빌어
먹을'이란 뜻이다) 같은 욕을 한다.

비라히마 이야기 속에 낯설게 꽂혀 있는 말린케어를 그의 언어
적 자의식과 따로 떼어 생각하기는 힘들다. '파포로Faforo', '냐모코데
Gnamokodé', '왈라에Walahé'와 같은 단어들은 그가 속한 언어-문화-인
종-계급적 특징을 드러내는 표식이다. 소설 곳곳에 흩뿌려진 이 비
속어들은 때로는 부조리한 세상에 대한 분노의 표시로, 때로는 말을
이끌어 가는 습관적 추임새로, 때로는 자신이 귀속되어야 할 집단에
대한 소속감을 확인하는 장치로 적극 활용된다. 이 생경한 언어들
이 빚어내는 낯섦은 잠시 의미의 머뭇거림을 유발하지만, 그러나 문
맥을 통해서든 아니면 곧바로 뒤따라오는 괄호 안 설명에 의해서든,
독자는 충분히 그 의미를 추측해 낼 수 있다. 해석 과정에서 독자에

---

[28] Ahmadou Kourouma, Allah n'est pas obligé, p. 10.(번역문은 아마두 쿠루마, 《열두
살 소령》, 9쪽에서 인용)

게 요구되는 것은 이異언어에 대한 지식이 아니라 '약간의 상상력'[29]
뿐이다.

번역과 관련지어 설명하자면 이런 유의 낯섦은 아마도 기법 면에
서 가장 해결하기 쉬운 문제일 것이다. 출발 텍스트의 독자에게도
낯선 요소라면 번역본 독자를 위해서도 그 낯섦을 유지시키면 될 것
이다. 출발 텍스트의 독자들도 이해하지 못하는 제3의 언어를 번역
하는 과도한 '친절'은, 낯선 언어를 건너뛰거나 혹은 멈춰서 정신을
집중할 수 있는 독자의 자유를 박탈할 뿐만 아니라, 번역본 독자의
해석 능력을 과소평가하며 독자를 수동적 존재로 전락시킬 위험이
있다. 이 첫 번째 인용문에서 번역자는 소리만을 옮기는 음차의 전
략을 선택했다. 그러나 이후 다른 곳에서는 '파포로', '냐모코데', '왈
라에' 대신에 '젠장'과 '빌어먹을'을 밀어 넣음으로써, 번역자는 문
화적 맥락과 낯섦을 지워 낸다. 수많은 사례들[30] 중에서 편의상 소
설 첫머리에 등장하는 몇 가지 예만 옮겨 본다.

2) Asseyez-vous et écoutez-moi. Et écrivez tout et tout. Allah n'est

---

[29] "[…] writhing that makes use of more than one language does not necessarily
presuppose a polyglot public, though its deciphering more often than not requires
some imagination." (Rainier Grutman, "Multilingualism and Translation," 2004, p.
158).

[30] '파포로'는 45회, '냐모코데'는 30회, '왈라에'는 56회 텍스트에 등장한다. 이에 관
한 자세한 설명은 원종익(2013), 〈단절 혹은 소통의 글쓰기 - 쿠루마의《알라는 그
럴 의무가 없지Allah n'est pas obligé》에 나타난 화자의 역할을 중심으로〉,《한국아
프리카학회지》40집, 125~149쪽 참조.

pas obligé d'être juste dans toutes ses choses. Faforo (sexe de mon papa)![31]

자리에 앉아서 내 말을 들어 주길. 그리고 모두 받아 적길.

'알라가 언제나 공정한 것은 아니다.'

젠장!

On appelle ça la vie avant la vie. J'ai vécu la vie avant la vie. Gnamokodé (bâtardise)![32]

이런 걸 '생 이전의 생'이라고 하지 않니. 나도 생 이전의 생을 살았을 것이다. 젠장!

만일 이질적 언어가 등장인물의 혼종적 정체성을 재현하기 위한 수단이자 그의 목소리에 생기를 부여하는 수단으로 활용되었다면, 번역에서도 그 미학적 의도를 존중하는 것이 문학 번역자의 의무일 것이다. 다언어 텍스트가 반드시 여러 언어를 구사할 수 있는 독자를 상정하지는 않는다는 점, 아프리카적 요소들은 아프리카 독자들에게는 친숙함을, 그 외의 독자들에게는 낯섦의 효과를 갖는다는 점을 상기한다면, 프랑스어 화자에게 중요한 것은 오히려 이질적 언어 앞에서 느끼는 소외의 효과는 아닐까?

한국어 텍스트가 의도된 낯섦의 상당 부분을 지워 낸 까닭은, 짐

---

[31] Ahmadou Kourouma, *Allah n'est pas obligé*, p. 13.(아마두 쿠루마, 《열두 살 소령》, 12쪽)

[32] Ahmadou Kourouma, *Allah n'est pas obligé*, p. 13.(아마두 쿠루마, 《열두 살 소령》, 14쪽)

작하건대, 가독성에 대한 우려와 성적인 것에 대한 검열 때문일 테 지만, 이로 인해 발생하는 내적 유기성의 손상과 문화적 맥락의 소 실, 리얼리티의 훼손도는 꽤나 심각하다. 말런케어는 아니지만, 다른 방식으로 낯설게 느껴지는 어휘들도 있다.

3) Le Larousse et le Petit Robert me permettent de chercher, de vérifier et d'expliquer les gros mots du français de France aux noirs nègres indigènes d'Afrique. L'Inventaire des particularités lexicales du français d'Afrique explique les gros mots africains aux toubabs français de France. Le dictionnaire Harrap's explique les gros mots pidgin à tout francophone qui ne comprend rien de rien au pidgin.[33]

라루스 사전과 쁘띠 로베르 사전으로는 프랑스에서 쓰이는 어려운 단어들의 뜻을 찾아 아프리카 흑인 원주민들에게 도움을 줄 수 있을 것이다. 그리고 아프리카 프랑스어 특수 어휘 사전을 잘 이용하면 아프 리카의 어려운 말들을 백인 프랑스인들에게 알려 줄 수 있다. 한편 피 진영어를 전혀 이해하지 못하는 프랑스어권 사람들에게 피진영어의 속어들을 설명하고 싶을 땐 하랩 사전을 찾아볼 것이다.

2)와는 달리 3)에는 낯선 기표들이 등장하지 않는다. 다만 익숙한 프랑스어가 낯설게 사용되고 있을 뿐이다. 프랑스어의 통상적 의미 가 비워진 자리에 예상치 못한 의미가 들어 섬으로써 의미의 변주

---

[33] Ahmadou Kourouma, *Allah n'est pas obligé*, p. 11.(아마두 쿠루마, 《열두 살 소령》, 10쪽)

가 발생하는 것이다. 인용문의 '그로 모gros mots'[34]의 경우가 그 예이다. 보통의 프랑스어 화자에게는 '욕설'을 뜻하는 '그로 모'를 아프리카 소년병 비라히마는 '거창한 말', '고상한 말'의 의미로 받아들인다. 인용문 속 세 번의 '그로 모'가 한국어본에서는 각각 '어려운 단어', '어려운 말', '속어'로 옮겨져 있다. '어려운 단어'와 '어려운 말'은 동의어로 간주되지만, 마지막 '속어'는 비라히마의 '특수한' 프랑스어 사용법에서 이탈하여 '일반적' 의미로 회귀함으로써, 다시 한 번 스스로 작품의 일관성에 균열을 만들고 있다.[35]

비라히마가 수없이 괄호를 열고 닫으며 프랑스 프랑스어, 아프리카 프랑스어, 피진 영어의 '거창한 말'들을 설명하는 까닭은 우선 텍스트의 예상 독자층을 이질적이고 혼합적인 집단으로 상정하고 그들 간의 소통을 돕기 위해서이다.

4) Il faut expliquer parce que mon blablabla est à lire par toute sorte de gens: des toubabs (toubab signifie blanc) colons, des noirs indigènes sauvages d'Afrique et des francophones de tout gabarit (gabarit signifie genre)[36]

---

[34] 형용사 gros는 '뚱뚱한, 중요한, 대단한, 저속한, 거친' 등등의 뜻을 갖고 있고, 명사 'mot'는 '낱말, 말'을 뜻한다. 이 두 단어가 합쳐 만들어진 'gros mot'는 '상스러운 말, 욕설'을 뜻한다.

[35] '그로 모 피진gros mots pidgin'의 예가 small-soldiers, kid, natives, afro-américains이라는 점에 비춰볼 때 '속어'라는 역어의 선택은 의미 면에서도 적절하지 않은 것으로 보인다.

[36] Ahmadou Kourouma, Allah n'est pas obligé, p. 11. (아마두 쿠루마, 《열두 살 소령》, 10쪽)

내가 떠들어 댈 이야기는 식민지의 백인 지배자들과 아프리카 흑인 토착민들은 물론 프랑스어를 쓰는 온갖 부류의 사람들이 읽어야 하기 때문에 설명을 잘할 필요가 있다.

작가는 말린케어 '투밥toubab'(백인)과 프랑스 속어 '가바리gabarit'(종류, 유형)의 뜻을 괄호 안에 덧붙여 두었지만, 실상 두 단어는 프랑스어 독자들에게는 별다른 설명 없이도 충분히 이해 가능한 어휘들이다. 둘 다 오래전에 표준 프랑스어에 안착된 단어들이기 때문이다.[37] 더욱이 '투밥'의 경우 텍스트에 처음 등장하는 대목이 아니라 두 번째 대목에서야 풀이된다는 점까지를 감안하면, 중요한 것은 '투밥'에 대한 사전적 정의라기보다는 괄호 치기를 통해 여러 언어-문화 사이에 낀 존재로서의 주인공의 삶을 가시적으로 드러내는 일이라 할 수 있다.

인용문에서 확인하듯, 한국어본의 경우에는 백인을 뜻하는 말린케어 '투밥'과 프랑스어 '블랑 blanc'의 대립, '종류'를 뜻하는 프랑스 속어 '가바리'와 표준어 '장르genre'의 언어적 질감의 차이가 지워진 채 표준 한국어로만 이야기가 전달되고 있다. 이[恭]언어적 특징을 억누르는 이러한 번역 전략은 보기에 따라서는 청소년 독자층을 의식한 배려 혹은 타협으로 간주될 수 있지만, 분명한 것은 다언어의 사

---

[37] Isabelle Anzorgue, "'Du bledos au toubab'. De l'influence des langues africaines et des français d'Afrique dans le parler urbain de jeunes lycéens de Vitry-Sur-Seine", *Le Français en Afrique*, n° 21, 2006, pp. 59-68 참조.

용을 통해 작가가 이루고자 했던 비균질적 문화·언어적 공간의 체험은 불가능해졌다는 점이다.

표면적으로는 단일 프랑스어로 이루어진 글에서 말린케어의 흔적이 노출되기도 한다. 말린케어 관용 어구를 그대로 직역한, 다음과 같은 대목에서이다.

5) […] et tout le monde a été d'accord pour l'attachement de cola avec Balla.[38]

[…] 사람들은 엄마와 발라가 결혼하는 것에 동의할 수 있었다.

6) Nous n'avons même pas beaucoup fait pied la route, meme pas un kilomètre.[39]

우리가 얼마 걷지 않았을 때, 그러니까 채 1킬로미터도 걷지 않았을 때였다.

7) Il courbait tous les jours ses cinq prières et égorgeait très souvent plein de sacrifice.[40]

매일 다섯 차례 기도를 하고 제물을 넉넉히 바친 보람이 있었나 보다.

---

[38] Ahmadou Kourouma, *Allah n'est pas obligé*, p. 31.(아마두 쿠루마, 《열두 살 소령》, 37쪽)

[39] Ahmadou Kourouma, *Allah n'est pas obligé*, p. 46.(아마두 쿠루마, 《열두 살 소령》, 56쪽)

[40] Ahmadou Kourouma, *Allah n'est pas obligé*, p. 42.(아마두 쿠루마, 《열두 살 소령》, 50쪽)

'콜라 열매 매달기attachement de cola(=약혼식la première célébration des fiançailles)'/'길을 발로 걷다faire pied la route(=marcher)'/'기도를 숙이다courber ses prières(=기도하기 위해 몸을 숙이다se courber pour prier)'와 같은 요소들은 쿠루마의 텍스트가 프랑스어와 말린케어 '사이에' 존재하고 있음을 분명하게 말해 준다. 말린케어의 잔영을 지워 버린 번역에서 느껴지는 것은 애써 비틀어 놓은 문장이 올바르게 펴져 있을 때의 밋밋함이다.

비라히마는 주로 비틀어진 프랑스어를 통해 이야기를 진행하지만, 그러나 필요한 경우 그는 정확한 어법의 표준 프랑스어를 사용하기도 한다.

8) Brusquement on entendit un cri venant d'une profondeur insondable. Ça annonçait l'entrée du colonel Papa le bon dans la danse, l'entrée du chef de la cérémonie dans le cercle. Tout le monde se leva et se décoiffa parce que c'était lui le chef, le patron des lieux. Et on vit le colonel Papa le bon complètement transformé. Complètement alors! Walahé! C'est vrai.[41]

갑자기 누군가가 부르짖는 소리가 들려왔다. 밤샘 의식의 왕초, 즉 빠빠 르 봉 대령이 도착했다는 것을 알리는 소리였다. 빠빠 르 봉 대령은 춤추는 무리 속으로 등장했다. 모두가 자리에서 일어나 모자를 벗었

---

[41] Ahmadou Kourouma, Allah n'est pas obligé, p. 65.(아마두 쿠루마,《열두 살 소령》, 77쪽)

다. 소리를 지르며 나타난 빠빠 르 봉 대령의 모습은 좀 전과는 아주 달랐다. 그는 완전히 딴사람 같았다.

인용문의 앞부분에는 문학작품에나 등장할 법한 단순 과거가 사용되지만, 뒷부분은 어김없이 비라히마가 애용하는 '왈라베'로 마무리된다. 뒷부분을 누락시킨 한국어본에서는 이러한 어투 변화를 감지할 수 있는 기회 자체가 차단되어 있다. 되풀이하자면, 비라히마의 언어에 뒤섞인 이질적 요소들이 그의 혼종적 정체성을 규정하는 중요한 요소인 만큼, 번역의 관건은 쿠루마가 보여 주는 복수의 프랑스어를 어떻게 재구성하느냐에 달려 있다.

다시 데리다로 돌아와서

이제껏 우리가 한국어본의 번역 공과를 문제 삼은 까닭은 그 오류를 지적하기 위해서라 아니라 다언어 텍스트 번역의 난점과 현실적 한계를 보여 주기 위해서였다. 실상《열두 살 소령》은 우리에게 아직 미답의 영역으로 남아 있는 아프리카 문학을 소개했다는 점만으로도 충분히 그 가치를 인정받아 마땅하다. 아직은 아프리카 작가의 작품이 뿌리내릴 수 있는 토양이 마련되지 않은 현실 속에서 한국어본은, 새로운 소설 언어를 향한 실험의 성공 여부와는 별도로, 아프리카 소년병의 실상에 대한 고발 소설로도 꽤나 큰 성공을 거두어들인 것으로 보인다. 물론 프랑스의 르노도상, 아메리고 베스푸치상,

공쿠르 데 리세엥을 거머쥔 화제의 책이라는 점이 작품의 출판과 수용에 적지 않은 영향을 미쳤으리라는 것은 쉽게 추측할 수 있는 사항이다.

쿠루마의 소설 《알라에겐 그럴 의무가 없지》의 한국어본을 검토하는 과정은 결과적으로 다언어 텍스트의 번역 불가능성을 확인하는 과정이 되고 말았지만, 그럼에도 불구하고 새로운 분투의 가능성마저 닫혀 있는 것은 아니다.

서두에서 언급했던 조이스의 문장 'he war'로 되돌아가자면, 데리다는 이와 관련된 또 다른 글에 다음과 같은 구절을 써 넣었다.

'he war'를 단일 언어의 체계로 번역하면, 표식 행위를 지우는 것, 단지 말해진 내용뿐만이 아니라 말하기와 글쓰기 행위까지를 지우는 것인데, 이 경우 말하기와 글쓰기는 말해진 것의 본질적 내용을 구성하는 것이기도 하다. […] 최소한 두 언어의 바벨리즘babélisme을 번역하는 일은, 하팍스hapax 'he war'의 모든 의미론적·형태론적 잠재성뿐만이 아니라 그 안에 담긴 언어의 다양성까지를 복원하는 등가어를 요구할 것이다. […] 어쨌든 시도할 만한 가치는 있다. 번역의 필요성이 있는 것이다. 지금 내가 하는 일이 바로 그 일이 아니던가?⁴²

이론적으로 불가능한 과제, 그럼에도 불구하고 시도할 필요성이

---

42 Jacques Derrida, *Ulysse gramophone, suivi de Deux mots pour Joyce*, Paris, Galilée, 1987, p. 45.

있는 번역 책무로서의 언어 혼종성에 대한 제대로 된 논의는, 성공한 번역에 대한 분석을 업고 나아갈 수밖에 없다. 현재 우리에게 준비된 답은 없다. 데리다의 발언은 다분히 선언적 성격을 띠고 있어서 그것을 구체화하는 일은 외려 하나의 과제로 남겨진 듯한 인상이다. 그러나 이 문제와 관련하여 우리에게 유익한 참조가 되는 것이, 나이지리아 작가 켄 사로 위와의 《쏘자보이Sozaboy》(1994)[43]의 프랑스어 번역본 《쏘자보이(페티 미니테르)Sozaboy(pétit minitaire)》[44]이다. 이 작품은 《알라에게 그럴 의무는 없지》와 여러 면에서 겹쳐진다는 점에서도 많은 시사점을 제공한다. 참혹한 전쟁에 휩쓸린 소년병 메네Méné의 체험을 1인칭 시점으로 이야기하는 《쏘자보이》에는 하우사어haussa, 가나어kana, 나이지리아 피진 영어Nigerian pidgin와 같은 아프리카 현지어에서 빌려 온 어휘들이 출현한다. 작품의 주±언어는, 작가 자신의 표현을 빌리자면, "썩은 영어rotten English"[45]이다. 그것은 나이지리아 피진, 브로큰잉글리시, 나이지리아와 영국의 표준 영어를 토대로 작가가 고안해 낸 가상의 언어,[46] 작가의 모어인 오고니어語 ogoni

---

43 《쏘자보이: 썩은 영어로 쓰인 소설Sozaboy: A Novel Written in Rotten English》은 Saros International Publishers(1985)에서 첫 출판된 뒤 "Longman African Writers" 시리즈로 재출간(New York, 1994)되었다. 프랑스어본은 Sozaboy(pétit minitaire), roman écrit en "anglais pourri"(Nigeria)라는 제목으로 1998년 악트 쉬드Actes Sud 에서 출판되었다.

44 Sozas는 soldier의 나이지리아식 발음인데, 프랑스어본은 '밀리테르millitaires'를 '미니테르minitaires'로 옮김으로써 이 음성 변이를 재현하고 있다.

45 Ken Saro-Wiwa (1994), *Sozaboy*, New York: Longman African Writers, 2005 [Saros International, 1985], "Author's Note".

46 "the piece is not in true 'Pidgin' which would have made it practically

도, 제국어도 아닌, 수많은 혼성어들 가운데 하나이다.

《쏘자보이》의 프랑스어 번역자들은 '썩은 영어'와 표준 영어의 격차, 그 언어적 위반의 가치에 주목하고, 순수 프랑스어가 아닌 아프리카화된 프랑스어, 코트디브아르 통속 프랑스어français populaire ivoirien[47]를 번역어로 결정한다. 부르키나파소 출신의 이 두 번역가는 원작과 마찬가지로 특정 지역을 지정할 수 없는 '문학적' 가공품, 이를테면 사이비 변종어를 선택한 것이다.

작가의 고백을 보더라도 《쏘자보이》는 피진어로 쓰인 작품으로 취급되어서는 안 된다. 따라서 번역자들이 그 나이지리아 피진의 등가어로 아비장 라군에서 번성하여 인근 지역으로 퍼져나간 프랑스어 변이형을 택하긴 했지만, 오고니족 소설가인 사로 위와가 사용한 여러 언어 사용역을 고려하려는 의도에서 단지 그 프랑스어 변이형만을 고집하지는 않는다는 사실이 이상하지는 않다. 그리고 비록 그 언어가 일부 사람들이 평소 듣고 말하는 언어에 완전히 부합하지는 않더라도, 《쏘자보이》는 허구의 작품으로 여겨져야 하며, 그 언어를 차츰차츰 제 것으로 삼다 보면 어느덧 소설의 세계에 빠져들기에 충분하다.[48]

---

incomprehensible to the European reader"(Ken Saro-Wiwa, "Author's Note", 1994).

[47] 프랑스어와 코트디부아르어의 혼성어인 코트디부아르 통속 프랑스어는 코트디브아르 토속어의 통사 구조에 음성학적으로 변형된 프랑스어 어휘를 얹어 사용한다.

[48] Millogo et Bissiri (traducion), *Sozaboy (pétit minitaire), roman écrit en "anglais pourri"*(Nigeria), Arles: Actes Sud, 1998, pp. 21-22.

어떤 방식으로 사로 위와가 '썩은 영어'를 통해 영어를 모국어로 사용하는 사람들이 옳다고 믿는 규범을 위반하며 영어의 테두리 밖으로 나가고 있는지, 분량이 정해진 이 글이 허용하는 범위 내에서 작품의 맨 첫 부분만을 살펴보도록 하자.

Lomber One

Although, everybody in Dukana was happy at first. All the nine villages were dancing and we were eating plenty maize with pear and knacking tory under the moon.[49]

소설을 펼쳐 든 독자를 맞는 첫 단어 Lomber는 영어 사전 어디에서도 발견할 수 없는 단어이다. 이 단어의 뜻을 이해하려면 나이지리아 영어에서는 비강음 /n/을 설측음 /l/로 발음하는 경향이 있다는 사실을 먼저 감지할 필요성이 있다. 그래야만 Lomber One을 Number One으로 읽어 낼 수 있고, 그때 비로소 Number One을 Chapter One과 연결 지어 생각할 수 있다. knacking tory가 '이야기를 나누다swapping stories'를 의미한다는 것을 간파하는 것 역시 순전히 독자의 몫이다. All the nine villages가 바로 그 뒤에서 대명사 we로 받아지고, plenty와 maize 사이에 of가 누락되는 것도 영어권 독자를 혼란스럽게 한다. 이 '무질서하고 혼란스러운' 영어를 프랑스어 번역자들은 이렇게 옮긴다.

---

[49] Ken Saro-Wiwa, 1994, p. 1.

Niméro Un

Quand même, chacun était heureux dans Doukana d'abord. Dans les neuf villages on dansait et on mangeait maïs avec ananas en pagaille, et on racontait zhistoires dans clair de lune.[50]

1장

그래도, 두카나에서 처음엔 모두가 행복했었다. 아홉 마을에서 사람들이 춤을 추고 엄청난 양의 옥수수와 파인애플을 먹고, 달빛 아래서 야기를 나누곤 했다.

《쏘자보이》가 행한 언어적 실험에 대해서도 그러하듯, 번역에 대해서도 여러 견해가 있을 수 있다. 가령, 《쏘자보이》의 독일어 번역본은, 프랑스어본과는 달리, '썩은 영어'를 표준 독일어로 옮기고 있는데, 독일어 번역가는 역자 후기를 통해 자신의 관점을 이렇게 설명한다.

이 '무질서한 언어'와 그 언어의 여러 층위를 단어 대 단어로 옮기는 것은 불가능하다. […] 독일어 등가어라 할 수 있는 피진 독일어가 존재하지 않기 때문이다. 물론 독일어에도 방언이 있긴 하지만, 오고니족 청소년이 베를린 말투를 사용하는 게 가능한 일인가? 외국인 어투의 독일어도 존재하지만, 그렇다고 해서 대체 어떤 측면에서 그것이 혁신

---

[50] Millogo et Bissiri, *Sozaboy (pétit minitaire), roman écrit en "anglais pourri"*(Nigeria), p. 23.

적이고 창의적이라는 것인가?

따라서 나는 나이지리아에서는 흔하디흔한 그 '썩은 영어'에 부합하는 독일어를 선택하기로 했다. 메네는 제대로 교육 받지 못한 청소년이 쓰는 말투를 그대로 사용한다. 아주 평범한 말투이다.[51]

등가에 대해 언급하는 것은 판도라의 상자를 여는 격이라는 한 번역학자의 충고[52]가 말해 주듯, 방언 · 은어의 번역에서 등가의 문제를 꺼내는 것은 우리의 짧은 논의가 감당할 수 없는 범위의 것이다. 우리는 《쏘자보이》의 프랑스어본에 관한 한 비평의 인용을 통해 이론적 불가능성 속에서도 새로운 가능성을 모색해 낸 이 번역본에 대한 평가를 대신하고, 아프리카 문학을 번역했던 서구 번역가들의 고민이 우리의 문제로 남아 있음을 지적함으로써, 언어 혼종성이 번역에 가져온 여러 문제들을 만나 보고자 시작했던 이 글을 마치고자 한다.

지금 여기서 우리의 경배를 받아야 할 이들은 자신의 재능을 통해 문학이 다른 문화를 통해 풍요로워지고 살아 있는 보편적인 것이 되도록 힘쓴 이들, 문학 관련 방송에 얼굴을 내밀지도 않고 배은망덕하게도

---

[51] G. Grotjahn-Pape, Nachwort zu *Sozaboy*, 1997, p. 267.(M. Suchet, *Outils pour une traduction postcoloniale*, Paris: Editions des archives contemporaines. 2009, p. 195에서 재인용).

[52] "언어학적 · 역사적 · 정치적 · 이데올로기적 고찰들로 가득 찬 판도라의 상자 une boîte de Pandore de considérations linguistiques, historiques, politiques et idéologiques" (Paul, F. Bandia, "On translating pidgins and in African literature", *TTR*, 7-2, 1994, p. 106.)

대다수의 사람들에게 이름조차 기억되지 않는 이들, 변변찮은 보수를 지급받는 무명의 재능, 하지만 그들 없이는 우리가 대부분의 소설을 읽지 못하게 될 글쓰기의 날품팔이들, 즉 번역가들이다.

프랑스어본 번역자 사뮈엘 밀로고Samuel Millogo와 아마두 비씨리Amadou Bissiri의 경우를 예로 들어보자. 우리가 그들에 대해 아는 것이 무엇인가? 아무것도 없다. 그들의 이름 정도가 깨알처럼 작은 글씨로 마치 실수처럼 번역본 겉장에 적혀 있다. 구어체와 비슷한 독특한 언어, '썩은' 영어를 프랑스어로 옮긴 소설이다. 그것은 원저자 켄 사로 위와의 절대적 창조물이지만 그에 못지않게 번역자들, 다시 한 번 이름을 거론하자면 사뮈엘 밀로고와 아마두 비씨리의 창조물이기도 하다. 똑같이 '썩은' '프랑스어'로 식민 제국의 언어를 넘어 아프리카 전체의 음악을 담고 있는 언어를 번역해 낸 그들의 재능 앞에서 무릎을 꿇게 된다.[53]

---

[53] Christian Castéran, "Pétit Minitaire la fleur au fusil", *Jeune Afrique économie*, août 1998.

김성진, 〈청소년 소설의 장르적 특성과 문학교육〉, 《비평문학》 39, 2011.

사카이 나오키, 《번역과 주체: '일본'과 문화적 국민주의》, 후지이 다케시 옮김, 이산, 2005.

선영아, 〈'쁘띠 네그르'의 혀와 '부러진' 프랑스어: A. 쿠루마의 이중 언어적 글쓰기의 문제〉, 《세계문학비교연구》 38, 2012a.

선영아, 〈아프리카에서의 프랑스어 사용법: 프랑스어의 아프리카화와 A. 쿠루마의 글쓰기〉, 《한국프랑스학논집》 60, 2012b.

원종익, 〈단절 혹은 소통의 글쓰기 – 쿠루마의 《알라가 그럴 의무가 없지(Allah n'est pas obligé)》에 나타난 화자의 역할을 중심으로〉, 《한국아프리카학회지》 40, 2013.

아마두 쿠루마, 《열두 살 소령》, 유정애 옮김, 미래인, 2008.

앙투완 베르만, 《번역과 문자: 먼 것의 거처》, 윤성우 · 이향 옮김, 철학과 현실사, 2011.

제임스 조이스, 《피네간의 경야》, 김종건 옮김, 고려대학교 출판부, 2012.

Anzorgue, Isabelle, "'Du bledos au toubab'. De l'influence des langues africaines et des français d'Afrique dans le parler urbain de jeunes lycéens de Vitry-Sur-Seine", *Le Français en Afrique*, n° 21, 2006.

Badday, Moncef S, "Ahmadou kourouma, écrivain africain", *Afrique littéraire et artistique*, n°. 10, 1970.

Bandia, Paul, F., "On translating pidgins and in African literature", *TTR*, 7-2, 1994.

Bandia, Paul, F., "Translation as Culture-Transfer: Evidence from African creative writing", *TTR*, 6-2. 1993.

Bassnett et Trivedi (éds.), *Postcolonial Translation: Theory and Practice*, London: Pinter, 1999.

Berman, Antoine, *La traduction et la lettre ou l'auberge du lointain*, Paris, Seuil, 1999.

Bissiri, Amadou, "De *Sozaboy à Pétit Minitaire*. Par-delà la traduction, les enjeux", *Anglophonia/ Caliban*, 2000.

Castéran, Christian, "Pétit Minitaire la fleur au fusil", Jeune *Afrique économie*, août 1998.

Derrida, Jacques, Ulysse gramophone, suivi de Deux mots pour Joyce, Paris, Galilée, 1987.

Derrida, Jacques, "L'oreille de l'autre: otobiographie, transferts, traductions", *Textes et débats avec Jacques Derrida* (dir. C. Lévesque et C. McDonald), Lincoln: University of Nebraska Press, 1982.

Diop, Papa Samba, "Comment traduire la littérature wolof en français? Exemple de Buur Tilléen et Doomi Golo", *D'une langue à l'autre:essai sur la traduction littéraire* (dir. par M. Nowotna), Paris: Aux lieux d'être, 2005.

Gbanou, Sélom Komlan, *Allah n'est pas obligé d'Ahmadou Kourouma*, Paris: Champion, 2013.

Grutman, Rainier, "Multilingualism and Translation", *Routledge Encyclopedia of Translation Studies* (ed. by M. Baker), London: Routledge, 2004.

Joyce, James, *Finnegans wake*, trad. Ph, Lavergne, Paris: Gallimard, 1981.

Kourouma, Ahmadou, *Quand on refuse*, on dit non, texte établi par Gilles Carpentier, Paris: Seuil. 2004.

Kourouma, Ahmadou, *Allah n'est pas obligé*, Paris: Seuil, 2000.

Lewis, Rohan Anthony, "Langue métissée et traduction: quelques enjeux théoriques", *Meta*, 48-3, 2003.

Makouta M'Boukou, Introduction *à l'étude du roman négro africain de langue française*, Abidjan, NEA/CLE, 1980.

Mehrez, Samia, "Translation and the Postcolonial Experience: the Francophone

North African text", *Rethinking Translation, Discourse, Subjectivity, Ideology* (ed. by L. Venuti), New York: Routledge, 1992.

Millogo, Samuel et Bissiri, Amadou (traducion), *Sozaboy (pétit minitaire), roman écrit en "anglais pourri"*(Nigeria), Arles: Actes Sud, 1998.

Nabokov, Vladimir, *Intransigeances*, trad. V. Sikorski, Paris: Julliard, 1985.

Oyono, Ferdinand, *Une vie de boy*, Paris: Pocket. [1956, Julliard], 2006.

Patry, Richard, "La traduction du vocabulaire anglais francisé dans l'œuvre de Jacques Ferron: une impossible épreuve de l'étranger", *Méta*, 46-3, 2001.

Rushdie, Salman, "Imaginary Homelands", *Imaginary Homelands*, London: Granta Books, 1992.

Saro-Wiwa, Ken, *Sozaboy (pétit minitaire), roman écrit en "anglais pourri"(Nigeria)*, traduction de S. Millogo et A. Bissiri, Arles: Actes Sud, 1998.

Sévry, Jean, "Traduire une oeuvre africaine anglophone", *Palimpsestes*, 11, 1998.

Simon, Sherry, "Entre les langues: between de Christine Brooke-Rose", *TTR*, vol 9-1, 1996.

Stolze, Radegundis, "Translating for Children-World View or Pedagogics?", *Meta*, 48(1-2), 2003.

Suchet, Myriam, *Outils pour une traduction postcoloniale*, Paris: Editions des archives contemporaines, 2009.

Tymoczko, Maria, "Post-colonial writing and literary translation", *Postcolonial Translation Theory and Practice* (ed. by S. Bassnett and H. Trivedi), London: Routledge, 1999.

Zabus, Chantal, "Le Palimpseste de l'écriture ouest-africain francophone", *Texte africain et voies/voix critiques: essai sur les littératures africaines et antillaises de graphie française* (éd. par C. Bouygues), Paris: L'Harmattan, 1992.

3 | 제3의 공간과 전이성에 의한 결혼이주여성의 유동적·혼종적 정체성

1990년대 이후 자본의 세계화, 신자유주의 팽창, 사회·경제 구조 변화, 특히 노동과 결혼 시장의 변화로 인해 외국인 노동자, 결혼이주자, 임시체류자(학원 강사, 유학생) 등의 외국인들이 한국 사회로 유입됨에 따라 '단일 민족국가'[1]의 신화는 더 이상 유지될 수 없게 되었다. 단일 민족으로 구성된 국가 체제 하에서 (재)생산된 민족 정체성은 한국으로 이주해 온 외국인들의 다양한 정체성을 억압 또는 배제시키고 있다. 한국이 '다문화 사회'로 전환되는 데 있어 이주 외국인

---

* 이 글은《한국도시지리학회지》제18권 1호(2015)에 게재된 원고를 재수록한 것이다.

[1] 한민족은 '단일민족'이 아님을 주장한 연구가 있다. "가문의 역사 기록이라 할 수 있는 족보에 의거하면 우리는 결코 단일민족이 아니다. 실제로 조사해 보면, 단일민족이란 말은 비교적 최근에야 나왔다. 역사책 가운데 '단일민족'이란 표현은 손진태가 1948년에 쓴《국사대요》에 처음 등장한다. 족보를 보면 단일민족이라 말할 수 없음에도 단일민족 신화가 생겨난 이유는 20세기에서 자주독립의 민족국가를 세우는 일을 한국 근·현대사의 지상 목표로 여겼기 때문이다."(김기봉 2009: 57)

들의 인식과 실천은 전통적 가족, 도시와 농촌 사회 그리고 정부의 정책 수립에도 영향을 미칠 것이다.

본 연구는 한국으로 유입된 다양한 유형의 이주자들 가운데 결혼이주여성의 정체성 변화를 탐색한다. 결혼이주여성에 초점을 둔 이유는 이들의 정체성, 즉 자아 혹은 소속belonging이 새로운 형태의 '다문화 가정'을 한국 사회에 정착시키는 데 중요한 역할을 수행하고 있으며, 향후 다문화 사회의 구성원이 될 자녀들의 성장에 영향을 주기 때문이다. 그리고 결혼이주여성의 정체성 변화는 시댁과 친정가족 관계[2]뿐만 아니라 일상적 생활 터전인 로컬에도 영향을 미칠 것이다.

국내 지리학에서 결혼이주여성의 정체성을 다룬 연구는 거의 없고, 소수의 연구들이 세계화 시대 혹은 다문화 사회의 지역과 장소 정체성을 논의하였다.(류제헌 2012; 박선희 2009; 이영민 1999; 최재헌 2005) 이에 반해 2000년대 이후 사회학, 인류학, 여성학 등의 분야에서는 지구화 시대와 관련된 (결혼)이주여성의 초국가적 가족 혹은 정체성을 연구하였다.(김정선 2010; 이성림·차희정 2013; 이은하 2013; 이혜경·정기선·유명기·김민정 2006; 이해응 2005) 정체성 혹은 결혼이주여성의 정체성을 간단명료하게 정의하는 것은 대단히 어려울 뿐만 아니라 존재, 인식, 실천(효용)의 측면에서 많은 논쟁을 일으킬 수 있다. 우선 정체성은 동질성 혹

---

[2] 최근 지리학에서도 초국가와 로컬리티의 관점에서 결혼이주여성이 자신의 친정과 고향에 물질적으로 혹은 사회·문화적으로 어떠한 영향을 미치고 있는가를 연구하고 있다.(이명민·이은하·이화용 2013; 이현욱·이영민·신지연·이화용 2014)

은 같음(유사함)의 관점에서 개인적 자아 혹은 집단성을 이해하기 위한 개념으로 이해될 수 있다. 정체성identity은 "본질적 동질성, 객관적 실체를 구성하는 요소들의 동질성, 개인의 특성, 심리적 동질성에 의해 형성된 관계 등"[3]으로 정의된다. "사물들이 동질적identical이라고 말하는 것은 그들이 같다the same라고 말하는 것이다. 정체성과 동질성은 같은 의미이다."[4] 이러한 정체성 개념은 두 가지 측면에서 비판받을 수 있다. 개인 혹은 집단은 본질적·초월적으로 동질적 성격을 지니고 있지 않다는 점이다. 그리고 '동질적 정체성'은 자연적으로 주어진 것이 아니라 외부에 다른 존재들을 전제하고, 이들과 구분하기 위해 인위적으로 만들어졌다는 비판이다. 후자의 비판에 의하면, 동질적 정체성은 인간을 나와 타자, 우리와 그들, 백인과 흑인, 서양인과 동양인, 내부 사람과 외부 사람 등 이분법으로 구분하고, 후자를 차별, 억압, 소외시키는 역할을 수행한다.

정체성 이해의 다른 관점은 상이한 성질(요인, 힘)들 간에 이루어지는 관계적 작용 속에서 정체성이 역동적으로 생성·변화한다는 것이다. 이러한 정체성은 '상호 관계 속에서의 자아 혹은 소속'으로 정의될 수 있다. 즉, 관계적 자아 혹은 소속으로서의 정체성은 특정한 맥락(상황, 조건) 하에서 상이한 힘들이 서로 접촉하면서 형성·변화된다. 결혼이주여성의 정체성은 자연적으로 주어졌거나 내재된 본질

---

[3] *Webster's Ninth New Collegiate Dictionary*, 1986, p. 597.

[4] Harold Noonan & Ben Curtis, Identity, Stanford Encyclopedia of Philosophy(Fri Apr 25, 2014). http://plato.stanford.edu/entries/identity

적·초월적인 특성에 의해 표출된 것이 아니라 가정, 로컬, (초)국가 공간에서 유출국과 유입국의 상이한 이념/가치, 언어, 종교, 제도, 관습, 물질 등이 부닥치면서 형성된 것이다.

본 연구는 결혼이주여성의 모국(유출국)과 한국(유입국)의 상이한 문화와 행동 양식이 접촉하는 공간에서 이들의 정체성이 어떻게 변화하는지를 탐색한다. 결혼이주여성의 정체성 변화는 제시된 개념적 틀을 바탕으로 대구광역시와 구미시에 거주하고 있는 베트남, 필리핀, 중국, 일본 출생의 결혼이주여성 구술사를 분석하였다. 연구 자료는 대구광역시와 구미시에 거주하는 결혼이주여성의 생애에 관한 구술의 일부분[5]이다. 〈표 1〉에 자료 분석으로 사용된 구술한 결혼이주여성들의 특성이 나타나 있다.

〈표 1〉 결혼이주여성 구술자의 특성

사례	출생 국가	연령		학력		남편 직업	결혼 연도	자녀 수	거주지
		본인	남편	본인	남편				
1	베트남	31	37	대졸	대졸	회사원	2006	1	구미시
2	베트남	35	44	대학 중퇴	고졸	회사원	2000	3	구미시
3	베트남	25	41	고등학교 중퇴	대졸	회사원	2009	1	구미시
4	베트남	26	46	초등학교 중퇴	미상	프레스 기사	2005	2	구미시

---

[5] 원자료는 대구경북지역에 거주하는 결혼이주여성 35명(베트남 10명, 필리핀 5명, 중국 10명, 일본 10명)의 구술을 포함하고 있다. 이들 가운데 본 연구의 목적에 적합한 23명의 구술이 분석 대상으로 선정되었다. 전문은 〈구술을 통해서 본 대구·경북지역 결혼이주여성의 삶〉(이채문·조현미, 2013)에 수록되어 있다.

5	베트남	22	미상	중학교 중퇴	미상	회사원	2010	없음	구미시
6	베트남	28	48	미상	미상	회사원	2007	1	구미시
7	필리핀	37	사망	대졸	없음	없음	2001	2	대구시
8	필리핀	37	47	대졸	초등학교 졸업	회사원	2007	없음	대구시
9	필리핀	45	사망	미상	없음	없음	미상	1	대구시
10	중국	41	46	고졸	고졸	사업 (인테리어)	2009	없음	대구시
11	중국	31	40	초등졸업	고졸	국제결혼 중개업	2007	1	대구시
12	중국	34	45	고졸	미상	건축 (하자보수)	2003	3	대구시
13	중국	32	44	대졸	고졸	회사원	2007	1	대구시
14	중국	32	미상	고졸	고졸	회사원	2007	1	대구시
15	중국	36	42	고졸	미상	사업 (방직업)	2009	1	대구시
16	중국	31	32	고졸	고졸	사업 (횟집)	2004	2	대구시
17	일본	미상	37	대졸	대학원 재학	공무원	2005	1	대구시
18	일본	47	45	전문대졸	고졸	회사원	1992	3	대구시
19	일본	51	51	전문대졸	고졸	운전기사	1988	3	대구시
20	일본	44	47	고졸	미상	미상	2000	4	대구시
21	일본	47	사망	고졸	없음	없음	1997	3	대구시
22	일본	39	42	전문대졸	전문대졸	보조교사	2005	2	대구시
23	일본	33	37	대학교 중퇴	방통대 재학	미상	2003	2	대구시

　　출생 국가는 베트남(6명), 필리핀(3명), 중국(7명) 그리고 일본(7명)
으로 구성되어 있으며, 연령대를 보면 일본, 필리핀, 중국, 베트남 순
으로 나타나고 있다. 부부 간 나이 차이를 보면, 일본 결혼이주여
성이 적은 차이를 보이는 반면에 베트남 결혼이주여성은 상대적으

로 큰 차이가 나타나고 있다. 사례 4, 6은 부부의 나이가 20년 차이가 난다. 2010년 보건복지부가 실시한 전국 다문화가족 실태조사에 의하면, 여성결혼이민자와 남편의 연령차는 베트남 여성 가정이 17년(부인 평균 24.3세, 남편 평균 41.3세)으로 가장 크고, 다음으로 필리핀 여성 가정이 10.9년(부인 평균 31.7세, 남편 평균 42.6세)이고, 중국 여성 가정이 6.7년(부인 평균 39.5세, 남편 평균 46.2세)으로 나타났다.(김혜선 2012: 32) 학력은 초등학교 중퇴에서부터 전문대학 졸업까지 다양하다. 사례 8의 경우, 필리핀 여성은 대학교를 졸업하고 교직 생활을 하던 중 초등학교 졸업의 한국인 남성과 결혼을 하였다. 결혼 연도는 대체로 2000년 이후에 결혼을 하였고, 자녀의 수는 한 명 혹은 두 명이다. 일본 여성의 경우, 1980년대 후반과 1990년대 초·중반에 결혼한 사례가 있고, 자녀 수가 3명 혹은 4명이다. 자녀 수가 상대적으로 많은 것은 다른 외국인 여성들에 비해 일찍 결혼한 이유도 있지만 대부분 통일교를 통해서 결혼을 하였기 때문에 종교의 영향도 무시할 수 없다.

개념적 틀: 제3의 공간과 전이성

결혼이주여성들은 한국의 낯선 문화 속에서 거주하게 되면서 자신의 기존 정체성을 (무)의식적으로 변화시키는데, 이를 고찰할 개념적 틀은 제3의 공간the third space과 전이성liminality에 근거하고 있다. 결혼이주여성의 정체성은 남편, 자녀, 시댁과 친정 가족, 로컬 사람과 접촉하면서 변화된다. 이렇게 변화된 정체성은 유동적이고 혼성적인 특성을 지니게 되며, 제3의 공간과 전이성을 통해 체계적으로 이해될 수 있다.

제3의 공간은 상이한 문화가 접촉하면서 형성되는 사이 혹은 경계에서 만들어진 영역이다. 그리고 전이성은 사이 공간에 포함된 상이한 문화들 모두에 속함과 동시에 어느 곳에도 속하지 않는 모호하고 미확정적 상태를 의미하며, 전이성 체험을 통해 혼종성hybridity[6]이 생성된다. 제3의 공간은 탈식민주의의 대표적 학자인 호미 바바Bhabha가 서구 식민지 문화, 특히 인종에 대한 서구 중심적 시각을 비판하고 대안을 마련을 위해 제시되었다.(Bhabha 1994) 제3의 공간 개념은 식민지주의가 생산한 뒤 탈식민지 시대에도 영향을 미치고 있는 백인성과 흑인성의 이분법적이고 차별적인 담론 혹은 서사를 해체하고 새로운 인식과 실천의 틀을 마련하기 위해 고안되었다. 문화적 혼종성이 생성되는 "제3의 공간"은 두 개의 이질적인, 같아질 수 없는 문화가 만나 형성되는 고정된 공간이 아니라 "연결"에서 파생되는 "불안정"과 "간극성interstitiality"을 포함한다.(이소희 2001: 108~109)

서구 식민지주의는 소수의 침략자이자 지배 세력인 백인과 다수

---

[6] "혼종성은 잡혼雜婚, 이종교배 등의 결과로 생겨난 산물들을 비하하는 용어이다. 그리고 그것은 19세기 우생학적, 과학적, 인종차별적 사고 안으로 편입되었다. … 그(알프레드 슐츠Alfred Schultz)의 이론에 따르면, 고대 인종들, 특히 로마의 성쇠와 관련하여, 고대 국가들의 몰락은 이방의 혈통들과 결혼한 것에 기인하며, 따라서 한 국가의 부강은 인종의 순수성에서 비롯된다. 그러나 … 탈식민지의 담론에서는 오히려 그러한 부정적 용어들이 가질 수 있는 해방적(창조적) 잠재력이 혼종성 개념에서 고려되고 있다는 것을 우리는 발견하게 된다."(이승갑 2008: 172~173)

의 원주민이자 피지배 세력인 흑인으로 분류하고, 전자의 문화를 후자의 것보다 높은 위치에 자리 매김하거나 진보한 것으로 차별화시키면서 식민지 지배를 정당화시켰다. 또한 식민지주의는 인종의 이분법과 이에 기반을 둔 문화적 차별에 객관성, 순수성, 불변성, 본질성을 부여하였다. 탈식민주의는 인종의 이분법적 분류와 차별화를 근본적으로 비판하였다. 인종과 문화는 자연적으로 주어진 것도 아니고 순수하거나 본질적(불변적) 성질을 갖고 있는 것이 아니다. 이들은 특정한 사회·정치적 맥락 속에 위치한 사람들의 인식과 실천에 의해 생성되고 변화한다. 제3의 공간과 혼종성은 식민지주의에 의해 객관화·불변화·본질화된 이분법적 인종 분류와 차별화를 비판함과 동시에 새로운 시각을 제공하고 있다. 상이한 문화들의 사이 공간, 즉 제3의 공간에서 정체성 타협 혹은 창조가 일어날 수 있다.

기본적으로 개념적 혹은 조작적 범주로서의 '계급class' 혹은 '성gender'의 단수성을 탈피하려는 움직임은 근대 세계에서 자신들의 정체성을 주장하는 주체들의 ―인종, 성, 세대, 제도, 지정학적 로컬―위치positions 자각의 결과이다. 이론적 측면에서 혁신적이고, 정치적으로 중요한 것은 근원적이고 주도적 서사를 넘어서 문화적 차이의 치밀함을 생산하는 과정 혹은 힘에 초점을 둔다는 점이다. 이들 사이 공간in-between space은 개별적 혹은 집합적 자아의 전략들을 실천하기 위한 지형을 제공한다. 이러한 자아 형성의 전략들은 사회를 정의하는 행위 속에서 새로운 정체성, 혁신적인 협력의 장, 투쟁을 주도한다. 차이 영역들의 중첩 혹은 도치displacemen에 의한 틈새의 출현 속에서 애국주의, 공동 이익, 문화

적 가치의 상호주관적이고 집단적 경험들이 협상된다.(Bhabha 1994: 1~2)

　제3의 공간에서 생성되는 혼종성은 두 개의 상이한 문화가 단순
하게 섞이는 것이 아니라 혼합에 의해 새롭게 만들어진 성질을 의미
한다. 즉, 백인과 흑인의 문화가 혼합되어 만들어진 문화는 양쪽 어
느 곳에도 속하지 않는 혼종적 특성을 나타낸다. 그러나 제3의 공간
에서 상이한 문화들이 접촉하면 기존의 것들과 다른 혼종적 문화
가 '자연적으로 발생하는지 혹은 어떠한 인위적 과정에 의해서 발
생하는지'에 대한 의문이 제기될 수 있다. 이러한 의문을 해결해 줄
수 있는 개념이 전이성이다. 이 개념은 van Gennep(1960)에 의해 처
음으로 사용되었고, Turner(1969)에 의해 발전되었다. van Gennep은
인간 삶의 과정에서 일어나는 중요한 변화의 시점에서 수행되는 의
례들, 생일, 성인식, 결혼식, 장례식을 분리separation, 전이liminal/transition,
통합incorporation의 단계로 나누어 고찰하였다. 세 단계 가운데 중간에
서 이루어지는 인식과 행위들에 관심을 집중시킨 Turner에 의하면,
"전이적 실체는 여기에도 저기에도 없다neither here not there: 그것은 법,
관습, 의례에 의해 배열된 위치들 사이betwixt and between the positions에 있
다."(Turner 1969: 95) 전이성은 기존의 제도, 관습, 권위, 가치, 인식과
행동을 부정하는 동시에 새로운 이념, 질서, 체계에 통합되지 않는
상태로, 모호하고 확정되지 않은 특성을 지니고 있다. 여기에서 기
존의 이념과 권력에 의해 폭력과 억압[7] 그리고 이에 대한 저항이 일

---

[7] "전이 공간은 경계가 해체된 지점으로서 차별이 없는 공간으로 이해할 수 있다. 그

어날 수 있고, 또한 새로운 가치, 질서, 제도 등이 창조될 수 있다. 혼종성은 van Gennep의 세 단계 과정 가운데 중간과 마지막 단계에서 일어나는 전이성과 통합을 통해서 이해될 수 있다. 그러나 전이성의 효과 혹은 결과로 나타나는 통합이 기존의 것들과 다른 새로운 혼종적 특성을 보일지 그렇지 않을지는 논리적으로 혹은 선험적으로 예측할 수 없다.

위에서 언급한 제3의 공간, 전이성, 혼종성은 결혼이주여성의 정체성 변화를 이해할 수 있는 개념적 틀을 제공한다. 〈그림 1〉은 사이 혹은 경계 지대로서의 제3의 공간과 전이성 체험의 관점으로 결혼이주여성의 정체성 변화를 고찰하기 위한 기본 모형이다. 여기서 A, B, C는 상이한 문화적 힘의 관계에 의해 형성된 공간으로, 이 속에서 상이한 힘들의 교차 행위가 일어난다. 이것은 결혼이주여성의 일상적 삶이 이루어지는 가정과 로컬 그리고 제도와 이념이 작동하는 국가 공간에서 유출국(모국)과 유입국(한국) 혹은 양국 로컬의 상이한 가치, 언어, 제도, 관습, 행동양식 등이 접촉하면서 나타나는 결혼이주여성의 유동적이고 혼종적인 정체성을 이해하기 위한 모형이다. 구체적으로 A와 B는 가정과 로컬 그리고 국가 규모scale에서 작동하는 결혼이주여성의 모국과 한국 혹은 이들 로컬의 문화를 나타내는

러나 흑백혼혈여성의 역(전이)공간은 결코 흑백 간의 경험이 자유롭게 교섭되는 공간이 아니며 차별의 경계가 사라진 공간도 아니다. 역공간 내에서 새로운 질서, 제도, 규칙 등이 생성되기도 하지만 기존 질서/체제의 특성, 배제, 소외, 지배, 억압, 폭력 등이 지속, 재생산되기도 한다. 흑백혼혈여성의 정신적·물리적 역공간은 "경계가 말소"된 공간이 아니라 피부색에 근거한 다양한 차별이 끊임없이 작동하는 억압의 공간이다."(정병언 2008: 32)

〈그림 1〉 결혼이주여성의 정체성 변화를 이해하기 위한 제3의 공간 모형

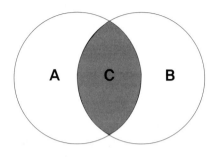

공간이며, C는 상이한 문화가 부닥치면서 생성되는 제3의 공간이다.

제3의 공간은 추상적 논리 혹은 담론이 아닌 특정한 맥락 속에서 이루어지는 인식과 실천에 의해서 생성되며, 모호성, 불확실성, 위험성, 가능성의 특성을 지니고 있다. 이러한 제3의 공간(C)에 위치한 결혼이주여성은 모국과 한국 혹은 이들의 로컬(A, B)의 문화와 행동 양식 모두에 그리고 그 어느 쪽에도 속하지 못하는 애매하고 미확정적인 상태에서 전이성을 체험하게 되며, 이를 통해 자신의 정체성을 변화시킨다. 하나의 예로 부부 관계 속에서 이루어지는 결혼이주여성의 정체성 변화를 들 수 있다. A, B는 한국인 남편과 외국인 부인의 상이한 문화와 행동 양식을 나타내는 공간을, C는 남편과 부인의 문화가 접촉하면서 새롭게 만들어진 제3의 공간이다. 제3의 공간에 위치한 결혼이주여성은 전이성 체험, 즉 낯선 한국 혹은 지방의 언어·제도·관습, 남편의 상이한 인식과 행동 등과 부닥치면서 결혼 전에 형성된 자신의 언어, 가치관, 생활습관 등이 위험하고 불확실한 위치에 놓여 있음을 느끼면서 자신의 정체성, 즉 자아 혹은 소속

감에 대한 의문을 갖게 되면서 변화를 시도한다. 이에 따라 결혼이
주여성의 유동적이고 혼종적인 정체성이 생성된다.

매개 활동에 의한 정체성의 변화

다문화 사회를 구성하는 기본 요소는 개인과 가정이다. 한국인 남편
과 외국인 부인으로 이루어진 다문화 가정에서는 전통적 가정에서
경험하지 못한 일들이 일어나며, 이들은 결혼이주여성의 정체성을
변화시키는 요인으로 작동한다. 유입국(한국)과 유출국(결혼이주여성
의 모국)의 가치, 제도, 관습, 언어, 행동 양식 등이 일상적으로 부닥치
는 다문화 가정은 두 국가의 관점으로만 이해될 수 없는 모호한 상
태가 발생한다. 즉, 결혼이주여성은 사회·문화적으로 한국(인) 혹은
외국(인) 정체성을 갖는가? 그렇지 않으면 두 곳 모두에 속하지 않는
새로운 정체성을 갖는가? 이 질문에 답하기 위해 다문화 가정은 제3
의 공간, 즉 결혼이주여성의 모국과 한국의 사회와 문화가 접촉하면
서 만들어진 사이 공간으로 이해될 필요가 있다. 결혼이주여성이 한
국 문화와 처음으로 대면하는 공간이 가정이며, 이곳은 '이질적 문
화들이 교류하고 교차되는 문화 접경지대'이다.(김현미 2010: 149)

　　인종, 젠더, 나이, 국적, 생활양식, 지위 등이 다른 사람들 간의 문화
　적 교류와 교환이 일어나는 장소인 접경지대는 자신의 문화 정체성을
　본질적이고 본원적인 것으로 간주해 온 사람들에게는 신경증적인 감

정을 일으키는 공간이다. 즉 의심, 공포, 두려움, 불편함의 감정으로 타자의 문화에 접촉한다. 그러나 문화 접경지대는 보이지 않고 말해지지 못한 문화적 의미들이 새롭게 드러나는 창조의 공간이기도 하다.(김현미 2010: 149)

제3의 공간으로서 '다문화 가정'은 다양한 가능성들이 일어날 수 있는 열린 공간이다. 전통적 한국의 가족 문화가 다른 문화 속에서 성장한 결혼이주여성을 억압 혹은 환대할 수도 있다. 그리고 억압과 차별을 받는 결혼이주여성은 한국의 문화에 적응하여 살거나 혹은 저항하면서 대안을 제시하고 실천할 수 있다.

1. 가정 내의 억압과 종속화

결혼이주여성은 결혼 초기에 언어, 관습, 음식, 행동 등의 차이로 인해 남편 혹은 시댁 가족으로부터 억압을 받거나 종속화 또는 고립을 경험하고, 자존심에 상처를 받는다. 이들 경험은 결혼이주여성의 정체성을 혼란시키는 요인이 될 수 있다. "처음 한국에 왔었을 때 음식 때문에 많이 힘들었고, …시어머니가 만든 음식을 제가 못 먹고, 제가 베트남 음식을 하려고 하면 못하게 하고. 제가 첫 애를 임신했을 때 베트남 음식을 먹고 싶은 것이 있었는데 시어머니는 못 하게 하셨어요."(사례 4) "내가 집에서 한국어를 하면 남편이 나를 비웃어요. 그는 나에게 한국어를 가르쳐주지도 않으면서 나를 비웃어요. 그때 자존심이 상했어요. …시어머니는 사투리를 해요. 그는 경상북도 사

람이라서 나를 가르치지 못해요."(사례 11)

결혼이주여성은 모국과 다른 음식과 언어로 인해 시어머니와 남편으로부터 억압 혹은 배제를 경험했을 뿐만 아니라 자율적 혹은 독립적 판단과 행위의 제약도 자신의 자아와 소속에 회의를 느끼게 한다.

> 제가 일을 하기 전에는 완전히 남편에게 의존하였습니다. 남편의 일에 따라갔다가 같이 돌아올 때도 있었습니다. 집에 가기 싫어서 일하는 곳에 따라가서 코너에 앉아 있었습니다. 지금 직업이 있더라도 여전히 스트레스를 받고 있습니다. 돈을 많이 벌지라도 저는 가지고 있는 것이 아무것도 있지 않습니다. 한국에선 남편이나 아내가 있더라도 모든 것은 시어머니의 조종 아래 있기 때문입니다. … 그들은 제가 그들에게 완전히 의존하기를 바랍니다. 저에게 "이것을 사, 저것을 사"라고 지시하기를 원합니다. 저 마음대로 행동하기 전에 허락을 받아야 합니다. 시댁 사람들은 제가 그들에게 자기들 없이는 못 산다는 것을 보여 주기를 원합니다.(사례 8)

> 한국에 와서 가장 힘들었던 건 역시 시부모와 같은 집에서 산 것이었어요. 시부모님은 당시도 지금도 안 변했는데 저한테는 큰 문화적 충격을 주었죠. 예를 들면 프라이버시가 전혀 없었다는 거예요. 제가 없어도 집에 들어오는 것은 당연한 일이었고요. 만약에 서랍장을 여는 일이 있어도 해주고 싶어서 하는 일이라는 것을 지금은 알지만 당시는 이해가 안 됐죠. 그리고 자유가 없었어요. 예를 들어 신혼 당시에 가구를 사는 것도, 식기를 사는 것도 모든 일에 제 의견이 전혀 못 들어갔어요. 그게 이해가

안 됐어요. ⋯ 저를 아무것도 못하는 아기처럼 다루었어요.(사례 17)

2. 관습과 언어 그리고 친정가족과의 관계에 의한 혼종적 정체성[8]

1) 관습, 음식, 언어를 매개한 혼종적 정체성

다문화 가정에서는 한국과 외국의 음식, 관습, 언어 등이 일상적으로 교차한다. 이러한 교차 지점에 위치한 결혼이주여성은 자신의 소속에 대한 고민하게 된다. 일본과 한국의 관습 차이로 인해 결혼이주여성은 자신의 위치 혹은 소속의 애매함을 체험한다. "(결혼 초기에) 힘들었던 건, 일본에서는 이렇고 한국에서는 그렇다 할 때 어느 쪽을 택해야 하는지 모르겠어요. 사소한 일이지만, 일본에서는 감기에 걸리면 사과를 주잖아요. 그것이 일본에서는 당연한 일인데 한국에서는 안 그렇다 할 때가 혼란스러워요. 로마에 가면 로마법을 따르라 하니까 따르긴 하지만 마음속에서 갈등하죠."(사례 23) 음식과 미래 거주 계획[9]에 대해서도 결혼이주여성은 자신의 소속의 모호함

---

[8] 다문화 가정에서 유출국(모국)과 유입국(한국)의 문화 가운데 후자를 현실적으로 수용하는 사례도 있다. "시부모님과는 갈등이 없었어요. 저는 원래 대들어 하는 성격이 아니라 시아버님이 틀린 말씀을 하시든, 어떤 말씀을 하시든 그냥 "네"라고 넘어가고 그런 편입니다. ⋯ 사실 60년 넘게 사셨는데 뭐라고 해도 바꾸실 수 있는 것도 아니고 그냥 이해하고 넘어가면 더 좋다고 생각해요."(사례 1)

[9] 자녀가 없기 때문에 결혼이주여성이 한국에서 계속 산다는 확신을 갖지 못하는 사례도 있다. "저는 미래에도 한국에서 계속 살겠다는 계획은 없습니다. 아이들이 없어서 그런 것이 아니라고 말할 수 있습니다. 남편이 있더라도 그 사람이 생각하고 있는 것을 모두 알 수가 없잖아요? 아이들이 없어서 혼자 살겠다는 등, 제가 고정된 계획을 가지지 못하는 이유입니다."(사례 8) "제가 일본어 사용 빈도가 높아서 한국어가 별로

을 체험한다. "처음에 한국에 왔을 때는 요리할 줄 몰랐어요. 그렇지만 중국요리는 할 줄 알아요. 중국요리가 기름이 많은데 그래서 탕을 만들 줄 몰라요. 볶음은 할 줄 알아요. 우리 가족은 중국요리가 매우 입에 맞아요. 내가 이 점 때문에 좀 편해요. 이제는 내가 하는 요리는 종합적인 요리고 중국요리나 한국요리를 구별하지 못해요."(사례 12) 이러한 관습과 요리로부터 발생하는 모호성은 결혼이주여성의 정체성을 모국과 한국 모두 혹은 그 어느 쪽에도 속하지 않는 혼종적 특성으로 변화시킬 것이다.

다문화 가정에서 자녀의 양육 문제, 특히 언어 사용에 있어 혼란과 갈등이 발생하며, 이는 결혼이주여성의 혼종적 정체성의 형성과 지속에 영향을 미칠 것이다. 다음은 가정에서 한국어와 외국어가 함께 사용되고 있는 사례이다.

〈남편이 세상을 떠난 뒤〉 저는 애들에게 의지하려고 하죠. 문제는 우리의 언어입니다. 가끔씩 우리의 언어는 섞입니다. 영어로 이야기할 때도 있고, 한국말로 이야기할 때도 있고 타갈로그어로 이야기할 때도 있습니다. 이것이 저에게 힘든 점입니다.(사례 7)

내가 딸이랑 이야기를 할 때는 틀리게 가르쳐 줄까 봐 한국말을 많

숙달이 안 돼요. 다들 그래요. 부부가 일본어 하는 집은 한국어가 별로예요. 당연하죠? 그래도 포기 안 하고 있을 거예요. 언젠가 일본에 간다 하는 생각이 많아요. 당장 계획은 없지만 여기에 계속 있으려고 생각하지 않는 사람이 많아요."(사례 17)

이 하지 않아요. 나는 낮에는 딸이랑 중국말을 하고, 밤에 시어머니가 돌아온 후 다 함께 한국말을 해요. 그래도 간단한 한국말은 해요. 딸은 이제 말을 많이 할 수 없지만 거의 다 알아들을 수 있어요. 남편이랑 시어머니는 이런 두 가지 언어를 사용하는 방식에 찬성해요. 우리는 중국어랑 한국어로 같이 애를 가르쳐요.(사례 11)

2) 친척 가족과의 지속적 관계에 의한 혼종적 정체성

송금, 방문, 자녀 교육, 인터넷, 스마트 폰 등을 매개로 결혼이주여성은 친정 가족과 지속적으로 정보와 감정을 교류함에 따라 자신의 정체성이 유동적이고 혼종적으로 변화됨을 인식한다. Huang Yeoh and Lam(2008)은 '동시의 전이성the liminality of simultaneity으로 전환기에 놓인 아시아의 초국가적 가족'에 대한 연구에서 새로운 형태의 정체성과 주체성을 기술하였다. 상이한 국가에 속한 가족들 사이에 이루어지는 "감정과 물건의 교류, 재정 지원과 같은 행위들은 정치적 경계 그리고 문화와 계급의 경계를 가로지르는 새로운 양식의 정체성과 주체성을 생산한다. 이는 로컬에 토대한 정체성과 초국가적으로 가상된 정체성 간에 갈등을 초래한다. 초국가적인 것들은 여러 로컬들에 걸쳐있기 때문에 '여기도 아니고 저기도 아닌neither here nor there' 것으로 흔히 논의되고 있다. 이것은 항상 흐름의 공간 속에 있으며, 돌아다니기 때문에 뿌리가 없다."(Huang Yeoh & Lam 2008: 7) 중국과 베트남 결혼이주여성은 미래에 모국으로 돌아가 살 계획을 갖고 있기 때문에 이들의 정체성은 유동적이고 혼종적 특성을 지니고 있다. "한국에 온 후에 중국에 몇 번 잠깐 갔었어요. 주로 일 때문에 다른 곳에

갔어요. 남편은 중국의 문화를 좋아해요. 중국에 가기를 좋아하고 중국 음식을 좋아해요. 우리는 나중에 중국에 돌아가서 산다고 생각해 본 적도 있어요.[10] 만약에 기회가 되면 그렇게 할 것이에요."(사례 12) "아직 귀화를 안 했어요. 전 제가 베트남 사람이라 생각해요. 귀화하면 한국 사람이라 생각하겠죠. 내년에 귀화할 거예요. 전 한국에서 살기 좋아하는데 남편은 앞으로 이민가고 싶대요. 잘 모르겠지만 남편은 10년 후에 베트남에 가서 장사를 하고 싶대요. 가게 되면 남편을 따라가야겠죠."(사례 5)

다음은 가난한 친정 부모를 돕기 위한 돈을 보내고자 하는 마음[11] 그리고 자녀에게 모국(필리핀)의 문화[12]와 가족을 돌보아야 한다는 가정교육에 관한 사례들이다. 이러한 방식으로 친정 가족과 유대를 지속함에 따라 결혼이주여성은 자신을 한국의 가정과 친정 가족 모두

---

[10] 한국 생활이 익숙하기 때문에 남편의 친정 방문 제안을 겉으로는 거절하지만 속으로는 친정에 가고 싶은 마음을 다음 사례는 보여 주고 있다. "이제 한국 생활은 익숙해요. 여기가 더 이상 외국 같다는 생각은 안 들어요. 특별히 집에 가고 싶은 생각도 없어요. 남편은 다른 사람도 집(친정)에 가니까 나에게 집에 한번 가자고 했어요. 나는 가서 뭐 하냐고 할 일이 없다고 했어요. 사실은 집에 가고 싶지만 돈이 많이 필요해요."(사례 10)

[11] 결혼이주여성은 친정이 가난하기 때문에 돈을 보내는 경우도 있지만 부모의 생일 혹은 제사와 같은 특별한 날에 송금하는 경우도 있다. 특별한 일이 있을 때 아니면 필리핀에 돈을 보내지 않는다. "어머니 생신날과 아버지 기일(제사) 때만 돈을 보낼 수 있습니다. 응급 상황이 있을 때가 아니면 일 년에 한 번씩 돈을 보냅니다."(사례 8)

[12] 다음은 필리핀 결혼이주여성이 자녀에게 한국과 필리핀 문화와 가치 모두를 교육시키는 사례이다. "전 우리 아이가 한국과 필리핀의 문화와 가치에 대해 배우고 있다고 확신하고 있어요. … 우리는 한국인과 매우 다른 면을 지니고 있습니다. 그래서 한국인에게 부족한 점은 필리핀 사람에게 있을 수도 있습니다. 전 우리 아이가 균형 있는 모습으로 자라길 위해 가르치는 중입니다."(사례 9)

에 소속시키고 있다.

경제적으로는 베트남보다 한국이 훨씬 더 좋죠. 베트남에서는 사람이 많고 일자리가 별로 없고, 베트남에서는 돈을 잘 못 벌어요. … 베트남에 계신 부모님을 도와드리고 싶은데 못 도와 드리고 있어요. 제가 일을 안 하니까 … 친정 부모님은 아직도 먹고 살기 위해 힘든 일을 하고 계시고, 집도 다른 사람의 집처럼 좋지 않고 빚도 많이 있는데. … 아빠는 힘든 어업을 하고 있는데 그래도 버는 돈이 너무 적어요. 저는 일을 할 겁니다. 부모님을 도와드리려고.(사례 3)

제가 아이들을 기를 땐 필리핀 전통을 따르곤 합니다. 아이들은 가정 일을 할 줄 알아야 하고 엄마에게 의존하지 말아야 합니다. 설거지하는 것, 청소하는 것 등 많은 것을 할 줄 알아야 합니다. 또한 저는 제가 필리핀에 계신 제 부모님한테 어떻게 하는지도 보여 주곤 합니다. 내가 떠나고 없을 때 아이들은 더 이상 우리 가족을 도와주지 않을 거란 말이죠. 저는 항상 아들 둘에게 말합니다. 필리핀에 계신 유일한 가족에게 잘 해야 한다고 말이죠.(사례 7)

배타적 모임과 참여 활동에 의한 정체성 변화

결혼이주여성들이 이웃 사람 혹은 친구 만남, 자녀 학교 혹은 관공서 방문 등 다양한 일상적인 활동을 하는 공간이 로컬이다. 가정과 같이 로컬도 결혼 초기 단계의 외국인 여성에게 친밀하고 편안한 장소가 아닌 낯설고 이국적인 한국의 문화가 지배하는 공간이다. 여기서 이들은 전혀 다른 이념, 언어, 관습, 물질[13] 등을 매개로 차별을 받거나 소외감을 느끼며, 이웃 사람들과 관계를 지속하는 일이 어렵다는 것을 경험한다. 이러한 경험은 결혼이주여성의 정체성, 즉 결혼 전에 형성된 자아와 공동체의 소속감에 대한 회의를 갖게 한다. 본 연구의 사례에서는 이웃 사람들과의 관계에서 결혼이주여성이 자신의 정체성 혼란을 경험하지만 가정에서와 같은 혼종적 정체성이 나타나지 않고 있다. 즉, 결혼이주여성은 자신의 정체성이 로컬 공동체에 속하면서도 동시에 그렇지 않은 모호하고 미확정인 상태임을 보여 주고 있지 않다. 이에 반해 이웃 사람들과 분리된 결혼이주여성들의 모임이 만들어지고, 이 속에서 서로의 감정을 교류하면서 새로운 소속감을 느끼고 있다. 또한 결혼이주여성은 모국의 문화 혹은 민족에 대한 로컬인의 차별과 무시를 수동적으로 수용하지 않고 적극적으로 대응하기도 하며, 학부모회와 같은 로컬 공동체에 참여하여 적극적으

---

[13] 결혼이주여성은 자신들이 이해하지 못하는 로컬의 경관, 즉 간판, 가게 이름 등을 통해서 상처를 받고 힘들어 하는 모습을 다음의 사례는 보여 주고 있다. "처음은 한글 간판을 보는 것도 싫었어요. 숫자를 보고 위로 받고 영어를 보고 위로 받고 했어요. 그만큼 한글을 보는 것도 싫었어요. 이해가 안 되고 모르기 때문에요."(사례 19) "지금은 간판에 영어 표기도 하지만 옛날은 한글로만 표시를 했었죠. 가게를 가도 어떤 가게인지를 알 수가 없고, 당시는 길가에 쓰레기가 잔뜩 떨어져 있고 그런 시대였는데 한글을 하나도 못 읽으니까 그 자리가 무슨 가게인지를 알 수가 없어서 못 들어갔어요. 은행이라든가 큰 슈퍼가 아니면 못 갔어요. 옛날은 미용실이라고 적혀 있어도 잘 모르고 열어 보기도 그렇고 무슨 가게인지도 모르고 그러한 것들이 힘들었어요."(사례 20)

로 활동하면서 자신의 위치 혹은 소속감을 확고히 하려고 노력한다.

1. 로컬에서의 차별과 무시 그리고 상처받은 자아

가정과 같이 로컬도 결혼이주여성에게 모국과 한국의 상이한 이념, 언어, 제도, 관습, 물질 등이 접촉하는 혹은 부닥치는 제3의 공간이다. 여기서 이들은 자신의 정체성, 즉 자아와 소속감에 희의를 갖게 하는 차별, 배제, 소외 등을 경험한다. 2012년 전국다문화가족 실태조사에 의하면, 결혼이주자 283,224명 가운데 117,006명(41.3퍼센트)가 차별을 경험했다고 응답했으며, 직장·일터(4점 만점, 2.50점)에서 차별을 가장 많이 경험했고 다음으로 상점·음식점·은행(1.74점), 거리나 동네(1.73점), 공공기관(1.53점), 학교나 보육시설(1.50점) 순으로 나타났다(여성가족부 2013). 시장에서 물건을 구입할 때 혹은 취직을 하려고 회사에 전화해서 자신을 소개할 때 한국인으로부터 무시를 당해 상처를 받은 경우가 있다.(사례 2) 회사를 다니면서 직장 동료인 한국 여성들로부터 무시를 당한 경우도 있다.(사례 6) 그리고 결혼이주여성은 은행, 병원, 버스 등에서도 외국인 혹은 외국어를 사용한다는 이유 때문에 주위 사람들의 따가운 시선을 받기도 하였다. "한국에 처음 왔을 때 한국 사람이랑 접촉하면 이상한 눈치를 받았어요. 은행에 가서 내가 말을 못 알아들으면 그들은 웃으면서 나를 쳐다봤어요. 병원에 가도 그래요. 그리고 버스를 탈 때 우리 외국 여자들이 이야기를 하면 한국 사람은 우리가 시끄럽다고 해요. 사실 우리의 목소리가 작아요. 주로 그들이 못 알아들어서 짜증낸다고 생각해요."(사례 15) 다음은 결혼이주여성이 이웃 사람들의 부정적인 말과 행동에 분노하고 자존심에 상처를 받는 경우이다.

제가 대학교를 다녔을 때 한국 사람이면 무조건 좋았어요. 저는 한국어를 배웠으니까 한국 사람과 친하게 지내고 싶었고 많이 좋아했어요. 그런데 결혼 후에 많이 달라졌어요. 제가 한국 사회 바깥에 살 때와 내가 한국 사회의 한 구성원으로 살 때는 많이 달라졌죠. 전에 그냥 구경꾼이니까 다 좋았어요. 그런데 결혼 후 어울려서 부딪혀서 살아야 하니 많이 힘들어요. 주변의 시선과 동네 아줌마들이 저를 보면 "아이고, 고생해라(하는구나), 돈이 없어서 노총각과 결혼해야 하니까 얼마나 고생하니?" 등 그런 말을 들었을 때마다 한국 사람에 대한 생각이 많이 안 좋아지고 화도 많이 났고요. 결혼 초기 때 특히 그랬어요.(사례 1)

이웃과는 친하지 않아요. 제가 한국말을 못 하니까 많이 오해하고, 제가 외국인이라고 생각해서 우리를 없게 보는 것 같아요. 이웃 사람이 뭐라고 하면 제가 따라서 행동해야 한다고 생각하는 것 같아요. 만약 제가 말을 안 듣고 따라서 행동하지 않으면 그 사람이 저를 욕하고 싫어한다고 해요. 실제로 그랬었어요. 그리고 사람들이 제가 어리다고 생각해서…. 제가 외국인이라서 그 사람이 하는 말을 제가 다 들어야 한다고 생각해요.(사례 4)

2. 결혼이주여성들의 모임과 능동적 행위

결혼이주여성들은 언어, 관습, 행동 양식 등의 차이로 이웃 사람들과 지속적으로 소통하면서 관계를 맺지 못함에 따라 자신들만의 배타적 만남을 통해 감정을 교류하고 소속감을 느낀다.[14] 이웃 사람들과 친해지기가 어려워 남편의 친구와 외국인 부인들만이 모여 식사를 하고 놀이를 하는 경우가 있다.[15](사례 13) 결혼이주여성들의 사회 연결망은 가족 중심형, 한국인 친구 중심형, 이주민(외국인) 친구 중심형 그리고 복합형으로 나타나고 있다.(황정미 2010: 11) 두 번째 유형에 속한 결혼이주여성들은 "자신들의 출신국에 대한 한국인의 편견과 차별을 민감하게 느끼며, '우리'와 '한국 사람'을 가르는 '문화적 차이'를 명확하게 인지하고 있다. 이들에게 이주여성 모임과 이주민 연결망은 자신의 정체성을 드러낼 수 있는 대안적 공간, '미래 공동체'로 의미화되고 있다."(황정미 2010: 30) 다음은 결혼이주여성들이 가족 혹은 이웃 사람들과 어렵고 불편한 관계로 인해 외국인 혹은 남편의 친구들과 만나서 식사, 놀이 등을 즐기는 사례이다. 이러한 만

---

[14] 로컬에서 이주자들만의 모임은 결혼이주여성을 사회적 고립을 강화시킬 수 있다. "그녀(필리핀 결혼이주여성)는 현재 자신이 거주하는 장소에서 의지할 수 있는 가족뿐 아니라 친척, 이웃, 친구와 같은 친밀한 사회관계를 갖지 못하며, 이러한 관계의 빈곤은 노후 유입국(한국) 사회에서 겪게 될 사회적 단절, 고립에 대한 두려움을 강화시킨다."(김정선 2010: 24)

[15] "저는 자주는 아니지만 남편의 친구와 모여요. 남편의 아내는 다 외국인이고 모일 때는 아이를 데리고 같이 식사를 해요. 식사를 하고 나서 남편들은 카드를 하고 우리는 노래방에 가요. 이웃이랑 자주 만나지 않아요. 주변에 있는 한국 사람이랑 사귀는 것이 제일 어려워요."(사례 13)

남이 지속된다면 결혼이주여성은 자신들만의 정체성(소속감)이 형성
될 수 있을 것이다.

제겐 한국인 친구가 없습니다. 베트남 친구만 있어요. 많이 있지요.
가까이 살고 있어서 자주 모이는데 맛있는 음식을 하면 같이 모여서
먹고 그래요. 거의 매일 만나지요. 만나서 그냥 잡담을 해요. 슬프거나
즐거운 일도 같이 나누고 그래요. 이웃 주민과는 그냥 인사만 해요. 가
깝게 지내고 싶어도 제가 외국인이라서 한국 사람이 외국인인 저를 좋
아할지 몰라서 … 의사소통도 안 되고 그냥 인사만 해요.(사례 3)

중국에서 와서 언어가 같은 나라의 사람을 만나는 것이 너무 기뻐
요. 남편이랑 사이가 좋지만 교류하지 못해요. 그래서 답답하고 친구도
없고 남편의 가족은 봐도 머리가 아파요. 다 사투리라서 내가 알아듣지
도 못하고, 저도 노인과는 교류하기 싫어요. 그래서 매일 학교에서 중
국 사람을 보는 것이 참 좋아요. 수업을 하고 나서 같이 쇼핑하거나 식
사를 하고 스스로 돈을 내요. 참가하는 행사도 많아요.(사례 14)

결혼이주여성이 로컬에서 외국인 친구 혹은 남편 친구와 배타적
모임을 갖고 감정 교류를 하는 것과 대조적으로 자녀의 학부모 모임
에 참여하여 적극적 활동을 통해 자신의 소속과 위치를 확보하려고
노력한다. 이러한 능동적 참여 활동은 새로운 로컬 주민으로서 독립
적 정체성 형성에 기여할 것이다.

아이들 학교를 갈 때는 평상복이 아닌 최고의 옷을 입고 가기 위해 노력합니다. 제가 외국인이라도 다른 학부모들은 저를 존중해야 합니다. 제가 말을 하면 그들이 못 알아들을지는 몰라도 그들이 저를 절대 필리핀인으로 보지 않게끔 노력합니다. 학교 밖에서 저는 '엄마 사랑'이라는 조직에서 활동을 하고 있습니다. 또 한 매주 일요일 날 아이들을 위한 공부방이 있었는데 우리가 봉사하였습니다. 하나밖에 없는 공부방은 매우 작았지만 우리가 뽑히고 나서 더욱더 커지고 많은 아이들이 참여하였습니다.(사례 9)

지금까지 다문화 이름으로 지원을 받는 일이 많았는데 지금에 와서 이렇게 누군가를 도울 수 있는, 응원해줄 수 있는 입장이 되었어요. … 초등학교에서 '자기 재능을 기증 합시다'하는 내용이었는데요, 학부모 가운데서 자기들이 가지고 있는 재능으로 봉사하자는 내용인데, 시(市)의 재능을 기증하는 명단에 올렸어요. 그건 돈 받고 하는 것이 아니고, 저 같은 경우에는 일본인이니까 일본문화라든가 언어에 관한 수업을 무상으로 봉사하는데, 구(시)에서 의뢰가 오면 무상으로 한다는 내용이에요.(사례 23)

민족(혹은 국민) 사이에서의 혼종적 혹은 편향적 정체성

결혼이주여성은 두 개의 국민(민족) 국가의 이념적 혹은 정치적 경계를 사이에 두고 자신의 정체성 혼란을 경험하게 된다. 즉, 모국과 한국의 국민 혹은 민족이 부닥치면서 만들어진 제3의 공간에 위치하게 된 결혼이주여성은 두 개의 국가 공간 가운데 어디에 속하는지에 대한 정체성 혼란을 체험한다.[16] "바바는 민족 형태와 연관된, 매끄럽게 정의되고 안정된 정체성을 거부한다. 그 이유는 그가 민족 정체성을 완전히 거부하는 것이 아니라, 그러한 정체성을 열린 상태로 유지하기를 원하기 때문이다. … 민족은 자기만의 서사를 가지고 있지만, 그것은 종종 소수민 집단의 서사를 포함한 다른 모든 이야기를 압도하는 공식적이고 지배적인 서사이다."(조만성 2011: 186) 결혼이주여성은 "법적으로 그리고 서류상으로 한국인되기에 적극적으로 참여하여 한국인의 정체성을 정착국의 삶의 자원으로 받아들이지만 한편으로는 한국인되기가 힘든 개인의 뿌리적 정체성이 만나고 있는 것이다. 이것은 다시 말해 정착국의 상황과 조건에 따라 존재 자체가 주체/타자라는 고정성에 어긋나는 분열의 공간에 위치에 있다는 것이다. 특히 한국 사회에서 국제결혼에 대한 시선과 외국인에 대한 편견과 차별의 시선은 이주여성의 정체성을 유동적으로 변화시키고 있었다."(박신규 2008: 49) 결혼이주여성이 경험하는 국가(민족) 정체성의 혼란은 두 가지 형태로 나타나고 있다. 첫 번째는 유출국(모국)과 유입국(한국) 모두에 속하거나 그렇지 않는 모호하고 미확정적인 혼종적

---

[16] 다음은 국가들 사이에서 일어나는 정체성 혼란을 잘 묘사하고 있다. "오랜 외국생활을 하다 보면 소속감도 희박해지고 언어적 혼란이 올 뿐만 아니라 모처럼 고국에 와도 맘이 편하지 않다. 한국이 외국과도 같이 낯설게 느껴지고 다시 외국에 돌아가도 그곳 또한 자신이 속할 곳이 어디에도 없는 것 같아 심한 정체성의 혼란을 겪게 되는 경험을 해 본 사람들은 누구든지 한 번쯤 겪는 현상이다."(박정애 2011)

정체성이다. 둘째는 모국 지향적 혹은 한국 지향적 정체성이다. 현실적으로 이들 정체성은 고정되어 있지 않고 결혼이주여성이 처한 상황 혹은 맥락 그리고 자신들의 활동에 따라 가변적이다.

1. 두 국적(민족) 사이의 혼종적 정체성

결혼이주여성은 모국과 한국의 사이에 위치함에 따라 두 곳 모두 그리고 어느 곳에도 속하지 않는 전이성을 체험하면서 자신의 정체성이 혼종적 특성으로 변화됨을 인식한다. 이러한 혼종적 정체성은 한국 화교와 필리핀 결혼이주여성에게서 찾을 수 있다. "서글픈 일이 잖아요. 한국 사람도 못 되고 그렇다고 중국 사람도 아니고 피는 분명히 중국인인데 … 중국말보다 한국 사람들하고 살다 보니까 한국말이 더 편하고 한국이 받아주나. 대만도 그렇고 중국은 더하고. 그냥 빙빙 도는 건데 우리 자식들도 아버지 따라 빙빙 돌고 이젠 한국 사람도 되기 싫고 중국 사람도 되기 싫고. 평생을 어디 한군데도 정을 붙이지 못했어요."(김영숙 · 이근무 · 윤재영 2012: 196) "그녀(필리핀 결혼이주여성)는 두 사회 모두를 준거로 살아가지만, 스스로를 '한국인'으로도 '필리핀인'으로도 동일시할 수 없다. 이미 새로운 세계에서 다른 언어와 문화를 체현한, 새로운 사회의 질서를 경험한 이주자로서 그녀는 예전의 그녀, '필리핀인'으로 되돌아 갈 수 없다. 그렇지만 그녀가 실제 거주하고 있는 장소는 그녀에게 '진정한' 안전감을 제공하지 못하며 그녀는 두 가지 정체성 사이의 공간, 유동적일 수밖에 여기도 저기도 아닌 영원히 해결될 수 없는 긴장 속에서 살아갈 것이다."(김정선

2012: 89) 다음은 한국인도 일본인도 아닌 중간 상태 혹은 한국에 가까움을 느끼지만 그래도 여전히 이방인 상태를 보여 주는 사례이다.

제가 한국에 더 가까운지, 일본에 가까운지 미묘하죠. … 국적은 한국. 하지만 정체성은 일본? 일본에 있으면 이질감을 느끼겠지만. 하지만 한국 사람은 아니죠. 한국 사람도 아니고 일본 사람도 아니죠.(사례 18)

전 요즘은 한국에 가깝다고 생각하기 시작했어요. 6년, 7년이 지나기 전에는 일본에 가깝다, 가까워야 한다고 왠지 생각하고 있었어요. 나는 일본에서 태어났고, 일본에 속해야 한다는 의식이 왠지 있었어요. … 8년째 살면서 여러 사람하고 어울리면서 차츰 그게 사라졌어요. 지금은 글쎄요. 중성이라 할까? 이게 더 몇 년 지나면 정말로 한국에 물들 수 있지 않을까 해요. 중성으로 있는 이유가 뭐냐 하면, 아직까지 귀화해라 소리를 들었을 때 어떡하지? 하는 마음이 있어요.(사례 23)

2. 모국 혹은 한국 지향적 정체성

결혼이주여성은 국적 취득에 의해 법률적으로 한국의 국민 정체성을 갖는 것과 모국의 사회 · 문화에 의해 형성된 민족 정체성을 분리[17]시

---

17 국민(국적)과 민족을 분리시키는 사례와는 달리 모국의 정체성을 지속적으로 유지하려는 경우도 있다. "제 국적은 물론 일본이에요. 마음이 (몸)보다 더 가깝다. 일본 말로 말하는 일이 많고 한국인하고 대화할 때도 일본인으로서 이야기 하고, 일본인이라는 것을 숨길 생각도 없고, 일본인이니까 이렇게 생각한다는 것을 숨길 생각도

키는 경향을 보이고 있다. "저는 재작년에 귀화했습니다. 하지만 아직은 한국 사람이라 생각하지 않아요. 법적으로는 한국 사람이지만 아직도 베트남 사람이라고 생각합니다. 한국 사람이라고 생각한 적이 없었어요. 아마 자신 있게 내가 한국 사람이라고 하려면 시간이 많이 걸릴 거예요."(사례 1) "저는 어디가도 중국 사람이에요. 중국의 집에서는 나는 한국 사람이라고 하고 한국에서는 나를 중국 사람이라고 해요. 국적을 바꿔도 저는 중국 사람이에요."(사례 11) 이들 사례와는 달리 가정과 자녀 양육 등의 현실적 상황을 고려하여 모국보다 한국적 정체성을 보이는 경우도 있다. 그러나 이들의 한국 지향적 정체성이 모국과 완전히 분리되었다고는 볼 수 없다. "지금 한국에 살고 있으니 한국에 가까운 것이 아닐까 해요. 한국말도 못하고 하지만 정신적으로는 한국에 가깝다고 생각하고 있어요. 계속해서 한국에 살고 싶다고 생각하고 있어요. 국적도 언젠가는 취득하려고 생각하고 있는데 일본에 양친 부모가 계셔서 신경 쓰이네요."(사례 21) "저는 일본보다 한국이 가까워요. 한국에 아이들도 있고요. … 생활 환경이 한국을 기반으로 하고 있으니까 일본에 대한 미련은 요즘은 별로 없어요. 국적은 일본이고, 한국 국적을 취득할 필요성을 느끼면 취득할 것인데 못 느끼니까 그대로 있어요."(사례 22)

1990년대 이후 다양한 국가 출신의 외국인들이 한국 사회로 이주해 옴에 따라 한국은 다문화 사회로 변화하고 있으며, '단일민족국

없어요. 딸에게도 일본의 피가 반은 들어 있다는 것을 가르쳐 주고 있고, 일본인이라는 것도 가르쳐 왔어요."(사례 17)

가'의 신화는 더 이상 지속되기 어렵게 되었다. 현실적으로 단일민족 국가의 이념은 다문화 사회에서 한국인과 함께 살아가야 할 이주자들을 억압, 소외, 배제시키는 역할을 수행하고 있다. 본 연구는 다양한 유형의 이주자들 가운데 결혼이주여성의 정체성 변화에 초점을 둔다. 이유는 이들의 정체성(자아와 소속감)은 자신과 가족뿐만 아니라 친정, 로컬에 긍정적으로 혹은 부정적으로 영향을 주기 때문이다.

　결혼이주여성의 정체성은 모국과 한국의 상이한 문화와 행동 양식이 접촉하면서 생성·변화하고 있기 때문에 이를 체계적으로 이해할 개념적 틀이 수립되어야 한다. 이는 제3의 공간과 전이성에 근거하여 수립되었다. 제3의 공간은 두 국가 혹은 이들 로컬의 상이한 문화가 만나는 사이 혹은 경계에 생성된 영역이다. 그리고 전이성은 제3의 공간에 속한 상이한 문화들 모두를 포함하거나 동시에 어느 것도 포함하지 않는 모호하고 미확정적 상태를 의미하며, 전이성 체험을 통해 혼종성이 생성된다. 결혼이주여성은 낯선 한국 혹은 지방의 언어, 제도, 관습과 부닥치면서 자신의 언어, 가치관, 생활습관, 행동이 애매하고 불확실한 위치에 놓이게 됨을 인식하고 자신의 정체성, 즉 자아와 소속감을 변화시킨다. 이에 따라 유동적이고 혼종적인 정체성이 생성된다. 그러나 새롭게 만들어진 결혼이주여성의 혼종적 정체성이 모국과 한국 모두에 속하지 않는 새로운 특성을 보일지는 논리적으로 혹은 선험적으로 예측할 수 없고 특정 맥락 속에서 이루어지는 당사자들의 능동적 행위에 의해 결정될 것이다.

　제시된 개념적 틀은 대구광역시와 구미시에 거주하는 결혼이주여성들이 자신의 삶을 구술한 자료를 분석하는 데 활용되었다. 즉, 일상적 삶의 공간인 가정과 로컬(이웃)에서 그리고 제도와 이념이 작동하는 국가에서 이루어지는 결혼이주여성의 정체성 변화는 제3의 공간과 전이성 관점으로 고찰되었다. 전체적으로 볼 때, 결혼이주여성의 정체성은 상황(조건)에 따라 복잡하게 변화하였고, 이것은 언어, 관습, 음식, 자녀 양육, 인간관계 등을 매개로 이루어졌다. 예를 들면, 결혼이주여성이 모국어와 한국어를 사용하는 가정, 로컬에서 일상적인 생활을 하면서 자신이 원하는 것을 정확하게 표현하지도 못하고, 시댁 가족 혹은 이웃 사람들과 소통하는 데 어려움을 경험하면서 자신이 누구인지? 어디에 소속되어 있는지? 시댁에서 자신의 위치와 역할은 무엇인지? 등의 의문을 제기하면서 정체성 혼란에 빠진다. 이러한 혼란은 결혼이주여성이 모국 혹은 친정 가족의 정체성을 지속시키거나 한국 지향적 정체성으로 바꾸거나 혹은 어느 쪽도 아닌 모호하고 미확정적인 정체성으로 변화하는 힘으로 작동한다.

제3의 공간으로서 가정은 결혼이주여성이 억압, 종속화, 고립을 경험하는 장소이면서, 음식, 관습, 자녀 출산과 양육, 친정 부모 등을 매개로 혼종적 정체성을 만들어 가는 공간이다. 여기서 혼종적 정체성은 결혼이주여성의 모국과 한국 정체성과는 다른 새로운 특성을 지닌 정체성이란 의미보다 두 곳 어느 곳에도 속하지 않는 모호하고 미확정적 특성을 지닌 정체성이다. 일상적 삶의 터전인 로컬에서 결혼이주여성은 차별과 무시를 당하고 있으며, 이로 인해 분노하고 자존심이 상하는 것을 경험한다. 가정과 달리 로컬에서는 이웃 사람들과의 관계에서 혼종적 정체성이 생성되지 않고 언어, 관습 등의 차이로 외국인 친구들끼리 새로운 모임을 만들고 이곳에서 정서를 공유하며 소속감을 느낀다. 그리고 결혼이주여성은 로컬 사람들의 차별적 말과 행동에 수동적으로만 대응하지 않고 적극적 행위를 통해 자신의 위치와 소속을 확보하려고 노력한다. 마지막으로 모국과 한국의 국민 혹은 민족이 접촉하는 제3의 공간에 위치한 결혼이주여성은 자신이 어디에 속하는지에 대한 정체성 혼란을 경험한다. 이러한 혼란스러운 경험을 통해 모국 지향적 혹은 한국 지향적 정체성이 나타나기도 하고, 어느 곳에도 속하지 못하는 혼종적 정체성이 나타난다.

제3의 공간과 전이성에 토대를 둔 개념적 틀은 결혼이주여성의 유동적·혼종적 정체성을 체계적으로 이해하는 데 많은 도움이 준다. 이것은 다문화 사회에서 발생하는 다양한 갈등을 깊이 이해하고 대안을 마련하는 데도 유용하게 활용될 수 있을 것이다. 이를 위해 개별 개념과 이들 간의 관계를 정치화시킬 필요가 있다. 본 연구는 가정, 로컬, 국가 관점에서 결혼이주여성의 정체성 변화를 고찰할 때 물질 혹은 경관, 장소, 다른 행위자(남편, 자녀, 시댁과 친정 가족, 이웃 사람, 행정관료 등)는 어떻게/왜 관계하는지를 논의하지 않았다. 이들은 향후 연구에서 보다 깊이 논의되어야 할 것이며, 나아가 결혼이주여성의 정체성 변화를 종합적으로 이해하기 위해서는 필요한 내용이다.

김기봉, 〈역사로 보는 한국인 정체성〉, 《철학과 현실》 83, 2009.

김영숙 · 이근무 · 윤재영, 〈화교노인의 생애사 재구성을 통해 본 화교의 정체
    성〉, 《사회복지연구》 43-1, 2012.

김정선, 〈아래로부터의 초국적 귀속의 정치학: 필리핀 결혼이주 여성의 경험을
    중심으로〉, 《한국여성학》 26-2, 2010.

김현미, 〈결혼이주 여성의 가정(home) 만들기: 문화 접경지대 번역자로서의 이
    주여성〉, 《국제비교한국학회》 18-3, 2010.

김혜선, 〈초국가적 가족의 형성과 가족유대: 베트남 결혼이주여성을 중심으로〉,
    이화여자대학교 대학원 박사학위논문, 2012.

류제헌, 〈韓國人의 場所와 正體性: 韓國學을 위한 試論〉, 《대한지리학회지》 47-1,
    2012.

박규택, 〈관계적 공간에서 결혼이주여성의 삶〉, 《한국지역지리학회지》 19-2, 2013.

박선희, 〈다문화 사회에서 세계시민성과 지역정체성의 지리교육적 함의〉, 《한국
    지역지리학회지》 15-4, 2009.

박정애, 〈초문화적 공간에서의 한국미술가들: 새로운 문화적 정체성 구축에 대한
    비교 문화연구〉, 《미술과 교육》 12-2, 2011.

여성가족부, 〈2012년 전국다문화가족실태조사〉, 2013, 보도자료.

이승갑, 〈한국의 다문화화(多文化化) 사회 현실과 문화민족주의에 대한 한 신학
    적 성찰: 호비 바바(Homi K. Bhabha)의 혼종성(Hybridity) 개념을 중심으
    로〉, 《한국조직신학논총》 21, 2008.

이소희, 〈초국가적 시민주체: 귀환한 해외 입양인들의 탈경계적 정체성〉, 《탈경계
    인문학》 3-2, 2010.

이영민, 〈지역정체성 연구와 지역신문의 활용: 지리학적 연구 주제의 탐색〉, 《한
    국지역지리학회지》 5-2, 1999.

이성림 · 차희정, 〈한국 내 결혼이주 여성의 다문화 체험과 정체성 구성: 결혼이주 여성 수기를 중심으로〉, 《한중인문학연구》 38, 2013.

이영민 · 이은하 · 이화용, 〈중국 조선족의 글로벌 이주 네트워크와 연변지역의 사회: 공간적 변화〉, 《한국도시지리학회지》 16-3, 2013.

이은아, 〈도시 결혼이주여성의 어머니 노릇과 정체성: 자녀교육 경험을 중심으로〉, 《한국여성학》 29-3, 2013.

이채문 · 조현미, 《구술을 통해서 본 대구경북지역 결혼이주여성의 삶》, 책과 세상, 2013.

이해응, 〈한국 이주경험을 통해 본 중국 조선족 기혼여성의 정체성 변화〉, 《여성학논집》 22-2, 2005.

이혜경 · 정기선 · 유명기 · 김민정, 〈이주의 여성화와 초국가적 가족: 조선족 사례를 중심으로〉, 《한국 사회학》 40-5, 2006.

이현욱 · 이영민 · 신지연 · 이화용, 〈초국가적 이주와 기원지 로컬리티 변화에 대한 연구: 중국 왕칭쎈(汪淸縣) 펑린촌(風林村)을 사례로〉, 《한국도시지리학회지》 17-1, 2014.

정병언, 〈혼혈의 역공간성과 정신병리: 미국극의 흑백혼혈여성〉, 《현대영미드라마》 21-2, 2008.

최재헌, 〈세계화시대의 지역과 지역정체성에 대한 개념적 이해〉, 《한국도시지리학회지》 8-2, 2005.

황정미, 〈결혼이주 여성의 사회연결망과 행위전략의 다양성: 연결망의 유형화와 질적 분석을 중심으로〉, 《한국여성학》 26-4, 2010.

데이비드 허다트, 《호미 바바의 탈식민지적 정체성》, 조만성 옮김, 앨피, 2011.

Bhabha, H.K., *The Location of Culture*, London · New York: Routledge, London, 1994.

Gennep, Arnold van, *The Rites of Passage*, Chicago: The University of Chicago Press, Chicago, 1960.

Huang, S. Yeoh, B. SA. & Lam, T., "Asian transnational families in transition: the liminality of simultaneity," *International Migration* 46-4, 2008.

Turner, V., *The Ritual Process*, Chicago: Aldine Pub. Co. 1969.

디아스포라 휴머니티즈 총서 05

혼종성 이후

2017년 9월 20일 초판 1쇄 발행

지은이 | 박주식 장형철 태혜숙 윤지영 위경혜
　　　이진형 이영배 전혜숙 선영아 박규택
펴낸이 | 노경인 · 김주영

펴낸곳 | 도서출판 앨피
출판등록 | 2004년 11월 23일 제2011-000087호
주소 | 우)120-842 서울시 영등포구 영등포로 5길 19(37-1 동아프라임밸리) 1202-1호
전화 | 02-336-2776　팩스 | 0505-115-0525
전자우편 | lpbook12@naver.com
블로그 | blog.naver.com/lpbook12

ISBN 979-11-87430-16-2